GILBERTO FREYRE
E AS AVENTURAS DO PALADAR

Maria Lecticia Monteiro Cavalcanti

São Paulo | 2018

Copyright © 2012, Maria Lecticia Monteiro Cavalcanti
2ª edição, Editora Gaia, São Paulo 2018

Jefferson L. Alves – diretor editorial
Richard A. Alves – diretor-geral
Flávio Samuel – gerente de produção
Jefferson Campos – assistente de produção
Flavia Baggio – coordenadora editorial
Fernanda Bincoletto – assistente editorial
Alice Camargo – revisão
Jamille Cabral Pereira Barbosa – coordenação editorial
Z.diZain Comunicação – projeto gráfico original
Jamille Cabral Pereira Barbosa – pesquisa
Vanessa Lins – produção fotográfica

Obra atualizada conforme o
NOVO ACORDO ORTOGRÁFICO DA LÍNGUA PORTUGUESA.

Fotografia: Igo Bione (capa, contracapa, guardas e páginas 16/17, 30/31, 44/45, 64/65, 98/99, 132/133, 162/163, 180/181, 196/197, 222/223, 238/239, 248/249, 262/263, 284/285, 304/305, 318/319, 340/341, 358/359, 382/383, 402/403, 418/419).

Imagens: As imagens utilizadas neste livro pertencem ao acervo da Fundação Gilberto Freyre (páginas 20, 34–36, 52, 53, 70, 71, 77–80, 102, 107, 111, 113–117, 148, 228, 230, 233, 234, 256, 268, 270, 271, 276, 279, 280, 290, 295, 299, 329, 331–336, 351, 364, 372–377, 406, 407).

As fotos de capa, contracapa, guardas e páginas 16/17, 30/31, 44/45, 64/65, 98/99, 132/133, 162/163, 180/181, 196/197, 222/223, 238/239, 262/263, 284/285, 304/305, 318/319, 340/341, 358/359, 402/403 e 418/419, foram produzidas na Fundação Gilberto Freyre e na Casa-Museu Magdalena e Gilberto Freyre, com peças do acervo.

Dados Internacionais de Catalogação na Publicação (CIP)
Câmara Brasileira do Livro, SP, Brasil

Cavalcanti, Maria Lecticia Monteiro
  Gilberto Freyre e as aventuras do paladar / Maria Lecticia Monteiro Cavalcanti. – 2. ed. – São Paulo: Gaia, 2018.

  Vários colaboradores. Bibliografia.
  ISBN: 978-85-7555-468-5

  1. Culinária - Aspectos culturais 2. Culinária brasileira 3. Freyre, Gilberto, 1900-1987 4. Gastronomia I. Título.

17-06064   CDD-641.5981

Índices para catálogo sistemático:
1. Cozinha brasileira: Culinária: História   641.5981

Direitos Reservados

editora gaia ltda.
Rua Pirapitingui, 111-A – Liberdade
CEP 01508-020 – São Paulo – SP
Tel.: (11) 3277-7999 – Fax: (11) 3277-8141
e-mail: gaia@editoragaia.com.br
www.editoragaia.com.br

Colabore com a produção científica e cultural.
Proibida a reprodução total ou parcial desta obra
sem a autorização do editor.

Nº de Catálogo: **3912**

Para meus filhos José, Sergio e Luciana,
na certeza de que seguirão o exemplo do pai.

"Nunca deixei de revelar-me um colecionador de aventuras do paladar."

Gilberto Freyre
Aventura e rotina, p. 71.

INTRODUÇÃO	17
IMAGENS – CHEIROS E SABORES	31
O PALADAR DE UM GOURMET	45
À MESA COM GILBERTO FREYRE	65
SABORES DE LONGE	99
O COLONIZADOR PORTUGUÊS	133
O ÍNDIO	163
O ESCRAVO AFRICANO	181
OUTROS POVOS	197
O ORIENTE	223
OS TRÓPICOS	239
REGIONALISMO	249
AÇÚCAR E OUTROS LIVROS DE RECEITAS	263
COZINHA BRASILEIRA	285
COZINHA PERNAMBUCANA	305
CASA, COZINHA E COZINHEIROS	319
O DOCE E AMARGO AÇÚCAR	341
BEBIDAS	359
PRATOS E ALGUNS DE SEUS INGREDIENTES	383
FRUTAS	403
BIBLIOGRAFIA	419

PREFÁCIO

Hora de comer – comer!
Hora de dormir – dormir!
Hora de vadiar – vadiar!
Hora de trabalhar?
– Pernas pro ar que ninguém é de ferro!

Ascenso Ferreira

O vosso doce a todos diz: Comei-me
De cheiroso, perfeito e asseado,
e eu, por gosto vos dar, comi, fartei-me.

Gregório de Matos

Na mesa interminável comíamos o bolo interminável
e de súbito o bolo nos comeu
vimo-nos mastigados, deglutidos
pela boca de esponja.

Carlos Drummond de Andrade

Não há mulata bonita
que não seja cozinheira
que não tenha os beiços grossos
de lamber frigideira.

Folclore nordestino

Quem jogou pela primeira vez, com pontaria louca
um pouco de pirão amassado na cuia,
descrevendo no ar uma elipse
para levá-lo ao paladar do céu da boca?

Osvaldo Orico

Este livro faltava às cercanias de Gilberto Freyre. Ele que é um universo de sugestões pelo que disse, escreveu e fez, bem mereceu que Maria Lecticia, que também é Magalhães, que também é Monteiro no seu modo de ser pernambucanamente Cavalcanti, se ocupasse numa rotina de anos à aventura do paladar na obra freyriana. E foi com cuidados clínicos que avançou nos livros, nos artigos de jornal, em papéis novos e velhos, para conhecer e nos explicar.

A autora dá-nos em abundância moderna um estudo essencial. Sou testemunha privilegiada. Vi Maria Lecticia entrincheirada na leitura para anotar e na cozinha para realizar o que ia encontrando nos textos de Freyre. Vi o seu espanto e as suas confirmações. Herdeira de lições da avó paterna, Maria José, senhora excepcionalmente matriarca da zona canavieira, e da mãe, Do Carmo, uma cerebral mulher pernambucana com sangue de políticos a correr não só nas suas veias, mas na sua altivez cívica, Maria Lecticia sabe fazer bolo Souza Leão e chambaril. E com isso insinuo o tanto que se regalaram os seus amigos naquelas mesas da avó, da mãe e da filha. Mesas fartas, enxundiosas, que só de lembrar os lábios já são lambidos. Ali ninguém ficava biqueiro, isto é, comendo pouco.

Na louca corrida da vida, seu marido, o escritor mais pessoano que existe, o advogado completamente cidadão José Paulo Cavalcanti, passou-lhe a conveniência de ser detalhista, de checar para melhor precisar. O livro resultou de um trabalho minudente e de bom gosto. Maria Lecticia é pernambucana exponencial no seu gosto pelo bom gosto. Não apenas sente o que é bom gosto, mas sai atrás, vai buscá-lo onde estiver.

Neste livro, a partir do mapa da nossa culinária, que poderia começar com o atualmente excomungado sarapatel de tartaruga na Amazônia, até o sacrifício cruento dos churrascos nos Pampas, nada falta que seja pertinente à comida.

Estão a cozinha velha com abanos, urupema, pilão de pisar milho, guarda-comida, guarda-louça, latas de banha de porco, ralador de coco, colher de pau. A cozinha nova com azulejo do chão ao teto, o freezer, as batedeiras multivelozes, os temperos já misturados que facilitam mas perdem em sabor, o leite e os sucos de frutas em vasilhames cartonados. Estão os closets com prateleiras de inox, já sem os panos de prato bordados com flores e frutas. As referências às hortas e aos roçados e às fábricas dessas malditas barras de cereais do tipo diet, infames de ruins. Até se fala da soja e dos artefatos de ferro que chegaram com a mecanização da lavoura, aposentando enxadas, balaios, enxadecos, torrador de café, caçuás. Apontam-se os pratos do calendário gregoriano e palatável com filhós no Carnaval, peru no Natal, rabanadas (ou pastel de parida) no Ano-Novo, peixe de coco na Quaresma, ou a feijoada aos sábados e os cozidos aos domingos. E já não se diga que a feijoada é criação dos escravos e sim dos brancos, de acordo com a tese de Almir El-Kareh.

Estou a redigir estas notas pleno da tradição que forma a minha memória gustativa. É assim que recordo a cartola, o bom prato de inhame com mel de engenho, o pirão de peixe ou o cozido. Lembro da quartinha com água bem fresca, do coco de beber água ou do coco dentado para retirá-la do depósito (dentado a fim de não ser usado para beber água), do pirão neném e da canja de galinha para quando se está enfermo, o beiju, as tapiocas de coco, aliança insuperável da aculturação da mandioca ao coco e ao sal. O cuscuz de milho, seco ou molhado com leite de coco. Os queijos de coalho e de manteiga, opostos ao queijo de Minas e aqueles outros europeus tão variados.

Mauro Mota aponta em *Votos e ex-votos* como o povo criou uma filosofia adagial: coisa fácil é canja, sopa, sopa no mel, prato feito; complicada, abacaxi; dinheiro é milho; bajulador, corta-jaca; lisonja é papa; gabolice, goma; tipo indeciso é banana. Quem passa dificuldade "come da banda podre" ou "do pão que o diabo amassou"; de duas perdidas pelo egoísmo de conquistá-las ao mesmo tempo, "nem mel nem cabaço". Ao falar das vantagens: "está com a faca e o queijo"; "quem nunca come mel, quando come se lambuza". Para dar imagem frutiforme ao homem silencioso recorre-se ao "calado que só um coco". Uma bela comemoração é o "caju-amigo". Os bordões de advertência são muito repetidos: "dou-lhe um doce se ficar calado"; ou "fique pra lá, a conversa ainda não chegou na cozinha".

Aliás, Austregésilo de Athayde confessou: "Cada um de nós tem uma aventura de cajueiro a contar aos outros e às vezes com um pouco de amor". Ao que Assis Chateaubriand completaria: "Tenho um cajueiro dentro do coração".

"Com açúcar, com afeto/ Fiz seu doce predileto/ Pra você parar em casa/ Qual o quê", cantou Chico Buarque. Pois foi com açúcar e com afeto que Gilberto Freyre enriqueceu os seus livros, sempre usando o açúcar como sociologia, economia, história íntima. Maria Lecticia nada deixou passar, nem mesmo aquele palpite infeliz de Freyre ao sugerir se mudasse o nome do Brasil para uma dulcificação qualquer.

Em Pernambuco não se resiste a um bolo de rolo, de boleira prendada, nem a uma cartola do centenário restaurante Leite. Todo mundo se envolve nesse saboreio, daquele jeito que Nélida Piñon viu assim: "A boa comida me mobiliza, torna-me mais gentil, amorosa, galante. É uma celebração de humanidade". As compoteiras do bom e clássico Baccarat são irresistíveis, não só como continente mas pelo que nelas são os conteúdos. Já se foi o tempo em que as famílias se saudavam enviando as compoteiras com doce de mamão, ou doce de laranja, ou doce de caju. Mas tudo isso é saudade de dar água na boca.

A açucarocracia marcou a obra freyriana de forma significativa, o que esta pesquisa de Maria Lecticia revela em sua completude humanística; ele mesmo ensinou "cada pé de cana, um pé de gente", como um chamar de atenção para os desfavores de quem os cultivava. Por isso, ligas camponesas, Incra, bolsa família e tudo o mais que se sabe ou se ouviu falar apareceu no meio rural.

Gente subalimentada essa que fez a lavoura canavieira do Nordeste. Josué de Castro e Nelson Chaves que o digam. Gente que viu o açúcar dar e tirar, vir da botica à cozinha, ser adorado e demonizado em glicose, colesterol e obesidade. Açúcar lindo a se cristalizar nas frutas que ficavam expostas ao sol em cima do telhado, sobre folhas de papel grosso, de embrulho. Comi muita banana assim, tratada por minha mãe. Uma delícia.

As boas cozinheiras de forno e fogão sempre foram as boas doceiras de que falou Freyre. Os cozinheiros, também, inclusive o célebre mestre Dudu que seduziu muita gente levada ao seu restaurante por Gilberto Freyre. Doceira famosa foi aquela que Oliveira Lima – o quixote gordo – levou para cuidar dele nos Estados Unidos. Doceiras famosas as que fazem no Recife, ainda hoje como se fossem ourives, a massa tenra bem enroladinha na goiabada do apoteótico bolo de rolo. Bolo esse que introduzi na mesa do chá de toda quinta-feira na Academia Brasileira. Quando falta, há quem, mesmo não pernambucano, reclame insistentemente.

Mas se foram detectadas insuficiências no cardápio dos lavradores da cana-de-açúcar, mais num passado recente do que mesmo hoje em dia, nem sempre o homem do interior passa mal. Pesquisa de Eurico Ribeiro diz o contrário dos pescadores de alguma Amazônia, sobretudo em Maués, onde o que comem lhes dá longevidade em passar bem.

As cozinheiras especiais, mães e avós em particular, aparecem neste livro, retiradas das páginas de Freyre. E são muitas. São elas que compuseram, ostensiva ou reservadamente, livros como os de Câmara Cascudo, Jamile Japin, Eduardo Frieiro, Silva Melo, Nunes Pereira, todos a cuidar da alimentação do brasileiro.

Cozinheiras esporádicas mas famosas lá no mundo inteiro, diz Evânio Alves e exemplifica com Marilyn Monroe, Ava Gardner, Bidu Sayão, Gertrude Stein, Maria Callas.

Eu, pelo gosto de acrescentar experiências pessoais, aponto as distintas brasileiras Juracy – viúva do romancista Herberto Sales, Marly – viúva do poeta Mauro Mota, Aila – cozinheira do pintor Calazans Neto, Janice – casada com o escritor Cláudio Leal, Zélia Gattai Amado, Marly Sarney, Ana Reis – comentarista de tudo que é bom e bonito na imprensa do Rio de Janeiro. Bem, são muitas, muitas mesmo. Sem esquecer, de jeito algum, a autora Maria Lecticia com astuciosa criatividade ou zelosa tradição em muitos dos seus pratos.

Quando escreveu livro admirável sobre a cozinha pernambucana, imaginei, mas nunca lhe disse, que Gilberto Freyre um dia viria a ser objeto das suas pesquisas assim como Eça de Queiroz teve da parte de Dario de Castro Alves e Jorge Amado, de Paloma Amado, só para ficar em exemplos eurotropicais. Não deu outra coisa. Alinham-se essas aventuras do paladar aos livros de Osvaldo Orico, Ana Rita Suassuna, Houaiss, Rosa Belbrazzo, Suzana Herculano, Erbelta, Crumpacker; às narrativas de Cláudio de Souza sobre as cerimônias do chá; ao que disse João do Rio das casas de chopp, Moacyr Scliar do restaurante tunisino e Erico Veríssimo no oferecimento do guisado de carne em *Olhai os lírios do campo*.

Gilberto Freyre era um anfitrião perfeito. A mesa farta e o seu cuidado em que, além do conhaque de pitanga, tão festejado – não por mim –, dos pirões de peixe ou de galinha, do bolo com sorvete, do vinho trazido da adega escondida, nada faltasse ao seu convidado. Provei do peru do Natal várias vezes. Inesquecível como era atencioso, gentil, acolhedor. Sabia que a culinária estava ligada à cultura e à natureza. Até nessas horas ele ensinava, como quando me disse: "Se vai a Portugal, veja o Mosteiro da Batalha e sinta como as pedras parecem de carne". Até nisso se fartava e talvez hoje sugerisse a Maria Lecticia, diante das conversas do seu marido, jurista ilustríssimo, à mesa do jantar, dizer com Ribeiro Couto:

Nesta mesa em que se consomem
Iguarias da casa farta
Não se fala em Direitos do Homem
Nem princípios da Magna Carta.

Marcos Vinicios Vilaça,
praia da Boa Viagem, Recife, dezembro 2012.

INTRODUÇÃO

"A arte de cozinha é a mais brasileira das nossas artes. A mais expressiva do nosso caráter e a mais impregnada do nosso passado."[1]

Os sabores tiveram, sempre, grande importância na vida e na obra de Gilberto Freyre. Talvez por relacionar esses sabores aos lugares por onde andou, em uma espécie de memória indissociável entre espaço e experiência; ou por compreender a íntima relação que tinham na formação da própria identidade dos povos. E tudo com uma cor original, que decorria sobretudo de suas fontes de pesquisa. "**Não apenas as que se exprimem em escritos impressos, em livros e em jornais. Também as orais. Também a música. Também a dança. Também a pintura. Também a escultura. Também a arquitetura. Também o jardim. Também os odores e sabores sugestivos ou expressivos.**"[2] Mais "**tipos de habitação, de redes de dormir, de redes de pesca, de barcos... receitas de remédios, bebidas, crendices, superstições**"[3]. E "**receitas de bolos, de doces, de quitutes, guardadas em cadernos de família ou pela memória de negras velhas... figurinos, contas de alfaiate, de modista, de sapateiro;** *livros de assento* **de proprietários de escravos; retratos antigos de família**"[4]. Sabia que ali estava um tesouro; e até dizia, com uma ponta de vaidade, "**enganam-se os reformadores de gabinete que veem em tudo isso apenas divertimento para os olhos dos turistas ou dos antiquários**"[5].

Nesses escritos, referências a comidas e bebidas aparecem desde muito cedo. Começando por seu diário. Com apenas 16 anos, por exemplo, recorda um "**piquenique em Boa Viagem**"[6]. Pouco depois, lembra o historiador Alfredo de Carvalho, que vendeu seus livros raros para "**poder continuar passando a queijo, fiambre e passa: luxos europeus que são indispensáveis ao seu paladar de fidalgo**"[7]. A partir daí, não parou mais. E assim foi em artigos de jornal ou revista, prefácios, conferências e em todos os livros que publicou – até, por estranho que possa parecer, *Quase política* e *Discursos parlamentares*, em que estão suas falas como deputado federal. Poesia também,

---

1. *Região e tradição*, p. 205.
2. *Alhos e bugalhos*, p. 117.
3. *Quase política*, p. 72.
4. *Conferências na Europa*, p. 38.
5. *Quase política*, p. 72.
6. *Tempo morto e outros tempos*, p. 35.
7. *Tempo morto e outros tempos*, p. 38.

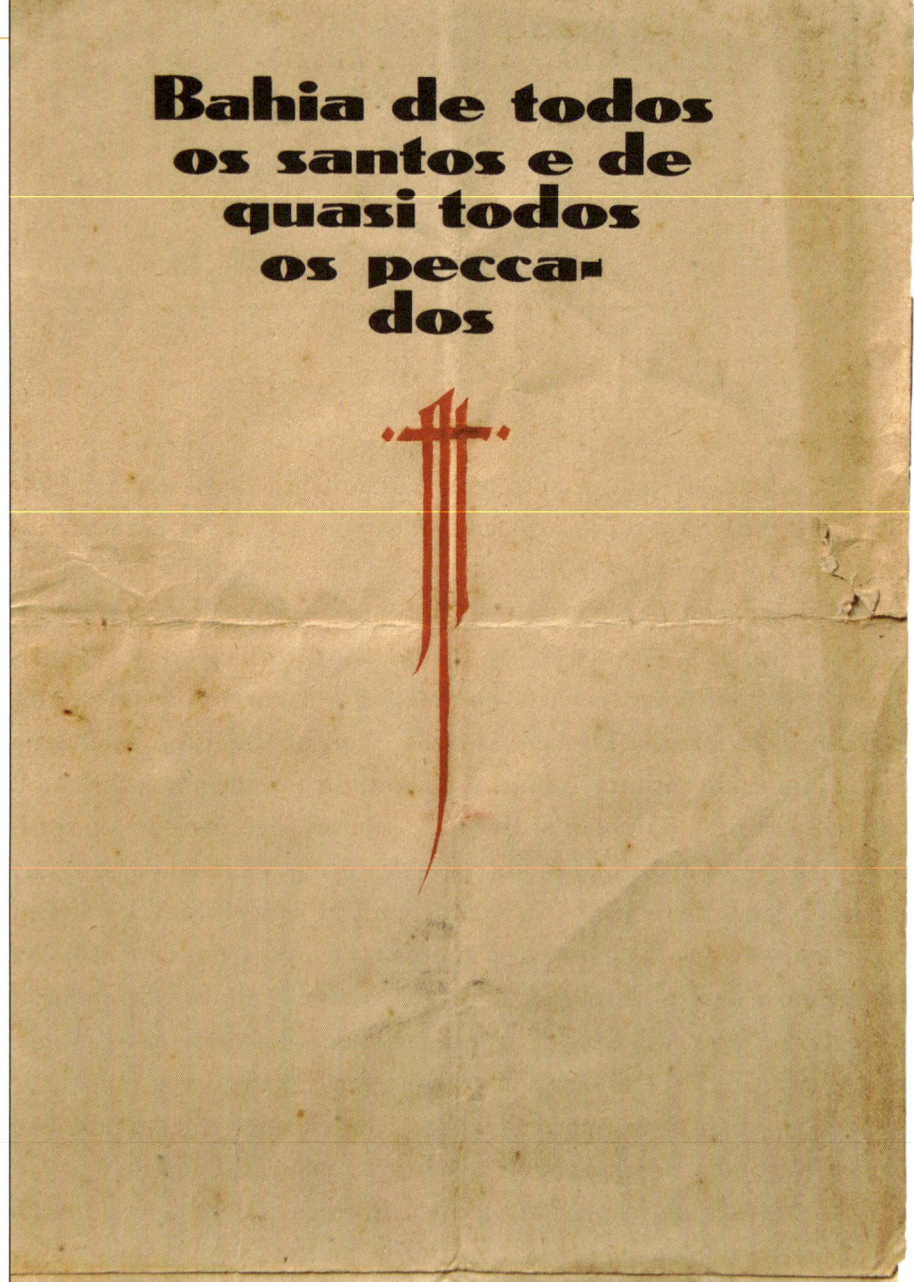

Primeira edição (1926), com projeto gráfico de José Maria de Albuquerque.

como nessa **"tentativa de poema a que me aventurei em 1926 – distinguido com uma espécie de *menção honrosa* pelo ilustre crítico e doutrinador daqueles dias, mestre Tristão de Ataíde"**[8] – *Bahia de todos os santos e de quase todos os pecados*[9], não por acaso considerado, por Manuel Bandeira, o mais saboroso de todos os seus poemas.

---

8. *Vida, forma e cor*, p. 27.
9. *Poesia reunida*, p. 9.

Ar mole oleoso
cheiro de comida
cheiro de incenso
cheiro de mulata
bafos quentes de sacristias e cozinhas
panelas fervendo
temperos ardendo
O Santíssimo Sacramento se elevando
...
Bahia de cores quentes, carnes morenas, gostos picantes
eu detesto teus oradores, Bahia de Todos os Santos
teus ruisbarbosas, teus otaviosmangabeiras
mas gosto das tuas iaiás, tuas mulatas, teus angus
tabuleiros, flor de papel, candeeirinhos,
...
Negras velhas da Bahia
vendendo mingau angu acarajé
...
presentes de português
óleo de coco
azeite de dendê
...
Bahia
Salvador
São Salvador
Todos os Santos
um dia voltarei com vagar ao teu seio moreno brasileiro
às tuas igrejas onde pregou Vieira moreno hoje cheias de
frades ruivos e bons
Aos teus tabuleiros escancarados em x (esse x é o futuro do Brasil)
a tuas casas a teus sobrados cheirando a incenso comida alfazema
cacau.

Gilberto Freyre usou a culinária como fonte para seus estudos. Ou como tema dos escritos, em si mesmo. E tão importante era, para ele, que dizia: **"Uma cozinha em crise significa uma civilização inteira em perigo: o perigo de descaracterizar-se"**[10]. Considerava essa culinária **"um elemento de cultura ou de civilização ele próprio ligado interdependentemente a outros: à religião, à higiene, à estética, de modo geral; e, de modo particular, à técnica culinária; ao modo social de ser levado o alimento à boca do indivíduo – dedos, pauzinhos, garfo, faca, colher, conforme a predominância de sólidos ou de pastas na alimentação em apreço; a móvel ou o equivalente de móvel associado ao ato ou ao cerimonial de comer; abluções antes ou depois da refeição; preces ou sinais religiosos antes e depois da refeição"**[11]. Ligada também à natureza – levando em conta influências do clima, da terra, da raça na trajetória social dos seus habitantes, em uma teoria do *homem situado*. É que, palavras do escritor Mário Hélio, "O espaço corresponde ao tempo. O clima e a raça afetam a língua. A cultura dirige as etnias e os meios"[12]. E seria ela **"inseparável da base dessa alimentação – carne de boi ou peixe, arroz ou trigo, milho ou mandioca – como a sua própria religião, e o seu sentido de higiene, através, se não sempre de tabus, de preferências por alimentos considerados limpos, sadios, virtuosos"**[13]. Tudo resultando numa cozinha **"ecologicamente tropical: com ingredientes europeus adaptados aos trópicos"**[14]. Formando **"um paladar brasileiro histórico e – é possível – também tropical ou ecologicamente condicionado; e como tal, ao que parece, predisposto a estimar o doce e até o abuso do doce"**[15].

A partir dos ritos e dos hábitos da alimentação, dizia, cada povo definiria seu jeito de ser. Com maneiras próprias de agir, de pensar, de sentir. **"Dizem os ingleses que não se faz um *gentleman* sem algumas gerações de *beefsteak*. E todos sabemos que um oficial alemão não se fazia outrora sem salame e cerveja; que um doutor de Coimbra não se faz, ainda hoje, sem muito bacalhau e grão-de-bico; e que um frade não consegue sê-lo no alto e puro sentido da vocação sem muita abstinência. A nutrição de tal modo age sobre a alma que a consegue, às vezes, plasmar ao seu jeito: a espessa

---

10. *Manifesto regionalista*, p. 67.
11. *O luso e o trópico*, p. 298.
12. 105. (Bibliografia).
13. *O luso e o trópico*, p. 298.
14. "Alimentação e ecologia", artigo publicado na revista *O Cruzeiro*, em 2 de março de 1963.
15. *Açúcar*, p. 27, prefácio do autor à 3ª edição.

cozinha baiana seria talvez capaz de brutalizar e deformar Santo Inácio ou São Francisco de Assis. Ou um anjo."[16] Não só ele. Joaquim Nabuco também assim pensava: "Há sentimento, tradição, culto da família, religião, no prato doméstico, na fruta ou no vinho do país"[17]. Bem visto, **"nada mais inglês que o pudim de ameixa; nada mais português que a bacalhoada; nada mais brasileiro que o pirão"**[18]. A partir de receitas que acompanham as gentes por toda a vida, **"como outrora as deformações do corpo, as mutilações e as tatuagens características de tribos ou de *nações* de primitivos"**[19].

Nos estudos que fez sobre o Brasil, especialmente em *Vida social no Brasil nos meados do século XIX*, *Casa-grande & senzala*, *Sobrados e mucambos*, *Ordem e progresso*, passamos a compreender, cada vez mais, como se relacionam os habitantes desta terra e seus alimentos. A compreender que a cozinha brasileira foi se fazendo aos poucos. Primeiro, usando sabores já cultivados ancestralmente pelos índios; depois, aproveitando ingredientes e conhecimentos dos muitos povos que por aqui passaram – portugueses, africanos, holandeses, franceses, ingleses, alemães e tantos outros. Com predominância de influências específicas em cada região, por conta de nossas proporções continentais. Em Pernambuco, sempre com harmonia e equilíbrio. Desde os tempos mais remotos. A partir de receitas que **"nossas avós nos deixaram por escrito ou na tradição oral das famílias ou das negras velhas cozinheiras"**[20].

Gilberto Freyre logo percebeu a importância de preservar as tradições regionais, ameaçadas por um modernismo que derrubava igrejas, sobrados e árvores antigas, que substituía becos por avenidas, brinquedos artesanais por importados; e receitas tradicionais por aquelas de outras regiões ou do estrangeiro. Passou então a defender, mais do que tudo, **"a culinária e a doçaria tradicionais da região"**[21]. Reconhecendo a importância da casa nesse processo. **"É indispensável que, na caracterização das funções socioculturais da casa brasileira, se destaque o papel que ela desempenhou, na época patriarcal, de laboratório, quer de caráter culinário, quer de caráter médico-farmacêutico. Papel importante. Já hoje ninguém subestima a culinária – tão ligada à casa – como expressão característica de um sistema de cultura."**[22]

---

16. *Tempo de aprendiz*, p. 414-415.
17. 113. (Bibliografia).
18. *Artigos de jornal*, p. 57.
19. *A condição humana e outros temas*, p. 156.
20. *Região e tradição*, p. 216.
21. *Alhos e bugalhos*, p. 46.
22. *Oh de casa!*, p. 46; e *A casa brasileira*, p. 22.

Este livro foi concebido como um tributo a esse grande mestre. Para permitir, sobretudo entre não iniciados, melhor compreensão de seu pensamento sobre os sabores. Aqui está uma síntese de sua visão em torno das *aventuras do paladar* – uma expressão nele recorrente. Para lhe ser fiel, tentei transcrever o que disse, nesse tão numeroso conjunto de textos, em uma sequência lógica. Por temas. Agregando observações, quando entendi pertinentes. E não, quando não. Para diferenciá-las de outras citações, as dele (1.326 citações) estão em destaque. Constando, ao fim de cada capítulo, uma seleta de textos entre os muitos que escreveu sobre cada tema. Permitindo, assim, que o leitor possa ter acesso a seu pensamento por suas própria palavras. Faltando só dizer que considero um privilégio merecer a escolha da Fundação Gilberto Freyre para realizar este trabalho. Já antes havia escrito prefácio à edição de *Açúcar*, pela Global Editora, em 2007, a convite da própria Fundação. Agora são estas *Aventuras do paladar*. Tudo, reitere-se, na esperança de que o pensamento de um gênio, como Gilberto Freyre, seja ainda melhor compreendido. E admirado.

"A moderna antropologia cada dia reconhece mais que os princípios científicos de nutrição não são de aplicação universal e, sim, regional. Tese já antiga de antropólogos e sociólogos brasileiros, quer com relação à nutrição ou à alimentação, quer com relação a outras normas ou vivências culturais. Daí precisar--se de um maior reconhecimento científico-social de conhecimentos regionais e tradicionais de alimentos: reconhecimento pelo qual vêm se pronunciando pensadores e cientistas sociais brasileiros já há anos."

Insurgências e ressurgências atuais – cruzamentos de sins e nãos num mundo em transição, p. 115.

"Um dos maiores antropologistas de nossa época, o professor B. Malinowski acaba de salientar a importância do chamado *nutricionismo* em oposição ao critério exageradamente sexual que por influência da psicanálise e de outras correntes modernas de interpretação dos motivos e dos interesses humanos vinha se insinuando nos métodos e na técnica de análise sociológica e antropológica [...] e chegara à conclusão de que nada é de maior importância para uma sociedade do que os alimentos de que se serve e as maneiras por que se serve desses alimentos."

Dieta, sexo e sociologia, artigo de jornal publicado sem data identificada.

"A música, a arquitetura, a culinária brasileiras destacam-se pelos seus triunfos de pioneirismo num campo de atividade artística em que tudo parece indicar que ao esforço criador do brasileiro vão juntar--se esforços semelhantes de criação artística da parte de outros grupos da comunidade lusotropical."

O luso e o trópico, p. 208.

"Ao analista científico de culturas não devia faltar sensibilidade a esses primeiros saberes dos homens sobre suas próprias manifestações socioculturais: as associadas à sua respiração, à sua procura de alimentos, ao seu comer, ao seu pescar, ao seu caçar, ao seu plantar, aos seus abrigos, às suas reservas de alimentos e, é claro que, ao seu procriar."

Insurgências e ressurgências atuais, p. 208.

"É preciso que o técnico em direito ou em medicina ou em engenharia seja iniciado, durante a sua formação universitária, num conhecimento de artes várias – pintura, escultura, música, marcenaria, cerâmica, carpintaria, construção, culinária – que o habilite a escolher uma de sua preferência, em que se inicie, e que assim adquirida venha a ser companheira sua, no tempo-lazer, habilitando-o até, em alguns casos, a ganhar algum *surplus* com sua arte lúdica."

Além do apenas moderno, p. 154.

"Particular relevo deve ser dado, numa história geral da civilização brasileira, às contribuições brasileiras para o bem-estar humano e para a cultura ou o saber universal, que sejam originais; ou que venham resultando de novas combinações brasileiras de valores antigos de diversas procedências. Isto tanto na música como na arquitetura; tanto na pintura como na culinária; tanto na economia (a técnica chamada de *valorização*, por exemplo), como no direito; tanto na antropologia ou na sociologia (Roquette-Pinto, Fróis da Fonseca etc.) como na literatura; tanto na dança como no teatro; tanto na medicina como na pedagogia."

Brasis, Brasil, Brasília, p. 149.

"Por mais importante que seja o alimento como característica de uma área de cultura, sozinho não constitui essa área. A característica de uma área de cultura se obtém superpondo ao mapa que se fizer de extensão de determinado alimento, outras expressões de vida, como a técnica de transporte, o método de proteção ao pé, o estilo da casa, o estilo do vestuário, a decoração."

Problemas brasileiros de antropologia, p. 22.

"Ecologia e história, mitos e irracionalidades a serem considerados no trato de quanto é matéria socialmente brasileira. Inclusive, é evidente, a que é alimentação: essa alimentação de que o Brasil pode tornar-se o maior celeiro tropical."

"Engenharia de alimentos", artigo publicado na *Folha de S.Paulo,* em 18 de maio de 1979.

"Hoje tudo o que se refere à dieta é assunto ilustre e na moda. Se é certo que os aspectos mais versados do problema de nutrição são os de fisiologia, de química e de higiene, já não dá a impressão de *blagueur* quem aparece se ocupando de outros aspectos: do artístico, do folclórico, do sociológico. Do sociológico porque vem se desenvolvendo nos últimos anos uma verdadeira sociologia da nutrição, ou pelo menos, uma escola sociológica nutricionista."

"Dieta, sexo e sociologia", artigo de jornal publicado sem data identificada.

"Algumas das mais notáveis interpretações sociológicas dos últimos tempos vêm sendo feitas sob esse critério: o critério do sistema de nutrição da sociedade estudada. A relação desse sistema com o trabalho; seu rito, sua estética, seus tabus, sua mística."

"Dieta, sexo e sociologia", artigo de jornal publicado sem data identificada.

"As formas de arte características de tal civilização – a hispano-tropical – corresponderiam a formas sociais e formas artísticas de expressão também dela características. E teríamos aí uma confirmação da tese sustentada por alguns sociólogos e antropólogos de que formas de arte e formas de vida social estão sempre em correspondência dentro de uma cultura ou de uma civilização. Essa correspondência se verificaria entre seus mais expressivos particularismos: particularmente os mais susceptíves de repercussão universal, como a música e a arquitetura, a culinária e a pintura. Mas sem excluírem a literatura quando capaz de atingir – o que não é frequente – essa repercussão."

Arte, ciência e trópico, p. 51.

"O indivíduo tornado *pessoa social* pela vida em comum e pela cultura não cessa de ser aquela *natureza original* que a biologia estuda no indivíduo pelo processo generalizador; nem sua vida deixa de ser um processo puramente individual, e por conseguinte biológico – no sentido de referir-se ao indivíduo, ao animal, ao biomo e não à pessoa – para tornar-se completamente um processo social e cultural. As exigências metabólicas, por exemplo, fazem-no precisar de alimentar-se – processo individual, universal, biológico: a satisfação dessas exigências é que, depois do período do aleitamento, passa a realizar-se por meio de refeições mais ou menos regulares quase sempre em grupo e por meio de alimentos mais ou menos peculiares ao grupo e em alguns grupos obtidos e preparados pela cooperação econômica entre os sexos e subgrupos: processo social e cultural. São, portanto, processos que se interpenetram e se completam – o biológico e individual e o social e cultural – tornando-se difícil, em casos mais complexos que o da alimentação, separar rigorosamente as expressões do processo biológico das do social e do cultural."

Sociologia – introdução ao estudo dos seus princípios, p. 192.

"Do uso de temperos na comida, pode-se dizer, por exemplo, que nem todo ele é simplesmente expressão social e de cultura, mas algumas vezes será, sob essa forma aparentemente só social e cultural de *afrodisíaco do paladar*, parte essencial da alimentação humana em diferentes circunstâncias de espaço físico e de vida. Outras vezes, é que será pura expressão de processo social, concorrendo para aumentar o gosto com que um grupo participa da mesma comida, e com esse gosto, a sociabilidade."

Sociologia – introdução ao estudo dos seus princípios, p. 192.

"Os antropólogos sociais ou etnólogos vêm reunindo fortes evidências no sentido de indicar que essa consciência de espécie humana se apoia em aptidões e tendências gerais, comuns a todos os grupos humanos independentes da condição ou situação simplesmente étnica. São aptidões e tendências no sentido de desenvolver em grupos étnicos diversos formas semelhantes de organização social e de cultura quando comuns ou semelhantes a sugestões de meio e de circunstâncias e os materiais oferecidos pelas diversas regiões. Daí, talvez, a universalidade do uso do fogo na culinária, da domesticação de animais, do armazenamento de alimentos, da magia, da dança, da recreação, do adorno pessoal, do casamento, da família. Encontradas, sob estilos culturais diversos, entre grupos de diferentes *raças*, algumas dessas formas de vida social não podem ser consideradas senão expressões, ou satisfações culturalmente diversas, de necessidades e desejos de *natureza comum*; e esta, a humana, ao lado da qual as diferenças de *raça* se apresentam secundárias e mesmo superficiais e, segundo alguns, extremistas do antropocentrismo em oposição ao etnocentrismo, insignificantes. Diferenças de ordem biológica mais profundas que as de *raça* são, segundo parece, as que dividem os homens pela idade e pelo sexo."

Sociologia – introdução ao estudo dos seus princípios, p. 276.

"Há larga zona de sociologia psicológica onde expandir-se o *behaviorismo* aplicado ao estudo do comportamento social do homem e do animal como fenômeno transubjetivo. O próprio professor [e sociólogo] Sorokin empenhou-se nessa aplicação ao estudar – partindo da teoria do processo de nutrição sociológico de Pavlov – a correlação entre estímulos de alimentação e comportamento humano, psicologia, processos sociais e organização social. Suas conclusões – entre as quais a de que *a inanição altera todo o comportamento humano* e a de que *sob o estímulo da falta de alimentos os homens arriscam-se a ações perigosas que não praticariam sem estar famintos (repressão das reações protetoras pelas de fome)* – representam generalizações de interesse para a sociologia, em geral. Também a conclusão de que *a alteração de comportamento humano (pela fome) torna compreensível as alterações que se observam no campo dos fenômenos sociais quando considerável parte de uma população começa a experimentar fome... é generalização de interesse sociológico alcançada por estudo de sociologia psicológica segundo método behaviorista moderado."*

Sociologia – introdução ao estudo
dos seus princípios, p. 292-293.

"Todos nos lembramos de que uma das vantagens de ordem cultural que definiam outrora a situação de fidalgo ou cavaleiro e sua superioridade sobre o peão era o fato de possuir cavalo e de só andar a cavalo: cavalo nobre, alto, belo, que se distinguisse dos cavalos ou jumentos de escudeiros, de frades esmoleiros ou de pajens. São insígnias todas culturais de status, de posição, de situação social de domínio que também pode ser ostentada ou simplesmente indicada pelo alimento que o indivíduo de tal região ou de qual classe, de tal casta ou de qual religião, come com frequência; ou com exclusividade litúrgica ou aristocrática: peru com arroz em oposição a charque com feijão e farinha; caviar em oposição a caldo verde; carne de carneiro em oposição a carne de porco; legumes e frutas em oposição a carne de boi. Para os ingleses menos cosmopolitas, os franceses são desprezíveis por comerem rãs; para os judeus ortodoxos, são desprezíveis os que comem carne de porco com feijão de Boston [feijão branco cozido com melaço, açúcar mascavo e defumados de porco] ou com farofa carioca."

Sociologia – introdução ao estudo
dos seus princípios, p. 397.

"A vaca tem uma significação social e cultural para o hindu e outra, bem diversa, para o holandês ou o dinamarquês. Mas não será difícil encontrar entre um grupo valores que são os equivalentes de outros, diversos como coisas apenas físicas, que se encontram em grupo diferente. O porco, sob a forma de presunto de York, é tão valorizado social e culturalmente pelos ingleses desdenhosos de rã – *comida de gente suja* – como a rã pelos judeus franceses, desdenhosos de porco, para eles, igualmente *comida de gente suja*."

Sociologia – introdução ao estudo
dos seus princípios, p. 404.

"Atitudes em torno de valores variam de uma época para outra. Esta a razão por que o professor Horace M. Kallen, em sua definição sociológica da moral, salienta que os alimentos e os objetos ligados ao sexo, a vestimenta, o abrigo, a defesa contra doenças e inimigos, são *necessidades* que causam em relação ao alimento e aos ritos de alimentação, por exemplo, atitudes diferentes – diferentes no espaço e diferentes no tempo – a respeito do que se deve comer e do que não se deve comer, a respeito de como conseguir e de como preparar o alimento, na companhia de quem deve ser ele ingerido: atitudes que, em alguns casos, são responsáveis por diferenças rígidas no espaço social dentro do mesmo espaço físico, como em algumas partes do Oriente com relação ao espaço socialmente e até mesmo fisicamente ocupado pelas várias castas ou subgrupos de uma população."

Palavras repatriadas, p. 213-214.

"Semelhante conexão talvez explique por que os jovens de uma sociedade cuja civilização seja invadida por outra técnica e cientificamente sua superior – como a China patriarcal e humanística foi invadida pelas civilizações industriais burguesas tanto europeias como anglo-americanas durante o século XIX – manifestam pendor ou tendência para imitar além das modas e dos modos a moral dos invasores, tornando-se desdenhosos da moral e dos costumes ancestrais. Desdenhosos até mesmo dos alimentos tradicionais, eles preferem a tais quitutes fiambre com ovos e feijão de Boston enlatado."

Palavras repatriadas, p. 214.

"A propósito da engenharia social, tanto quanto da humana e da física – destaque-se a crescente importância da chamada engenharia de alimentos. Crescente importância em face da crescente industrialização de alimentos, quer de origem animal, quer de origem vegetal, uns e outros perecíveis. E sendo perecíveis, reclamam controles que a tecnologia ou a engenharia especializada pode oferecer, em defesa da saúde humana."

"Engenharia de alimentos", artigo publicado na *Folha de S.Paulo* em 18 de maio de 1979.

"Já duas universidades brasileiras oferecem cursos sistemáticos em engenharia de alimentos: a de Campinas e a de Viçosa. Seria conveniente ao Brasil, em ligação com o desenvolvimento entre nós das três engenharias, que se criassem, nas mesmas e noutras universidades animadas de brio pioneiro, cursos de tropicologia."

"Engenharia de alimentos", artigo publicado na *Folha de S.Paulo* em 18 de maio de 1979.

1
IMAGENS – CHEIROS E SABORES

"Saboreio com efeito certas palavras e de algumas pareço sentir uns como odores que correspondessem aos seus diversos sabores."[1]

O que mais Gilberto Freyre gostava de fazer, ainda criança, era desenhar. **"Desde menino se dá ao luxo de garatujar pessoas, coisas e animais que observe ou que estude; ou que simplesmente provoquem seu interesse."**[2] Por esse tempo, **"não queria aprender nem a escrever nem a ler. Mas desenhava tanto que enchia cadernos e cadernos com garatujas"**[3]. Só bem tarde, aos 8 anos, é que se alfabetizou. Com mr. Williams, **"o melhor de quantos mestres já tive"**[4]. E aquele gosto por desenhar, que nunca o abandonou, ajudou o escritor a criar um estilo único. Capaz de "tornar visível, através de palavras, não só o mundo interior de seus pensamentos mas, principalmente o mundo exterior"; e revelando, em cada um de seus escritos, "o movimento rítmico, a presença de uma imaginação visual que o torna um grande mago na criação de imagens visuais ou intensificadoras, os movimentos quase coreográficos de suas frases"[5] – assim o define César Leal. O imagismo era, já naquele tempo, largamente usado na Inglaterra, na França e nos Estados Unidos. A partir de Ezra Pound (1885-1972), que lançou o movimento em 1909 – a quem **"desejaria conhecer de perto. Mas sem me apresentar como um matuto entusiasta"**[6]; de T.E. Hulme (1883-1917) – que havia sido, em Londres, professor de T.S. Eliot (1888-1965); de Cecil Day-Lewis (1904-1972) – para quem "imagem é pintura feita com palavras"[7]; e, sobretudo, de Amy Lowell (1874-1925) – para ele, **"uma das maiores figuras na literatura em língua inglesa"**[8]. A mesma que tinha a fama de fumar charuto e de receber os que a visitavam com **"pratos de sobremesa de ouro"**[9].

Gilberto Freyre foi o primeiro escritor, em nossa terra, a utilizar esse estilo. E a se gabar dele, é justo dizer. **"Desde que apareceu o imagismo e eu, particularmente, tornei-me, na segunda década do século, por influência diretíssima de Amy Lowell [...], o primeiro imagista brasileiro, é inevitável**

---

1. *Tempo morto e outros tempos,* p. 190.
2. *Açúcar,* p. 24, prefácio do autor à 3ª edição.
3. *Tempo morto e outros tempos,* p. 154.
4. *Tempo morto e outros tempos,* p. 72.
5. 106. (Bibliografia).
6. *Tempo morto e outros tempos,* p. 177.
7. 97. (Bibliografia).
8. *Tempo morto e outros tempos,* p. 123.
9. *Tempo morto e outros tempos,* p. 107.

Desenhos de Gilberto Freyre.

Caricaturas feitas por Gilberto Freyre.

Com Antonio Torres, Londres, 1923.

Com Fidelino de Figueiredo, Lisboa, 1923.

Com Vicente do Rego Monteiro, no ateliê do pintor, Paris, 1922.

Habitantes tatuados da Guiné. Eram esses, segundo Gilberto Freyre, "como se fossem bolo de chocolate".

pensar-se imagisticamente; e inevitável um imagista pioneiro, no Brasil, deixar de sentir-se esse precursor em língua portuguesa de um novo e incisivo *ismo*."[10] É de Freyre, também, o primeiro poema imagista publicado no Brasil – o já transcrito *Bahia de todos os santos e de quase todos os pecados*. "**Se enxergue, nesse talvez poema, como outro crítico ilustre, este anglo-americano, o professor William Berrien, já enxergou – repercussão do imagismo anglo--saxônio no Brasil; sua repercussão com imagens e vozes brasileiras e até afro-brasileiras. Vaga repercussão, porém; e muito mais vaga, ainda, propagação direta de um *ismo*, de que não se chegou a fazer nenhum reclame nem no Rio nem em São Paulo nem mesmo no Recife daquela época."[11]

São muitas as imagens em que cheiros e sabores desempenham papel fundamental na composição de seus textos. Como, por exemplo, na descrição que fez da chegada do barão de Itaingá à França, **"decidido a não voltar ao Brasil para não tomar contato com os arrivistas; mas decidido também a conservar-se brasileiro à moda antiga. De modo que trouxera, com a família, mucama de estimação e escravo pajem para o serviço doméstico dele e dos seus. Trouxera sacos de feijão e sacos de farinha. Trouxera charque do Rio Grande. Trouxera latas de goiabada e caixas de marmelada. Trouxera fumo picado para cigarros que seriam do seu próprio fabrico: cigarros teluricamente de palha. Trouxera charutos. Trouxera vidros com molho de pimenta. Frascos com temperos: dos capazes de resistir ao tempo. Trouxera o juá com que ele se acostumara a escovar os dentes. Remédios a que se habituara: xaropes, elixires, infusões de ervas brasileiras. Remédios para tosse, para o fígado, para o estômago, para inflamações, para efeitos de quedas, para ferimentos, para dor de ouvido, para os olhos. Molhos de cheiros também de plantas tropicais para perfumar interiores de guarda-roupas, de cômodas, de estantes. E mais: romances de José de Alencar. Contos de Machado de Assis. Poesias de Gonçalves Dias. Canela em pó, deliciosamente aromática, feita em casa. Erva-cidreira, flor de sabugueiro, infusão de mastruço."**[12]

Para Gilberto Freyre, **"Há palavras com as quais se conseguem milagres [...] *Delicioso* é assim [...] E há toda uma filosofia em atravessar a vida com a palavra *delicioso* nos lábios, distribuindo-a para a direita e para a esquerda, como a destra untuosa e boa de um bispo distribui a bênção."**[13] Além de muitas outras, ligadas ao ato de comer – cozido, cru, doce, faminto, fome, gosto, gula, guloso, paladar, saborear, salgado, sorver, verde, maduro. Assim, para ele, a vida devia ser vivida **"sorvendo-lhe o licor, gozando-lhe os encantos de som e as delícias de gosto"**[14]. Com relação às paisagens, **"os olhos**

---

10. *Modos de homem & modas de mulher*, p. 21.
11. *Vida, forma e cor*, p. 27.
12. *O outro amor do dr. Paulo*, p. 50.
13. *Tempo de aprendiz*, p. 362.
14. *Tempo de aprendiz*, p. 225.

precisam de triturá-las como os dentes aos bifes meio crus"[15]. E o tempo tão depressa passa que "as horas parecem comer umas às outras"[16]. Não fosse pouco, ao defender seus conterrâneos no Congresso Nacional, avisava que "o voto do pernambucano livre não se compra como se compra galinha ou couve"[17].

Algumas vezes, até usa a ordem em que os pratos vêm à mesa (*hors-d'oeuvre*, prato principal, sobremesa) como classificação de importância, no que escreve. Para ele a sociologia, naquele tempo, era ainda considerada "uma espécie de simples doce ou sobremesa de ciências mais substanciosas"[18]. Já cultura, compara a "um jantar no qual a *hors-d'oeuvre* picante aguça o desejo das *entrées* confortadoras. São Tomás de Aquino é muito mais confortador depois duma *hors-d'oeuvre* de Nietzsche ou Stirner."[19] Outras vezes, cria palavras, como "sanduichar"[20], para explicar o muito material que Oliveira Lima colocou em sua obra. Ou compara estilos literários com frutas: o de Rui Barbosa seria "mamão mole, *over-ripe*, manando xarope"[21]; o de José de Alencar, "pinha a rachar de madura"[22]; o de Monteiro Lobato, "tamarindo"[23]; tantos mais. Ou ainda pessoas e classes sociais com alimentos: "Oliveira Lima não pretendia ser nenhuma montanha toda de açúcar ou toda de geleia"[24]. Habitantes tatuados da Guiné eram "como se fossem bolo de chocolate que a doceira tivesse decorado com desenhos de flores, estrelas, pássaros. Bolos de noiva."[25] E a antiga aristocracia dos engenhos, para ele, "não está descendo, a maior parte já está no chão esparramada como jaca mole podre de madura"[26].

---

15. *Um brasileiro em terras portuguesas*, p. 266.
16. *Tempo de aprendiz*, p. 183.
17. *Quase política*, p. 199.
18. *Sociologia*, p. 79-80.
19. *Tempo de aprendiz*, p. 310.
20. *Retalhos de jornais velhos*, p. 155.
21. *Tempo de aprendiz*, p. 176.
22. *Tempo de aprendiz*, p. 176.
23. *Tempo de aprendiz*, p. 176.
24. *Oliveira Lima, Don Quixote gordo*, p. 39.
25. *Aventura e rotina*, p. 247.
26. *Retalhos de jornais velhos*, p. 76-77.

SELETA DE TEXTOS

ESTILO LITERÁRIO E ALIMENTOS:

"Não há como um fruto para dar, em síntese, a ideia dum estilo literário. Ou, em alguns casos, uma flor. Há estilos que produzem em nós impressão mista de cor e de perfume. [...] Eis os exemplos:

Pío Baroja – lima meio verde acre.
Miss Amy Lowell – tulipa rica de cor.
O senhor Carlos de Laet – laranja um tanto acre.
George Bernard Shaw – hortelã.
Oscar Wilde – manga-rosa cheia de cor e de cheiro, salpicada das primeiras manchas negras.
T. de Benville – limão *glacé*.
Baudelaire – flor da beira das lagoas negras dos trópicos, com exalações amolecedoras, intoxicantes.
Arnold Bennett – pera suculenta, não de todo madura.
Eça de Queiroz – laranja acre-doce.
Euclides da Cunha – flor brava, viva, escarlate: a de 'cabeça-de-frade'.
George Moore – pêssego de voluptuosa frescura.
O senhor Oliveira Lima – melão polvilhado de sal ático.
Blasco Ibáñez – banana podre de madura.
Victor Hugo – grande, enorme jaca, com mil e um bagos melosos.
Edgar Allan Poe – ameixa ainda com o travo de verde.
R. L. Stevenson – banana-prata.
O senhor Afrânio Peixoto – abacaxi.
Sarojini Naldu – manga amarelinha de madura, doce.
Machado de Assis – figo seco, com o cheiro de tabaco havanês.
Schopenhauer – limão de acidez picante, *bitting*.
Joaquim Nabuco – narciso de Boston.
Vachel Lindsay – maçã.
O senhor Aníbal Fernandes – cereja.
O senhor Mário Sette – pitanga.
Gautier – uva.
Visconde de Taunay – caju cristalizado.
O senhor Gustavo Barroso – flor da chinchona.
George Meredith – romã madura.
O senhor Coelho Neto – caju muito maduro, mole, de muito cheiro.
Gilbert Chesterton – abóbora.
Visconde de Santo Thyrso – azeitona salgada.
Longfellow – jaca dura, viscosa.
Do estilo de Zola a impressão não é propriamente de fruto, porém de essência de fruto: café forte, negro, fervendo, sem açúcar ou leite."

Tempo de aprendiz, p. 176-177.

"Camões foi um realista capaz de ter sido um Defoe [Daniel Defoe (1660-1731), autor de Robinson Crusoe] no século XVIII ou um Melville [Herman Melville (1819-1891), autor de Moby Dick] no século XIX, mas um realista animado por uma quente imaginação de romântico aventuroso tanto no corpo como na alma. Guloso do que ele próprio chama *vária cor*, não só como artista: também como homem. Como homem de ciência e como homem simplesmente homem: português no viço do sexo por conseguinte, com o sexo e o paladar nos olhos, nos ouvidos, no olfato, nas pontas dos dedos. Foi o que predispôs a ser tão sugestivo intérprete de um mundo cheio de cores e formas espantosamente novas para os olhos do europeu do século XVI, de sabores ignorados pelo seu paladar, de perfumes estranhos ao seu olfato, de macios de corpo nu de mulher e de tecidos finos de vestir homem, ainda desconhecidos pela sensibilidade ou pela sensualidade europeia."

O luso e o trópico, p. 145.

SELETA DE TEXTOS

"Em Jorge de Lima o verbo fez-se carne neste sentido: no de sua poesia afro-nordestina ser realmente a expressão carnal do Brasil mais adoçado pela influência do africano. Jorge de Lima não nos fala dos seus irmãos, descendentes de escravos, com resguardos profiláticos de poeta arrogantemente branco, erudito, acadêmico, a explorar o pitoresco do assunto com os olhos distantes de turista ou curioso. De modo nenhum. Seu verbo se fez carne: carne mestiça. Seu verbo de poeta se torna carnalmente mestiço quando fala de *democracia*, de *comidas*, de *Nosso Senhor do Bonfim*, embora a metade aristocrática desse nordestino total, de corpo colorido por jenipapo e marcado por catapora, não esqueça que a *bisavó dançou uma valsa com dom Pedro II* nem que *o avô teve banguê*."

Vida, forma e cor, p. 40-41.

"Sílvio Romero me dá a ideia da diligente galinha que ciscou muito terreno no Brasil para que ternos pintinhos descobrissem na terra ciscada uma multidão de minhocas de que não se apercebiam, atentos só ao milho, à cevada, às comidas nobremente dignas do bico de uma galinha-mãe. Faltou-lhe o conhecimento da importância da minhoca, importância posta em relevo por Darwin em página digna de fazer companhia à de Thomas Huxley sobre 'um pedaço de giz.'"

Tempo morto e outros tempos, p. 90.

"Desde 1922 que Oswald de Andrade escreve de um modo novo, mas não fanaticamente novo: sem aqueles sinais maçônicos que só os iniciados compreendem e admiram noutros *modernistas* hoje arcaicos. Sem abusos de *gostosura*, de sentenças começando com *me*, de diminutivos exageradamente açucarados."

Vida, forma e cor, p.111.

IDEIAS E ALIMENTOS:

"O que parece indicar da casa que, para o brasileiro, significa menos liberdade absoluta que segurança, conforto, pão, terra, mesmo que devam ser considerados relativos, dada a relatividade de todos os bens ou de todos os valores apenas existencialmente humanos: excluídos os teológicos ou abstratos."

Oh de casa!, p. 16.

"A caminho do Terreiro do Paço
vejo já quase reduzido a farinha
demolido da noite para o dia
o velho Hotel d'Inglaterra
o primeiro hotel em que me hospedei em Lisboa."

A condição humana e outros temas, p. 232.

"Ninguém quer parecer provinciano num país, como o Brasil, de que a província é, sem nenhum exagero de retórica, o sal. O sal da cultura, o sal da moral, o sal da política e não apenas o sal que dá melhor gosto aos guisados e aos assados, tão insípidos quando é o carioca que os prepara sem auxílio de mãos ou receitas provincianas."

Aventura e rotina, p. 98.

SELETA DE TEXTOS

"Talvez tenha-se tornado alamoa:
e ruiva como uma alemãzinha
e apareça nas noites de lua a homens morenos
e até pretos.
Assombrando-os e enfeitiçando-os
com a sua nudez de branca de neve
mas desmanchando-se como sorvete."

Seleta para jovens, p. 137.

"Aqui [região banhada com as águas do Vouga e do Águeda] o sargaço não é simples ou desprezível mato – mato do mar: é adubo. Por isso diz-se da *ria* que, com suas algas e seus restos de peixe miúdo, engorda a terra do Aveiro. Engorda-a com suas papas de peixe podre, seus pirões de lodo macio, seus mingaus de lama, seus caldos verdes de algas, de que a terra se deixa voluntuosamente embeber como se fosse terra mimada e cevada pelos seus filhos."

Aventura e rotina, p. 218-219.

"Aquí el sargazo no es planta del mar,
con sus algas y sus residuos de menudos peces,
la ría engorda la tierra de Aveiro
con sus gachas de cieno blando
puches de lana,
caldos verdes de los cuales la tierra se deja
voluptuosamente empapar."

Antologia, p. 226.

"Com a varanda e o caramanchão veio o namoro da mulher senhoril não apenas com o primo mas com o estranho. Um namoro tímido, é verdade, de sinais de lenço e de leque. Mas o bastante para romantizar o amor e torná-lo exógamo. Quando as urupemas foram arrancadas à força dos sobrados do Rio de Janeiro, já no tempo de Dom João, e dos sobradões do Recife e das cidades mais opulentas da colônia já quase independente de Portugal, pode-se dizer que se iniciou nova fase nas relações entre os sexos."

Sobrados e mucambos, p. 272.

"De rede viajavam [os senhores de engenho] quase todos – sem ânimo para montar a cavalo: deixando-se tirar de dentro de casa como geleia por uma colher. Depois do almoço, ou do jantar, era na rede que eles faziam longamente o quilo – palitando os dentes, fumando charuto, cuspindo no chão, arrotando alto, peidando, deixando-se abanar, agradar e catar piolho pelas mulequinhas, coçando os pés ou a genitália; uns coçando-se por vício; outros por doença venérea ou da pele."

Casa-grande & senzala, p. 429.

HORS-D'OEUVRE – PRATO PRINCIPAL – SOBREMESA:

"Enquanto eu almoçava no Círculo, os outros Freyre, tendo almoçado no hotel, foram ver museus. Primeiro, como *hors-d'oeuvre*, o Museu de Arte Popular. Depois, como alimentos de resistência, o Museu dos Coches e o das Janelas Verdes."

Aventura e rotina, p. 89.

SELETA DE TEXTOS

"Não vos prometo a iniciação numa ciência fácil mas, ao contrário, em matéria extremamente difícil. É certo que, no Brasil, qualquer indivíduo mais audaz em suas pretensões intelectuais diz-se hoje sociólogo com uma sem-cerimônia assombrosa. Mas o Brasil é atualmente um país de incríveis audácias e inacreditáveis sem-cerimônias nesse e noutros setores. Isto, por um lado. Por outro lado, somos vítimas de uma rotina que não se deixa vencer com duas razões: a de que estudos superiores sérios só existem, no mundo, os de direito, os de medicina e os de engenharia. Tudo o mais seria sobremesa. Doce. Alfenim."

Antecipações, p. 77.

PALAVRAS LIGADAS AO ATO DE COMER:

"Aliás, a gula pelas relíquias desse santo [São Francisco], cuja memória é o objeto de veneração não só da parte de cristãos como de hindus e maometanos, tem chegado a extremos fantásticos."

Aventura e rotina, p. 356.

"Weaver me oferece um livro que vou ler com verdadeira gula: cartas de Nietzsche."

Tempo morto e outros tempos, p. 127.

"Nesta primeira carta de Nova York procurarei espremer o suco das impressões aqui recolhidas, em onze curtos dias, pela minha gana de *mirar algo nuevo*. As sensações desta semana e meia de gula intelectual [...] apresentam-se-me baralhadas e confusas como os arabescos e as cores de um tapete persa, misturadas pela arte do tecelão. O que se segue, portanto, é uma ideia vaga; toda em meias-tintas, da Nova York que se me revelou *au premier abord*. Provinciano encontrado na maior das cidades, minha situação é psicologicamente a mesma de menino guloso diante de enorme travessa de canjica ou de pudim: sem saber por onde começar."

Tempo de aprendiz, p. 94.

"Os próprios livros de literatura chamada proletária do meu amigo Jorge Amado só podem ser saboreados pelos ricos."

Aventura e rotina, p. 417.

"Meus amigos acharam muita graça nesse artigo. Descobriram no seu autor um jeito delicioso para o paradoxo e para a malícia. E como eu saboreio elogios como quem saboreia bombons ou goles de curaçau, faltou-me coragem para dizer a tão gentis camaradas que não havia no tal artigo nenhum paradoxo; nem ironia; nem malícia; nem humorismo bizarro. Naquele artigo, ou antes borrão de artigo, eu pusera, com a maior candura, ideias sinceras – aliás vindas de Aristóteles; mas recriadas pelo meu próprio pensar."

Retalhos de jornais velhos, p. 139-140.

"Portadores, portanto, de várias verdades, e não de uma só; ou de vários modos de contar ou de evocar ou de comentar a verdade por eles experimentada, vista e sentida na meninice ou na mocidade. A verdade ainda verde ou ainda crua: antes de se tornar amadurecida e tratada por uma arte ou ciência semelhante à da culinária, verdade histórica."

Vida social no Brasil nos meados do século XIX, p. 35.

"Einstein deu ao seu contato com o Rio uma nota deliciosamente simpática. Homenageado na horrível instituição que é o Copacabana Palace Hotel, falou aí das bananeiras e do sol do Brasil, das varinas de Lisboa, das danças da Catalunha. Tem-se quase a impressão de que ao primeiro sorvo de sopa ou ao primeiro reparo erudito do senhor professor doutor Aloísio de Castro sobre a Teoria da Relatividade ou à primeira pergunta do senhor Assis Chateaubriand sobre o futuro da República alemã, Einstein, pelo menos mentalmente, repetiu Carlos Fradique Mendes: *Nada de ideias, meus senhores! Nada de ideias! Nada de ciência ou de democracia!*"

Retalhos de jornais velhos, p. 33.

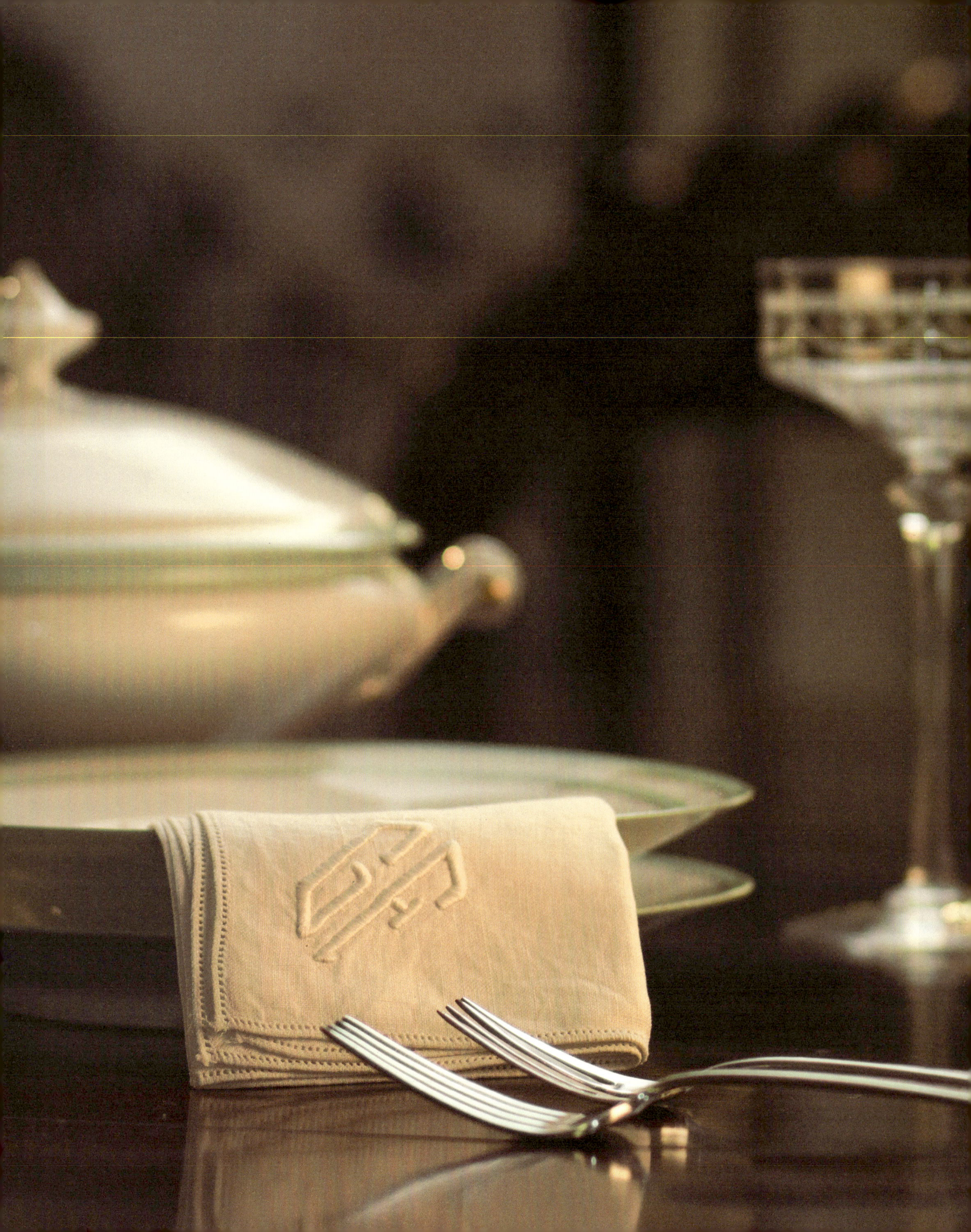

2

O PALADAR
DE UM GOURMET

"O paladar defende no homem a sua personalidade nacional. E dentro da personalidade nacional, a regional, que prende o indivíduo de modo tão íntimo às árvores, às águas, às igrejas velhas do lugar onde ele nasceu, onde brincou menino, onde comeu os primeiros frutos e os primeiros doces, inclusive os doces e os frutos proibidos."[1]

Os cinco sentidos se completam nos sabores. Com grande harmonia. "O tato retificou os erros da visão; o som, por meio da palavra articulada, tornou-se o intérprete de todos os sentimentos; a audição comparou os sons, apreciou as distâncias; o gosto buscou auxílio na visão e no olfato"[2], escreveu Brillat-Savarin (1755-1826) – um juiz de direito que acabou exilado, vivendo então de tocar violino e cozinhar. Só que o paladar começa bem antes de se sentir o gosto. Segundo Gilberto Freyre, a partir do **"próprio tato, sabendo-se de certos alimentos que são mais gostosos quando o indivíduo se serve deles com os próprios dedos, à maneira dos primitivos com os seus pirões ou com os seus tacos de carne crua"**[3]. Daí vem o que se chama, popularmente, *água na boca*. Uma água que, na verdade, é só saliva – necessária para dissolver as moléculas do alimento e iniciar a identificação dos gostos. Trata-se de um processo complexo. Tão logo posto na boca, o alimento entra em contato com as papilas gustativas (pequenas bolsas formadas por células sensitivas) que, através de fibras nervosas, transmitem informações ao cérebro, permitindo que sejam conhecidos temperatura, textura e sabores básicos.

No começo, acreditava-se que ditos sabores seriam só quatro – doce, salgado, azedo e amargo. Doce, o mais agradável deles, vem dos carboidratos que nos fornecem energia. Seu contraponto é o salgado, formado por minerais – elementos essenciais ao funcionamento das células. Já o azedo e o amargo cumprem funções específicas e dão recados ao corpo. Muitos alimentos azedam, quando se deterioram. E quase todos os venenos (como as toxinas naturais) são amargos. Passa o tempo e, em 1908, mais um sabor foi identificado. Por Kikunae Ikeda, pesquisador da Universidade de Tóquio. Esse quinto sabor é o *umami* (em japonês, *sabor de carne*). Nele estão representados os que contêm o glutamato monossódico, responsável por realçar o gosto (comercialmente conhecido como *Ajinomoto*), encontrados sobretudo

---

1. *Açúcar*, p. 73-74.
2. 132. (Bibliografia).

3. *Além do apenas moderno*, p. 117.

nos alimentos ricos em proteínas – carnes, peixes, queijos fortes, também frutas, hortaliças, verduras, chá verde e leite materno.

Ator importante na identificação dos sabores é a língua, toda gente sabe isso. Menos óbvio é como se dá esse processo. Até recentemente, acreditava-se que ela era dividida em áreas específicas. Com papilas gustativas próprias para cada sabor, a ponta sentiria os sabores doces; as laterais, salgados e azedos; e a parte de trás, os amargos. Ainda sem notícias, então, do sabor umami. Assim se deu até quando Charles Zuker, do Howard Hughes Medical Institute (Maryland, EUA), publicou trabalho na revista *Nature* (24 de agosto de 2006). Explicando que os receptores dos sabores básicos existem não em áreas específicas, mas em células espalhadas por toda a língua. Depois fomos compreendendo melhor que da combinação desses sabores básicos resulta um número enorme de outros, distintos. Tudo levando a que tenha, cada prato, um gosto próprio. Com todos os sabores em equilíbrio. Como numa orquestra, em que cada instrumento cumpre seu papel específico.

Referências ao paladar são muitas, na obra de Gilberto Freyre. Para ele, o prazer do paladar é como o **"prazer do sexo, essencial à condição humana"**[4]. Tanto que ficou lisonjeado ao receber, de amiga californiana, um **"elogio sensibilizador: que, como latino, eu sabia agradar mulheres, um modo, para ela, nem sempre dos jovens anglo-saxões. Creio que um desses modos** [seria] **o de interessar-me por coisas do paladar."**[5] E se interessou mesmo por tudo, nesse campo. Sabores de fora e, sobretudo, os de sua própria terra. Um gosto que foi se formando aos poucos, desde os tempos de criança, quando as **"preferências de paladar** [são] **condicionadas, nas suas expressões específicas, pelas sociedades a que pertencemos, pelas culturas de que participamos, pelas ecologias em que vivemos os anos decisivos da nossa existência"**[6]. Por essa razão os **"judeus conservam a sua personalidade de nação, flutuante no espaço mas sólida através do tempo, guardando os pratos, os doces e os pastéis que mais lhes recordam as palmeiras e as oliveiras dos seus primeiros dias de povo e cujo preparo apresenta tanta coisa de ritual ou de litúrgico"**[7]. Compreendendo que esses cheiros e sabores nos acompanham por toda a vida.

---

4. *Além do apenas moderno*, p.117.
5. *De menino a homem*, p. 38.
6. *Açúcar*, p. 34, prefácio do autor à 3ª edição.
7. *Açúcar*, p. 74.

Manuel Bandeira, certa vez, criticou Gilberto Freyre por preferir pratos que aprendeu a apreciar em suas muitas viagens – como bifes à inglesa, carneiro assado à inglesa, caviar, patê, salmão, comidas em lata. "Que espécie de regionalista é esse?", perguntou. A resposta foi simples: **"Logo que regressei ao Brasil, os quitutes da terra me voltaram a empolgar o paladar de modo absoluto. Agora, não: tenho minhas saudades, e grandes, de comidas anglo-saxônias e francesas. Volto a elas uma vez por outra: sempre que é possível fazê-lo através de guloseimas enlatadas e de conservas. O paladar é como o coração de que falava Pascal: tem suas razões que a razão desconhece."**[8] Essa frase do pensador francês Blaise Pascal[9] (1623-1662) foi muitas outras vezes citada por Freyre. Talvez por ter sido **"leitor intenso de Pascal"**[10], recebendo influência da leitura, ele mesmo confessou, **"ao mesmo tempo mística e lúcida, do grande pensador e religioso"**[11]. Uma frase que adaptou, por exemplo, ao explicar interferências modernas em pratos tradicionais, como a feijoada em lata – **"um prato estritamente clínico, perfeitamente insípido"**[12]; ou o comportamento daqueles mais preocupados com a forma delgada do corpo. **"O paladar tem razões que a razão dos nutrólogos pode, em alguns casos, ignorar. Ignorar ou não compreender."**[13] Recriminou esses **"ascetas do paladar"**[14], para quem **"doces e outros regalos deveriam ser desprezados, bastando ao homem ativo comer rapidamente, ao almoço ou ao jantar, sua carne assada simplesmente com um pouco de arroz: sem temperos, nem molho. Sem vinho, nem cerveja: acompanhada somente d'água."**[15] Desprezando pratos que podem até ser **"pecado contra a saúde, contra a dieta, contra a nutrição científica. Mas não pecado contra o paladar."**[16] Gostava, também, de referir palavras de Eduardo Prado, que ouviu pela boca de Oliveira Lima: **"O paladar é a última coisa no homem que se deixa desnacionalizar por influências estrangeiras"**[17]. E é mesmo. Gilberto Freyre inclusive recordava uma amiga (mrs. Rundle) que **"deixou o Brasil, há mais de sessenta anos, ainda tem saudades de galinha ensopada, de fritada de camarão, de 'fios de ouro', de outras delícias nectárias que fazem honra ao forno e ao fogão da nossa terra"**[18].

---

8. *Tempo morto e outros tempos*, p. 304.
9. 121. (Bibliografia).
10. *Tempo morto e outros tempos*, p. 182.
11. *Tempo morto e outros tempos*, p. 182.
12. *Sociologia da medicina*, p. 37.
13. *Médicos, doentes, contextos sociais*, p. 36; e *Sociologia da medicina*, p. 37.
14. *Além do apenas moderno*, p. 68.
15. *Além do apenas moderno*, p. 68.
16. *Açúcar*, p. 29, prefácio do autor à 3ª edição.
17. *O outro amor do dr. Paulo*, p. 60.
18. *Tempo de aprendiz*, p.173

Pouco a pouco, foi dando um novo sentido ao mais doce dos pecados. Recomendando ler livros com **"verdadeira gula"**[19]; dizendo sentir **"gula pelas relíquias"**[20]; ou referindo a **"gula intelectual – que é talvez pecado, como a do estômago"**[21]. Só para lembrar, gula é um dos sete pecados capitais – junto com avareza, inveja, ira, luxúria, preguiça e soberba. Tudo por determinação do papa Gregório I, em 590, inspirado no monge beneditino Evágrio Pôntico (346-399), que, dois séculos antes, já falava nos *oito males do corpo*. Alguns depois mantidos (avareza, ira, luxúria e soberba) e, mais, aborrecimento, tristeza, vanglória (palavra formada de *vã* e *glória*, com o sentido de ser passageira essa glória). Além de gastrimargia (*loucura do ventre*), depois convertida na própria gula. Segundo esse monge, *quem domina o próprio estômago diminui as paixões, e quem é subjugado pela comida aumenta os prazeres*. Dessa **"íntima relação entre a libido e os prazeres do paladar"**[22] já falava Gilberto Freyre, ao explicar o próprio comportamento do povo brasileiro, **"um dos que mais identificam com o prazer do paladar a própria efusão, não só sensual como lírica, do sexo"**[23]. Muitos outros seguidores de Cristo também condenaram essa gula. Santo Agostinho dizia *não temer a impureza da comida, mas a do apetite*, afinal recomendando *ingerir os alimentos como se se tratassem de remédios*. São Francisco de Assis chegava ao exagero de temperar com cinzas sua própria comida, para eliminar qualquer sabor que pudesse ter. Nada a estranhar partindo de quem sentia prazer em dormir sem roupas (*nu como Cristo*, assim dizia), num chão de pedras. Apesar do frio europeu. Por essas e outras, acabou seus dias afastado da ordem que criou. Já para as santas Catarina, Clara e Verônica, *estômago cheio prejudica a mente*; e tanto sofreram, em jejuns prolongados, que chegaram a ser severamente advertidas pela Igreja. Em razão do perigo de incidirem em outro pecado capital, a soberba – que decorreria do *heroísmo* dessa penitência. São Tomás de Aquino, considerado o *mais sábio dos santos e o mais santo dos sábios*, foi mais longe e enumerou cinco formas distintas de se cometer essa gula: *praepropere* (comer antes da hora), *laute* (gastar muito para comer), *nimis* (comer demais), *ardenter* (comer com ansiedade) e *studiosus* (comer com excesso de refinamento). Sem se darem ao

---

19. *Tempo morto e outros tempos*, p. 127.
20. *Aventura e rotina*, p. 356.
21. *Tempo de aprendiz*, p. 94.
22. *Casa-grande & senzala*, p. 331.
23. *Insurgências e ressurgências atuais*, p. 261

trabalho de explicar, ditos religiosos, como pode essa muito inspirada criação do bom Deus ser tão pecaminosa.

Sorte é que, na prática, essas recomendações eclesiásticas nem sempre funcionaram. Tornando-se os mosteiros, de onde vieram tantos desses santos e santas que hoje ornam os altares das igrejas, grandes laboratórios gastronômicos. **"Nas vastas cozinhas dos mosteiros que, em Portugal, conservaram--se, até a decadência das ordens monásticas e mesmo depois delas, verdadeiros laboratórios onde novos sabores ou gostos de carne, de peixe, de açúcar, de arroz, de canela, de verdura, foram descobertos ou inventados por monges voluptuosos e pacientes, peritos no preparo de molhos e temperos capazes de despertar os paladares mais lânguidos como outros afrodisíacos, do sexo, já quase moribundo, dos homens velhos ou gastos. Às freiras devem-se doces, bolos, pastéis, sobremesas, gulodices, também caracteristicamente luso-monásticos. Nos seus conventos, especializaram-se na arte de também adquirirem, com relação ao paladar, caráter um tanto afrodisíaco. Que o digam os nomes de alguns desses pastéis de freiras – já notados pelo erudito Afrânio Peixoto – e também, acrescentamos nós, os de vários doces da doçaria popular ou plebeia de Portugal. Até *testículos de São Gonçalo* se intitula um, mais pagã e grosseiramente plebeu."**[24] Muitas dessas receitas foram trazidas para nossa terra. **"Onde se foi levantando um mosteiro ou um recolhimento de religiosos ou um convento de freiras é quase certo que foi também se erguendo no Brasil um novo reduto de valores culinários. Um novo laboratório em que frades ou freiras se especializaram em inventar novas combinações culinárias, dentro das boas tradições portuguesas como *o eclesiástico paio* e *o gótico presunto de fumeiro*, a que se refere** [Ramalho] **Ortigão."**[25]

Gilberto Freyre lembra que o escritor inglês William Thomas Beckford (1759-1844), quando visitou Portugal no século XVIII, **"pôde recolher nos mosteiros por onde andou impressões de grande fartura. A cozinha de Alcobaça, por exemplo, maravilhou-o. Seus olhos, ele próprio o confessa que nunca viram em convento nenhum da Itália, da França ou da Alemanha tão largo espaço consagrado aos ritos das coisas culinárias. Muito peixe

---

24. *Manifesto regionalista*, p. 62.   **25.** *Manifesto regionalista*, p. 62-63

Caricaturas feitas por Gilberto Freyre:

Oliveira Lima, Waco, Texas, 1919.

Oliveira Lima e Gilberto Freyre, Washington, 1923.

fresco das águas do próprio convento. Uma fartura de caça das matas próximas. Hortaliças e frutas maduras de toda espécie das próprias hortas dos frades. Montes de farinha e de açúcar. Gordas jarras de azeite. Trabalhando nesta abundância enorme de massas, de frutas, de hortaliças, numerosa tribo de serventes e leigos. Gente toda feliz, cantando enquanto preparava os pastéis e bolos para a mesa hospitaleira de Alcobaça. E o dom abade a dizer ao estrangeiro, maravilhado de tanta fartura, que 'em Alcobaça não haveria de morrer de fome.'"[26]

Berço de muitas receitas requintadas, naqueles mosteiros havia fartura de tudo. Em razão das heranças deixadas por famílias ricas ou por pecadores interessados na redenção de suas almas. Dada tanta opulência, ou pela origem nobre das freiras (educadas no requinte da corte), havia banquetes que em nada lembravam o rigor das regras monásticas. O mesmo ocorria no Vaticano, sendo bem sabido que os hábitos alimentares papais nem sempre foram austeros. Clemente V (1264-1314) morreu comendo esmeraldas em pó para tentar curar seus tormentos estomacais. Clemente VI (1291-1352) esbanjou fortunas à mesa com louças requintadas, talheres de ouro e prata, muita comida e bebida farta. Para o banquete de sua coroação, bom lembrar, foram convocados cozinheiros, de todos os cardeais, para colaborar com os catorze que já trabalhavam com ele. Do cardápio dessa festa pontifícia constaram sessenta porcos, 101 vitelos, 118 bois, 914 cabritos e 1.023 carneiros. Considerando ser ainda insuficiente essa *comidaria* tanta, providenciaram-se também quinze enormes esturjões, trezentos lúcios, 1.146 gansos, 1.500 capões, 3.043 galinhas e 7.048 frangos. Mais 15 mil tortas de frutas que consumiram, em seu preparo, quilos e quilos de amêndoas, 3.250 ovos e 36.100 maçãs.

A Idade Média foi, para a Igreja, marcada por jejuns e abstinências. Só que, para muitos religiosos, esse tempo acabou não sendo tão severo assim. Faltava carne às mesas, é certo; em compensação, sobravam favas cozidas em leite de vaca, lampreia com molho verde e sobremesas variadas – arroz-doce, cerejas frescas, pastéis (doces ou salgados) e tortas. Os pratos preferidos por Inocêncio IV (1195-1254) eram assados, caldos gordurosos, mingaus de cereais, cozidos de legumes e carnes, arenques grelhados, aves, porco salgado, embutidos. Como se

---

26. *Casa-grande & senzala*, p. 313.

fosse pouco, baleia assada também! E tantas indulgências vendeu (para custear esse luxo) que, se papéis valessem mesmo no paraíso, quase nenhum cristão de sua igreja iria bater no inferno. Para diminuir a culpa dessa fartura nas mesas, os **"antigos mosteiros e as abadias medievais distribuíam pães e sopas aos mendigos de áreas vastíssimas; mas o melhor da sua riqueza gastavam-no em educar para as grandes atuações e responsabilidades de mando e direção da Ordem, da Igreja e da Cristandade"[27]**. Mais tarde, no Renascimento, mosteiros e o próprio Vaticano continuaram se fartando em boas mesas. O papa Paulo III (1468-1549), famoso por comer e beber com refinamento, adorava grandes assados temperados com canela, cravo-da-índia, gengibre, noz-moscada e pimenta-do-reino – do reino de Portugal, claro. Mais aves e peixes de todo tipo e massas recheadas. Sem contar prato conhecido como *strozzapreti* (*estrangula padre*), discreta referência à gula dos santos sacerdotes. Para todos eles, o caminho do céu passava pela boca. E assim continuou até que os exageros (da mesa) foram, sem muita pressa, ficando para trás.

Gilberto Freyre se ocupou, também, do jejum, no início da nossa colonização. Quando alguns senhores de engenho chegavam a pedir aos bispos **"para aumentar os dias de comida de peixe – que era principalmente o bacalhau – e de abstinência de carne, para melhor resolver-se o problema de alimentação dos escravos"[28]**. Deixando carnes e presuntos, mais raros e mais caros, para sua própria alimentação. Lembrou, ainda, senhoras carolas de seu tempo de menino que jejuavam **"dentro dos rigores da ortodoxia"[29]**. E do seu próprio jejum forçado, nos tempos em que andou fora: **"O exílio foi duro, cheguei a passar fome"[30]**. Repetindo-se a penúria na volta ao Recife, em 1932, quando se entregou intensamente à tarefa de redigir *Casa-grande & senzala*. **"Foi trabalho que realizei em condições difíceis – comendo uma vez por dia e morando só e isolado numa casa – que ainda existe – à Estrada do Encanamento, então de propriedade do meu irmão Ulisses, onde ele e eu, solteiros, residíramos durante alguns anos."[31]**

Seria injusto dizer que Gilberto Freyre, como ele mesmo se classificou algumas vezes, era um glutão (aquele que come com avidez voraz). Ou um

---

27. *Pessoas, coisas & animais*, p. 99.
28. *Ingleses no Brasil*, p. 257.
29. *Assombrações do Recife Velho*, p.110.
30. *Gilberto Freyre*, Coleção Encontros, p.163.
31. *Como e porque sou e não sou sociólogo*, p. 132.

gourmand (o que come demais, sem se preocupar com a qualidade dos alimentos). Mesmo sabendo que, para Guy de Maupassant (1850-1893), "Só os imbecis podem não ser gourmands. Ser gourmand é como ser artista, como ser instruído, como ser poeta."[32] E tanto comeu, esse francês, que, antes de completar 43 anos, acabou seus dias em um manicômio. Freyre confessava que, quando sentia **"vir de dentro de muita casa o cheiro de mungunzá"** ou provava **"o cozido ou o peixe de coco com pirão"**, ficava até **"mais cheio de confiança no futuro do Brasil do que depois de ter ouvido o Hino Nacional executado ruidosamente por banda de música ou o *Por que me ufano do meu país*, evocado por orador convencionalmente patriótico"**[33]. A ele se podendo dizer, então, o que ele próprio disse de Oliveira Lima: **"Seria injusto dizer-se dele que era gourmand, em vez de gourmet... Não se excedia no comer mas estimava os bons pratos e fechava-se quase de todo aos que considerasse maus. Era gourmet. Bom garfo."**[34] Não só esse *Quixote gordo*. Para o político português António Maria de Oliveira Bello (1872-1935), conhecido apreciador da boa mesa, "o gourmet é o maior elemento de progresso do país onde vive, pois é ele que indica ao agricultor, ao viticultor, ao criador, ao pescador e ao caçador a oportunidade e a forma de valorizar sua produção"[35]. Gourmet é quem se interessa pelo que come, que lê, que se informa, que pesquisa, que sente tanto prazer em comer como em falar de comida, em descobrir novos produtos, novos restaurantes, novos chefs, novos vinhos. Que aprecia o ritual da refeição, o requinte na elaboração dos pratos, a etiqueta à mesa. E Gilberto Freyre tinha essa vocação. Assim era, sobretudo, um gourmet. Um grande gourmet.

---

32. 111. (Bibliografia).
33. *Manifesto regionalista*, p. 68; e *Gilberto Freyre*, Coleção Encontros, p. 89.
34. *Oliveira Lima, Don Quixote gordo*, p. 45.
35. 116. (Bibliografia).

GOURMAND:

"Segundo Pedro Paranhos – o sobrinho do barão [do Rio Branco] a quem me refiro e que foi um dos melhores amigos de minha mocidade – era como um bom gourmand – um tanto à maneira de Fradique [personagem aventureiro, criado por Eça de Queiroz, em *A correspondência de Fradique Mendes*] de volta a Lisboa e às vastas bacalhoadas da sua terra e do seu tempo de rapaz e de boêmio – que o tio, quando desimpedido ou desembaraçado de trabalho urgente, gostava de entregar-se ao prazer de saborear certos pratos gordos e tradicionais. Excetuada a companhia de francesas alegres, das quais parece ter-se afastado de todo voluntariamente ou a contragosto depois de certa idade, voltava então o segundo Rio Branco a ser quase o Juca Paranhos do tempo de *Alcazar Lyrique*[36]. Mas, não: engordara com a idade. Ficara calvo. O corpo do gourmand velho já não era o do satanás esguio de cavanhaque cujas ceias com atrizes cedo o consagraram um dos maiores boêmios e um dos maiores regalões do seu tempo. Sabe-se que os rumores dessas exuberâncias de rapaz livre e talvez libertino chegaram, naturalmente aumentados, aos ouvidos vitorianos do imperador; e foram a causa de ter o bom Dom Pedro se esquivado a nomear cônsul em Liverpool o filho do maior estadista do Império. Foi preciso a intervenção de Cotegipe – que não era, por sua vez, nenhum inimigo das francesas alegres nem dos bons-bocados baianos evitados por seu ilustre rival, Zacarias de Góis – para realizar-se o desejo de Paranhos II: entrar no serviço consular do seu país. O que se deu durante uma das ausências do Brasil, de Dom Pedro, e sendo regente do Império sua filha dona Isabel, e chefe do gabinete o duque de Caxias."

Pessoas, coisas & animais, p. 225-226.

GOURMET:

"Se Oliveira Lima, que não era nenhum nababo, dava-se ao luxo de pagar a uma cozinheira honorários tão altos, é que tinha a culinária em alta conta. E que, não sendo gourmand, era gourmet. Mais: não seguia o conselho do seu amigo, o visconde de Santo Tirso [diplomata português da metade do século XX], de que o homem prudente devia envelhecer sem bom cozinheiro ou boa cozinheira em casa. Pois mesmo o fino comer não convém ao outono da vida: arredonda o gourmet; engorda-o; e o aumento de gordura não se harmoniza com a saúde dos velhos. Uma saúde de que Oliveira Lima quase sempre gozou. Nunca surpreendi vidro de pílulas ou frasco de gotas junto ao seu talher. Comia com apetite e, após o almoço e o jantar, fumava com certa volúpia o seu havano."

Oliveira Lima, Don Quixote gordo, p. 45-46.

"Não era [Alfredo Freyre, pai de Gilberto] nenhum glutão mas apreciava com entusiasmo certos pratos: um bom peixe frito era com ele; gostava de camarões (sempre recordava os pitus do Rio Una

---

36. Casa inaugurada, em 17 de fevereiro de 1859, e imortalizada por Machado de Assis: "Há nesta cidade do Rio de Janeiro um estabelecimento, onde, todas as noites, por entre baforadas de fumo e de álcool, vê-se e ouve-se aquilo que nossos pais nunca viram nem ouviram, embora se diga que é um sinal de progresso e de civilização. Chama-se este estabelecimento Alcazar Lyrique" (em *Semana Ilustrada*. Crônicas do dr. Semana. In: Obras Completas. Rio de Janeiro: W.M. Jackson Editores, 1957).

da sua meninice; parece que sua avó, senhora do Engenho Mangueira, fora famosa pelos seus pitus ensopados em leite de coco de Tamandaré); sabia saborear uma boa canjica (no São João pedia, como se fosse ainda menino, que lhe reservassem a canjica agarrada no fundo do tacho); uma tapioca benfeita; um mungunzá bem-temperado; um doce de coco. Era também entusiasta de frutas: abacaxi, manga-rosa (não a espada) ou de Itamaracá; jenipapo; sapoti. Mais do que entusiasta de jaca. Às vezes Magdalena e Sônia Maria, sua neta e, como o neto, Fernando, por ele muito mimada, se preocupavam não fosse ele se exceder na jaca: a excelente jaca do sítio de Apipucos de onde era – e é – também a manga-rosa por ele apreciadíssima."

Prefácios desgarrados, vol.II, p. 1.038.

"Não há [...] caju fresco, com seu inevitável ranço, maior ou menor, que dê mais prazer a um gourmet que um doce de caju em calda."

Açúcar, p. 29, prefácio do autor à 3ª edição.

"É fato, porém, que, por temperamento e por formação, não se ajustavam: Oliveira Lima e Capistrano [de Abreu] repeliam-se. Capistrano era o asceta da rede sertaneja e da carne de sol com farinha; o apreciador da cerveja da Brahma. Oliveira Lima não era homem de dormir nem de trabalhar reclinado em rede, tinha requintes de gourmet, conhecia vinhos e charutos finos".

Oliveira Lima, Don Quixote gordo, p. 64.

"Oliveira Lima teve com o seu biografado certas afinidades: gordo o biografado e gordíssimo o biógrafo, gourmand o biografado e gourmet o biógrafo, apreciador de galinha assada o biografado e entusiasta da galinha ao molho pardo o biógrafo, essa condição física e esse sensualismo do paladar devem ter concorrido para a empatia com que, por vezes, o biógrafo se identifica com o biografado, destacando nele aquelas virtudes mais de gordos do que de magros: o bom humor constante, além do bom senso; a calma nas decisões; a paciência serena em face de crises ou de angústias. Entretanto, foi por ter sido um gordo quixotesco que Oliveira Lima, contrariando opiniões já estabelecidas, juízos já formados, preconceitos já triunfantes, dedicou-se à tarefa de reabilitar a figura de Dom João: o sancho-pança sem nenhum quixotismo."

Oliveira Lima, Don Quixote gordo, p. 95.

"Paranhos II tinha sido *um gastrônomo feliz* (embora o filho conservasse do velho antes a lembrança de um gourmet que a de um gourmand ou gastrônomo vulgar). Que tenha dado *preferência, de fato, aos prazeres da mesa*. Que tenha preferido aos *restaurantes de luxo [...] qualquer casa, por mais modesta*, pois o que desejava era *o bom prato, a boa comida brasileira, a boa peixada com seu cortejo de camarões*. E com essa ênfase toda talvez esconda o que realmente houve no segundo Rio Branco de amante excessivo dos mais espessos quitutes de sua terra, de Portugal e da França."

Pessoas, coisas & animais, p. 227.

SELETA DE TEXTOS

"Daí superintender ele próprio [o barão do Rio Branco] os *menus* dos grandes banquetes e dos jantares oficiais a estrangeiros distintos. Daí preocupar-se até com as flores para os jantares políticos. Conta Oliveira Lima que foi o barão quem mandou enfeitar com narcisos a mesa do banquete oferecido pelo Itamaraty a Joaquim Nabuco. Era muito homem para mandar enfeitar com as acácias outros banquetes."

Pessoas, coisas & animais, p. 239.

GLUTÃO:

"Segundo o senhor Afonso de Carvalho no seu ensaio sobre o barão do Rio Branco, também na Brahma o barão ceava *à regalona* bebendo *pouco*, mas comendo *muito*. E por fim teria instalado uma cozinha no próprio Itamaraty, onde *um cozinheiro de fama* lhe prepararia os quitutes. Tanto os permitidos pelo médico como os proibidos pelo mesmo doutor [...] E conta o senhor Afonso de Carvalho [...] que, de uma feita, ameaçado, o barão, de colite e proibido de comer quitutes espessos ou picantes, fora surpreendido pelo médico *se deliciando com uma apetitosa fritada de camarões!* Estranhou o médico, que apenas lhe permitira comer *um pouco de galinha*: "*– Camarões? O senhor barão só pode comer galinha!* E Rio Branco, glutão incorrigível: " *– Ora, doutor! Camarão é galinha do mar!*""

Pessoas, coisas & animais, p. 227-228.

GLUTONERIA:

"Um mistério, a hereditariedade. Pedrinho [Pedro Paranhos] morou em Paris com o tio, o barão do Rio Branco, e me vem contando muita intimidade da vida e dos hábitos do barão que só um sobrinho quase filho como ele poderia ter surpreendido. Inclusive confirmando a lenda da glutoneria do grande homem. Era um regalão doido por feijoada. Por feijoada à brasileira e por peixada à portuguesa."

Tempo morto e outros tempos, p. 244-245.

"Oliveira Lima vem sofrendo, depois de morto, da tremenda força desmoralizante das anedotas e das caricaturas que seus inimigos conseguiram, ainda ele vivo, atuante e temível, armar em torno do seu nome e da sua pessoa: da sua obesidade – seu *calcanhar de aquiles*, segundo ele próprio – fácil de ser utilizada como base de toda uma lenda: a de sua glutoneria."

Oliveira Lima, Don Quixote gordo, p. 19.

"Exagerado ou não o senhor Afonso de Carvalho na maneira nem sempre elegante com que fixa a tradição de glutoneria que se formou em torno da figura do segundo Rio Branco, o certo é que essa tradição existe no espírito do povo brasileiro, ao qual, aliás, não repugna ter havido no mais popular dos nossos homens públicos esse traço pitoresco e, para muitos, simpático, que é o amor, mesmo excessivo, aos bons-bocados da cozinha dos nossos avós, às vastas peixadas com molho de pimenta, às fritadas de camarão ou pitu."

Pessoas, coisas & animais, p. 228.

GULOSO:

"Em Pernambuco dizia o poeta [Manuel Bandeira] ter descoberto ser mais guloso do que supunha. Ulisses e eu o levamos ao amigo Dudu, do pátio do Mercado, que ofereceu ao poeta uma feijoada toda preparada por ele, Dudu, o que era raro: depois de rico, Dudu tornou-se um aristocrata e um esnobe que só preparava feijoada para gente muito da sua escolha. Entusiasmou-se por Manuel Bandeira. Adotou-o. E Bandeira fez o mesmo: adotou Dudu."

Perfil de Euclides e outros perfis, p. 188.

"Ele próprio [Álvaro Lins] recolhe do barão este detalhe que fixa o menino guloso que nem a educação, nem a diplomacia, nem a idade, nem a glória mataram no grande e gordo brasileiro: *tinha (de dia) ao alcance da mão uma lata de marmelada e, como uma criança, interrompia constantemente o trabalho para comer pedaços de doce, sujando às vezes os papéis.*"

Pessoas, coisas & animais, p. 229.

JEJUM:

"Os jejuns devem ser tomados na devida conta por quem estude o regime de alimentação do povo português, sobretudo durante os séculos em que sua vida doméstica andou mais duramente fiscalizada pelo olhar severo da Inquisição. Da Inquisição e do jesuíta. Dois olhos tirânicos, fazendo as vezes dos de Deus. Fiscalizando tudo. É possível que correspondessem aos jejuns e aos frequentes dias de comida de peixe, fortes razões de Estado. Os jejuns terão contribuído para o equilíbrio entre os limitados víveres frescos e as necessidades da população. Estimulava-se o povo ao regime de peixe seco e de artigos de conserva, em grande número importados do estrangeiro."

Casa-grande & senzala, p. 316.

"Para alguns, os dias de jejum devem ter representado um elemento de equilíbrio em sua vida precária; dias de economia não só das despesas de carne, mas de toda comida forte. Dias de peixe seco e farinha. Presos à tradição peninsular – não fôssemos nós descendentes dos *comedores de rábanos* que Clenardo retratou de modo tão cruel – muitos dos nossos avós menos opulentos sacrificaram o conforto doméstico e a alimentação da família e dos negros à vaidade de simularem grandeza".

Casa-grande & senzala, p. 528.

"A carestia da vida sofriam-na, entretanto, os portugueses de preferência na sua vida íntima, simulando fora de casa ar e fausto de fidalgos. Em casa, jejuando e passando necessidades; na rua, ostentando grandeza. O caso do ditado: 'Por fora muita farofa, por dentro mulambo só.'"

Casa-grande & senzala, p. 318.

OBESIDADE:

"O conceito de felicidade, como o de normalidade e o de prestígio, associados ao desenvolvimento de personalidades, nesta ou naquela sociedade ou nesta ou naquela cultura, ou nesta ou naquela época, relaciona-se com traços físicos estimados diversamente por diferentes sociedades ou culturas ou por diferentes épocas. Já foi moda, entre nós, brasileiros, a gordura da mulher: hoje a mulher brasileira gorda sente que sua personalidade é desagradável ao meio pelo fato físico da gordura, considerada anormalidade e associada a traços sociais desagradáveis: ociosidade, glutoneria, lentidão. O tipo físico de mulher normal, feliz, prestigioso é agora, no Brasil, o da mulher magra ou enxuta de corpo de quem se esperam os traços psíquicos e os hábitos sociais da pessoa de feitio longilíneo, em contraste com a de feitio brevilíneo. A obesidade na mulher e mesmo no homem é, no Brasil de hoje, uma desgraça social: o obeso é ridicularizado e desprestigiado."

Seleta para jovens, p. 61-62.

"Singular, ainda ele [Oliveira Lima] foi por ter sido o intelectual mais imensamente gordo do Brasil da sua época: um físico de anti-intelectual. Físico de obeso. Físico de frade de anedota. Físico de Sancho Pança de caricatura."

Oliveira Lima, Don Quixote gordo, p. 39.

"Como o César de Shakespeare, que preferia rodear-se de homens gordos e evitava os magros, era de escravos antes gordos do que magros que deviam cercar-se os senhores brasileiros."

Ingleses no Brasil, p. 154.

"Não foi nunca, porém, nem mesmo na velhice, dos gordos macios que, segundo Shakespeare, César queria perto de si, temeroso dos magros temperamentais e angulosos."

Oliveira Lima, Don Quixote gordo, p. 46.

"Uma vez, à mesa, perguntou-me [Oliveira Lima]: *Dizem por aí que sou gordo por comer demais: que lhe parece?* Era evidente que no seu comer não havia excesso. Respondi-lhe com toda a honestidade que não me parecia, de modo algum, que se excedesse à mesa. Mas acrescentando rasgado elogio à cozinheira portuguesa: doutora na sua arte. Ele fizera bem em tê-la mandado buscar."

Oliveira Lima, Don Quixote gordo, p. 45.

"Nada de formas redondas no sentido de barrocas, com curvas em vez de sempre retas. Esta – a anti-barroca – é outra mística, não já calvinista, porém higienicista, que parece estar concorrendo para o declínio daquelas confeitarias, muito burguesas e até aristocráticas, outrora célebres, no Rio de Janeiro, pela sua elegância; e onde, sentados, cavalheiros e senhoras tomavam chá, chocolate, refresco, vinho do Porto, e muitos se regalavam de doces. Recorde-se que, a esse hábito, associava-se, então, não só a condescendência, da parte de muitos homens então de bom gosto, para com as senhoras opulentamente gordas, e, ao mesmo tempo, bonitas, como até a admiração, da parte de alguns deles, pelas formas graciosamente barrocas dessas senhoras. Apreciadoras de bons-bocados e de pastéis de nata, uma Laurinda Santos Lobo, no Rio de Janeiro, ou uma Laura Souza Leão Cavalcanti, no Recife, não se envergonhavam, de modo algum, de ser bem mais gordas do que magras."

Além do apenas moderno, p. 68.

PALADAR:

"Nunca deixei de revelar-me um glutão: nem como colecionador de descobrimentos de casas antigas, nem como colecionador de aventuras do paladar."

Aventura e rotina, p. 71.

"Magros e doutos que, uma vez por outra, precisam de sair da vida ascética, tendo então o direito de entregar o corpo – só o corpo; a alma, não – às aventuras do paladar em que se extremam quase cotidianamente os gordos de corpo e de letras."

Aventura e rotina, p. 135.

"Grande como foi a revolução causada pela pimenta e pelos temperos tropicais e orientais – adotados dos indianos, dos africanos e dos maometanos por um português com um gosto pelas aventuras do paladar."

Um brasileiro em terras portuguesas, p. 98.

"Pero Vaz de Caminha escreveu dos selvagens que os portugueses encontraram nas praias [...] a excelência dos alimentos indígenas que serviriam de base a novas expressões regionais da velha cozinha lusitana, novas aventuras para o paladar português."

Região e tradição, p. 201.

"Não só me ofereceu mestre Frederico em sua casa memorável almoço regional, como me proporcionou outras deliciosas aventuras do paladar em casas de gente sua amiga."

Cozinha paraense: rival da baiana, artigo publicado em 3 de novembro de 1956.

"Será, entretanto, a expressão do paladar de uma sociedade ou de uma época, no tocante a doces, um fenômeno apenas fisiológico [...] ou, mais que fisiológico, social e cultural? A resposta sociológica é evidente: mais que fisiológico, o fenômeno é sociocultural."

Açúcar, p. 33, prefácio do autor à 3ª edição.

"Que em Portugal a ciência do paladar nunca foi desprezada nem pelos doutores, por mais austeros, nem pelas freiras, por mais virtuosas, para tornar-se simples arte de cozinheiras. É ciência canônica e ao mesmo tempo acadêmica."

Aventura e rotina, p. 483.

"Se o 'destino dos povos depende da maneira como eles se alimentam' (Brillat-Savarin, *Physiologie du gout*), é tempo de se agitar no Brasil uma campanha pela arte de bem comer. Seria ao mesmo tempo uma campanha pela nacionalização do paladar. Nosso paladar vai-se tristemente desnacionalizando. Das nossas mesas vão desaparecendo os pratos mais característicos: as bacalhoadas de coco, as feijoadas, os pirões, os mocotós, as buchadas [...] O paladar é talvez o último reduto do espírito nacional; quando ele se desnacionaliza está desnacionalizado tudo o mais. Opinião de Eduardo Prado."

Tempo de aprendiz, p. 345.

"De fato, é a nutrição fator poderosíssimo de tipo nacional e de tipo social. Os alemães teriam por certo conseguido nacionalizar os alsacianos se lhes tivessem conquistado de todo o paladar. E o que, a meu ver, torna difícil para a França a definitiva anexação da Alsácia é o gosto que ali se desenvolveu pelo salame alemão. Nem na própria Alemanha se vê tanto salame como em Strassburg. O problema alsaciano é de fato um problema em que vencerá quem tiver melhor língua. E os franceses, com a sua finíssima arte culinária, têm a fama de ser os artistas da língua, isto é, do paladar."

Tempo de aprendiz, p. 414.

"Assim como dificilmente se concebe um Homem futuro, resignado a que lhe privem – sob o pretexto de fazerem dele, pelo menos quando idoso, um super-homem sem animalidade – do gozo sexual, também não se concebe facilmente um homem futuro resignado à perda dos prazeres do paladar, para acomodar-se a uma alimentação idealmente sintética. Essa alimentação é possível. Participou o autor em 1964, na Universidade de Colúmbia, de um seminário tipo Tannenbaum, em que o assunto foi discutido por mestres de várias especialidades científicas: por nutrólogos, industriais de alimentos, por psicólogos, por sociólogos, por *chefs* de cozinha em restaurantes de vários tipos. Ficou mais do que claro ser possível, até em futuro próximo, produzirem-se alimentos sintéticos concentradíssimos. Entretanto, estaria o Homem futuro disposto a depender exclusivamente, ou mesmo principalmente, para sua nutrição, de tais alimentos, sacrificando à vantagem que eles representam o seu paladar? Foi o que não pareceu provável à maioria dos participantes daquele seminário."

Além do apenas moderno, p. 116-117.

"Nós, brasileiros, nem sempre sabemos o que é exótico para o nosso paladar: se o europeu, se o tropical. Continuamos, muitos de nós, vítimas daquela indecisão a que se referiu Joaquim Nabuco em página famosa."

Açúcar, p. 56, prefácio do autor à 3ª edição.

"Não haverá, da parte de certos apreciadores de 'doces ácidos', certo masoquismo do paladar? Não será, para eles, o doce, simples pretexto para sofrerem o 'delicioso pungir do acerbo espinho'[37] que seria, no caso, a acidez, o gosto acre, o sabor azedo do tamarindo ou da groselha com aparência de 'doce'."

Açúcar, p. 55, prefácio do autor à 3ª edição.

---

37. Verso de Almeida Garrett (em *Camões*) – "Saudade! Gosto amargo de infelizes/ Delicioso pungir de acerbo espinho". Para Gilberto Freyre ele era um "especialista […] no assunto 'saudade', embora deficiente em aventuras de introspecção mais profunda" (*Tempo morto e outros tempos*, p. 21).

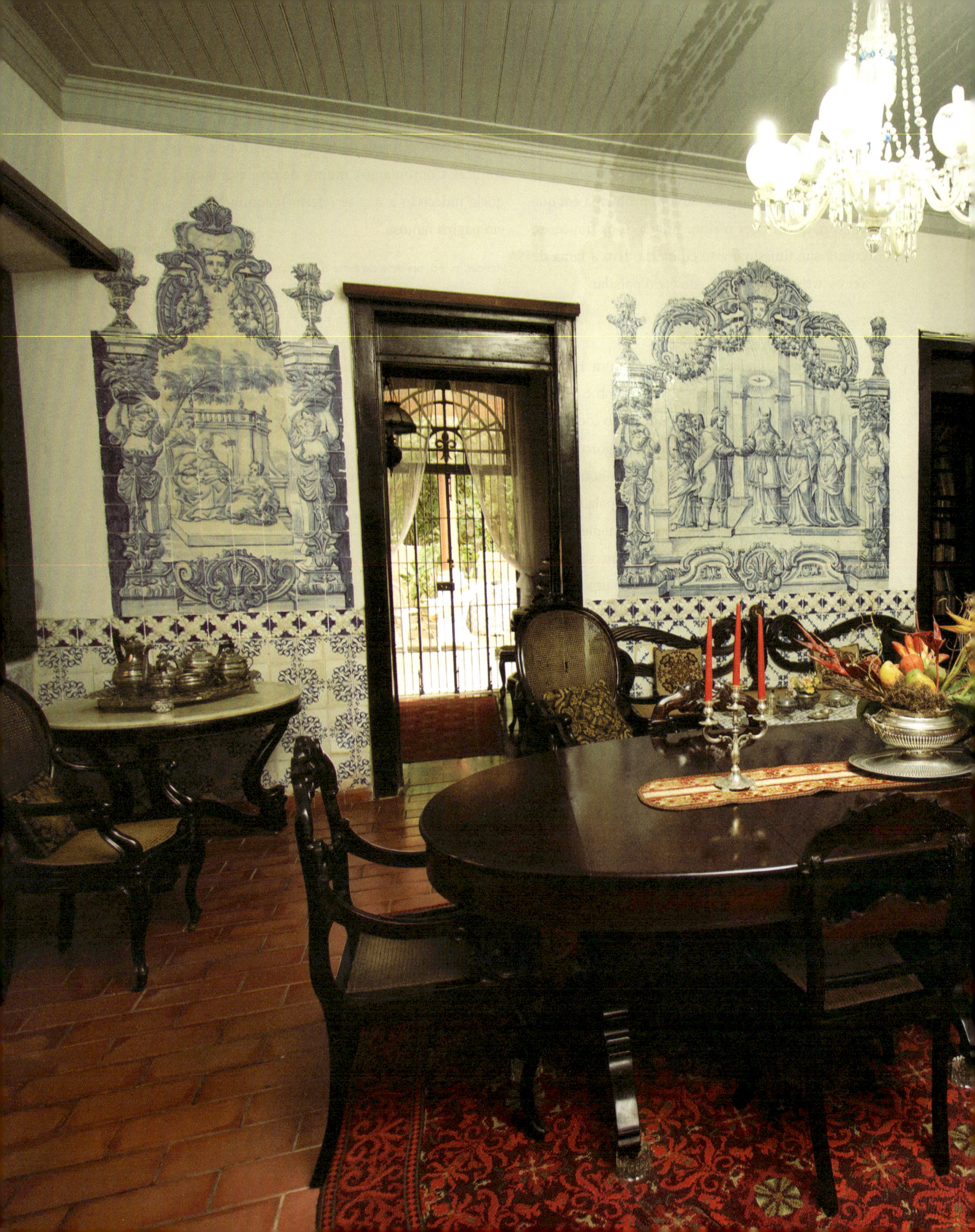

3
À MESA COM GILBERTO FREYRE

"Era nas mesas, nos grandes pratos cheios de gorda carne de porco com feijão-preto, de pirão [...], de canjica, de pães doces, de doces, de bolos e de sobremesas frias, que os brasileiros mostravam sua melhor hospitalidade patriarcal."[1]

Como todo bom gourmet, Gilberto Freyre valorizava o ritual da refeição. **"Precisamos de vagar, de lazer, de jantares uma vez por outra longos, não por os prolongarem discursos sem fim à sobremesa como nos banquetes rotarianos, mas pela sucessão de quitutes delicados a serem saboreados com calma entre boa conversa e bons goles de vinho velho, completados por bons e lentos charutos."**[2] Na hora de escrever, a posição não era convencional. Escrevia sentado de uma maneira bem própria, com a perna direita sobre o braço da poltrona e o papel apoiado em tábua de madeira, no colo. Já nas refeições, seguia o figurino. Quase sempre à mesma hora, com mulher e filhos em volta da mesa, na sala de jantar do solar de Santo Antônio de Apipucos. Aquela sala lembrava as dos conventos – retangular, espaçosa, com pé-direito alto, rodeada de azulejos portugueses (azuis) que trouxe, de navio, da igreja de Nossa Senhora da Anunciação, demolida em Portela de Sacavém (Portugal). É **"mouro o gosto do azulejo"**[3] nas casas, ensinava ele. Móveis de jacarandá também, **"a madeira nobre das casas-grandes como das igrejas"**[4]. De um lado, dois aparadores do século XIX feitos por Spieler com motivos de flores e **"uma fruta aristocraticamente tropical, como o abacaxi de Pernambuco, talhada em jacarandá"**[5]. No centro da sala, uma grande mesa **"de elástico, com três ou mais tábuas de reserva"**[6], **"podendo servir tanto a cinco ou a dez, como, em dias de casamento, batizado, a vinte, trinta pessoas"**[7]. Pesada. Muito pesada. Daquelas que **"pareciam criar raízes no chão"**[8]. **"Em volta da mesa de jantar, cadeiras"**[9] também pesadas. Com cada um sentado sempre no mesmo lugar. **"A mesa era patriarcal. O dono da casa, à cabeceira."**[10] Dona Magdalena defronte. Nos outros lugares, os filhos e o pai Alfredo, que, depois de viúvo, passou a morar com eles. Mas

---

1. *Vida social no Brasil nos meados do século XIX*, p. 91-92.
2. *Novas conferências em busca de leitores*, p. 45-46.
3. *Sobrados e mucambos*, p. 430.
4. *Sobrados e mucambos*, p.143.
5. *Aventura e rotina*, p. 176
6. *Ordem e progresso*, p. 161.
7. *Oh de casa!*, p. 17.
8. *Sobrados e mucambos*, p. 336.
9. *Sobrados e mucambos*, p. 339.
10. *Sobrados e mucambos*, p. 336.

o jeito de servir não era como nas casas-grandes dos engenhos e sobrados do início da colonização, quando **"o patriarca servia-se primeiro e do melhor; do abacaxi, por exemplo, havendo um só, a parte nobre, imperial, a coroa, era a sua; e a outra, da mulher, dos filhos, da parentela"**[11]. Os pratos eram colocados no centro da mesa e todos se serviam ao mesmo tempo, de tudo. Menos da moela da galinha, que dona Magdalena exigia fosse dela somente – marcas de um matriarcado bem pernambucano.

Gilberto Freyre apreciava pratos regionais – dobradinha, cozido e feijoada. Tanto que, já com mais de 70 anos, e mesmo depois de uma operação no coração em São Paulo, no dia de voltar ao Recife pediu que lhe preparassem uma dobradinha. Com o consentimento dos médicos. Que o mal seria maior, caso fosse contrariado. Também apreciava os sabores que aprendeu a admirar nas muitas viagens fora do Brasil – caviar, patê, rosbife, salmão. Frutas, especialmente as colhidas no seu próprio quintal, onde os netos **"crescem brincando com os primos, com os vizinhos, de roda, de academia, de manja; comendo araçá, goiaba, pitomba, pitanga; cantando, dançando... pensando já em futuros"**[12]. Doces e sorvetes feitos dessas frutas. Vinhos, sobretudo o do Porto – que confessava ter **"aprendido a gostar em Oxford: precisamente em Oxford"**[13]. Para ele, era **"luz de sol a ser cuidadosamente engarrafada"**[14]. Pensou inclusive em escrever junto com um amigo, o advogado português Nuno Simões (1894-1975), ensaio sobre esse vinho. Mas gostava mesmo era de servir, aos que o visitassem, o seu famoso conhaque de pitanga – preparado por ele próprio com esmero e requinte, cumprindo um ritual. E para completar, de vez em quando, um bom charuto baiano Suerdieck.

Esse ambiente da sala de jantar está presente em muitos dos seus escritos. Algumas vezes, para sobressair a importância desse espaço na formação social do brasileiro. Era ali que o senhor de engenho demonstrava sua autoridade, educava os filhos, celebrava as datas importantes, exercia toda sua hospitalidade. Outras vezes, aparece nas suas muitas histórias de assombração. Era o lugar preferido pelos muitos fantasmas das casas. Ali havia **"louças que se quebravam"**[15] ou **"barulho de pratos e copos batendo de noite**

---

11. *Sobrados e mucambos*, p. 336.
12. *Apipucos, que há num nome?*, p. 78.
13. *Brasis, Brasil, Brasília*, p. 260.
14. *Aventura e rotina*, p. 55.
15. *Assombrações do Recife velho*, p.156.
16. *Casa-grande & senzala*, p. 40, prefácio à 1ª edição.

nos aparadores"[16]; com o padre, na manhã seguinte, aparecendo na **"casa mal-assombrada [...] [e derramando] água benta pela sala de jantar"[17]**. Outras vezes, lembra a história e a evolução dessas salas em nossa terra. É que, quando os primeiros colonizadores portugueses aqui chegaram, não havia nas casas um lugar próprio para as refeições. Tudo era sempre improvisado. Com mesas armadas em lugares onde fosse mais conveniente. **"Tempo houve em que a rua foi até sala de jantar. [...] a burguesia recifense vinha jantar, nas tardes de verão, à porta da rua ou na calçada, sobre esteiras de pipiri."[18]** E esse **"jantar tinha suas horas, que variavam entre as duas e as quatro da tarde"[19]**. **"À moda dos antigos, jantava sempre cedo, com dia ainda claro"[20]**, num tempo em que ainda não havia luz elétrica nas casas. Depois, foi ficando cada vez mais tarde, sem que mudasse o hábito de fazer refeições fora de casa. **"Em noite de lua [...], os burgueses menos opulentos do Recife muitas vezes iam comer suas peixadas, sua carne com molho de ferrugem, suas fritadas de siri, na calçada da frente das casas, em pratos da China ou da Índia cujos azuis e vermelhos brilhavam ao luar."[21]**

Pouco a pouco, a sala de jantar foi ganhando importância nas casas. Com móveis próprios. Os primeiros vieram da Europa. Depois, aparadores, cadeiras, mesas e sofás passaram a ser fabricados aqui mesmo, por artesãos estrangeiros, usando sempre nossas madeiras tropicais, sobretudo o jacarandá – que o português ainda hoje chama de *pau-santo*. **"O móvel brasileiro, de jacarandá, de vinhático, outras madeiras brasileiras nobres, passou a competir vantajosamente com o importado, tendo se tornado moda um tanto patriótica ostentá-lo em casas elegantes. Os próprios marceneiros estrangeiros, dentre os mais magistrais, como os franceses Béranger, pai e filho, e o alemão Spieler, capitulando diante das virtudes das madeiras tropicalmente brasileiras, juntaram-se aos nativistas leigos na devoção pelos móveis de todo nacionais."[22]** Pereira da Costa refere a oficina de um desses marceneiros, na rua das Florentinas, nº 14, "montada com o que havia de mais aperfeiçoado em maquinismos e ferramentas"[23]. Com o próprio Spieler **"ter se tornado, no assunto, um extremo nacionalista, colocando-se**

---

17. *Assombrações do Recife velho*, p. 112.
18. *Tempo de aprendiz*, p. 438.
19. *Sobrados e mucambos*, p. 336.
20. *Assombrações do Recife velho*, p. 112.
21. *Sobrados e mucambos*, p. 335-336.
22. *Modos de homem & modas de mulher*, p. 272.
23. 94. (Bibliografia).

Aniversário em Apipucos.

entre os maiores adversários, no Brasil de sua época, da importação, por brasileiros, de quaisquer móveis europeus ou anglo-americanos"[24].

Os utensílios de mesa foram evoluindo, também. Nos primeiros tempos, todos se serviam com as mãos. **"Brasileiros, até então, até nas suas classes altas, dados, quase sempre, ao hábito de comerem, senhores, tanto quanto escravos, com os dedos."**[25] Esse hábito permaneceu por muito tempo. Ainda no século XX, era comum amassar a comida com as mãos para pôr diretamente na boca das crianças. Gilberto Freyre escreveu sobre isso, ao referir o prazer de saborear esses pratos **"não só com o paladar nem apenas com os olhos, mas com as pontas dos dedos. Sentindo a comida com as mãos inteiras, lambuzando-se todo, sem etiquetas de garfo nem de colher de prata. Era uma desgraça, um menino sem mãos. Talvez fosse pior que um menino cego. Era com certeza pior que um menino surdo-mudo."**[26] Em princípios do século XIX, o talher completo já estava à disposição de quem se sentasse à mesa. No início, **"faca, cada um tinha a sua; ou então, servia-se dos dedos, e da faca só para cortar a carne"**[27]. "A generalização do uso da faca e do garfo individuais entre a burguesia brasileira marca uma das vitórias mais expressivas do Ocidente sobre o Oriente nas nossas cidades, em consequência da abertura dos portos e da rápida dominação dos mercados pelo comércio britânico."[28] Ainda lembrava que **"faca de ponta, cujo**

---

24. *Nós e a Europa germânica*, p. 39.
25. *Ferro e civilização no Brasil*, p. 118.
26. *Dona Sinhá e o filho padre*, p. 38.
27. *Sobrados e mucambos*, p. 335.
28. *Sobrados e mucambos*, p. 579; e *China tropical*, p. 67.

Recebendo amigos em Apipucos.

fabrico é uma especialidade da arte pernambucana dos tempos coloniais, e cujo manejo é outra velha especialidade pernambucana, teve por muitos anos o seu centro perto das praias de Olinda: em Pasmado"[29].

Nas primeiras mesas coloniais **"predominavam os cocos e as cuias do mais puro sabor indígena"**[30]. Também **"cabaças rústicas, usadas tanto pela gente mais pobre como em casas aristocráticas ou burguesas"**[31]. "Cabaças e cuias de que os índios faziam, segundo Gabriel Soares, a 'sua porcelana' e de que as donas de casa coloniais foram se aproveitando."[32] Junto com **"tigelas portuguesas de boca larga e fundo pequeno"**[33]. Depois começaram a chegar cristais; e louça holandesa, francesa e inglesa, **"quase sempre branca e dourada"**[34]. Era **"o império da louça inglesa, caracteristicamente burguesa ou média**[35]. Já "o contato com o Oriente tornara comum nos guarda-louças e aparadores dos sobrados grandes [...] as travessas da Índia, os pratos fundos de Macau, a porcelana da China"[36]. Com a chegada desses utensílios, novos hábitos foram sendo incorporados. "A voga do doce acompanhado do vinho do Porto [...] dos *five-o'clock tea*"[37], "do chope; [...] do charuto como substituto do rapé elegante; [...] do canudinho de palha para refresco; [...] do sifão; [...] do chá Lipton; [...] do aparelho de porcelana mandado vir da França com brasão ou iniciais de família"[38]. Em seguida, veio a moda das

---

29. *Olinda – 2º guia prático, histórico e sentimental de cidade brasileira*, p. 49.
30. *Sobrados e mucambos*, p. 335.
31. *Ferro e civilização no Brasil*, p.118.
32. *Açúcar*, p. 74.
33. *Sobrados e mucambos*, p. 335.
34. *Sobrados e mucambos*, p. 458.
35. *Açúcar*, p. 90.
36. *Sobrados e mucambos*, p. 335.
37. *Ordem e progresso*, p. 161-162
38. *Ordem e progresso*, p. 163.

toalhas bordadas. **"Sobre as mesas toalhas de linho adamascado sobre qual refulgiam a prata lavrada e os cristais de seis serpentinas."**[39] E o hábito de lavar as mãos antes das refeições. **"Era costume lavar o brasileiro senhoril e mesmo o pobre as mãos antes e depois da refeição, trazendo os escravos para os seus senhores, nas casas melhores, bacias de prata e toalhas ricamente bordadas."**[40] Sem contar o uso do palito de dente – feito artesanalmente pelos próprios donos das casas, em suas horas de ócio. Uma invenção luso-brasileira, pois. **"Palito** [que era usado também] **para prender, à maneira de alfinetes, certas composições mais delicadas de culinária e de confeitaria."**[41] **"A mesa não estava completa, faltando o paliteiro."**[42] **"Eram paliteiros enormes, os que rebrilhavam nas mesas patriarcais. Alguns de prata. Outros de louça. Muitos em forma de bichos. Passarinhos voando. Pavões de leque escancarado. Carneirinhos. Porquinhos. Outros com figuras de pastores, Netuno, índios. Mas faltar é que não faltava à mesa."**[43] Aos poucos, os pernambucanos foram criando um estilo próprio de receber em volta da mesa. Com simplicidade e requinte. Preservando tradições. E, sobretudo, exercendo a hospitalidade.

Gilberto Freyre admirava os que se sentavam à mesa com prazer. **"São quase sempre além de cordiais, de afetuosos, de sensíveis ao sofrimento ou aos problemas do próximo, pessoas em cuja companhia os outros se sentem bem."**[44] E desconfiava dos que não. **"De ordinário são indivíduos fechados, dentro de suas insípidas e áridas virtudes e incapazes de qualquer confraternização."**[45] Nos falava, inclusive, **"de um culto português, de que não** [encontrava] **no Brasil senão traços vagos, de uma Nossa Senhora do Fastio – à qual se fazem promessas para dar apetite, sendo o pagamento em** *malguitas e colheres de pau ou de folha de lata***"**[46]. Às quintas-feiras, recebia os amigos. Aos sábados, a família. Jamais comia só. Hitler **"de ordinário comia só. Melancolicamente só. Não tinha prazer algum em convidar quem quer que fosse para almoçar ou jantar em sua companhia. A não ser para discutir algum assunto urgente. Nunca pelo gosto de saborear, com amigos, um prato tradicional ou regional – dos excelentes pratos regionais que

---

39. *Tempo de aprendiz*, p. 516.
40. *Vida social no Brasil nos meados do século XIX*, p.113.
41. *Açúcar*, p. 80.
42. *Sobrados e mucambos*, p. 335.
43. *Sobrados e mucambo*, p. 335.

44. "Ascetas do paladar", artigo publicado na revista *O Cruzeiro* em 11 de dezembro de 1965.
45. "Ascetas do paladar", artigo publicado na revista *O Cruzeiro* em 11 de dezembro de 1965.
46. "Açúcar", p. 85-86; e 'Doces tradicionais do Brasil', *Correio da Manhã*, 30 de julho de 1938.

fazem da cozinha alemã uma das mais caracteristicamente nacionais da Europa. Era assim, com todo o seu nacional-socialismo, um antinacional e um antissocial. Não só comia, de ordinário isolado e sem convivas: comia como quem se requintasse em demonstrar seu desprezo pela culinária [...] Esse asceta saía às vezes da mesa para ordenar massacres [...] Desconfio [desses] ascetas absolutos do paladar. Quando não são terríveis egoístas ou puritanos estreitos, são quase sempre pessoas de tal modo insípidas que, junto delas, há quem chegue a preferir a companhia de rufiões e até de bandidos."[47]

Muitos foram os que sentaram à mesa com ele – atores, cardeais, diretores de cinema, embaixadores, escritores, filósofos, juízes, pintores, poetas, políticos e, sobretudo, amigos. **"Huxley, como John dos Passos, como Robert Lowell, como Arnold Toynbee, como Lucien Febvre, como Roberto Rossellini, deixou-se encantar por Apipucos. Notou – especifique-se – que seu verde, sendo do trópico, entretanto lhe dava a lembrar, pelo seu aspecto úmido, verdes ingleses. E como esses anglo-saxões ingleses, esses franceses. Também Georges Gurvitch. Também Henry Kissinger. Embaixadores como os do Reino Unido sir Geoffrey e lady Wallinger. Com a família inteira, Wallinger fez questão de passar um dia também inteiro em Apipucos. O mesmo, seus sucessores, sir David e lady Hunt. O professor Lincoln Gordon, quando embaixador dos Estados Unidos. Vários embaixadores de países europeus, do Japão, do Egito, da União Indiana, do Estado de Israel, têm vindo a Apipucos. Os Braganças dos dois ramos da família imperial brasileira. O almirante britânico que trouxe ao Brasil a rainha Elizabeth II. Grandes do Oriente. Africanos ilustres. Portugueses dentre os mais eminentes intelectuais e artistas como Vitorino Nemésio e Luís e Maria Helena Trigueiros. Belgas. Holandeses, italianos, franceses. Robert Kennedy pediu ele próprio para jantar na casa de Apipucos. Robert Lowell, o grande poeta, também: aqui jantou e deixou versos dedicados a uma menina de Apipucos: Sônia Maria. Talvez o único poema escrito no Brasil por um Robert Lowell quando já considerado o maior poeta vivo em língua inglesa [...] E o então embaixador de sua majestade britânica no Brasil, sir Leslie Fry, escreveu, na mesma época, de Apipucos: *If there is a paradise on earth it is here.*"**[48]

---

47. "Ascetas do paladar", artigo publicado na revista *O Cruzeiro* em 11 de dezembro de 1965.

48. *Apipucos – que há num nome?*, p. 68.

Tudo ali era, pois, **"uma mistura de casa-grande, biblioteca, museu, galeria de arte"**[49]. Um lugar que era, para ele, **"uma projeção do meu eu múltiplo e de eus mais afins ao meu: o da esposa, os dos filhos, os dos netos e, também, os dos mortos mais queridos, os dos amigos mais amigos, os dos autores de livros mais lidos e relidos, os retratos de família, o leque que foi da minha avó, as esporas de prata que foram de meu avô, as velhas receitas de doces, segredos da família. E mais as pinturas, as esculturas, as cerâmicas, as porcelanas, os móveis mais admirados; e, ainda, as comidas, os seus cheiros, o conhaque de pitanga, os prazeres mais caseiros, os chinelos de todo sem meias, a rede, a cadeira de balanço, o relógio antigo, os pijamas, os amanheceres, os entardeceres, os anoiteceres mais íntimos."**[50]

Mas não recebia só em sua casa. Também na de seus pais (Francisca e Alfredo). Ali estiveram o arcebispo Dom Miguel e o governador Estácio Coimbra – que, depois, retribuiu a gentileza recebendo, em Palácio, toda a família. Ou na casa de Ulisses (seu irmão). Ou na de amigos, como Mário Carlos de Souza e Dolores Salgado, que considerava uma exímia cozinheira. Frequentava igualmente restaurantes e cafés. Com Artur de Sá, Cícero Dias, Júlio Belo, Luiz Jardim, Manuel Bandeira, Odilon Nestor, Pedro Paranhos, Sílvio Estêvão, Thales Ramalho, Ulisses Pernambucano, Zeferino Agra, o babalorixá Adão. Não só em Pernambuco. No Rio de Janeiro, José Maria Belo, o conde e a condessa Pereira Carneiro, o embaixador da Alemanha (jantar formal, com smoking), o infante Dom Alfonso de Bourbon. Em São Paulo, Paulo Prado. Na França, o escritor Blaise Cendrars, o general Grandprey, Vicente do Rego Monteiro.

Em Portugal, agradece a todos que o receberam. **"O obrigado àquelas famílias portuguesas que em Portugal e no Ultramar e em terras estrangeiras receberam-me em suas casas e à sua mesa como um parente e não apenas um compatriota, devo juntar outro: aos estrangeiros que nos países que atravessei a caminho do Ultramar português honraram-me de maneira igualmente gentil."**[51] "Obrigado ao casal António Sérgio que gentilmente me acolheu na sua casa de Lisboa, à travessa do Moinho de Vento, regalando minha gulodice com tão finos bons-bocados feitos em casa e não

---

49. *Gilberto Freyre*, Coleção Encontros, p. 140.
50. *Gilberto Freyre*, Coleção Encontros, p. 144.

51. *Um brasileiro em terras portuguesas*, p. 280.

comprados à confeitaria; ao casal Cunha Leão, empenhado em reeditar as obras de Oliveira Martins; ao casal Nuno Simões, que na sua casa de Pedras Salgadas hospedou esplendidamente todos os cinco Freyres; ao conde e à condessa d'Aurora e à sua filha Aurora e aos seus outros filhos e genros que em sua casa de Ponte de Lima fizeram-me experimentar toda a doçura de velha vida portuguesa de família nobre de província; a Raul Teixeira, que animou o Museu de Bragança de alguma coisa de casa patriarcal para melhor nos receber, a mim e aos meus, na velha cidade em que todos – governador civil, o comandante do Forte, os professores do Liceu e não apenas o diretor do Museu – esquecido, cada um, de sua seita política, juntaram-se para acolher-me como hóspede de Portugal e não de governo ou de grupo português; ao engenheiro Henrique Chaves e à sua senhora e à sua ilustre tia, a senhora condessa de Esperança, que em sua velha casa de Évora nos fizeram experimentar, a mim e aos demais Freyres, todos os encantos de sua hospitalidade de velha gente portuguesa do Sul, levando-nos depois à casa igualmente acolhedora de família sua parenta, moradora num *monte* alentejano, conservado em toda sua pureza e com alguma coisa das antigas casas-grandes brasileiras de engenho ou fazenda, não só na arquitetura como na mesa fartamente patriarcal do almoço e do jantar; ao casal Vieira Machado, que fidalgamente nos recebeu no castelo de Ferraguda; ao antigo embaixador de Portugal no Rio e meu bom amigo desde os seus dias de embaixador em Washington, Teotônio Pereira, que nos levou, a mim e a meu filho Fernando, no seu iate, pelas águas de Portimão até Ferraguda; ao casal Mendes Correia, ao casal José Osório de Oliveira, ao casal João Osório de Castro, ao casal Henrique de Barros, ao casal Paço d'Arcos, ao casal Tomás Kim, ao casal Luís Forjaz Trigueiros, ao casal Martins Pereira, que me levaram a jantar na intimidade de suas casas, caracteristicamente portuguesas; ao visconde e à viscondessa de Carnaxide, que me honraram no velho sobrado nobre da Senhora Pedroso, abrilhantado por todo um conjunto de recordações significativas do mais belo passado de vida musical de Lisboa, com um almoço no sabor ou estilo dos que outrora participei na residência da senhora Belfort Ramos; ao jornalista Álvaro Pinto, que me acolheu na sua quinta de Bragança com carinhos de português saudoso do Brasil; aos professores e estudantes do Instituto Superior de Agronomia, modernos senhores de uma quinta que parece cuidada por frades e noviços da melhor época de Alcobaça e com os quais passei em Lisboa uma tarde inesquecível, conversando à maneira fraternal das *mesas-redondas*, sobre assuntos de sociologia rural por eles provocados; aos amigos que em Guimarães, Vila Real, Santarém, Cúria, Alcochete, acolheram a mim e aos demais Freyres, com o seu melhor carinho português."[52]

Nos Estados Unidos, esteve com **"poetas negros de Harlem, índios de Arizona, caboclos das Filipinas, John D. Rockefeller Junior no palacete de Nova Iorque em que mais de uma vez, no meu tempo de Colúmbia, ele recebeu os estudantes estrangeiros; Calvin Coolidge na Casa Branca; e num segundo andar de subúrbio do Brooklyn [foi] tomar chá da Rússia com o romancista Leon Kobrin, judeu da Lituânia que foi companheiro de jornalismo de Trotski em Nova York; ver se matar boi e se fazer chouriço nos grandes matadores de Armour e Swift e se imprimir o *New York Times*; e sobretudo conhecer a vida intelectual e artística na intimidade – poetas como Vachel Lindsay, com quem mais de uma vez jantei no Brevoort – ele sempre com um olhar triste que talvez fosse de saudade do mundo que ia deixar tão cedo"**[53]. Também mrs. Rundle (filha de Maxwell, então rei do café), Isaac Goldberg, prof. Branner, Alfred Tagore (para Freyre, maior poeta vivo de seu tempo).

Algumas personalidades importantes, em volta de mesas, foram também referidas por ele – Augusto dos Anjos, o conde D'Eu e a princesa Isabel, Eça de Queiroz, José Mariano, Nabuco, Nina Rodrigues, padre Gama (*O Carapuceiro*), o príncipe de Gales, Santos Dumont. Sem contar Oliveira Lima e o barão do Rio Branco, para ele exemplos de gourmets. Lembrando que **"só dois ilustres brasileiros souberam, até hoje, fazer propaganda no estrangeiro de valores brasileiros: o barão do Rio Branco – que soube dar brilho à figura de Rui Barbosa como Águia de Haia; à de Santos Dumont como pioneiro da aviação, ao Rio de Janeiro como 'a mais bela cidade do mundo'.**[54]

---

52. *Um brasileiro em terras portuguesas*, p. 280-281.
53. *Novas conferências em busca de leitores*, p. 14.
54. *Açúcar*, p. 62, prefácio do autor à 3ª edição.

Jantar na Universidade da Virginia (EUA), 1949.

Almoço de confraternização no bar Pra Vocês.

Jantar de noivado de Magdalena e Gilberto Freyre, Rio de Janeiro, 1941.

15-10-49
New York

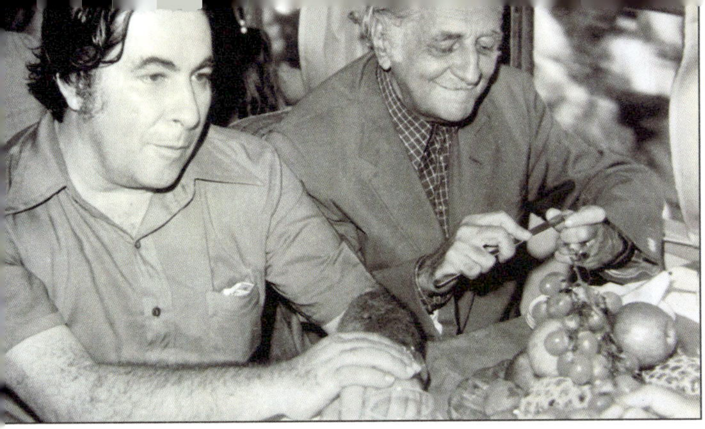
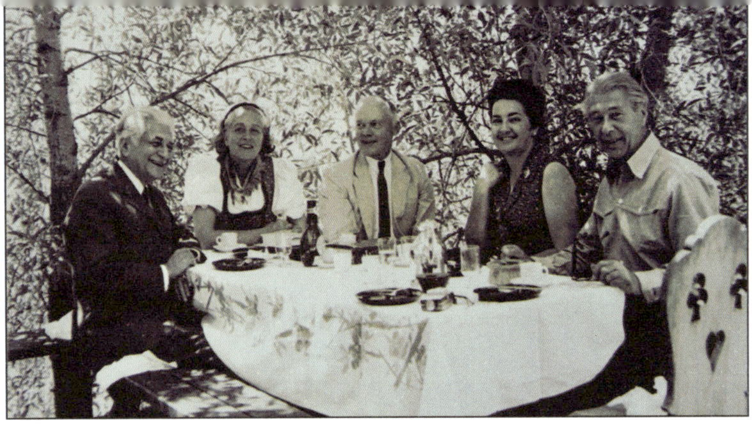
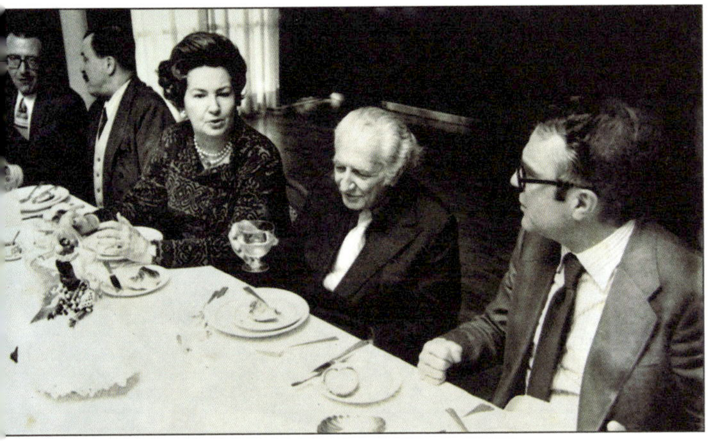
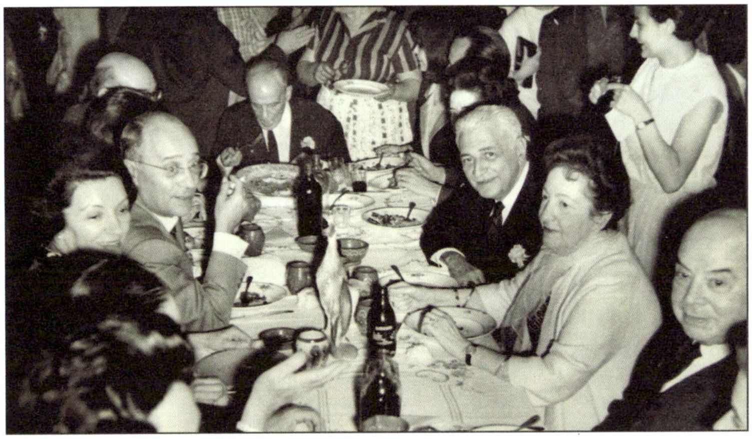
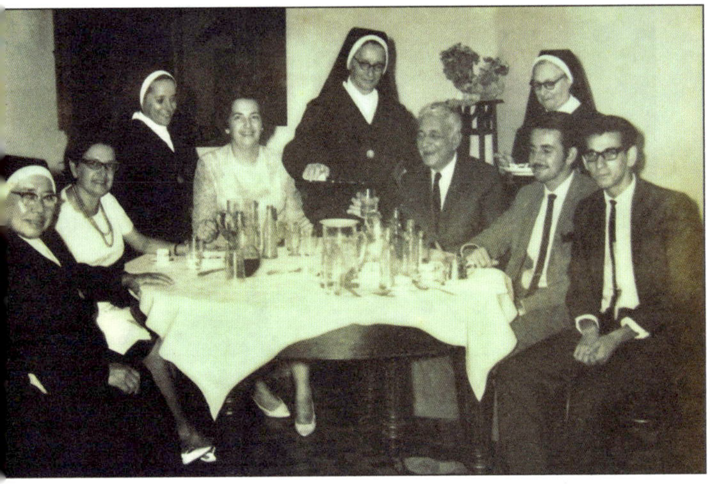
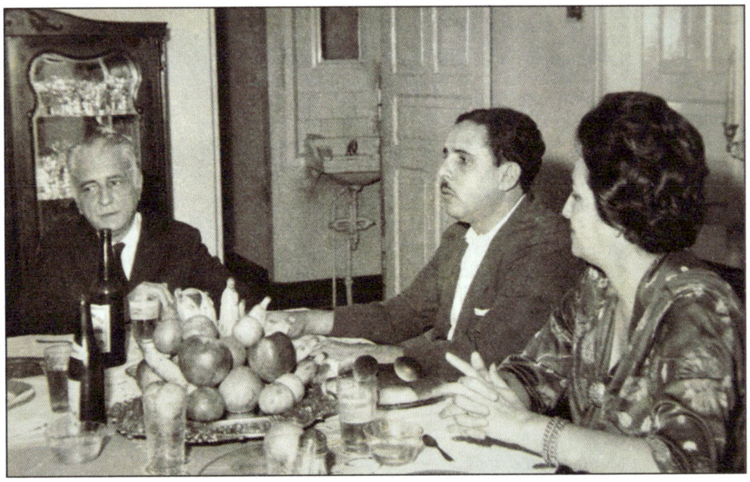
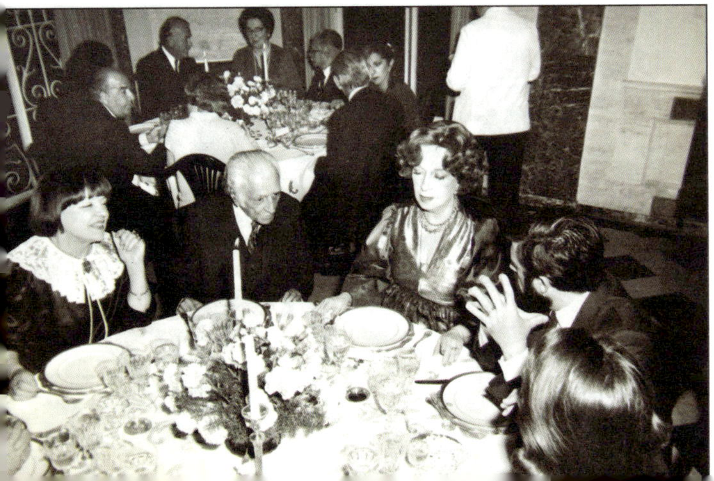
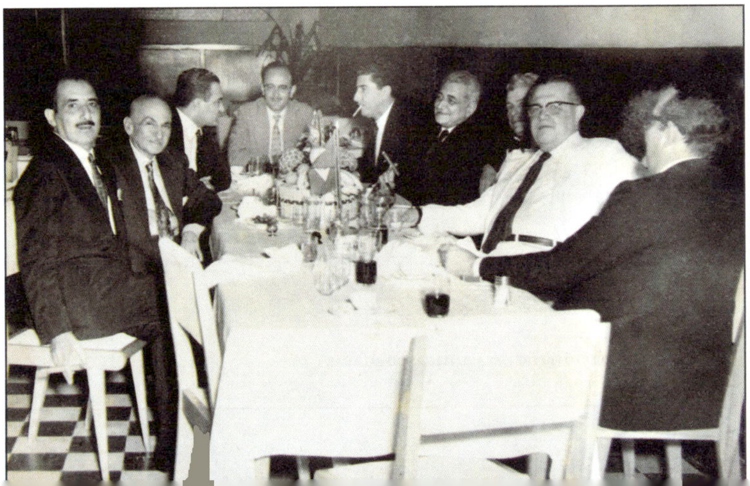

Com Aderbal Jurema, José Noujain, Nilo Pereira, Mário Melo e Isnar de Moura, no consulado libanês, novembro de 1954.

Páginas 78-79

Coluna 1

Encontro com Ascenso Ferreira, Altamiro Cunha, Miguel Arraes e outros.

No restaurante Leite com Carlos Duarte, Aníbal Fernandes, Altamiro Cunha e Pessoa de Moraes.

Na companhia de Lourdes e Lula Cardoso Ayres e Julieta Pereira Borges.

Com José Lins do Rego e Luís Jardim.

Coluna 2

Com Clarence Harring, João Condé, Otavio Tarquínio de Souza e Odilon Ribeiro Coutinho. Rio de Janeiro, 1950.

Com um grupo de amigos no China Boll, Nova York (EUA), 15 de outubro de 1949.

Com Mauro Mota, Lúcia e Zilde Maranhão.

Com Olívio Montenegro e José Olympio.

Coluna 3

Com Renato Carneiro Campos, no trem, a caminho da Usina Cucaú.

Jantar com Magdalena e José Tavares de Miranda, São Paulo, dezembro de 1975.

Com as freiras do Colégio das Damas.

Jantar na embaixada do Brasil em Portugal, com Dinah Silveira de Queiroz. Lisboa, 1983.

Coluna 4

Com amigos em Aspen, Colorado (EUA), 1967.

Com amigos em Lisboa (Portugal).

Jantar com Pessoa de Moraes.

Jantar oferecido por Raudolph Butler, 1959, com Aníbal Fernandes e Antiogenes Chaves.

Com Luis Tavares, Paulo Rangel Moreira, Odilon Ribeiro Coutinho e Murilo Costa Rego.

Em Goiânia (Goiás), 1959.

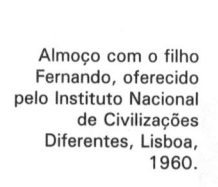

Almoço com o filho Fernando, oferecido pelo Instituto Nacional de Civilizações Diferentes, Lisboa, 1960.

SELETA DE TEXTOS

ALDOUS HUXLEY

"Eu imaginava um almoço aqui mesmo em Apipucos, somente nós, mrs. Huxley, mrs. Freyre e meus dois filhos adolescentes, com muita fruta da terra, um peixe bem destas águas verdes do litoral de Pernambuco. Não notou o verde especial destas águas?"

Brasis, Brasil, Brasília, p. 255.

ALFRED AGACHE

"Mestre Agache está encantado com o Recife. Em Paris disse, de regresso do Brasil, a um amigo brasileiro – a senhora Santos Lôbo – que a capital de Pernambuco seduzira-o de modo particular. Afirmativa que tem o seu valor – e grande – na boca de um especialista em ciência urbana como Alfred Agache: grande conhecedor de burgos, novos e antigos, por este vasto mundo de Deus. Verdadeiro tipo do *don Juan de cidades* de que fala o meu amigo Morais Coutinho."

Retalhos de jornais velhos, p. 116.

ÁLVARO PINTO (PORTUGAL)

"Depois do almoço, vou com alguns amigos à quinta do luso-brasileiro Álvaro Pinto, que nos espera para um forte café à brasileira, feito por uma preta fluminense que sua família trouxe há longos anos do Brasil. Uma linda quinta, essa, de português que não esquece o Brasil."

Aventura e rotina, p. 184.

ARCEBISPO DOM MIGUEL

"Vem visitar-nos o arcebispo Dom Miguel, que minha Mãe recebe com um chá. 'Ele nunca visita ninguém', me informa Pedro Paranhos."

Tempo morto e outros tempos, p. 252.

BABALORIXÁ ADÃO

"O babalorixá Adão me convida para almoçar com ele no Fundão. Almoço, me diz ele, de xangô. Religioso. Secreto também. Um verdadeiro banquete. Quitutes que nunca vi: todos com nomes sagrados em nagô. Temo a princípio não ir gostar de alguns. Porém gosto. Adão me diz: 'Agora somos mais amigos do que nunca'. Sentado junto dele, os devotos que chegam e se ajoelham para lhe pedir a bênção me estendem um pouco de sua devoção. Sinto-me um tanto babalorixá."

Tempo morto e outros tempos, p. 308.

BARÃO DE ITAINGÁ

"O brasileiríssimo almoço dos barões de Itaingá, com feijão, farinha, arroz, pimenta, licor de jenipapo, café fluminense, terminaria com uma conversa de que todos – os barões, a filha Maria Emília, os afrancesados – participariam, justamente sobre o tema *vantagens e desvantagens dos progressos*. Camargo pensou, naquela circunstância, que teria sido interessante ouvir as opiniões da mucama e do pajem. Que pensariam eles do assunto? Transmitiu sua curiosidade à sempre perceptiva Maria Emília. A sinhazinha esclareceu que os dois, a mucama e o pajem, atravessavam uma fase de contradições.

Ora muito saudosos da *vie créole* em Santa Isabel, ora deslumbrados com os progressos que estavam conhecendo na Europa. Apenas, para eles, dificilmente haveria melhor vida do que a de domésticos, quase filhos da família, dos barões de Santa Isabel."

O outro amor do dr. Paulo, p. 54.

BARÃO DE SUASSUNA

"Jantar com o barão de Suassuna na casa-grande de Morim. O.L. [Oliveira Lima] tinha me advertido contra ele: 'é homem falso'. Mas a verdade é que o diabo do velho tem seu encanto pessoal e é inteligente como ele só."

Tempo morto e outros tempos, p. 287.

BARÃO DO RIO BRANCO

"Camargo [Roberto] ficara escandalizado. Viera à mesa de sua excelência uma feijoada preparada por preto brasileiro. Estava-se no começo do verão. O barão não hesitou: desprendeu-se do fraque diplomático. Ficou em mangas de camisa. *Quanta sem-cerimônia, mon Dieu!* observou a esta altura o afrancesadíssimo Camargo. Preparou-se o barão – recordou-me Camargo – para saborear a feijoada como se fosse um matutão brasileiro do interior. Pedroca também: o barão ainda se servia e ele já comia a feijoada com os olhos. E Camargo embaraçadíssimo: nunca se servira de uma feijoada como prato principal e talvez único. No palacete dos Camargo em Botafogo não se fazia nem se servia feijoada. Nos almoços mais boêmios de Paula Nei, de Bilac, de Patrocínio, Camargo sempre a evitara: apenas beliscava um pouco de verdura, de banana comprida, alguma rodela de laranja. Na papa de feijão com farinha de mandioca, na carne de charque, nesses para ele barbarismos não penetrara nunca. E quanto ao molho de pimenta era para ele outro barbarismo. Como havia no Brasil tanta gente, e gente ilustre, que se regalava com essa execrável feijoada? Não se harmonizava o quitute, para ele, abrutalhado, com seu paladar desde muito novo afrancesado. E agora, em Paris, à mesa de um barão, de um diplomata, de um brasileiro cosmopolita, defrontava-se com uma perfeita feijoada brasileira, vasta, negra, abrutalhada. Serviu-se com extrema discrição. Tão concentrado estava, porém, o barão em saborear o quitute brasileiro, que não reparou na atitude do camarada de Pedroca para com um prato, na época, ainda considerado vergonhoso pelos brasileiros com pretensões a bem-educados."

O outro amor do dr. Paulo, p. 13.

BLAISE CENDRARS (FRANÇA)

"Na França, o escritor Blaise Cendrars – que me recebeu festivamente a *champagne* na sua casa de Paris – envelhece sem se cansar de exaltar a cozinha brasileira. Mas isto – repita-se – nos meios cultos. Ninguém suponha ser fácil encontrar um europeu, homem comum, que se interesse desse modo por qualquer dos aspectos da cultura latino-americana, em geral, e brasileira, em particular."

Sugestões de um novo contato com universidades europeias, p. 106-107.

SELETA DE TEXTOS

BRANNER (ESTADOS UNIDOS)

"Ninguém morreu mais saudoso do Brasil que o professor Branner, na sua casa de Palo Alto [Califórnia], entre livros portugueses e mapas de geologia. E essa saudade, onde ele a conservava mais viva, era por certo no coração. Mas conservava-a também viva no paladar. O último artigo que escreveu foi para uma revista, *El Estudiante*, que dirigíamos em Nova York, eu e um amigo chileno. E nesse artigo ele se despediu dos nossos quitutes como quem se despede de amigos. Chamando-os carinhosamente pelo nome, um a um, como São Francisco às árvores e aos pássaros de Porciúncula. Dir-se-ia que o escrevera a lamber voluptuosamente os lábios secos de doente."

Tempo de aprendiz, p. 415.

CÍCERO DIAS

"Mas nem essa sua modernidade nem aquela sua universalidade fizeram secar em artista tão complexo e, ao mesmo tempo, tão simples, sua condição de brasileiro de província, nascido e crescido numa das regiões também mais complexas do Brasil: aquela em que, na gente, mais se veem misturados ao sangue europeu o do indígena e o do africano; e nas artes, nos costumes, nos alimentos, à cultura vinda da Europa, a encontrada nas populações nativas e a trazida da África pelo negro. Um negro hoje brasileiríssimo; e cuja presença constante na pintura de Cícero marca nesse artista, nascido ainda em casa-grande de engenho, sua capacidade de identificação amorosa com a gente, outrora escrava, a quem o Brasil deve tanto do que é mais brasileiro na sua música, na sua cozinha e, através não só de Cícero como de Cândido Portinari, de Di Cavalcanti, de Lula Cardoso Ayres, na sua pintura."

Vida, forma e cor, p. 182.

CONDE D'EU

"*Sabe de uma coisa?* perguntou-me a certa altura de nossa longa conversa o arguto Camargo. E repetiu: *Sabe de uma coisa?* Desconfio de que o próprio conde d'Eu e a própria princesa Isabel se fizeram acompanhar, em Paris, de ex-escravos brasileiros. Desconfio, mais, que saboreavam às vezes, com a discrição que se impunha a tão nobres figuras, no seu augusto retiro francês de exilados involuntários, a sua feijoadazinha, o seu docinho de goiaba e o conde a sua aguardentezinha de cana. De uma particularidade sei ao certo: que o conde, tanto quanto eu, conservou-se na Europa doido pelo que no Brasil se chama *roupa-velha*, isto é, os restos de peru à brasileira que se comem no dia seguinte."

O outro amor do dr. Paulo, p. 15.

CONDE DE SABUGOSA (PORTUGAL)

"Um deles o conde de Sabugosa, que no seu casarão de Santo Amaro recebeu-me com seu melhor vinho do Porto. Já muito velhinho mas ainda muito fidalgo e sobretudo muito homem de letras, deu-se ao incômodo de mostrar ao quase menino brasileiro, na vasta sala de jantar, madeiras do Brasil colonial trabalhadas por artistas portugueses."

Um brasileiro em terras portuguesas, p. 184.

SELETA DE TEXTOS

CONDE E CONDESSA PEREIRA CARNEIRO (RIO DE JANEIRO)

"Ontem, grande ceia em honra do doutor Eckner e do infante Dom Alfonso de Bourbon oferecida pelo conde e pela condessa Pereira Carneiro: casal recifense de minha particular simpatia. Ela é uma Correia de Araújo: uma gorda sinhá-dona. Foi uma festa esplendidamente brasileira. Talvez um excesso ou outro: muito *champagne* e uma ostentação de caviar, de perus, de lagosta, de abacaxis que deixaram talvez os europeus sob a impressão de que o ricaço brasileiro queria humilhá-los. Mas suponho que acabaram todos convencidos de que se defrontavam com uma nova forma de cordialidade humana ou de hospitalidade extraeuropeia: a brasileira. A patriarcalmente brasileira. A pernambucanamente brasileira. Afinal, Pernambuco é terra de muita lagosta e de muito abacaxi: preciosidades brasileiras que para um europeu são quase equivalentes de pedras preciosas sob a forma de manjares raros. E os pernambucanos, mesmo quando novos-ricos, são fidalgos. Até os plebeus em Pernambuco são fidalgos."

Tempo morto e outros tempos, p. 332.

DEPARTAMENTO DE ESTADO (ESTADOS UNIDOS)

"O Departamento do Estado ofereceu-me um grande almoço numa das casas históricas de Washington – um belo sobrado que se conserva como era há cem anos, com toda a mobília, prata e porcelana da época. A mesa estava um primor: toda enfeitada com flores amarelas e azuis, entre folhas verdes, em homenagem ao Brasil. Entre os convidados achavam-se diplomatas americanos e brasileiros – o ministro-conselheiro e o segundo secretário da embaixada do Brasil – gente dos Ministérios da Agricultura e Interior dos Estados Unidos, professores, inclusive das duas Universidades Católicas, a Pontifical e a dos Jesuítas. Também fui convidado de honra de um jantar da Comissão Central de Estados da América Latina. Já começou meu curso aqui. As conferências começam breve."

Cartas do próprio punho, p. 151.

EÇA DE QUEIROZ

"Todos, então, imaginaram: o que teria sido Eça de Queiroz, se tivesse sido cônsul na Bahia? Representante do seu país no Império de Pedro II. Teria sido, sob vários aspectos, outro Eça de Queiroz. Ele tivera, quando menino, bá brasileira. Parece que mulher de cor. Bá a quem muito se afeiçoara. Que lhe contara muita coisa do Brasil. Que lhe falara em português abrasileirado – *português com açúcar*: expressão sua – dos brasileiros e, sobretudo, das brasileiras. Talvez essa experiência o predispusesse a amar o Brasil em vez de nele encontrar apenas uma Cuba maior, horrível de calor e horrível pelo que, naquela então colônia espanhola, ele encontrara de exploração de verdadeiros escravos chineses, por senhores brancos e cruéis. Eça não dera ênfase, na resposta a Maria Emília, ao seu lamento de não ter sido enviado pelo seu governo como cônsul na Bahia. E uma coisa talvez devesse ser considerada certa, segundo observação de Camargo: doente como era, do estômago, e, ao mesmo tempo guloso, a cozinha baiana, gostosíssima, decerto, mas sobrecarregada de gorduras e sobretudo de temperos ardentes e afrodisíacos do paladar e talvez do sexo, talvez tivesse sido fatal para

SELETA DE TEXTOS

homem de estômago tão delicado como o criador de Fradique. De modo que talvez tivesse sido um bem para a literatura em língua portuguesa – tão dependente, ainda hoje e, com certeza, para sempre, do que lhe deu o gênio do grande tísico – que Eça tivesse sido frustrado no seu desejo de ser enviado ao Brasil como cônsul na Bahia."

O outro amor do dr. Paulo, p. 92.

EDWARD KENNEDY

"Foi o que notei em Edward Kennedy, quando, em casa brasileira, esse neoaristocrata de Boston se dispôs efusivamente a jantar depois de alegrado por uma batida, para ele exótica, de pitanga. Já fora a impressão que me dera, num almoço em Versalhes, após o justo aperitivo – um equivalente francês de batida brasileira – o fidalgo general Clement de Grandprey; ouvi-o então elogiar do Brasil, menos a avenida Rio Branco, que os mucambos das praias, para ele as mais belas do mundo, do Norte brasileiro. Teria provado alguma pinga ou batida?"

Alhos e bugalhos, p. 100.

EMBAIXADOR DA ALEMANHA (RIO DE JANEIRO)

"O embaixador da Alemanha me convida para um jantar em Santa Teresa. Encantadora Santa Teresa. Jantar de *smoking*. Vou com meus amigos Rudiger e Jane – ele alemão, ela americana, ambos até há pouco meus colegas na Universidade Columbia. Antes do jantar, tomamos uns *drinks* no Hotel Glória."

Tempo morto e outros tempos, p. 281.

ESTÁCIO COIMBRA

"Jantar nosso – de meu Pai, de minha Mãe, de Ulisses – a Estácio [...] Ótimo jantar. Os Olímpios – o apelido em família de meu Pai e de minha Mãe – recebem bem. Temos a nosso serviço o Eduardo, antigo empregado de ingleses que se apresenta sempre de dólmã branco, muito britânico. Boa cozinheira."

Tempo morto e outros tempos, p. 291.

"Estácio Coimbra e Dondon nos recebem, a todos os Freyres, para um jantar em Palácio que não sei se deva dizer que foi do governador e primeira-dama ou de senhores de engenho. Dondon é um encanto de pernambucana que junta à sua distinção de sinhá de engenho do sul de Pernambuco uma simplicidade, uma naturalidade, que não podem ser nem ensinadas nem aprendidas."

Tempo morto e outros tempos, p. 299.

FAMÍLIA LIRA (DO *DIÁRIO DE PERNAMBUCO*)

"Justiça seja feita aos Lira, tão mesquinhos com relação ao papel para a publicação do *Livro do Nordeste*, comemorativo do centenário – que trabalho me deu! Redimiram-me, de algum modo, dessa mesquinharia, gastando uns bons dinheiros na festa de ontem. De ontem entrando pelo dia de hoje. Muito peru, muito presunto, muitos doces, muito vinho. Entrei forte no *champagne*. Tinha direito."

Tempo morto e outros tempos, p. 249.

SELETA DE TEXTOS

GRANDPREY (FRANÇA)

"Com o general [Grandprey, amigo de Oliveira Lima] tive o prazer de almoçar no sábado passado. O bom do velhinho reuniu na sua casa de Versalhes um grupo interessante: a viúva francesa de um diplomata sul-americano; um conde francês, antigo ministro na Pérsia e bom *causeur;* um general russo do tempo do czar, de ásperos bigodes, também conde – como o general – e acompanhado da senhora, tipo de beleza eslava. Conversa encantadora."

Retalhos de jornais velhos, p. 79.

HENRIQUE DE BARROS (PORTUGAL)

"Dia alegre para meus meninos que, junto com os seus, matam saudades de Apipucos, espalhando-se pelo quintal da casa, um delicioso jardim português, desses que emendam com a horta e se confundem com as próprias árvores. Almoço em família. Ao vinho do Porto, depois de generosamente saudado pelo dono da casa, agradeço as palavras amigas de Henrique de Barros e lembro a figura rara de João de Barros, tão ligado ao Brasil. O velho Freyre [Alfredo, seu pai], Wanderley autêntico e que é de ordinário um secarrão – Carlos Lacerda antes de o conhecer supôs que fosse inglês – faz um *toast* lírico."

Aventura e rotina, p. 40.

ISAAC GOLDBERG (ESTADOS UNIDOS)

"Almoço com o casal Isaac Goldberg. Almoço – diz-me ele de início – à moda dos judeus. Dão-me a comer uma carne (já não me lembro seu nome em *yiddish*) que me recorda o cozido brasileiro. Até onde irá – penso durante o almoço com os Goldberg – a influência do judeu sobre a cozinha portuguesa? Sobre a cozinha brasileira? A 'feijoada dormida', o 'mungunzá dormido', o quitute que se come depois de uma noite como que de repouso encoberto da iguaria, talvez seja reminiscência brasileira dos dias de quitutes encobertos e até secretos dos cristãos-novos."

Tempo morto e outros tempos, p. 105.

JOAQUIM NABUCO

"Em casa. No cotidiano. Na rotina da vida de família. Tomando café de manhã. Brincando com os filhos pequenos. Contando-lhes histórias. Sofrendo, por vezes, quer no esplendor de seus dias de ministro na Europa, quer nos de embaixador do Brasil em Washington, do mal – ou do *pungir delicioso de acerbo espinho*? – da saudade. Saudade do Brasil. Saudade de Pernambuco. Saudade do Recife. Saudade da Massangana. Que em Nabuco, o brasileiro foi sempre um pernambucano. Um eterno cidadão deste seu Recife. Que nele o cidadão do mundo não deixou nunca de ser um brasileiro amoroso do Brasil e preocupado com o Brasil."

Em torno de Joaquim Nabuco, p. 222.

"Nabuco, porém, se não confraternizou com o povo de sua terra da mesma maneira pitoresca e boêmia, franciscana e simples que José Mariano, o qual, no Recife de 1880, comia sarapatel e bebericava *vinho ordinário*, pelos quiosques como qualquer tipógrafo ou revisor de jornal, nunca viveu, como político, longe do povo mais sofredor. Conheceu-o de perto. Amou-o na realidade e não como figura de retórica. Trabalhou por ele. Teve como nenhum político brasileiro do seu tempo a visão exata das necessidades e o sentido justo das possibilidades de gente por tanto tempo abandonada."

Quase política, p. 66; e *Em torno de Joaquim Nabuco*, p. 218.

"Talvez resultasse dos mimos exagerados com que parece ter sido criado pela madrinha senhora de engenho – verdadeira *mãe com açúcar* da definição de avó, atribuída a Lauro Müller – o fato de haver se extremado Nhô Quim [Joaquim Nabuco] em adolescente um tanto dengoso. Em menino, segundo ele próprio, incapaz de entrar em venda ou taverna onde se vendesse toucinho. *Eu não entro em vendas*, disse ele, um dia, talvez menos esnobemente que sob o jugo de sua aversão a toda espécie de sebo ou banha, ao professor que lhe perguntara como havia de pedir em um armazém, pelo sistema métrico, quatro libras de toucinho. Não só o toucinho repugnava ao ainda verde mas já delicado aristocrata: conta Vieira Fazenda que a própria manteiga dava a Quincas, menino de colégio no Rio de Janeiro, náuseas e até o fazia vomitar. No Pedro II comia helenicamente pão seco. Compreende-se, assim, que o internato, com a comida certamente frita na banha, a carne nem sempre tenra, o peixe nunca o bom e gostoso das praias do Cabo com as espinhas catadas pela mão da mucama, tenha sido para ele o sofrimento que foi. Que as próprias empadas de palmito e camarão – delícia dos outros meninos – o fizessem vomitar. Que a casa-grande à margem do rio Trapicheiro, nos arredores da Chácara do Vintém, onde residiam os internos do Pedro II, e de onde saíam para as aulas solenemente vestidos de casacas verdes com botões dourados e altas cartolas já quase de doutores, tenha sido para ele o oposto da casa-grande de Massangana, onde vivera quase numa redoma, quase num nicho de Menino Jesus que fosse também um São Joaquim ou um Santo Antônio."

Quase política, p. 86-87.

"Romântico fascinado desde a adolescência por grandes causas, como a causa da Polônia, Nabuco nunca se extremou em moço boêmio e erótico que gastasse a saúde bebendo conhaque nas tavernas, improvisando versos nos cafés, esgotando-se em amores fáceis com as cômicas. O que não significa que desdenhasse do conhaque ao ponto de só beber água do pote ou vinho do Porto. Nem que não tivesse se apaixonado por mulheres bonitas."

Prefácios desgarrados, vol. I, p. 127.

"Donde já ter dito, e se poder dizer hoje com maior amplitude, que *o mais belo milagre da escravidão no Brasil foi o de haver formado ela própria o herói de sua própria Redenção*. Formou-o pelo leite de escrava que amamentou o menino branco de Massangana, pelos braços de escravos que primeiro o carregaram, pelos risos de escravos que lhe afugentaram os primeiros choros e tédios de criança, pelas mãos de escravos que lhe levavam à boca as primeiras comidas, talvez pelos beijos de escrava que primeiro lhe deram sugestões de outro amor de mulher além do de mãe, e, ainda, pelo gesto daquele escravo adolescente, fugido de outro engenho, que, uma tarde, surgiu diante de Nabuco menino, sentado no patamar da casa-grande de

SELETA DE TEXTOS

Massangana, para abraçar-se a seus pés, suplicando ao sinhozinho que pelo amor de Deus o fizesse comprar pela madrinha, senhora de engenho."

Perfis parlamentares 39, Câmara dos Deputados, p. 198.

JOHN DOS PASSOS

"Dos Passos, entretanto, não deixou de tomar contato com alguns subúrbios do Recife: foi à Várzea dos Brennand – cuja cerâmica admirou. Depois aos Apipucos. Aí o recebeu o casal Salgado-Sousa com uma ceia a que não faltou, depois de peixe à melhor moda pernambucana, uma variedade de doces segundo velhas receitas não só da região como do subúrbio."

Guia prático, histórico e sentimental da cidade do Recife, p. 148.

JOSÉ MARIA BELO (RIO DE JANEIRO)

"Como homem de letras – mais literato, aliás, do que escritor –, José Maria Belo foi uma das últimas expressões, no Brasil, da quase exclusividade da cultura francesa como cultura orientadora das preocupações, das tendências e dos gostos das *élites* sul-americanas. Desde novo lido em Balzac, em Flaubert, em Stendhal, em Taine, transpirava francesismo tanto nos seus escritos requintadamente literários como nas suas palavras de *causeur* pouco fluente e pouco natural: aliterado. Pertenceu a uma geração desde nova suprida de roupa branca pela França; de teatro, por companhias francesas; e iniciada por madamas francesas em vinhos, presuntos, requintes eróticos, queijos, *pâté de foie gras*, vindos da França para um Rio cuja *élite* se extremava em sua subordinação às modas parisienses. Seus gostos e seus hábitos foram, desde que se fixou no Rio, os de um francês perdido nos trópicos; os de um ex-pernambucano separado de Pernambuco; os de um provinciano quase esquecido da sua província."

Vida, forma e cor, p. 95.

JOSÉ MARIANO

"Ninguém, entretanto, viveu até hoje, no Brasil, a arte política com um sentido não só mais humano como mais humanitário da ação do homem público; entregando-se ou abandonando-se com tanta naturalidade, tão profundo gosto, desinteresse tão puro, alegria tão dionisíaca, ao serviço da sua gente, que foi sobretudo a gente mais simples de Pernambuco, primeiro os escravos, depois a população mais humilde de cor, os brancos mais pobres de Pernambuco, o Recife mais explorado pelos importadores ricos, gordos e cor-de-rosa, de bacalhau, de carne-seca e de farinha. Que toda gente simples da velha província encontrou no ioiô branco de engenho um amigo que de verdade amava e procurava servir os pobres; que preferia viver entre eles, a conviver com outros brancos de casaca e de gravata de seda; que sabia, como ninguém, onde se comia o melhor sarapatel de quiosque do Recife; que era visto com escândalo por doutores e requintados, tarde da noite ou na madrugada ainda fria, ceando bacalhau ou tomando café com cuscuz nas barracas mais plebeias da cidade."

Quase política, p. 193-194.

SELETA DE TEXTOS

"José Mariano chegou a ser quase um ídolo para a gente do povo do Recife. Como nenhum político, soube confraternizar com essa gente. Comia sarapatel e bebia vinho zurrapa nos quiosques, juntamente com seu cocheiro, homem de sua confiança."

O Recife, sim! Recife, não!, p. 46.

JOSÉ OSÓRIO DE OLIVEIRA (PORTUGAL)

"Com José Osório de Oliveira já tenho estado mais de uma vez até tarde da noite, bebericando, ele, café, eu, algum *grog* ou refresco; e conversando sobre o Brasil, sobre Portugal, sobre a Espanha, sobre Cabo Verde. Cabo Verde é a menina dos seus olhos."

Aventura e rotina, p. 37.

JÚLIO BELO

"Júlio Belo e dona Alice deram-me tanto peixe – peixe delicioso – durante a Semana Santa que passei no engenho Queimadas, que atribuo a esse excesso a urticária terrível que me fez rebolar ontem pelos tapetes e pelo chão, como um desesperado."

Tempo morto e outros tempos, p. 300.

LUÍS JARDIM, ULYSSES PERNAMBUCANO, JÚLIO BELO, SÍLVIO ESTÊVÃO, CÍCERO DIAS, ARTUR DE SÁ

"Luís Jardim, Ulysses Pernambucano, Júlio Belo, Sílvio Estêvão, Cícero Dias, Artur de Sá, sempre na primeira linha de amizade, a promoverem este jantar: a certeza de que o amor ao Recife, a Pernambuco, ao Norte, e ao mesmo tempo ao Brasil, não é menor em mim do que neles. Este quase-banquete não é a mim: é ao Recife. É a Pernambuco. É ao Norte que já não é vassalo, ao menos intelectual, do Rio ou de São Paulo, mas uma região igual às outras do Brasil. Tão criadora como qualquer outra."

Região e tradição, p. 256.

MANUEL BANDEIRA

"Mas confesso também que venho esquecendo tal perigo [a tuberculose] pelo gosto, pela alegria enorme, de conviver com Manuel Bandeira como com um irmão mais velho. Tomando seu leite. Comendo sua comida. Conversando com ele desde muito cedo. Já temos conversado sobre uma multidão de assuntos."

Tempo morto e outros tempos, p. 262.

NINA RODRIGUES

"Nina viera para a Bahia do Maranhão; e ninguém menos baiano no físico que o maranhense magro, anguloso, que recebia as visitas não a charuto de Maragogipe ou mandando vir de dentro de casa o cafezinho quente ou vinho do Porto da clássica hospitalidade baiana, mas de relógio na mão como um beneditino atento à liturgia do tempo, como um homem de negócios norte-americano guloso até dos segundos e dos minutos. Esses minutos e esses segundos que nós, latinos da América, deitamos fora com as pontas de cigarro e os restos de charutos."

Prefácios desgarrados, vol. II, p. 538-539.

SELETA DE TEXTOS

NUNO SIMÕES (PORTUGAL)

"Nuno Simões está na sua nova casa de campo em Pedras Salgadas, onde nos acolhe do mesmo modo afetuoso e bom que os Sarmentos Rodrigues no velho sobrado de Freixo que foi e é ainda dos Junqueiros: como a parentes brasileiros em visita a Portugal. O casal Nuno Simões e a sua linda sobrinhazinha de 7 anos, Filomena, fazem-nos sentir tão *at home* nessa sua casa ainda nova de Pedras que é como se fôssemos todos Simões ou todos Freyres: uma família só dividida entre Portugal e o Brasil. Ao jantar, um leitão igual em sabor e aroma ao que mandou nos preparar em Curia, dentro dos melhores ritos da cozinha regional, o mestre de direito de Coimbra, meu amigo. Um leitão como talvez só se coma hoje tão gostoso e tão bem tostado em Portugal: em certas regiões de Portugal. Que isto de sabor de leitão é capricho regional tão sutil como é o sabor da uva ou do figo ou do vinho."

Aventura e rotina, p. 187.

"Lembro-me do primeiro almoço para que, já há alguns anos, fui convidado, na casa de Nuno, em Lisboa, que era então num segundo ou terceiro andar de velho sobrado. Almoço casticamente português presidido pela senhora. Estavam também à mesa Antônio Sérgio, João Barreira – escritor do tempo de Bulhão Pato e do Eça, grande conhecedor da história da arquitetura doméstica em Portugal com quem muito tenho aprendido sobre o assunto e velho de verde velhice cuja conversa é sempre um encanto – e o padre Alves Correia."

Aventura e rotina, p. 39.

"Aqui os seus amigos [amigos de Nuno Simões] nos oferecem um almoço memorável. A arte da mesa e da sobremesa portuguesas nas suas expressões mais castiças; e capazes de adoçar a tristeza do próprio Camilo, que viveu aqui perto com dona Ana Plácido vida de russo de romance. Vinhos de um macio não sei se diga de veludo. E uma cordialidade de bons e autênticos portugueses. Portugueses ao mesmo tempo de província e cosmopolitas, do tipo que o Brasil conhece de perto na pessoa do comendador Souza Cruz."

Aventura e rotina, p. 190.

ODILON NESTOR

"Jantar em casa de O.N. aos meus amigos Rudiger e Jane Bilden. Um grande jantar. Presentes Pedro Paranhos com sua barba fidalga, Amauri de Medeiros, muito louro e elegante – mas sem a senhora: gafe! –, Ulisses meu irmão. Alice, irmã de O.N. O.N. esteve num dos seus grandes dias: um jantar como no Norte do Brasil talvez só fosse possível no Recife. No Recife ou em Salvador. E duvido que no Rio os Bilden encontrem civilização superior à do Recife na arte dos jantares."

Tempo morto e outros tempos, p. 255.

OLIVEIRA LIMA

"Vivi na intimidade de Oliveira Lima desde 1917 até quase a sua morte, dez anos depois. Mais de uma vez, enjoado da dieta americana das cafeterias da universidade ou dos pratos europeus dos restaurantes franceses, alemães e italianos de Nova

SELETA DE TEXTOS

York, larguei-me para Washington, para a casa de Oliveira Lima e de dona Flora, em cuja mesa nunca faltava um prato à brasileira ou um doce pernambucano, embora a cozinha pequena e limpa estivesse longe de recordar a da Alcobaça e da Cachoeirinha."

Perfil de Euclides e outros perfis, p. 88.

"Ótimo jantar em casa do Oliveira Lima, preparado pela cozinheira portuguesa, que é uma mestra de mestras. Nem na Embaixada do Brasil se come tão bem."

Tempo morto e outros tempos, p. 276.

PADRE CARAPUCEIRO

"A casa do padre Gama [padre Miguel do Sacramento Lopes Gama – conhecido como padre Carapuceiro por ter dirigido jornal com esse nome] parece que estava quase sempre em festa. É provável que ele continuasse no Manguinho a tradição do chá com sequilhos da avó. Tradição que ele próprio recorda numa de suas páginas de louvador do tempo ido: chá servido pela própria dona da casa *ao pé de uma banquinha, já destinada para isso, e ali, debaixo de certas regras e compassos, fazia o chá, que os serventes iam distribuindo ao mesmo tempo que as torradas, os sequilhos e os bolinhos*. Entretanto, não era o padre Gama um homem que se gastasse todo na vida de sociedade ou na arte da conversa. Como bom beneditino, estudava e lia largamente. E tinha sua vida interior."

Pessoas, coisas & animais, p. 29.

PAULO PRADO (SÃO PAULO)

"À mesa desse homem contraditório, ao mesmo tempo tão paulista e tão do mundo, tão do seu tempo e tão do passado, lembro-me de ter saboreado, em São Martinho, quitutes que são, em São Paulo, tradições das famílias ortodoxamente presas à terra, à lavoura, ao café. Mas em Paris acompanhei-o aos restaurantes mais requintadamente europeus. Restaurantes onde só a primeira garfada de *hors-d'oeuvre* dá ao brasileiro amigo, das tradições rurais e de província de sua gente, a impressão de estar pecando contra a boa simplicidade da cozinha dos avós. Restaurantes que talvez já não existam, tão requintados eram."

Pessoas, coisas & animais, p. 91.

PEDRO PARANHOS

"Almoço na casa da rua da Aurora de P.P. Peixada maravilhosa preparada pela própria Laura, grande prima minha (Wanderley, Alves da Silva), esposa de Paranhos, neto do visconde e sobrinho do barão do Rio Branco. Vinho francês. Licor francês. P.P. pode viver endividado. Mas passa bem e recebe fidalgamente os amigos que, entretanto, seleciona. Sua hospitalidade não é da que se abre para muitos, indistintamente. Seleciona. Como a de minha Mãe em nossa casa. É uma casa onde se come do bom e do melhor, a de P.P. no Recife. Tanto quanto na do engenho, onde a especialidade é o pitu do rio Una e a hospitalidade igualmente orientada pela seleção. Daí haver quem acuse P.P. de *snob*. Ou diga que já não é fidalgo, imaginando que esnobismo e fidalguia não se juntam. Fidalguia de engenho será hoje a da mesa aberta a todos?"

Tempo morto e outros tempos, p. 217-218.

SELETA DE TEXTOS

PEDROSO RODRIGUES (PORTUGAL)

"O primeiro amigo português de quem sinto a falta em Lisboa é o Pedroso Rodrigues, que foi, por muito tempo, cônsul na minha cidade do Recife e chegou, na carreira diplomática, a ser ministro de Portugal em Buenos Aires. Velho e bom amigo. Lírico como todo bom português e ao mesmo tempo gourmet capaz de dar lições a franceses de punhos de renda."

Aventura e rotina, p. 37.

PEREIRA DE CARVALHO (PORTUGAL)

"Voltamos aos Estoris: desta vez à noite. Os Pereira de Carvalho convidam-nos a jantar em sua companhia. Vamos Magdalena e eu; e o gentilíssimo casal nos recebe com tão perfeita hospitalidade portuguesa que é como se não estivéssemos num hotel cosmopolita e cenográfico, mas *chez* Pereira de Carvalho. Pereira de Carvalho parece conhecer os garçons um a um e os garçons a seu serviço deixam de ser ou parecer internacionais para se humanizarem em portugueses."

Aventura e rotina, p.53- 54.

PRÍNCIPE DE GALES

"O príncipe de Gales, quando aqui desembarcou em 1931, foi um escândalo: em vez de sobrecasaca ou farda, roupa leve, toalha no ombro. E foi logo tomando o caminho da praia de Boa Viagem, onde se regalou de banho de mar e água de coco."

Guia prático, histórico e sentimental da cidade do Recife, p. 125.

RAUL TEIXEIRA (PORTUGAL)

"O almoço que nos reúne no Museu de Bragança, dirigido por um erudito que é também um homem de bom gosto e de bom paladar – o doutor Raul Teixeira –, além de almoço perfeitamente etnográfico com iguarias castiçamente portuguesas e vinhos também castiços, torna-se uma festa de amizade: todos nos sentimos velhos amigos. O governador civil preside-o como se presidisse um almoço de batizado ou de aniversário ou de família; e não uma cerimônia oficial. Ao meu lado, o antigo reitor do Liceu: figura esplêndida de bom português, o professor Quintela. Defronte o comandante da fortaleza ou do castelo. Teixeira discursa: discurso espirituoso. Confessa que nunca lera uma página de qualquer dos meus livros. Rude franqueza de luso. Um francês nunca diria isto em discurso, nem mesmo a um boliviano ou a um paraguaio remoto que lhe aparecesse em Honfleur ou em Rouen, com o título de escritor ou homem de letras. Respondo-lhe deliciado com o seu desconhecimento dos meus livros; e encantado com o fato de começarmos a nos conhecer, não através de livros ou de impressos, mas viva e pessoalmente, em torno de iguarias castiças."

Aventura e rotina, p. 184.

RÉGIS DE BEAULIEU

"Que continuo a considerar um dos maiores pensadores sociais da época moderna, ao lado de Max Weber; mas também pelos jovens comunistas franceses, naquele tempo um tanto místicos, que consideravam *La Rotonde* (café que muito frequentei com De Beaulieu) quase sagrado por ter sido o café de Paris frequentado por Lenine; e, ainda, pelos monarquistas descentralistas, federalistas e até sindicalistas, de Maurras – o grupo de preferência de meu amigo De Beaulieu – e que continuo a considerar ter sido um movimento nada desprezível de clarificação do pensamento francês em face de situações novas criadas para a Europa e para a França pela Primeira Grande Guerra."

Sugestões de um novo contato com universidades europeias, p. 39-40.

ROBERTO ROSSELLINI

"Azulejos portugueses do século XVIII que muito agradaram a Roberto Rossellini quando nessa mesma casa [Apipucos] experimentou um conhaque recifense feito com pitanga. Conhaque muito apreciado também por John Dos Passos; e, mais ainda, por Jânio Quadros, pelo embaixador Negrão de Lima, pelo escritor Newton Freitas, pelo jornalista político Carlos Lacerda, o embaixador sir John Russell e, também, pelo atual presidente da República, marechal Costa e Silva. A exata receita do seu preparo permanece um segredo de família."

Guia prático, histórico e sentimental da cidade do Recife, p. 149.

RUNDLE (ESTADOS UNIDOS)

"Por duas horas escutei, sem cansaço, mrs. Rundle. Era uma lição. Encantava. Instruía. No meio da conversa, ela fizera servir bolinhos e uma bebida qualquer, sem álcool. Porém, protestando contra o puritanismo da lei de proibição. E, talvez para dar ênfase, protestou em francês. Então elogiou o que foi – elogiou o Brasil do seu tempo, onde havia fartura de licores finos e elogiou Baltimore e Nova York de antes da proibição."

Tempo de aprendiz, p. 173.

SANTOS DUMONT

"Santos Domont, quando, já triunfante como inventor genial, aparecia em restaurantes ou cafés, era festejado: continuou, durante anos, aos olhos de franceses e de francesas o aeronauta heroico que nunca deixou de ser para a França. Seu sucessor seria Villa-Lobos. Um Villa-Lobos que, se fosse mais femeeiro do que era, poderia ter constituído, em Paris, um harém de adoradoras de sua música."

Modos de homem & modas de mulher, p. 178.

SARMENTO RODRIGUES (PORTUGAL)

"Os Sarmentos Rodrigues recebem-nos na sua casa de Lisboa com a simplicidade, o gosto, a cordialidade sem zumbaias, de quem recebesse em Portugal parentes e não simplesmente amigos do Ultramar ou do Brasil. Gostosos doces ao chá: informam-nos que são tradicionais e regionais. O paladar brasileiro que os compare com os doces do Brasil. Lembrando-me do velho Leite de Vasconcelos, digo que são doces *etnográficos*."

Aventura e rotina, p. 90.

SELETA DE TEXTOS

SÍLVIA BELFORT RAMOS (PORTUGAL)

"Devo também recordar que em Lisboa, nesses dias, se algumas vezes era convidado a jantar com condessas e marquesas, em algumas das casas mais fidalgas da capital portuguesa, principalmente na da ministra Sílvia Belfort Ramos – casas nas quais me apresentava sempre com o mesmo fato, muito escovado, e com uma das duas camisas que eu próprio lavava – a maior parte das refeições eu as fazia em tascas, aos goles de vinho verde e de ginja; convivendo com gente da mais pobre de Lisboa e dela aprendendo, aliás, lições de lusitanidade que jamais teria aprendido, frequentando apenas meios aristocráticos e burgueses."

Como e porque sou e não sou sociólogo, p. 128.

SOUZA LARA (SÃO TOMÉ)

"Recebe-me esse Rodolfo Valentino [se referia ao neto do velho Lara, o engenheiro Souza Lara], cujos triunfos são triunfos portugueses, na casa-grande de Tentativa, com um almoço que é todo ele de confraternização de Portugal com o Brasil. A mesa toda adornada de flores amarelas e azuis, entre palmas verdes: gentileza que eu, aliás, já recebera do governador de São Tomé, no banquete com que me honrou no seu palácio. Agora, em Tentativa, no meio de matas africanas, reproduz-se a amabilidade: a mesma homenagem ao Brasil, evocado nas suas cores nacionais com flores e planta fraternas da África".

Aventura e rotina, p. 386.

TAGORE (ESTADOS UNIDOS)

"Conheci Tagore em Nova York, num chá a que foram convocados uns tantos estudantes da Universidade de Colúmbia. Ele tinha nessa época a mesma idade que tenho hoje [...] [Mais tarde o próprio Tagore falou sobre esse encontro.] Ouvi Tagore falar, na tarde em que, simples estudante da Universidade de Colúmbia, bebi chá-da-índia em sua companhia, depois de ter ouvido dele esta saudação: *Quanto a você, parece um indiano. De onde é*? Eu lhe disse que do Brasil. Ele comentou apenas, na sua voz melíflua: *Sim, do Brasil*, como se não quisesse revelar até onde ia seu conhecimento de país tão remoto; ou a sua curiosidade por uma terra tão desconhecida então pelos orientais. Pelos próprios sábios orientais."

Seleta para jovens, p. 7-8.

THALES RAMALHO

"Thales Ramalho era, então, um jovem de brilhante inteligência, ágil, apreendedora, perceptiva. Tinha aquela percepção que é tão claro sinal de inteligência superior. Lembro-me de nossas conversas em cafés. Devo dizer que tenho sido, por vezes, frequentador de café, e que lamento a decadência dos cafés no Brasil. Acho que estão fazendo falta à cultura brasileira e folgo em saber que, na Espanha, os cafés se mantêm como uma instituição cultural e não apenas recreativa. Eu me lembro dos grandes dias de cafés brasileiros – quer no Rio, quer em São Paulo, quer no Recife – que desapareceram. Já não há essa convivência em cafés, que é tão fecunda, estimulante e excitante no plano intelectual, social e político."

Novas conferências em busca de leitores, p. 157-158.

SELETA DE TEXTOS

ULISSES (SEU IRMÃO)

"Almoço ao ar livre na casa de U. [Ulisses] e A. [Alice]. Grande almoço. Aferventado de peru. Muito vinho. Muita mancha de vinho tinto – o verdadeiro vinho – avermelhando, colorindo, alegrando o branco das toalhas. Vários doces. U. e A. muitos felizes. S.R. com a jovem e bonita E. levam um banho de vinho. L.J. mais do que alegre. S. perde o *sense of humour*. Quer sair, zangado. Mas em tempo se domina. Volta. Reintegra-se na alegria dionisíaca do almoço mais que festivo. Regozijo de todos."

Tempo morto e outros tempos, p. 334-335.

VICENTE DO REGO MONTEIRO (FRANÇA)

"Em La Rotonde, que muito frequentei em Paris – meu amigo Vicente do Rego Monteiro era, aí, dançarino profissional: par de jovens e não jovens americanas ricas que o café famoso supria dessa espécie de companhia –, já se ouvia falar de Proust. Comecei a lê-lo ao mesmo tempo que, em francês, Rilke. Um Rilke ligado a um Rodin que não me cansei de admirar, visitando suas esculturas magnificamente dionisíacas: seu João Batista caminhando, seu par de amorosos beijando-se, seu Balzac."

Insurgências e ressurgências atuais, p. 220.

WASHINGTON LUÍS

"Mas sem entristecer ninguém com sua tristeza de vencido de 1930: alegre nos almoços e nos jantares, em que se esmerava em colher da boa cozinha e dos bons vinhos portugueses os melhores e os mais finos sabores."

Aventura e rotina, p. 190.

ZEFERINO AGRA

"Isso de almoçar entre caixões de defunto, tochas para enterros, coisas fúnebres, é uma experiência macabra. É rotina para meu Pai. Almoça com frequência na célebre Casa Agra, amigo fraternal que é dos Agra. Especialmente de Zeferino: grande e boa figura de brasileiro [...] Almocei ontem entre os caixões de defunto da Casa Agra – a Casa Agra dos versos de Augusto dos Anjos: sempre na rua do Imperador – tocado um tanto por essa angústia. Sem o à vontade dos meus dias de menino. Dominando minha aversão ao ambiente por meio de um simulado humor. 'Então, que tal este restaurante fúnebre?', perguntou-me um funcionário mais antigo da Casa. Respondi ao gaiato que 'originalíssimo.'"

Tempo morto e outros tempos, p. 187.

BANQUETES

"Tão vivo era o gosto pelos banquetes no Pernambuco do primeiro século colonial, que um cronista retrata o pernambucano como *povo dado a banquetes*."

Região e tradição, p. 210.

SELETA DE TEXTOS

LOUÇA

"Ao ferro e ao vidro largamente importados da Inglaterra pelo Brasil, após a abertura dos portos, juntou-se a importação de louça fina: tanto inglesa como francesa e algum tempo depois, alemã."

Ferro e civilização no Brasil, p. 115-116.

"A louça inglesa, quase sempre branca, ou branca e dourada, acabou vencendo a multicor, cheia de vermelhos e verdes, azuis e roxos, vinda do Oriente."

Ingleses no Brasil, p.239

"Louça da Índia [...] de Macau [...], aparelhos de mesa chineses de 172 e 174 pares, meias tigelas para almoço, de Nanquim e Cantão, xícaras e pires de louça da China, para chá e café."

Sobrados e mucambos, p. 459.

MESA

"[Mesa] para se sentarem em volta dela famílias enormes. O pai, a mãe, os filhos, os netos, os parentes, as visitas de passar o dia, os hóspedes, os compadres do interior. Mesas de cinco por dois metros."

Sobrados e mucambos p. 143.

"O orgulho dos grandes plantadores – isto é, dos mais ricos – em manter uma mesa bem provida, onde os hóspedes fossem fartamente servidos, não queria significar simplesmente 'uma dissipação ostensiva' do tipo tão bem-descrito pelo professor Veblen, mas também manifestação do chamado instinto gregário, intensificado neles pelo isolamento. Visitantes de todas as categorias podiam sentar-se à mesa de um senhor de engenho, barão que fosse, e ter uma cama num dos seus quartos de hóspedes."

Interpretação do Brasil, p. 91.

"Na época colonial e no Império sempre se comeu fortemente e à larga em Pernambuco. Principalmente em certos engenhos e conventos. E era geral o gosto de receber à grande. Dizem-me do meu bisavô José Antonio Gonçalves Mello que a sua mesa, na casa do Poço da Panela, era quase u'a mesa de hotel: a qualquer hora que chegasse uma visita amiga liberalmente a obsequiavam na sala de jantar."

Tempo de aprendiz, p. 482.

MOBÍLIA

"Daí começou, no Brasil, em data nada remota, uma valorização, pelos brasileiros, de suas frutas e de seus vegetais, de seus alimentos, de seus doces e de seus queijos, em face de alimentos, doces, queijos, frutas importados da Europa. Uma valorização também de suas tradições de modos tradicionais de residirem e de mobiliarem suas residências: valorização que importou em deixar de ser moda copiarem os elegantes e ricos estilos normandos ou suíços de casas."

Modos de homem & modas de mulher, p. 81.

PORCELANA

"O luxo da porcelana acompanhava o da prata de mesa. Em pratos fundos da China é que se serviam nas casas de engenho e nos sobrados do Recife as espessas sopas [...] os caranguejos guisados com vinho e pimenta [...] o bom do pirão escaldado; os lombos em salmoura picante de vinagre, alho e pimenta; os mocotós com muita rodela de cebola e limão e cravo-da-índia; o feijão de coco com farinha; a carne com molho de ferrugem; as fritadas de siris; as ostras com azeite de coco; as *peixadas da Quaresma* – delícia dos regalões. Que é feito de toda essa porcelana, outrora tão comum que em travessa de louça da China saíam os moleques a vender na rua canjica e arroz-doce?"

Região e tradição, p. 138.

"Eram casas onde se comia principescamente bem, as dos príncipes recifenses do comércio, da magistratura, da política, das letras, das armas [...] E tudo isso em porcelana da melhor, da mais fina, da mais bela. Comido com talher de prata, mexido com colher da melhor prata portuguesa."

Gilberto Freyre, Coleção Encontros, p. 86.

TALHER

"Talheres, isto é, facas e garfos, de fabrico britânico, junto com tesouras, navalhas, facas de cozinha e de açougue, lunetas cirúrgicas, artigos de ferro e de aço, alguns deles com requintados cabos de prata, vasos de ferro, panelas de ferro, passaram, entretanto, a substituir, para a gente mais endinheirada, as cabaças rústicas até então usadas tanto pela gente mais pobre como em casas aristocráticas ou burguesas junto com panelas de barro. Como se diz no referido *Ingleses no Brasil* (Rio, 1948): *A generalização do uso da faca e do garfo individuais entre a burguesia brasileira, sob a pressão da propaganda comercial desses produtos ou, se quiserem, sob o impacto de modas inglesas sobre os hábitos brasileiros, representa vitória do Ocidente sobre o Oriente na luta entre os dois, de que o Brasil de gelosias e esteiras, de sedas e palanquins, de fogos da China e de banguês, se tornou de repente campo de batalha.*"

Ferro e civilização no Brasil, p. 118-119.

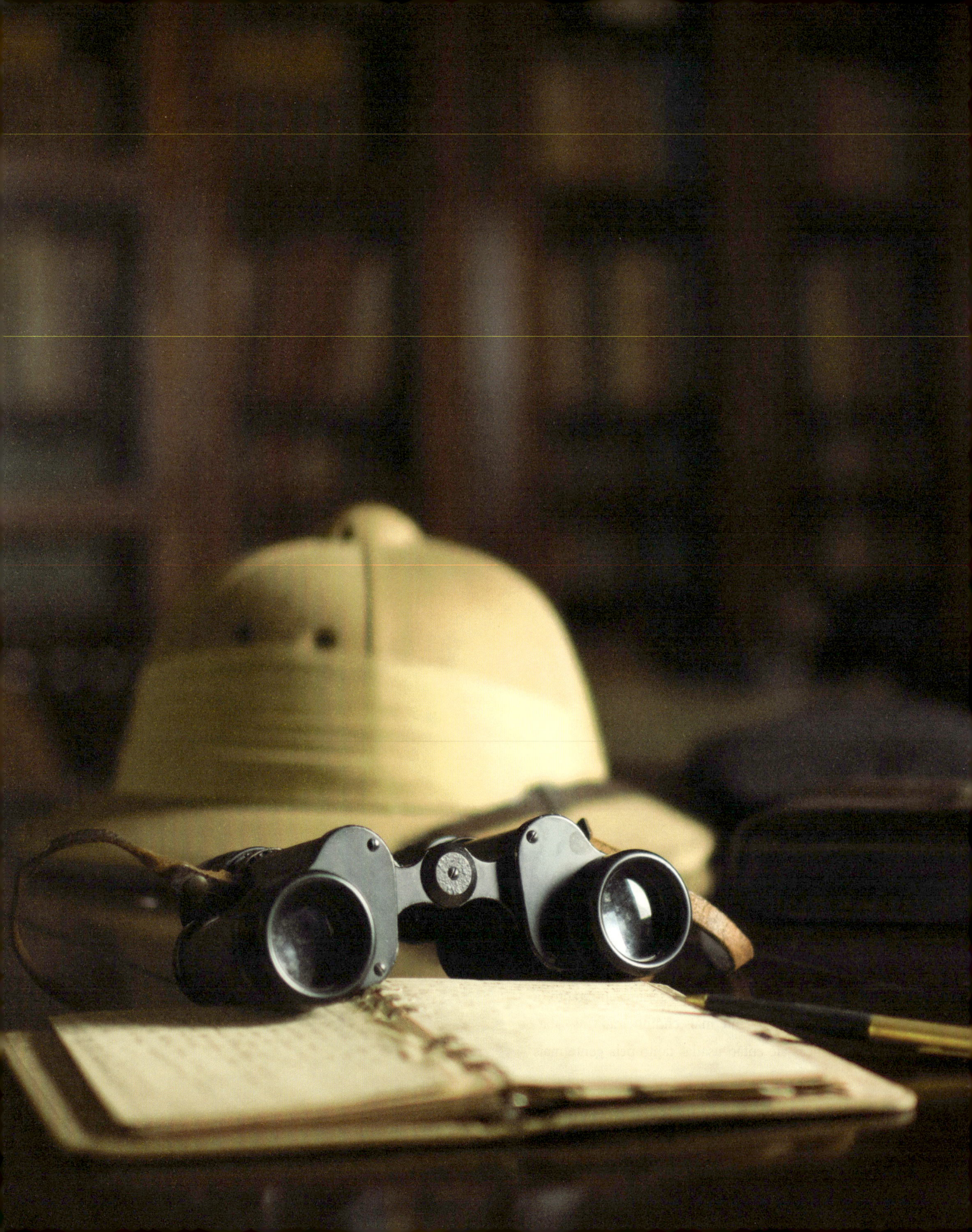

4
SABORES
DE LONGE

"Minha fama de guloso vai
atravessando fronteiras."[1]

Gilberto Freyre se considerava um viajante. Alguém que, **"além de procurar ver – às vezes só para *ter visto*, como diria Unamuno – as cores e formas das paisagens e populações, [desejasse] saborear os quitutes regionais. Saboreá-los não só para dizer ou escrever que provou deles, como para enriquecer, sendo regalão, suas aventuras ou conquistas do paladar. Porque há um dom-juanismo do paladar semelhante ao do sexo no seu afã de conquista ou aventura."**[2] Nessas viagens, andou pelos quatro cantos do mundo. Começando pelos Estados Unidos. Não era, naquele tempo, seu destino preferido. Queria conhecer, antes, outros centros de estudos na Europa – Heidelberg, Oxford, Paris. Mas a Primeira Grande Guerra tornara esse um sonho impossível. Aos 18 anos, foi então estudar na Universidade de Baylor (Waco, Texas). Um lugar "fortemente impregnado de puritanismo religioso"[3] – palavras de Afrânio Garcia, professor da École de Hautes Études et Sciences Sociales de Paris. Lá conheceu Andrew Armstrong, um dos mestres que contribuíram decididamente para sua formação intelectual. Não foi uma adaptação fácil, como já pressentia. **"Viajo cheio de saudade."**[4] Saudade especialmente do calor da casa paterna. E dos sabores de sua terra. **"Pode-se dizer do brasileiro expatriado que ele sofre, fisiológica e sentimentalmente, a saudade dos pirões nativos e dos doces regionais. Sobretudo os mais ligados à sua meninice. São carne de sua carne e sangue do seu sangue."**[5]

Ali, naquele novo lugar, o mundo era diferente. **"Todos estavam desolados com a comida americana. Lembrei-me do que sofri aqui nos primeiros meses: minha revolta contra o horror da culinária estandardizada. Aos poucos, entretanto, venho descobrindo aqui pratos a que não falta algum sabor. Apenas precisam de ser comidos em casas de família. Feitos em restaurantes parecem papelão torrado."**[6] Isso explicaria a rapidez com que se

---

1. *Aventura e rotina*, p. 496.
2. *Aventura e rotina*, p. 107-108.
3. 102. (Bibliografia).
4. *Tempo morto e outros tempos*, p. 53.
5. "Cozinha brasileira", artigo publicado em 24 de abril de 1977.
6. *Tempo morto e outros tempos*, p. 65-66.

Com Magdalena e Sonia em Paris, julho 1960.

serviam à mesa. Uma espécie de doença que chamou de **'Americanite' (doença causada pelo comer às pressas e a enormes garfadas)"**[7]. Seja como for, a saudade era abrandada quando recebia, **"da parte de amigos, latas de doce de caju, o *Diário de Pernambuco* e livros. Este doce, este jornal e estes livros são o meu broquel contra as forças sutis que tendem a desnacionalizar-me."**[8]

Em 1921, muda-se para Nova York. E encontra, na Universidade de Colúmbia, outros grandes mestres – Giddings, John Basset Moore, John Dewey e, sobretudo, Franz Boas. Escreve sua tese de mestrado, *Vida social no Brasil nos meados do século XIX*. Foi um período importante na sua formação acadêmica. Cultural também, dado frequentar concertos, exposições, teatros. **"Comem-se muitos 'bombons' nos teatros de Nova York. E tagarela-se bastante."**[9] Nas horas de lazer, saía com amigos. Algumas vezes para caçar. E cozinhar essa caça. **"Não fui de todo infeliz: abati uns pássaros. O bastante para uma ceia com gosto de mato."**[10] Outras vezes, fazia refeições pelos campos. **"Helen C. foi comigo a um piquenique nos arredores de Nova York. Também Simkins e Bárbara. Também outro par de estudantes. Algum lirismo e alguma boêmia."**[11] Sem contar os cabarés. **"Desci uma noite dessas com uns camaradas, a um desses cabarés, e lá deixei-me ficar, até tarde. Nele a gente fingia – crianças de vinte anos! – que estava numa cova de piratas. À sala iluminavam fumarentas velas de cera, em tigelinhas; e a rapaziada divertia-se**

---

7. *Tempo de aprendiz*, p. 159.
8. *Tempo de aprendiz*, p. 150.
9. *Tempo de aprendiz*, p. 210.
10. *Tempo morto e outros tempos*, p. 63.
11. *Tempo morto e outros tempos*, p. 118.

de vários modos: uns dançando, outros cantando trovas, outros tomando goles de uísque – ou chá com rodelas de limão – em redor de toscas mesas de tábua; ou fumando *cigarettes*. Nada de extraordinariamente exótico ou escandalosamente baudelairiano."[12] Já restaurantes, quase não frequentava. Por ser privilégio só de poucos – "**caro como é o bife de qualidade (*T- bone*) em Nova York**"[13].

Durante essa permanência nos Estados Unidos, visitou o Canadá. E gostou. "**A verdade é que me sinto melhor no Canadá do que nos Estados Unidos. Por quê? Talvez a alimentação contribua para isso.**"[14] Com o fim da guerra, finalmente, iria poder viajar à Europa. Nesse período (de agosto de 1922 a março de 1923), conheceu França, Alemanha, Inglaterra e Portugal. Na França, sobretudo em Paris, seguiu os ensinamentos do escritor francês Joris-Karl Huysmans (1848-1907), que "[...] **conheceu de fato esta velha e densa cidade; e exprimiu esse seu conhecimento de modo realmente novo. Seu conhecimento de Paris não era só de suas igrejas nem apenas de suas catacumbas: também de seus cafés e de seus mercados. De sua vida magnificamente plebeia e não somente da sutilmente sofisticada.**"[15] Em sua primeira noite em Paris, provou "**muito vinho ao jantar com uma americanazinha companheira de viagem**"[16]. Depois Alemanha, onde se surpreendeu com a qualidade dos alimentos. "**A comida alemã, mesmo em dias maus, é arte superior à dos anglo-americanos. Deliciam-me as sopas, um tanto parentas das portuguesas e das espanholas. Nada francesas. E o chocolate parece que só na Alemanha sabem verdadeiramente fazê-lo na Europa. O chocolate, bebida de inverno, é aqui uma delícia.**"[17]

Mas foi na Inglaterra que Freyre parece ter encontrado sua maior afinidade, segundo Maria Lúcia Pallares-Burke[18]. Em Oxford, por exemplo, sentia-se em casa. É "*meu* **ambiente como em nenhum lugar já meu conhecido**"[19]. "**Tudo mais, depois de Oxford me parecerá mesquinho.**"[20] Lá esteve apenas no outono de 1922. Mas sua passagem por essa universidade, mesmo breve, o marcaria profundamente. Ali apreciava o ambiente requintado, sofistica-

---

12. *Retalhos de jornais velhos*, p. 95.
13. *Tempo morto e outros tempos*, p. 113.
14. *Tempo morto e outros tempos*, p. 97.
15. *Tempo morto e outros tempos*, p. 178.
16. *Tempo morto e outros tempos*, p. 129.
17. *Tempo morto e outros tempos*, p. 140.
18. 119. (Bibliografia).
19. *Tempo morto e outros tempos*, p. 158.
20. *Tempo morto e outros tempos*, p. 154.

do até, a organização, o ritual da refeição inglesa. Mas não a maioria de suas receitas, verdade seja dita. Quando saiu com o vice-cônsul Antônio Torres, preferiu jantar em um restaurante espanhol da Dean Street. **"Nada de culinária inglesa, que lhe parece** [a Antônio Torres] **o oposto da literatura."**[21] Até acreditava **"que à música e à culinária têm faltado, entre os ingleses, o amparo, a compreensão, o estímulo, o sal, a participação dos grandes escritores. Na França, a participação dos grandes escritores na arte culinária é ostensiva."**[22] Apesar disso, com o tempo, foi aprendendo a gostar de alguns pratos tipicamente britânicos, como rosbife e sobretudo costeleta de carneiro, chegando a reconhecer que **"nada sobrepuja em gosto uma costeleta de carneiro à inglesa"**[23].

Portugal foi, antes de voltar ao Brasil, sua última escala. Só que **"uma coisa era conhecer Portugal através de cartões-postais e do livro, aliás encantador, de Garrett, e outra coisa era saboreá-lo com os próprios olhos. Ou ouvir com os próprios ouvidos a voz das varinas vendedoras de peixe nas ruas de Lisboa e a das tricanas cantarolando trechos de fados em recantos de Coimbra."**[24] Foi amor à primeira vista. Lá aprendeu **"sabores novos de vinho do Porto, de bacalhau, de doces de freiras"**[25]. Não se cansava de dizer que amava Portugal como o Brasil. Daí ser tantas vezes nominado, pela crítica, de **"lusomaníaco: excesso de que venho sendo acusado por mais de um crítico"**[26]. E só então, conhecendo bem de perto aquela terra, verdadeiramente compreendeu a influência portuguesa na formação brasileira. Compreendeu, também, a importância da colonização portuguesa na África, na Índia e na América. Uma colonização que se deu quase sempre (por escolha do próprio português) em terras de muito sol, de muita luz e de muito calor – *terra ardente*, assim se referiu Camões a esse chão tropical.

Gilberto Freyre voltou ao Brasil em 1923. Por pouco tempo; que, três anos depois, novamente iria aos Estados Unidos participar do Congresso Pan-americano de Jornalistas. Logo estaria de volta a Pernambuco, para ser secretário do governador Estácio Coimbra (de 1926 a 1930). Até que veio a revolução de 1930 e **"ocorreu-me a aventura do exílio. Levou-me primeiro à Bahia; de-

---

21. *Tempo morto e outros tempos*, p. 144-145.
22. *Tempo morto e outros tempos*, p. 147.
23. *Tempo morto e outros tempos*, p. 145.
24. *O outro amor do dr. Paulo*, p. 99.
25. *Casa-grande & senzala*, p. 29, prefácio à 1ª edição.
26. *O luso e o trópico*, p. 69.

pois a Portugal, com escala pela África [...] Em Portugal foi surpreender-me em fevereiro de 1931 o convite da Universidade de Stanford para ser um dos seus *visiting professors* na primavera do mesmo ano. Deixei com saudade Lisboa, onde desta vez pudera familiarizar-me, em alguns meses de lazer, com a Biblioteca Nacional, com as coleções do Museu Etnológico, com sabores novos [...]"[27] Desta vez, nos Estados Unidos, visitou **"Louisiana, Alabama, Mississippi, as Carolinas, Virgínia – o chamado '*deep south*'"**[28]. Na região, identificou grandes semelhanças com o Nordeste do Brasil – **"quase o mesmo tipo de aristocrata e de casa-grande, quase o mesmo tipo de escravo e de senzala [...]; o mesmo gosto pelo sofá, pela cadeira de balanço, pela boa cozinha"**[29]. E explicou a razão. **"Na Louisiana** [como aqui] **a fartura da cana favoreceu o desenvolvimento de toda uma série de bons-bocados."**[30] Essa, **"terra norte-americana do açúcar – e a Virgínia – terra do presunto – impressionaram o conde de Keyserling** [o filósofo e escritor alemão Hermann Graf Keyserling] **como as províncias mais civilizadas da grande República, devido à excelência de seus quitutes e dos seus doces"**[31]. A propósito, recordou o **"delicioso livro** [de Lafcadio Hearn] **sobre a cozinha da Louisiana que é *La cuisine créole*"**[32]. Em Nova Orleans (maior cidade da Louisiana), com um pouco mais de recursos disponíveis, pôde enfim frequentar **"restaurantes bons: superiores aos estandardizados, da maioria das cidades anglo-americanas"**[33].

Bem mais tarde, em 1951, passou quase seis meses em Portugal (em parte com a família) e também possessões africanas e asiáticas, a convite do ministro português de Ultramar, Sarmento Rodrigues. Obrigava os filhos a provar os sabores de cada lugar, lembra sua filha Sônia – "se não comer, não viaja". A jornada teve início naquela Lisboa que sabia ser diferente de tudo. **"Para mim seu melhor encanto está nisto: em ser entre as cidades europeias uma espécie de moura sempre encantada, com um mistério africano, asiático, brasileiro, tropical, a esconder-se em tudo que nela é cosmopolita ou urbanamente europeu."**[34] Só que, agora, já não mais vê as varinas – **"a seu modo bailarinas e não apenas vendedoras de peixe"**[35]. E sente falta dessas moças que desciam

---

27. *Casa-grande & senzala*, p. 29, prefácio à 1ª edição.
28. *Casa-grande & senzala*, p. 30, prefácio à 1ª edição.
29. *Casa-grande & senzala*, p. 30, prefácio à 1ª edição.
30. *Açúcar*, p. 44, prefácio do autor à 3ª edição.
31. *Açúcar*, p. 44, prefácio do autor à 3ª edição.
32. *Açúcar*, p. 44, prefácio do autor à 3ª edição.
33. *Tempo morto e outros tempos*, p. 103.
34. *Aventura e rotina*, p. 42.
35. *Aventura e rotina*, p. 74.

Visita ao mercado de peixe, Portugal, 1952.

e subiam ladeiras com roupas coloridas e pés descalços. Mesmo sabendo que **"fedem terrivelmente a peixe [...] [e que] são às vezes de uma rudeza que chega à grosseria. As mais bonitas, as mais lindas são capazes de dizer palavrões dignos só de marinheiros bêbedos ou de malandros do cais."**[36] Essas mulheres eram, **"para Lisboa, o que as baianas de tabuleiro enfeitado e xale vistoso são ainda para a velha cidade de Salvador"**[37]. Pertinho de Lisboa, no Estoril, provou **"peixe fresco na praia das Maçãs"**[38]. Em Setúbal, **"um peixe regional: peixe que aqui como o de Pernambuco chamado *cavala*, poderia ser denominado *perna-de-moça*, tão gordo e cor-de-rosa ele é"**[39]. Além de peixes, **"laranjas, uvas, melões [...] parecem todos ter aqui adquirido com os mouros, e para tormento dos frades, certo gosto de carne ou alguma forma de mulher ou de moça"**[40]. Foi também a Sintra, para o poeta Mário Beirão (1890-1965) "altar de nuvens sobre a serra" (em *Sintra*). O lugar também inspirou Fernando Pessoa: "Na estrada de Sintra, cada vez mais perto de Sintra,/ Na estrada de Sintra, cada vez menos perto de mim" (em poema, sem título, de 1928). Um **"sítio ideal para as quintas"**[41]. Que quase sempre tinham **"alguma coisa de mouro em seu modo de ser residência ou casa: azulejo, fonte a cantar no jardim, árvores de flor e de fruto"**[42]. Azulejos **"que representam não cenas solenes, mas cotidianas e até burlescas. Uma delas a apanha de laranjas."**[43] Nelas, o português autêntico podia

---

36. *Aventura e rotina*, p. 75.
37. *Aventura e rotina*, p. 74.
38. *Aventura e rotina*, p. 53.
39. *Aventura e rotina*, p. 79.
40. *Aventura e rotina*, p. 79.
41. *Aventura e rotina*, p. 46.
42. *Aventura e rotina*, p. 67.
43. *Aventura e rotina*, p. 73.

Visita ao mercado de peixe, Portugal, 1952.

exercer **"o gosto pela rotina da vida agrária"**, cultivando **"suas couves, suas vinhas, suas oliveiras"**[44], **"sobreiros, salgueiros, laranjeiras"**[45].

Um pouco mais ao norte visitou outras cidades. Óbidos – onde **"o homem não se cansa de viver em idílio com a horta"**[46]. Alcobaça – lá preferindo saber, em vez de reis, príncipes e batalhas, **"o que nas suas sombras aconteceu de menos público e de mais íntimo"**[47]. **"Confesso que aqui me sinto sempre fascinado principalmente pela cozinha"**[48] que teve, no passado, **"monumental atividade culinária"**[49]. Coimbra, que **"recebeu-me dentro dos ritos de sua melhor cortesia acadêmica"**[50]. Com o reitor lhe oferecendo **"banquete, na própria universidade, de que hei de recordar-me, menos com o paladar de brasileiro guloso, agradecido à excelência canônica das iguarias e dos doces coimbrãos, do que com o desvanecimento de escritor inacadêmico festejado pelos letrados acadêmicos com os melhores mimos da sua hospitalidade generosa"**[51].

Prossegue a viagem. Em Buçaco, se encantou com **"árvores de diversas origens para formarem toda uma vigorosa floresta lusotropical [...] Só os frades foram capazes de obras da grandiosidade dessas"**[52]. Ditos frades ainda ensinaram, aos da região, a arte de fazer vinho e **"fabricar temperos, unguentos e remédios com plantas e ervas raras vindas do Oriente e dos trópicos"**[53]. Em Curia, provou **"o bom leitão: um leitão que, tostado

---

44. *Aventura e rotina*, p. 46.
45. *Aventura e rotina*, p. 47.
46. *Aventura e rotina*, p. 148.
47. *Aventura e rotina*, p. 145.
48. *Aventura e rotina*, p. 145.
49. *Aventura e rotina*, p. 145.
50. *Aventura e rotina*, p. 483.
51. *Um brasileiro em terras portuguesas*, p. 278.
52. *Aventura e rotina*, p. 151.
53. *Aventura e rotina*, p. 151.

à moda da Curia, tem a leveza da melhor e mais delicada galinha. Mas só a leveza da galinha aristocrática: o gosto é o de leitão. E o gosto de leitão talvez seja o melhor dos sabores da cozinha portuguesa."[54] Em Aveiro, experimentou prato preparado por gente do mar. E com suas marcas. "**Há pescadores aqui que não têm casas, suas casas são os barcos. Cozinham dentro deles suas caldeiradas.**"[55]

Subindo mais ao norte, no Porto, lembra um almoço "**caracteristicamente *tripeiro*, organizado por um fidalgo que continua a tradição portuguesa dos velhos fidalgos que souberam ser também letrados ou artistas; e artistas não só de punhos de renda literários como capazes de deixar de lado, como aconselhava o afidalgado Eça, as ideias e a literatura, para melhor saborearem a arte portuguesa da mesa e da sobremesa. Uma arte ao mesmo tempo canônica e plebeia, freirática e mourisca.**"[56] Só para lembrar, *tripeiros* são os do Porto; e *alfacinhas*, os de Lisboa. Em Freixo (Freixo-de-Espada-à-cinta, concelho de Bragança), se deliciou com uvas, figos e quis ver como se fazia o azeite. Porque, confessava ele, "**sou um voluptuoso do bom azeite. Que sem bom azeite não concebo boa mesa.**"[57]

Indo agora na direção do sul, passa pela Serra da Estrela e lembra-se de que dali saía "**o leite de que se faz o queijo chamado da Serra**"[58], onde "**há séculos o homem cria ovelhas dentro da mesma doce rotina**"[59]. Chegando à região do Alentejo, provou pratos que seus "**olhos gulosos viram ferver em panelas rústicas dentro de casas**"[60]. Com "**seus coentros, seu alho, seu vinagre misturados de um modo que parece feitiço. Feitiçaria culinária [...] Uma comida que, parecendo ser simples, é complexa.**"[61] "**Quem quiser descobrir o que o Alentejo tem [...] que venha até cá com os pés macios de um ladrão e os disfarces sutis de um detetive inglês.**"[62] Na região, visitou Elvas e Évora. Na primeira cidade saboreou "**pratos que vêm ainda quentes, como nas velhas casas de família, da cozinha à mesa e à sobremesa, para satisfação ou regalo do viajante mais à procura de valores perdidos tanto no tempo como no espaço**"[63]. Entre esses pratos, sopa "**digna de um dom-

---

54. *Aventura e rotina*, p. 160.
55. *Aventura e rotina*, p. 219.
56. *Um brasileiro em terras portuguesas*, p. 279.
57. *Aventura e rotina*, p. 166.
58. *Aventura e rotina*, p. 180.
59. *Aventura e rotina*, p. 180.
60. *Aventura e rotina*, p. 103.
61. *Aventura e rotina*, p. 103.
62. *Aventura e rotina*, p. 102.
63. *Aventura e rotina*, p. 107.

-juan do paladar, enjoado de sopas convencionalmente francesas. Espessa e ao mesmo tempo delicada, mista no seu sabor ou no seu modo de ser sopa, sente-se que é arte de fronteira: a alguma coisa de irredutivelmente português se acrescenta nela um vigoroso toque de culinária espanhola."[64] Já em Évora provou "**bom pão do chamado de rala, além de** *queijinhos do céu, bolo-podre, trouxa de ovos, lampreia* **[...] [Ali], o paladar brasileiro encontra neles alguma coisa de misteriosamente familiar: mistério que não exigiria muita sondagem proustiana para ser explicado.**"[65]

Em Sagres, sentindo-se no tempo do infante Dom Henrique, almoçou, "**como um frade de anedota, lagosta, peixe e até polvo, tudo alegrado por muito bom vinho não da região, mas do Norte, que é de onde vem o melhor vinho de mesa de Portugal**"[66]. Perto, em Portimão, viu como se preparava cortiça dos sobreiros e como se enlatavam sardinhas, nessa cidade que "**parece viver da sardinha e para a sardinha**"[67]. Também visitou a Ilha da Madeira, com seu vinho típico, seus bolos, seus arquivos e "**aquelas aventuras de descobrimento não de documentos políticos, que estes quase não seduzem nem interessam, mas de pequenos nadas que só adquirem valor quando associados a outras aparentes insignificâncias**"[68].

Daí partiu para as colônias que um dia formaram o grande império português. Na África, Angola, Cabo Verde, Guiné, Moçambique, São Tomé e Príncipe; na Ásia, Timor-Leste. Em Angola tomou "**banho de chuveiro igual ao de vapor inglês, gelo, bom vinho, boa galinha**"[69]. Em Cabo Verde, lastimou não ter provado "**a laranja-de-são-tiago, tão famosa entre os cabo-verdianos como a laranja-da-baía no Brasil**"[70]. Em Moçambique, se surpreendeu com a tecnologia usada no campo. "**Os problemas de agronomia e pecuária vêm sendo estudados sob critério ecológico e dentro das técnicas mais modernas de investigação**"[71]. E, na Guiné, conheceu "**alguns dos pratos mais característicos da cozinha luso-africana, saboreados pelos brancos e crioulos nos seus almoços de dia de festa. O polvo impregnado de molho de malagueta pareceu-me a princípio brasa viva dentro da boca:**

---

64. *Aventura e rotina*, p. 108.
65. *Aventura e rotina*, p. 98.
66. *Aventura e rotina*, p. 135.
67. *Aventura e rotina*, p. 129.

68. *Um brasileiro em terras portuguesas*, p. 216.
69. *Aventura e rotina*, p. 393.
70. *Aventura e rotina*, p. 288.
71. *Aventura e rotina*, p. 477.

mas é um quitute diabolicamente tropical. Ótima caldeirada de cabrito. Gostosa a galinha à moda da Guiné: galinha das nossas e não das que os ingleses chamam de Guiné e nós da Angola e que vem a ser a galinha pintada da África introduzida no Brasil: a nossa *estou-fraca, estou-fraca.*"[72] Como curiosidade, na Guiné, se espantou ao ver **"muita mangueira da Índia – que aqui se chama prosaicamente *mangueiro*, como se não se tratasse de árvore tão poeticamente mulher ou tão liricamente mãe – e muito cajueiro. Muita fruta-pão. Jaqueira. Laranjeira."**[73] Sem entender como tão pouco usavam dessas frutas os da região, para fazer sucos ou sorvetes. Aproveitou e trouxe de lá um tipo especial de feijão e tentou **"sua cultura em Apipucos"**[74]. Sem sucesso, infelizmente.

Seguindo esse roteiro, visitou as colônias portuguesas da Índia – Macau e Goa. **"Na Goa em ruína ainda há um pouco de Roma que ela chegou a ser."**[75] Para ele, foram experiências novas. E fez questão de trazer **"várias receitas de quitutes e doces"**[76] que pretendia introduzir no Brasil. **"Fruta e legume creio que já não existe nenhum no Oriente que não tenha sido trazido para a América pelos portugueses. O que me impede de acrescentar alguma coisa de estranhamente oriental à rotina brasileira do paladar. Seria pra mim um não pequeno título de glória."**[77] De lá também vindo a canja de galinha, que **"no Brasil é ainda mais prato *nacional* que em Portugal"**[78], conhecida como *kanji* (arroz com água) – "água de expressão de arroz com pimenta e cominho a que chamam canja", segundo Garcia da Orta[79] (1501-1568). Ou *caldo de arroz*, como um século mais tarde a definiu o jesuíta Manoel Godinho[80]. No Brasil, passou também a ser feita com macuco (do tupi *ma'kuku*) – uma ave de grande porte, parecida com a perdiz, que (naquele tempo, hoje não mais) vivia nas florestas brasileiras. No início reservada apenas para doentes, logo essa canja passou a frequentar jantares elegantes. Era o prato preferido de Dom Pedro II, muitas vezes resumindo-se nele suas refeições. E o acompanhava por todos os cantos. Até no teatro, "entre o segundo e o terceiro ato – que só começava, por isso mesmo, ao ser dado o aviso de

---

72. *Um brasileiro em terras portuguesas,* p. 210-211.
73. *Aventura e rotina*, p. 262.
74. *Aventura e rotina*, p. 497.
75. *Talvez poesia*, p. 123.
76. *Aventura e rotina*, p. 496.
77. *Aventura e rotina*, p. 496.
78. *Aventura e rotina*, p. 299.
79. 118. (Bibliografia).
80. 103. (Bibliografia).

Na Alemanha, 19 de julho de 1960, com Magdalena e Fernando;

com Magdalena, Fernando e Sonia;

com frei Serafim Prein.

que sua majestade terminara a ceiazinha"[81] – segundo R. Magalhães Júnior (1907–1981). O que levou o teatrólogo Artur Azevedo (1855-1908) a dizer, em 1888, que "sem banana macaco se arranja, mas não passa monarca sem canja". Da Índia nos vieram também muitas de nossas fruteiras, sobretudo as mangueiras, **"hoje tão do Brasil como se fossem americanas e não indianas; e coqueiros, dos chamados da Bahia mas na verdade da Índia. Em compensação a Índia portuguesa recebeu do Brasil, pela mão do português, o cajueiro, a mandioca, o tabaco, o mamoeiro, a rede."**[82] Uma troca justa, pois.

Enfim, o português trocou ingredientes com cada uma de suas colônias. Provocando **"uma revolução no plano da sociologia da vida vegetal que, sob a ação lusitana, sofreu, nos séculos XV, XVI, XVII, experiências ousadas de transplantação [...] de valores asiáticos para a América ou de valores americanos para a África e africanos para a Europa"**[83]. Levando à Europa **"novas sugestões de forma e de cor viva, de que principalmente se aproveitaram a pintura, a escultura, a arte do móvel e a arquitetura"**[84]. Fazendo com que o grande império português, à beira-mar plantado, tivesse todo ele fortes semelhanças. Inclusive no jeito de celebrar as festas: Entrudo, Páscoa, São João, Natal. Semelhanças nos alimentos, com variações apenas de ingredientes e temperos. E, sobretudo, na maneira especial de receber, sempre em volta de mesa farta.

---

81. 109. (Bibliografia).
82. *Aventura e rotina*, p. 299-300.
83. *Aventura e rotina*, p. 41.
84. *Aventura e rotina*, p. 69.

No almoço oferecido pelos artistas e escritores do Porto. Portugal, 25 de janeiro de 1952.

Cardápio do almoço.

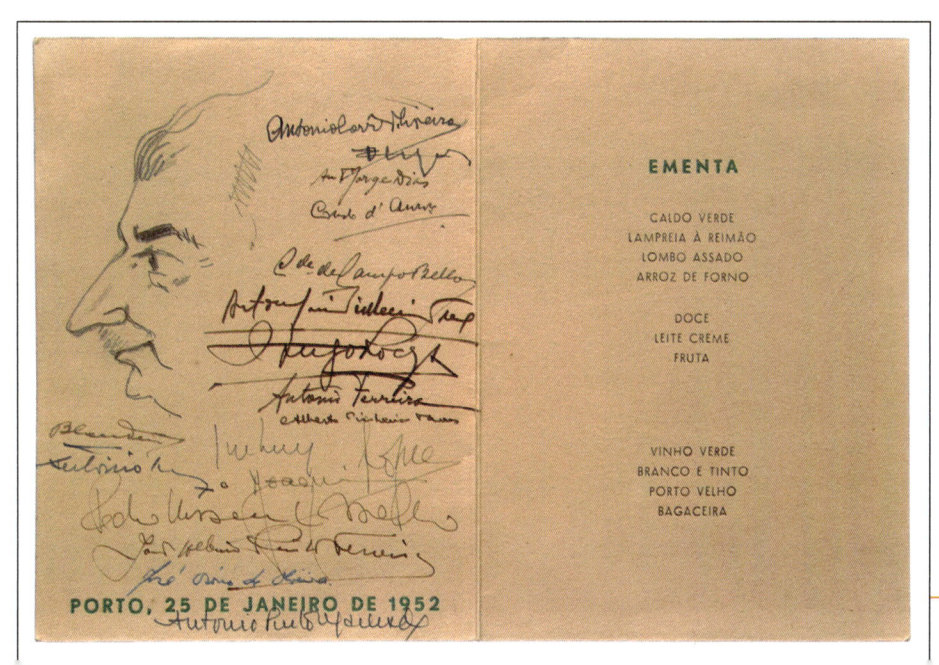

No momento em que era saudado em chinês, em jantar oferecido pelos luso-chineses de Moçambique. Manica e Sofala (Moçambique), 13 de janeiro de 1952.

Cardápio do jantar.

PROVÍNCIA DE MOÇAMBIQUE

Governo de Manica e Sofala

RESIDÊNCIA DO GOVERNADOR

BEIRA

JANTAR
OFERECIDO
AO
EXMO. SENHOR
Prof. GILBERTO FREYRE

13-1-1952

EMENTA

Sôpa Crême de Aipo com Espargos

Peixe Gratinado
Puré de Batata
Salada

Perú Recheado
Batatas Palha
Espargos com Mólho Branco

Pudim de Ovos

Frutas   Café

Jantar na Oxford University Spanish Club, 8 de novembro de 1922.

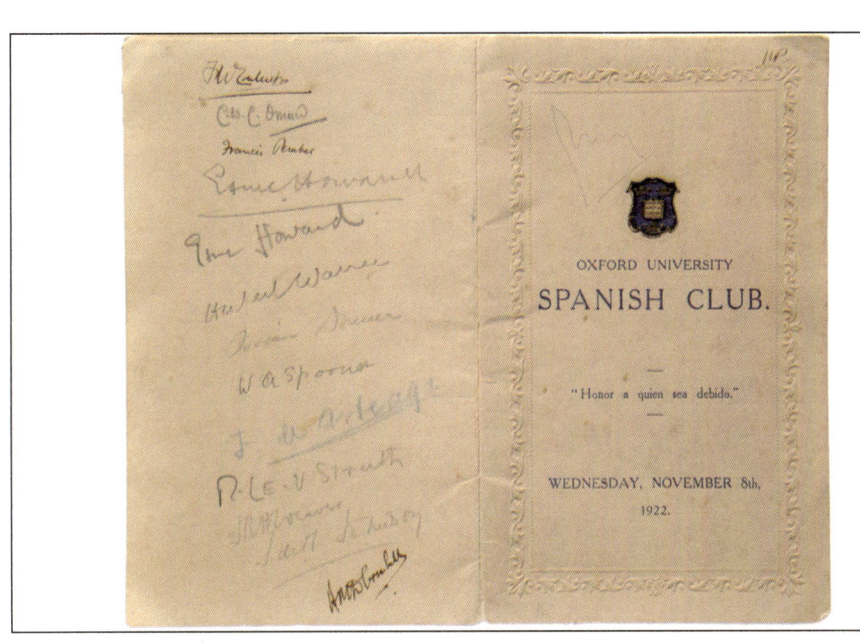

Cardápio do jantar.

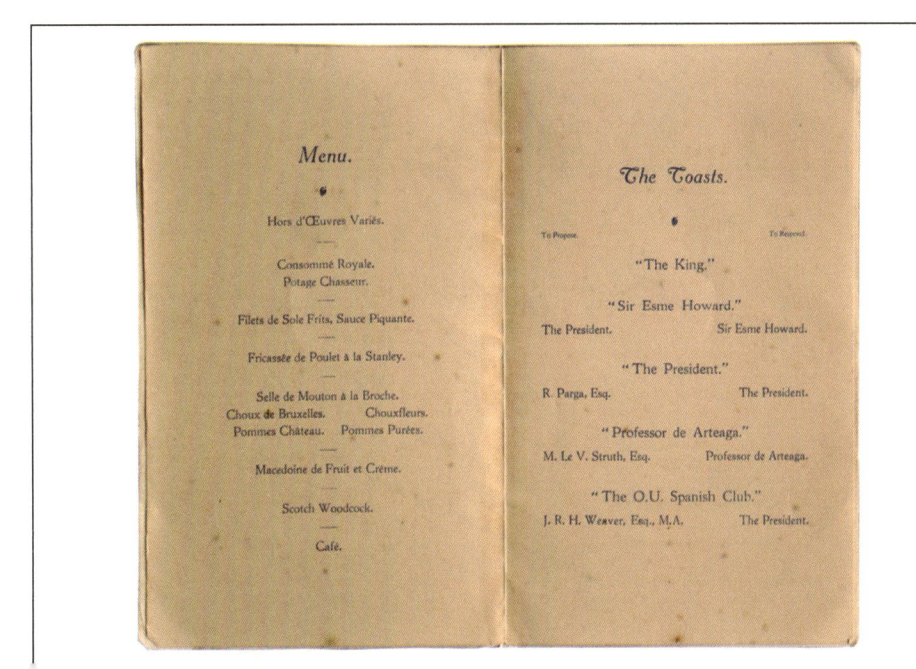

Menu.

Hors d'Œuvres Variés.

Consommé Royale.
Potage Chasseur.

Filets de Sole Frits, Sauce Piquante.

Fricassée de Poulet à la Stanley.

Selle de Mouton à la Broche.
Choux de Bruxelles.   Chouxfleurs.
Pommes Château.   Pommes Purées.

Macedoine de Fruit et Crème.

Scotch Woodcock.

Café.

The Toasts.

To Propose.   To Respond.

"The King."

"Sir Esme Howard."
The President.   Sir Esme Howard.

"The President."
R. Parga, Esq.   The President.

"Professor de Arteaga."
M. Le V. Struth, Esq.   Professor de Arteaga.

"The O.U. Spanish Club."
J. R. H. Weaver, Esq., M.A.   The President.

OXFORD UNIVERSITY
SPANISH CLUB.

"Honor a quien sea debido."

WEDNESDAY, NOVEMBER 8th, 1922.

115

Jantar de celebrações do título doutor *honoris causa* na Universidade de Coimbra. Portugal, 1962.

Cardápio do jantar, em Coimbra.

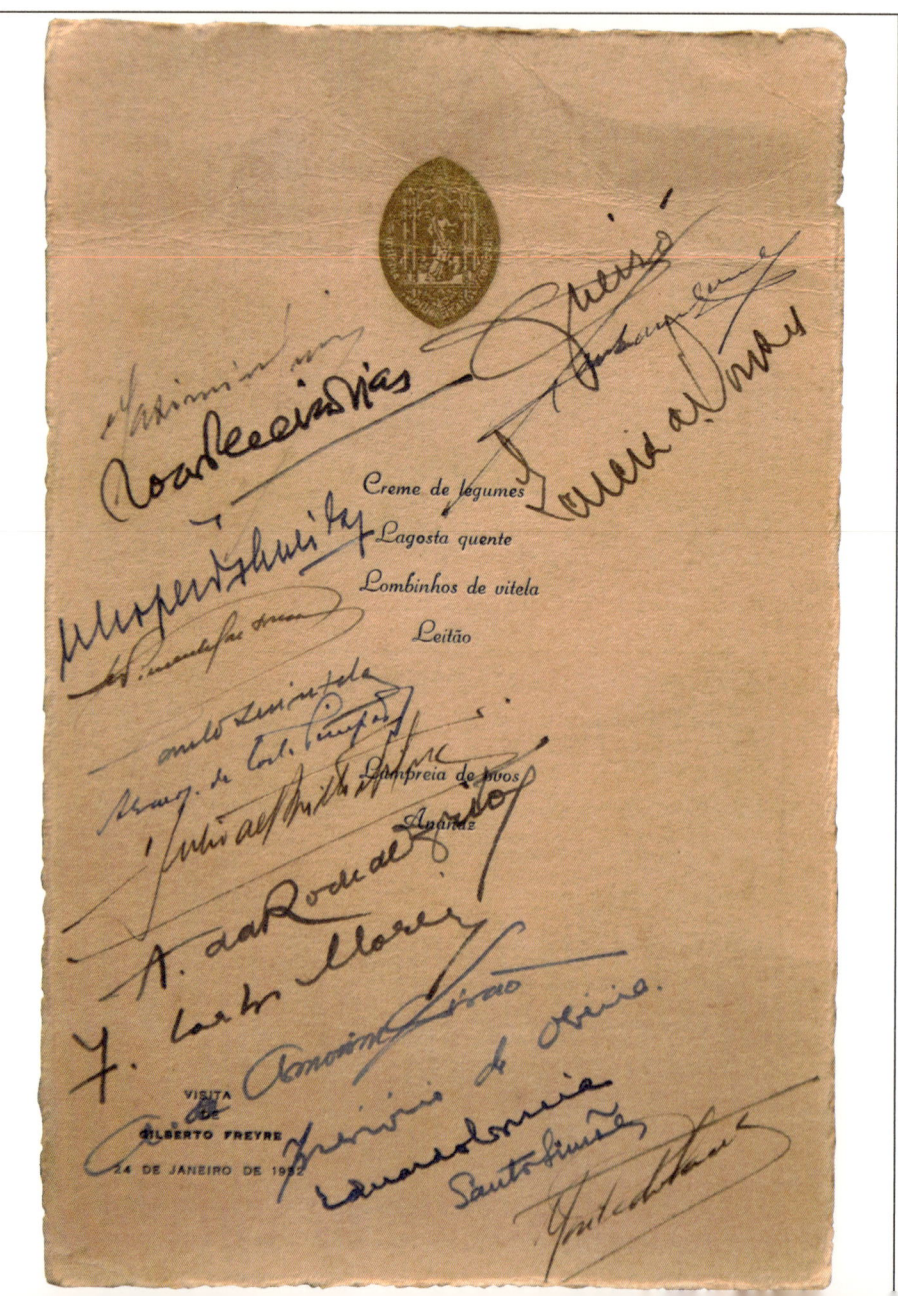

Residência do Governo-Geral de Angola

Jantar

em

honra do Professor

Doutor Gilberto Freyre

Luanda, 6 de Janeiro de 1952

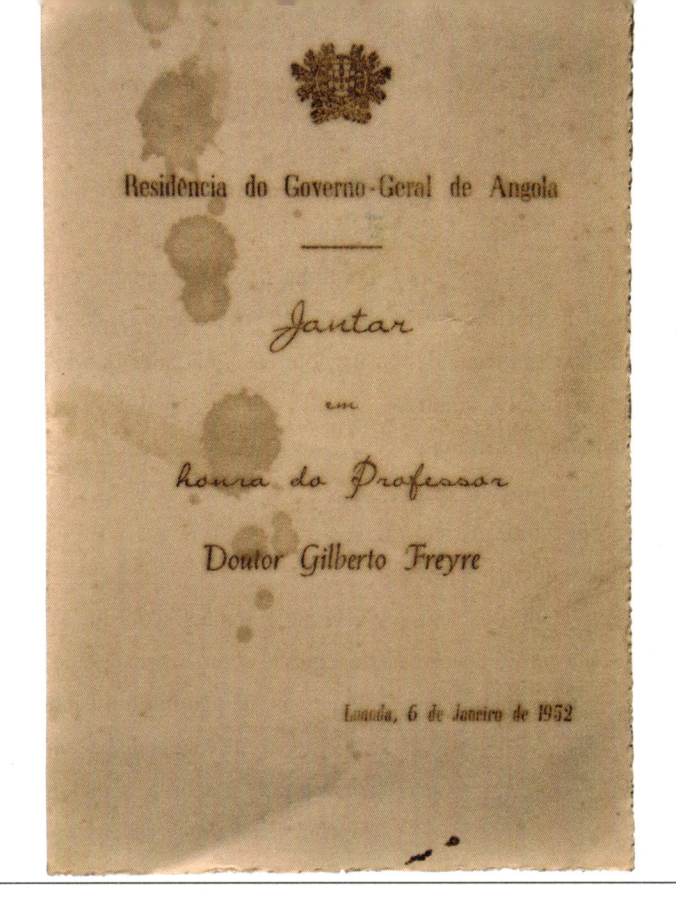

Cardápio de jantar oferecido em Luanda (Angola), 6 de janeiro de 1952.

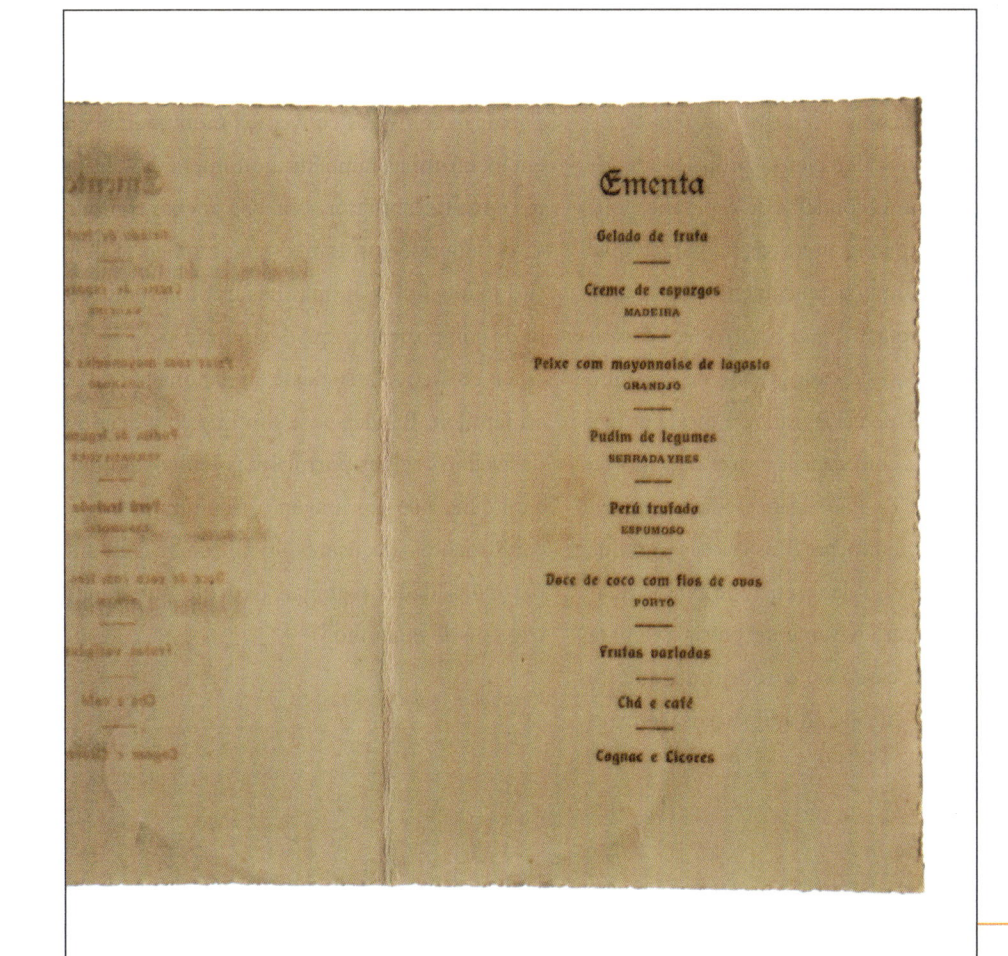

Ementa

Gelado de fruta

Creme de espargos
MADEIRA

Peixe com mayonnaise de lagosta
GRANDJÓ

Pudim de legumes
SERRADAYRES

Perú trufado
ESPUMOSO

Doce de coco com fios de ovos
PORTO

Frutas variadas

Chá e café

Cognac e Licores

SELETA DE TEXTOS

ÁFRICA

"E depois de lavados, de ensaboados com sabonetes finos, de penteados, espera-nos um jantar de europeus realmente civilizados: de portugueses com alguma coisa de inglês em sua elegância e de francês em sua polidez e até em sua cozinha. Jantar servido dentro do melhor ritual europeu. Pratas, cristais e iguarias ortodoxamente europeias. Entretanto, estamos dentro da mais profunda África. Dentro de uma área africana que seduz os antropólogos e sociólogos pela primitividade dos seus ritos. Preside o jantar a senhora Suceno de Sousa. É uma dama portuguesa que não se afrancesou de modo a perder a graça lusitana."

Aventura e rotina, p. 395.

ALENTEJO

"Vamos com os Chaves [o engenheiro Chaves é sobrinho de Braamcamp Freire] a um *monte*, ou fazenda tipicamente alentejana, propriedade de uns parentes deles e da condessa de Esperança, que também nos acompanha nesta visita, para a qual está previsto um almoço tipicamente alentejano. Almoço de *monte*, que é quase como quem dissesse, no Brasil, almoço de casa-grande de engenho ou de fazenda; mas de casa-grande à moda antiga e patriarcal. Ainda com capela viva e não morta; com cozinha castiça e não afrancesada ou americanizada. Pois enquanto no Brasil a casa-grande de engenho de cana ou de fazenda de café já quase deixou de ser casa vivamente patriarcal para tornar-se apenas o casco ou o sobejo do que foi – casco ou sobejo encalhado numa paisagem revolvida por um como terremoto mais cultural que simplesmente econômico –, em Portugal o *monte* continua a alvejar na planura do Alentejo com um branco que não é ainda o de sepulcro caiado. Ressurgente, até; e não moribundo."

Aventura e rotina, p. 101-102.

ALGARVE

"O Algarve tem caracóis que são uma especialidade regional como especialidade regional é a açorda alentejana, de pão muito lusitanamente embebido em alho, azeite e água de bacalhau. Que, no Norte, corresponde à açorda, a papa de milho cozinhada com leite: um brasileirismo, talvez. Cheia de brasileirismos está a doçaria portuguesa. O que é natural com o Brasil durante séculos a suprir Portugal de um açúcar que, do século XVI ao XVII, foi famoso na Europa inteira pelo seu fino sabor [...] Portugal, com seus conventos monumentais, teve, então, cozinhas também monumentais, com alguma coisa de laboratórios. E não apenas alguma coisa de laboratórios: também alguma coisa de espírito manuelino a animar nas freiras aventuras não só de composição como de decoração de doces, em que o exótico se associasse ao regional. O estranho ao familiar. Explica-se assim que sobre cada uma das velhas regiões portuguesas tenha-se projetado a influência de um convento, a combinar temperos, condimentos e açúcares do Ultramar com antigas particularidades regionais de fruto ou de leite, de trigo ou de toucinho."

Aventura e rotina, p. 172-173.

SELETA DE TEXTOS

ARGENTINA

"Quase não há uma cozinha argentina, apesar de em Buenos Aires se levantar hoje a verdadeira catedral do bife, que é *La Cabaña*, com seus devotos curvados sensualmente sobre talhadas sangrentas da melhor e mais gostosa carne do mundo; nem existe esboço sequer de cozinha tipicamente uruguaia."

Americanidade e latinidade da América Latina e outros textos afins, p. 71.

AVEIRO

"No Aveiro, esse homem e essa mulher anfíbios, notáveis pela sua figura bela e por seus gestos flexuosos, têm por vizinhos lavradores, quase desdenhosos dos encantos da água do mar: gente mais da terra do que da água; e que nem no corpo nem nos gestos têm a graça daquela outra, mais da água do que da terra. É feia e forte; e nem nas suas origens há mistério, nem na sua vida há a aventura dos homens que lidam com o mar. É toda rotina, toda repetição de velhos gestos de semear, de lavrar, de colher, toda fidelidade à terra. A essa gente, feia e forte, talvez sempre da Beira – apenas descida das montanhas, à procura de melhores terras –, deve-se a conquista, por Portugal, não de nenhuma África distante, mas de um verdadeiro deserto africano perdido em terra portuguesa: seco e movediço areal que esses bons lavradores amansaram, domesticaram, fixaram, levantando o pinhal contra a chuva e o vento, adubando a terra má com moliço, plantando o feijão, o milho, a batata. Quem nega a capacidade do português para a lavoura, supondo-o grande só na aventura marítima, ignora o que tem sido aqui a obra a princípio tão aventurosa, hoje mais de rotina que de aventura, do beirão também a seu modo anfíbio, equilibrado prudentemente entre o mar e a terra: *nem tanto ao mar, nem tanto à terra* parece vir sendo a sua filosofia. Filosofia intensamente regional, destas populações da *ria*. Filosofia, de modo menos intenso, de todo bom português."

Aventura e rotina, p. 220.

BARBADOS

"Muito moinho de vento pitoresco: explicam-me que são de moer cana-de-açúcar. Muita geleia saborosa, em cujos gostos um tanto novos para mim me iniciam mrs. J. e a filha, minhas companheiras de viagem e inglesas que têm parentes e amigos em Barbados, aos quais me apresentaram gentilmente."

Tempo morto e outros tempos, p. 54.

BATALHA

"A parte principal do mosteiro [Santa Maria da Vitória] é do tempo de Dom João I e lá está sepultada *a Inglesa*. A mãe dos famosos infantes. Levantou-se o mosteiro em terra que foi primeiro de quinta: da quinta chamada do Pinhal. Nada de mais casticamente lusitano do que um mosteiro desenvolver-se de quinta; e quinta talvez trabalhada por mouros. Como nada de mais lusitano do que o modo por que cresceu este mosteiro, de obra joanina e não apenas europeia – na verdade, muito tocada de influência mourisca –, com igreja, seu claustro, sua casa de capítulo, suas oficinas, suas celas, seu refeitório, sua adega, sua cozinha, seu celeiro – tudo de sabor somente europeu, com uma ou outra sugestão moura – em monumento grandiosamente manuelino."

Aventura e rotina, p. 146-147.

BENFICA

"De Benfica a Carnide são muitas as quintas que me fazem observar no português a tendência para emendar a horta com o jardim ou com o pomar. Quintas sem o pedantismo aristocrático da de Dom João de Castro, que em Sintra chegou a pôr abaixo árvores de fruto para que só lhe rodeassem a casa árvores nobres e altas, que apenas o favorecessem com sua beleza e sua sombra. As verdadeiras quintas portuguesas como essas, de Benfica e Carnide, são, ao mesmo tempo, de *recreio* e de *produção*, como aqui se diz. Não se envergonham de suas hortas para só ostentarem seus jardins, suas roseiras, suas flores. Não se envergonham nem de suas couves. Seus muros são os antepassados dos já hoje arcaicos muros de casas-grandes de chácaras brasileiras, com seus verdes de hera ou de musgo, suas madressilvas, suas vinhas virgens, suas manchas de velhice. Com obscenidades traçadas por mãos de garotos ou adolescentes."

Aventura e rotina, p. 71-72.

BIÉ (ANGOLA)

"Visito ainda, na capital do Bié, indústrias ou fábricas: fábricas de refinação de óleos, de moagem, de descasque de cereais. Um esforço admirável, o dos portugueses e descendentes de portugueses empenhados na industrialização da Angola. Vejo a piscina pública: ótima. E sempre cheia de gente que alegremente se refresca. Não pense o brasileiro que o português na África é inferior ao da América no gosto pela água e pelo banho."

Aventura e rotina, p. 415.

BRAGA

"Os moleiros de Braga, velhos conhecidos de Luís Forjaz Trigueiros, a quem chamam Luisinho, são todos tão autênticos no seu modo de ser portugueses – portugueses como que de sempre – e conservam-se tão puros de qualquer *coca-colonização* – aliás o consumo da chamada Coca-Cola é proibido em Portugal: mas aqui é o famoso *drink* referido apenas como símbolo de um americanismo ou ianquismo talvez excessivo em seu moderno poder e afã de descaracterizar e vulgarizar povos pobres mas nobres – que conhecer gente assim genuína, e conviver com ela durante algum tempo, torna-se para mim uma rara aventura de contato."

Aventura e rotina, p. 201.

ESPANHA

"O espanhol é, na culinária, mestre na arte, não do sofisticado como o francês, mas do composto, de que a *olla podrida* ou *puchero* é expressão forte e um tanto dramática: e a caldeirada portuguesa, um parente não sei se diga pobre. Porque o prato castiçamente português tende a ser, mesmo quando plebeu, um equivalente, na culinária, do que a aquarela é na pintura, com sua harmonização de cores. Enquanto nas composições espanholas, por mais ricas, os ingredientes como que se conservem dentro de suas fronteiras. Deixam-se decompor, mais facilmente do que os ingredientes dos pratos portugueses, em cores, sabores, aromas e formas como que autônomas: autônomas a ponto de qualquer dos ingredientes poder ser saboreado ou apreciado só. O arroz separado da galinha, a galinha separada da verdura, a verdura separada dos dois."

Aventura e rotina, p.108-109.

"Uma instituição que muito me impressionou, pelo modo por que a praticou a gente da Espanha em guerra, foi a do chamado *plato único*: um dia na semana em que, por sacrifício de tempo de guerra, só se devia comer, nas casas e nos restaurantes, um prato. Esse prato, porém, era apenas o exagero do prato casticamente espanhol – o *puchero,* por exemplo – em sua variedade – mas não harmonia – de composição. Tinha de tudo; e fácil seria decompô-lo em vários pratos – cada qual mais atraente – como se decompõe uma composição cubista. E como se decompõe, aliás, um *puchero:* um *plato único* cotidiano ou normalmente espanhol. Decompor um prato casticamente português não me parece tão fácil: cada prato português tende a harmonizar valores que separados deixam de atrair ou agradar o paladar e a própria vista. A verdura ou o arroz que, em Portugal, acompanham certos peixes ou certas aves, só tem graça dentro das combinações liricamente tradicionais a que pertencem. Separados, perdem quase todo o encanto. A culinária portuguesa seria, assim, em termos pictóricos, do caráter da pintura que se convencionou classificar, nos seus exageros mais recentes, *expressionista*; a espanhola se deixaria definir melhor como *cubista*. Picasso talvez tenha-se inspirado numa culinária de acentuada tendência à composição como que dramática de sabores e cores para desenvolver, a seu modo, e ao modo dos espanhóis e sob o estímulo de várias outras sugestões, o cubismo que desenvolveu na pintura. Um cubismo à espanhola."

Aventura e rotina, p. 109.

"Em número de 18 de dezembro de 1967 de *España Semanal*, que se publica em Madri, encontra-se o informe de haver na Espanha 310 fábricas nas quais se produzem 15 milhões do mel chamado *turrón* – mescla de amêndoas *marconas* com mel de *azahar*, açúcar, ovos e canela, de tão remoto consumo pelos habitantes da Península que os cartagineses já o encontraram ao desembarcarem naquelas terras [...] sua exportação já chega a cerca de 2,5 milhões de quilos, rivalizando, assim, com a passa doce de Málaga no triunfo que ambas representam para aquela presença espanhola na Europa tão desejada por Unamuno e que contrabalançasse, nesse setor – acrescente-se ao mestre de Salamanca –, a presença norte-europeia na Espanha sob a forma de *marrom-glacé,* de chocolates suíços e de biscoitos ingleses."

Açúcar, p. 60-61, prefácio do autor à 3ª edição.

SELETA DE TEXTOS

FREIXO

"Em Freixo não só consigo inteirar-me do processo português de fazer azeite, como tenho sempre à mesa delicioso produto das oliveiras dos Junqueiros, a acentuar o sabor do peixe e do bacalhau: esse bacalhau que tanto perturba ou dificulta a aliança luso-britânica – pois o inglês tem horror a esse portuguesíssimo quitute – quando facilita a luso--brasileira. Não há brasileiro autêntico que tenha aversão ao bacalhau; e muitos são, no Brasil, os entusiastas da bacalhoada."

Aventura e rotina, p. 166.

ILHA DA MADEIRA

"Deixaram-me cheio de gula de voltar ao Funchal, não apenas para deliciar-me da doçura do seu ar e das suas paisagens, do seu vinho e dos seus bolos, mas para entregar-me, nos arquivos, àquelas aventuras de descobrimento não de documentos políticos, que estes quase não seduzem nem interessam, mas de pequenos nadas que só adquirem valor quando associados a outras aparentes insignificâncias. Passaportes, por exemplo. As descrições de madeirenses embarcados para o Brasil. A predominância de tipo, entre eles. O Instituto do Açúcar e do Álcool do Brasil bem poderia enviar à Madeira um pesquisador idôneo que pacientemente reunisse aqui, e fizesse microfilmar, o material madeirense relativo às origens da cultura da cana e da indústria do açúcar no Brasil. Material rico e talvez quase todo virgem de olhos brasileiros."

Um brasileiro em terras portuguesas, p. 216.

ILHA DE SÃO TOMÉ

"Homenagens que desde os voos de aviões a deitarem flores sobre a lancha em que desci do *Pátria* na companhia do governador Carlos Gorgulho até este banquete magnífico, com as cores brasileiras a juntarem-se às portuguesas na apresentação de pratos deliciosamente lusotropicais, dão-me a impressão de ter chegado a Pasárgada: a terra ideal imaginada pelo meu amigo, o grande poeta brasileiro Manuel Bandeira. Devo estar em Pasárgada. As flores, os frutos, os cantos, os rumores de danças, tão semelhantes aos afro-brasileiros que nos chegam da mocidade alegre que continua a dançar e a cantar na praça, em homenagem ao Brasil, devem ser flores, frutos e cantos de Pasárgada. De volta ao Rio de Janeiro contarei ao poeta Manuel Bandeira que descobri a Pasárgada com que ele sonha: é em São Tomé. Sob os coqueiros de São Tomé. Deixo esta ilha sob a forte impressão do carinho com que venho sendo aqui recebido. Desde o instante em que desci do *Pátria* que São Tomé é uma doce carícia para meus olhos, meus ouvidos, meu paladar de tropicalista."

Um brasileiro em terras portuguesas, p. 217-218.

ÍNDIA

"Na Índia portuguesa só os hindus parecem valorizar a água de coco como refresco. Só entre os hindus é que a tenho saboreado. Os cristãos parecem considerá-la refresco ortodoxamente hindu. Transmito a um hindu menos ortodoxo um brasileirismo que ele talvez tenha curiosidade em experimentar na Índia: água de coco misturada com uísque. Pois nem todos os indianos são por motivos religiosos tão rígidos quanto os maometanos em sua abstinência do álcool. Daí o fato de, estando agora Bombaim, província da União Indiana, sob uma absurda *lei seca*, haver nos seus hotéis muita bebedeira. O mesmo que aconteceu nos Estados Unidos está a verificar-se em Bombaim. E não apenas isso: com a *lei seca* em Bombaim, a Índia portuguesa tem sido grandemente beneficiada. Os indianos vêm da União Indiana, em grande número, a Damão e a Goa, beber sua cerveja, seu vinho e seu uísque. Nessas terras pode ser pecado político manifestar-se alguém de modo prático a favor do comunismo; mas não chega a ser pecadilho de espécie alguma beber um indivíduo seu Colares ao almoço ou seu *scotch* antes do jantar."

Aventura e rotina, p. 325.

LISBOA

"As varinas são a seu modo bailarinas e não apenas vendedoras de peixe. Descem as ladeiras com uns pés e umas graças de corpo inteiro de quem caminhasse dançando ou bailando não *para inglês ver* mas para seu próprio gozo de portuguesas autênticas. Com o processo de europeização que Lisboa vem sofrendo – europeização no sentido corretamente suíço que já acentuei – quase não há lugar paras as varinas. A muita cor dos seus vestidos, antes orientais do que europeus, já não se harmoniza com os discretos azuis e cinzentos do vestuário dominantes numa cidade que hoje procura ser ortodoxamente europeia. Sua técnica um tanto arcaica de carregar peixe repugna a uma cidade moderna nas suas técnicas. Daí existirem ainda, mas como sobrevivências. Como figuras que os etnógrafos já andassem sôfregos para recolher aos seus museus. Eu as revejo agora com outros olhos: com os olhos de quem não compreende Lisboa sem varinas. Sem a cor, a graça, o escândalo, no sentido quase bíblico da palavra, que elas ainda dão às ruas do velho burgo. Felizmente não há repressão violentamente policial contra elas: só aos seus pés descalços. Contra o que elas se resguardam, levando sapatos não nos pés, mas entre os peixes: sapatos que só calçam quando avistam algum polícia. Se as varinas começam a morrer – é de morte quase natural... Quanto às varinas, não seria possível conservá-las ainda, por algum tempo, vivas e com as suas cores de sempre, dando-lhes um mercado, uma praça, um largo que fosse todo delas? Talvez."

Aventura e rotina, p. 74.

LUMIAR

"Quem vai para o Lumiar vê quintas fidalgas ou afidalgadas com grandes árvores de sombra e não apenas com as pequenas e úteis, de fruto."

Aventura e rotina, p. 55.

MOÇÂMEDES (ANGOLA)

"Não se pense que Moçâmedes seja toda e idilicamente rural. À sua paisagem de oliveiras, laranjeiras, videiras, bananeiras, junta-se o movimento, já considerável, de suas fábricas de conserva e de farinha de peixe. O movimento das suas pescarias: obra ou esforço de algarvios. Há aqui muito algarvio, além de outro grupo de portugueses – esses, pescadores –

que tentaram desenvolver sua atividade no Brasil, antes de se aquietarem em bons luso-angolanos. Foram eles vítimas não do *nativismo* das ruas mas da pior espécie de jacobinismo: o que no Brasil desce às vezes contra lavradores, horticultores e pescadores europeus ou japoneses – a gente de que mais precisamos ao lado dos técnicos para as indústrias novas – do alto dos próprios palácios de governo, das próprias assembleias legislativas, da própria presidência da República."

Aventura e rotina, p. 433-434.

MONTE REAL

"Numa das minhas muitas viagens a Portugal inteirei-me de um uso da Beira, ligado à liturgia do doce, que suponho não ter repercutido no Brasil. Refiro-me ao costume de Monte Real, por ocasião da festa da rainha Santa Isabel, que ali se realiza todos os anos no mês de junho: o de encherem as prateleiras dos andores de procissão de frutas, vinhos e toucinho, e também de bolos de farinha de trigo, canela, erva-doce e açúcar, modelados na forma de ex-votos, representando animais, mãos, pés etc."

Açúcar, p. 86; e "Doces tradicionais do Brasil", artigo publicado no *Correio da Manhã*, em 30 de julho de 1938.

NAVIO

"Viagem de fim de festa, a que venho fazendo no *Serpa Pinto*. A cabina cheia de cestas de doces parece a de um velho a quem só restassem na vida os regalos do paladar. Também a animam alguns vinhos da Madeira: lembrança gentil do cônsul brasileiro em Funchal e do doutor Celestino. Além dos vinhos, enviou-me o cônsul, maranhense dos bons, um gordo e fofo bolo regional da ilha."

Aventura e rotina, p. 496.

"Há alemães gordos e moles, sempre no bar, esvaziando a cerveja e devorando sanduíches de queijo. Há ingleses altos e magros e tão leves que parecem ir voando tombadilho afora na maciez dos seus sapatos de borracha. Um deles, ontem, muito cheio de *whisky* queria que eu o ouvisse recitar versos dele. Disse-lhe que era careca – o que não indica poetar. Ele bradou indignado que Horácio era calvo. Há um japonês sempre a ler – que estranho! – Tolstoi. É também respeitável *pau-d'água*."

Cartas do próprio punho, p. 200.

PARAGUAI

"Quem chega ao Paraguai encontra uma cozinha paraguaia, não direi original ou característica em todo o rigor da expressão – como a cozinha francesa, a sueca, a dos árabes –, porém com a relativa originalidade das cozinhas crioulas mais enriquecidas pelas aventuras de experimentação do paladar europeu entre bichos e plantas dos trópicos, entre quitutes ameríndios e bons-bocados africanos. A cozinha mexicana, a brasileira, a do sul dos Estados Unidos são talvez as mais notáveis por essa relativa originalidade. A paraguaia está entre elas. Com toda a nossa produção de doce de goiaba – que é hoje uma opulenta indústria brasileira – não há goiabada pernambucana ou fluminense de lata que ganhe, em sabor, à do Paraguai: pelo menos a que tenho comido quase todas as tardes, à hora do chá, em casa de don Arsenio López Decoud. Figura boa e fleugmática de aristocrata paraguaio, esse don Arsenio, neto do primeiro López e sobrinho do marechal [...] preso como ninguém ao seu doce de goiaba feito em casa, por sua quituteira guarani de cabelos pretos e olhos de chinesa."

Americanidade e latinidade da América Latina e outros textos afins, p. 71-72.

"Outro doce que se faz muito bem feito no Paraguai é o de manga. O da casa do senhor Carlos Andrade, ex-ministro da Justiça da República e hoje diretor do jornal *El Tiempo*, é verdadeiramente um primor. Não cheguei a provar foi o famoso *dulce de toronjas* que a senhora Raquel Livieres de Artecona nos assegura ter sido da predileção do marechal López. Homem de muito bom gosto à mesa, o marechal, em quem já destaquei certo hedonismo oriental, particularmente hindu, que lhe adoçava os simplismos ásperos de ditador de botas e espada, à maneira dos generais e marechais que tanto se destacaram nas repúblicas espanholas da América, durante o século XIX. Francisco Solano López era também particularmente afeiçoado a certo *dulce com gajos*, doce muito difícil de se fazer pela sua extrema delicadeza. Manjar mais para deuses do que para simples mortais. O marechal, porém, contentava-se, nos dias comuns, com este outro docinho de tomates, muito mais simples que o primeiro: *Se lavarán tomates sanos y lisos, se echan en agua hirviendo luego en agua fría y con mucho cuidado se le sacará el pellejito, se abren en dos, se les extraen las semillas y se cocinan en almíbar.*"

Americanidade e latinidade da América Latina e outros textos afins, p.72.

"Também madame Lynch tinha suas predileções, algumas das quais se incorporavam à cozinha paraguaia, dando-lhe tradições romanticamente irlandesas, ao lado das de sabor espanhol misturado ao agrestemente nativo. Dentre os últimos, os quitutes de mandioca e de milho, com deliciosos nomes guaranis: *chipa-nandy*, por exemplo; ou *capii-cati*. Um prato favorito de madame Lynch que ficou célebre entre os paraguaios é a geleia de mão de vaca, que aliás me recorda certo doce muito dos sertões da Paraíba do Norte, de que a família do professor Odilon Nestor conserva carinhosamente a receita antiga."

Americanidade e latinidade da América Latina e outros textos afins, p. 72-73.

"Não encontro na culinária paraguaia tradições de doces de freiras ou de pastéis de convento, com aqueles nomes às vezes afrodisíacos dos bons-bocados luso-brasileiros dessa origem meio seráfica. De receitas de sabor eclesiástico ou simplesmente clerical apenas encontrei em Assunção notícia de uma: certo vinho de uva da época dos jesuítas. Receita achada dentro de um missal velho no templo de Vila Rica. Há um prato paraguaio que sendo plebeu exerce uma ação confraternizante sobre o paladar do povo inteiro: a torta paraguaia. Uma espécie da nossa feijoada ou da bacalhoada portuguesa. Um prato sobre o qual se curvam com igual delícia os finos e os rústicos. Mas um prato, quando ortodoxo ou completo, só para almoço de domingo ou de dia santo, debaixo das mangueiras ou das goiabeiras."

Americanidade e latinidade da América Latina e outros textos afins, p. 73

"Existe também no Paraguai a mística da mandioca da qual nós, no Brasil, temos um rebento na seita de fanáticos, às vezes temíveis, que são os *mandioquistas*. Todos sabemos que, dentro dos seus limites, a mandioca é um valor que de modo nenhum deve ser desprezado na alimentação da nossa gente. Mas nenhuma boa ciência nos autoriza a transformar a mandioca em motivo de culto patriótico ou em base de política nacionalista de autossuficiência, que implique o repúdio do trigo. Há uma corrente de narcisistas paraguaios de tal modo satisfeitos com a alimentação da gente hispano-guarani que chegam a ser uns como anabatistas para os quais, fora da mandioca, não há salvação. O narcisismo que vai a tais extremos me parece perigoso tanto para o Paraguai como para o Brasil."

Americanidade e latinidade da América Latina e outros textos afins, p. 76-77.

PENÍNSULA IBÉRICA

"Talvez se possa sustentar tese igual com relação ao paladar que seria também bilíngue na Península, uns pratos tendendo ao estilo espanhol, outros ao português, mas todos exprimindo uma tradição comum – hispânica ou ibérica – de gosto. Talvez se possa dizer que nas sopas a tradição peninsular tende a exprimir-se em estilo predominantemente espanhol, em contraste com o que se verifica com as sobremesas e com aquelas composições mais avermelhadas pelo tomate: esse tomate cuja presença mais viva em qualquer peixe ou arroz ou galinha faz o europeu identificar o prato como *à la portugaise*. Aliás, a palavra *tomates* no português de Portugal, fora da linguagem culinária, é quase obscena pelo que exprime simbolicamente de sexual: torna-se então equivalente de *ovos* no português do Brasil. Voltemos porém às sopas como expressão de cultura mais espanhola que portuguesa dentro do complexo peninsular."

Aventura e rotina, p. 108.

PORTIMÃO

"Resolvi ver em Portimão como se enlata sardinha ou atum, desde a chegada do peixe fresco à fábrica à sua saída em lata para o Brasil ou os Estados Unidos. E também como em Portugal se prepara a cortiça que, aliás, vem sendo largamente importada de Lisboa nos últimos anos, não só pelos Estados Unidos, como – o economista Salazar, que está também em relações de cordialidade comercial com a China comunista, vizinha de Macau, poderá dizer que *inimigos, inimigos, negócios à parte* – pela Rússia soviética. Um malicioso diria que essa cortiça segue para a Rússia a fim de, sob formas adequadas, arrolhar as bocas dos que, na vasta União de Repúblicas chamadas Socialistas, pretendam criticar o governo ou censurar Stalin. De um gaiato português já eu ouvira, em Lisboa, que Portugal produzia hoje tanta cortiça que podia dar-se ao luxo de exportá-la – com o fim de arrolhar bocas de pessoas e não apenas de garrafas – para *outras ditaduras*, como a da Rússia soviética."

Aventura e rotina, p. 125.

"São as fábricas de sardinha e atum que dão maior renome a Portimão. Toda Portimão parece viver da sardinha e para a sardinha. No cais, precisa o indivíduo caminhar com cuidado, senão atola o pé em sardinha morta, em resto de sardinha, em geleia de sardinha já espapaçada por outros pés. É como se fosse fruta podre, tempo de fartura de fruta no Brasil: goiaba ou manga ou sapoti, em velhos sítios do Norte onde o chão se torna quase uma papa pegajenta e pútrida com tanto sobejo mole de maná, abandonado pelos pássaros, pelos morcegos e pelos próprios meninos pobres. Acontece coisa semelhante com a sardinha em Portugal, em cidades ou vilas à beira d'água como essa de Portimão: cidades ou vilas por onde estão sempre a chegar à terra, do alto-mar, barcos sobrecarregados de peixe fresco, quase todo vivo: *espinho*, como dizem as vendedoras de rua. Parece, na verdade, aquela *prata líquida* de que falou uma vez Raul Brandão. Esse Raul Brandão que foi, a meu ver, o maior escritor português desde o Eça."

Aventura e rotina, p. 129.

"O trabalho de preparar-se a sardinha ou o atum para sua conservação em lata, ora em azeite, ora em tomate, é trabalho quase tão delicado como o de renda ou bordado. Por isso mesmo é quase todo feito por mão de mulher, o que, aliás, em Portugal, nem sempre quer dizer mão melindrosa que só saiba costurar e bordar, fazer doce e cuidar de doente. Há em Portugal muita mulher que faz trabalho de homem; e desde nossas excursões pelo cais e pelos arredores de Lisboa que meu filho Fernando, de 8 anos de idade, vem-se mostrando impressionado com o fato e comentando: *Como as mulheres trabalham em Portugal!* Trabalham nos campos, lavrando as terras; trabalham nos cais, carregando fardos; trabalham nas ruas, vendendo peixe em tabuleiros. Mas tabuleiros que não se parecem com os aromáticos, de frutas e doces finos, das baianas de pés mimosos e mãos delicadas. Tabuleiros rudes, másculos, harmonizando-se com o andar também um tanto de machonas, de viragos, das belas mas grosseiras varinas, mestras da arte de praguejar: da retórica do palavrão obsceno. Tabuleiros de que se desprende um cheiro grosso de peixe, de maresia, de homem."

Aventura e rotina, p. 129-130.

PORTUGAL (DOCES)

"Quem viaja por Portugal encontra uma variedade de doces que espanta em país tão pequeno: desde as queijadas de Sintra ao *bolo-pobre* de Évora. Mas seria injustiça esquecer o mais superficial dos admiradores de doces, de pastéis, de bolos, os *ovos-moles* do Aveiro ou os *pastéis do Tentugal* ou os *pastéis de feijão* de Torres Vedras ou as *cavacas* e *trouxas* de Caldas ou o *manjar-branco* de Coimbra ou o *pão de ló* de Ovar ou as *tigelinhas* de Santo Tirso ou os *palitos* de Oeiras. Alguns dos nomes de doces regionais portugueses ninguém ousa dizê-los em voz alta em meio sofisticado, embora em conversa castiçamente portuguesa de província não chegue a ser escândalo referir-se alguém a um deles: aos *testículos de São Gonçalo*, por exemplo. São doces com a forma de testículos, aos quais a imaginação popular atribui a virtude de despertar para a maternidade mulheres estéreis. Do ponto de vista etnográfico, nenhum doce português mais significativo; mas a esse seria impróprio ou deselegante atribuir origem seráfica ou conventual. A não ser que as freiras tenham inventado tal doce, sob a forma de testículos de um santo protetor da fecundidade, para piedoso consolo ou animação – animação que de psicológica se tornasse quanto possível fisiológica – de mulheres e mesmo homens incapazes de se multiplicarem em filhos."

Aventura e rotina, p. 173.

PORTUGAL (SARDINHA)

"De modo que uma lata de miúdas mas saborosas sardinhas portuguesas, se representa trabalho às vezes heroico e aventuroso de homem – o pescador que vai ao mar em barcos de formas bicudas e cores vivas: barcos que são uma espécie de bailarinos da pesca, infelizmente ainda não aproveitados como sugestões para um *ballet* por algum Lifar desgarrado em Portugal –, representa também trabalho artístico, e não apenas mecânico, da mulher, que, dentro da rotina operária, acrescenta aos pequenos gestos, que é obrigada a repetir, pequenas improvisações de carinho feminino semelhantes aos da velha que faz renda, aos da moça que faz bordado, aos da freira que faz doce; e que nunca se repete de todo. É o toque pessoal de mão de mulher, no meio do trabalho igual e impessoal e sempre o mesmo de máquinas que sabem soldar as latas de sardinha ou de atum, rotulá-las, fechá-las, arrumá-las para o embarque nos caminhões, mas não escolher nem selecionar nem discriminar o que precisa de ser escolhido, selecionado, discriminado nesse difícil trabalho português, mais complexo do que parece, de conservação e enlatamento de peixe."

Aventura e rotina, p. 130.

PORTUGAL (PRATOS NACIONAIS)

"Tinham-me dito da região do norte de Portugal onde me encontro que é mais vegetariana em sua cozinha que as suas irmãs. Também mais farta em manteiga e em queijo de leite de cabra. O que me parece é que a diversidade regional de paladar e de alimentação em Portugal se afirma antes em coisas de sobremesa do que de mesa. A bacalhoada é prato nacional. Nacional é o cozido com sua carne de vaca, seu arroz, seus legumes, seu toucinho, seu chouriço. Nacional é a sardinha. Nacional, o leitão. Nacional, o uso do azeite, da banha, da cebola. Nacional é hoje a canja: assimilação de prato indiano pelos conquistadores do Oriente. É certo que o caldo verde é mais do Norte do que do Sul. Que a caldeirada – peixe com azeite e cebola, avermelhado por bom tomate (tomate que o português adotou da América quase com o mesmo fervor com que adotou o milho, embora a revolução operada aqui pelo milho brasileiro ou americano – assunto inteligentemente estudado pelo professor Orlando Ribeiro – tenha sido, talvez, a mais profunda e a mais benéfica influência que Portugal sofreu em sua paisagem, em sua economia e em sua vida, como consequência das aventuras no Ultramar) – é prato de beira-mar e não do centro."

Aventura e rotina, p. 172.

QUINTA DA BACALHOA

"Dizem os eruditos que o pitoresco nome data dos começos do século XVII quando o morgadio passou para uma dona Maria, casada com um Dom Jerônimo Manuel, conhecido por *o Bacalhau*. Não me esclarecem os eruditos, desse Dom Jerônimo Manuel,

SELETA DE TEXTOS

se teria ganho a alcunha vendendo ou importando bacalhau. Nesse caso teria se antecipado aos Seixas, da minha velha província de Pernambuco, que pelo fato de se terem dedicado a tão rendosa importação tornaram-se conhecidos por *Seixas Bacalhau*. Bons e honrados Seixas dos quais conheço os descendentes."

Aventura e rotina, p. 83-84.

SAGRES

"Será que profano a sagrada região dos sábios que aqui parecem ter vivido vida só de espírito, só de intelecto, só de alma? É possível. Mas é também possível que eles próprios, no meio dos seus estudos, uma vez por outra se regalassem de peixe fresco e de vinho bom. Não é só das musas que se pode com segurança dizer que não fazem mal aos doutores. Também de lagostas e de peixes como esses, de que se servem em Sagres não simples turistas, mas peregrinos ilustres, homens de saber, doutos autênticos, que vêm aqui prestar homenagem à memória dos sábios que em Portugal maior altura já deram à Ciência. Acompanhando a dois desses doutos é que vejo Sagres na inteira nitidez dos seus traços mais gloriosamente ascéticos. Acompanhando-os é que saboreio o peixe e a lagosta que Sagres parece reservar como mimos culinários de prata e ouro para aqueles doutores magros que parecem pertencer à família dos companheiros do Infante. Magros e doutos que, uma vez por outra, precisam de sair da vida ascética, tendo então o direito de entregar o corpo – só o corpo; a alma, não – às aventuras do paladar em que se extremam quase cotidianamente os gordos de corpo e de letras."

Aventura e rotina, p. 135.

SÃO GONÇALO DO AMARANTE

"Não poderia deixar de conhecer, em Portugal, São Gonçalo do Amarante: lugar célebre não só pelos seus doces afrodisíacos e pelos milagres atribuídos ao seu padroeiro como pelo fato de residir nos seus líricos arredores o poeta Teixeira de Pascoais. O *saudosista* Teixeira de Pascoais."

Aventura e rotina, p. 173.

SERRA DA ESTRELA

"Vejo as ovelhas: sempre de chocalhos, parece que todo dia de sol é para elas dia de festa. Contribuem com o próprio pelo para vestir os homens e continuam a viver alegres. Dão o leite de que os pastores necessitam para fazer seus queijos e continuam a encher de alegria uma paisagem que sem ovelha e sem cabra e sem pastores seria só de lobos, de assassinos e de ladrões. Nem agricultura poderia haver nesses altos sem o estrume de ovelha. O pastor continua a vestir-se de um burel que tem qualquer coisa de hábito de franciscano. E há nas suas relações com as ovelhas, com as cabras, com os cães, com os matos, com o sol, com a neve, qualquer coisa de franciscano que só não se estende aos lobos por falta ou incompreensão dos lobos. De modo que o homem é obrigado a andar sempre de cajado, como um bispo, para defender o rebanho dos ataques desses inimigos terríveis. Anda também de manta: uma manta de lã rústica. Como o poncho do gaúcho, é o seu cobertor quando precisa de dormir ao relento. A lã é para o pastor de ovelhas de Portugal o que o couro é para o vaqueiro do Nordeste brasileiro. Também um chifre chamado *corna* é seu companheiro de todos os momentos, quando está fora de casa: na corna leva sempre gordura, carne ou azeitonas para comer com pão. Tampouco se separa, quando obrigado a vagar com suas ovelhas longe de casa, de uma lata chamada *ferrada*, que serve ao pastor para buscar água, cozinhar batatas e mungir leite."

Aventura e rotina, p. 181.

SETÚBAL

"Em Setúbal já disse que almoçamos um almoço de peixe fresco, que nos deixou a melhor recordação de uma cozinha para a qual tanto o frade como o mouro devem ter concorrido com suas artes. Mas não foi só: também demos de comer ao espírito. Em Setúbal, para se dar de comer ao espírito, é preciso que se tenha alguma tolerância com as fraquezas da carne; e não se separe com demasiado rigor o que é espírito do que é carne."

Aventura e rotina, p. 81.

SINTRA

"Outros portugueses [...] têm sempre sonhado em se aquietarem um dia na doce rotina de vida suburbanamente agrária em alguma quinta, senão em Sintra, que é o sítio ideal para as quintas desse tipo [...] O gosto pela rotina da vida agrária está quase sempre no português autêntico, por mais que o ardor em pelejar contra mouros, em competir nos trópicos com judeus, sírios, italianos, em pescar bacalhau em águas frias, em desenvolver indústrias em países quentes, tenha acentuado nele traços de homem de aventura. A quinta é sempre a menina dos seus olhos de homem desencantado com as cidades, as indústrias, as aventuras. Ela tem para o seu espírito o mesmo sabor sensualmente estético e um tanto místico que para outros temperamentos têm outras Quintas: a Quinta Sinfonia ou a Quinta Avenida. Ela o seduz com alguma coisa de místico e não apenas de sensual ou de prático: com um Q maiúsculo, como o das outras duas Quintas, igualmente famosas pelo que simbolizam aos olhos e aos ouvidos dos homens."

Aventura e rotina, p. 46.

VILA VIÇOSA

"Quem for a Vila Viçosa, não se deixe ficar só entre tapetes persas, porcelanas finas, pratas antigas, columbanos [referência aos painéis e quadros do pintor naturalista e realista português Columbano Bordalo Pinheiro, 1857-1929], bronzes, azulejos de salão e de capela real: desça à cozinha que é rival das dos conventos. Os Braganças não deixaram que os frades se avantajassem às suas reais ou ducais pessoas na portuguesíssima arte de bem almoçar, bem jantar e bem cear. E o que se vê em Vila Viçosa é uma cozinha que, isolada, sem mais nada, teria o direito de ser considerada monumento nacional. Pois tanto tem de monumental nas suas proporções quanto de nacional nas suas disposições. Dizem-me entendidos que não é só vagamente nacional como concreta e expressivamente alentejana em seus característicos de cozinha de província. O que só faz honrar o casticismo dos Braganças que nunca deixaram que nesse seu velho reduto a cozinha francesa viesse desnacionalizar ou descaracterizar em portugueses de lei o paladar ou a tradição culinária não apenas nacional como regional. Os franceses de Napoleão podem ter saqueado brutalmente Vila Viçosa; mas encontraram aqui, como entre plebeus, fornos e fogões que resistiram ao francesismo."

Aventura e rotina, p.156.

"Só a burguesia menos rija deixou-se em Portugal afrancesar nos seus gostos não só culinários como literários a ponto de terem alguns portugueses chegado a perder a noção ou o sentido do castiço tanto no comer como no escrever. Mas sem que os grandes fidalgos e os sólidos plebeus acompanhassem os burgueses mais ricos ou mais plásticos nesses excessos de aventura de dissolução. O gosto da rotina guardou-os contra tais exageros. E esse gosto teve na cozinha monumental de Vila Viçosa uma das suas melhores defesas. A cozinha de Vila Viçosa não nos dá a impressão de ter sido apenas defensiva, mas agressivamente portuguesa no modo por que resguardou as melhores tradições lusitanas do paladar contra sutilezas exóticas. Suas caçarolas de cobre formam antes um arsenal que um simples trem de cozinha. As bocas de suas grandes chaminés parecem repelir lebres e coelhos, cordeiros e leitões para exigir bois grandiosos, capazes de contentar Braganças bons gigantes do tipo de Dom Carlos. O qual deve ter descido mais de uma vez a essa cozinha monumentalmente portuguesa."

Aventura e rotina, p. 156

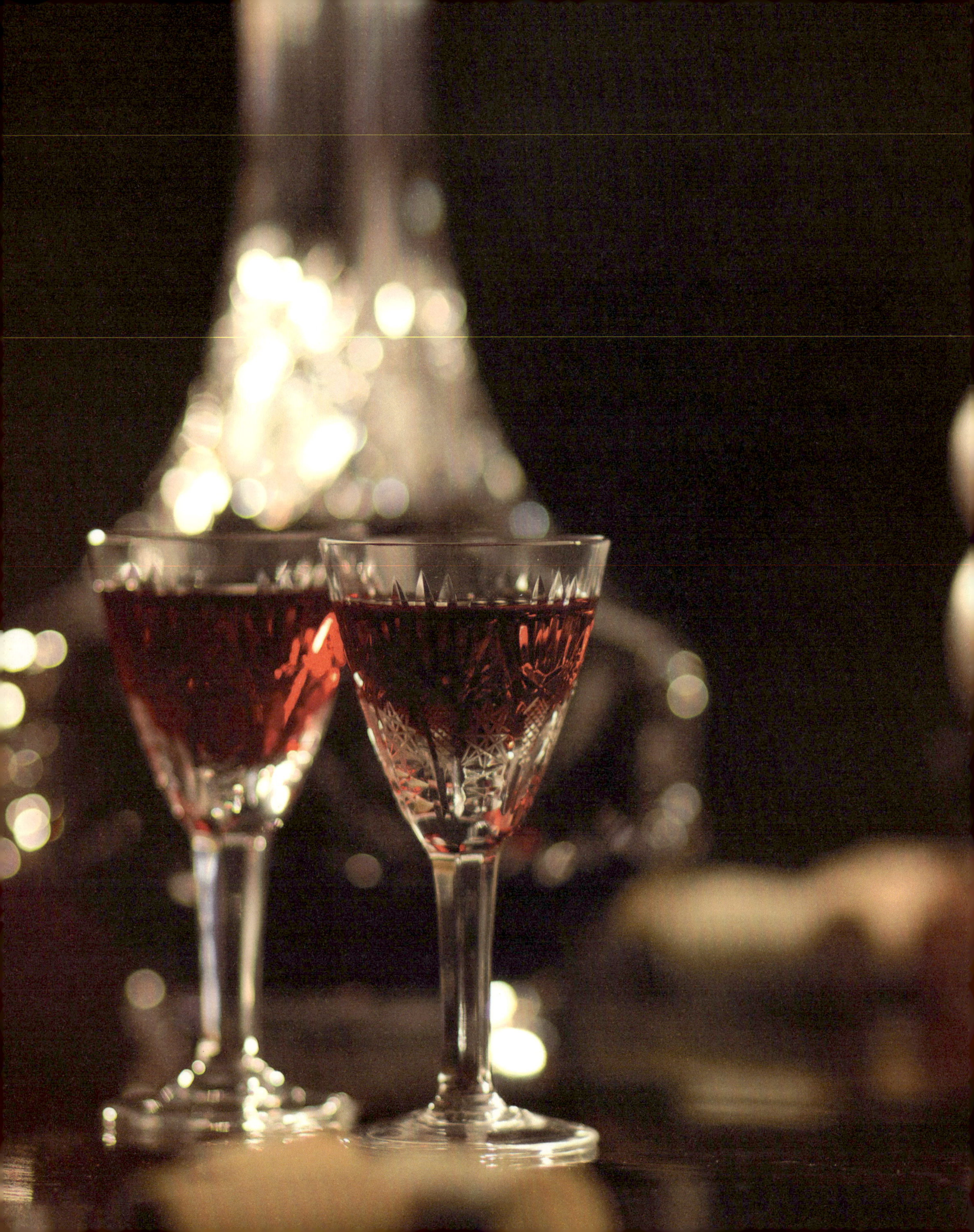

5
O COLONIZADOR PORTUGUÊS

"O português se tem perpetuado, dissolvendo-se sempre noutros povos a ponto de parecer ir perder-se nos sangues e nas culturas estranhas. Mas comunicando-lhes sempre tantos dos seus motivos essenciais de vida e tantas das suas maneiras mais profundas de ser que passados séculos os traços portugueses se conservam nas faces dos homens de cores diversas, na fisionomia das casas, dos móveis, dos jardins, nas formas das embarcações, nas formas dos bolos."[1]

No início havia naquele lugar, que um dia seria Portugal, uma gente essencialmente camponesa. **"Seus começos foram todos agrários."[2]** Gente que tinha gosto pelas coisas da terra – ervilha, fava, lentilha e, sobretudo, couve. "A principal comida da gente do campo consiste em couves, e por isso junto das cabanas existe sempre um pequeno couval"[3], escreveu o poeta e presidente da República de Portugal Teófilo Braga (1843-1924). Sopas e caldos eram, naquele tempo, base de todas as refeições. Pão também, feito de aveia, centeio, cevada, farelo ou glandes (casca de carvalho e faia). **"Estrabão informa que 'na Península, antes da ocupação romana, durante os três quartos do ano, os habitantes viviam de pão de glandes', isto é, de uma massa de glandes esmagadas e trituradas depois de secas."[4]** Depois a massa era lavada com água fervente para tirar o amargor e, em seguida, posta ao sol para secar. Ainda gostavam de leite. De castanhas assadas em fogueiras. Das carnes de boi, carneiro, coelho, perdiz e porco. Desse porco aproveitavam tudo – carne e gordura (usada para fritura). E tinham especial predileção por peixes, de rio ou de mar – atum, azevia, cação, cherne, corvina, eiró, lampreia, linguado, salmão, salmonete, sardinha, sargo, sável, tainha, truta. Mariscos e crustáceos, também – amêijoa, mexilhão, lagosta, lavagante, ostra, santola. Enfim, **"a gente portuguesa atravessou nos seus começos, antes de transformar-se em potência marítima, um período de alimentação equilibrada que talvez explique muito de sua eficiência e das suas superiores qualidades de arrojo e de iniciativa até o século XVI"[5]**.

Outros povos que sucessivamente dominaram a Península Ibérica foram também deixando suas marcas. Os romanos, que chegaram no século II a.C., construíram estradas e cidades (cercadas por muralhas e portas). Depois, praticaram o Cristianismo, um dos fundamentos de sua cultura. Plan-

---

1. *Uma cultura ameaçada e outros ensaios*, p. 24.
2. *Casa-grande & senzala*, p. 310.
3. 89. (Bibliografia).
4. *Casa-grande & senzala*, p. 314.
5. *Casa-grande & senzala*, p. 315.

taram parreirais e ensinaram a fazer vinhos. **"As parreiras parecem querer enroscar-se às casas e às próprias igrejas e ruínas como se fossem mais donas dos portugueses do que bispos e barões foram outrora e os governos são hoje."**[6] Também trigo (mais precisamente o farro, primeiro tipo de trigo cultivado pelo homem) e sorgo (uma espécie de milho que lhes vinha da África, da China e da Índia). Com este sorgo faziam broa e *pulmentum*, origem da polenta. **"Reservado o trigo, devido a sua produção pouco abundante, para a gente rica, 'enquanto o mais comum devia ser a mistura de centeio e milho alvo'."**[7] E ensinaram a fazer o mais valorizado dos temperos, o *garum* – a partir do peixe deixado sob o sol na salmoura, em grandes tanques de pedra, até ser transformado em pasta. A esta pasta juntavam depois ervas aromáticas trituradas num almofariz e deixadas no *liquamen* (molho de peixe e mariscos, sangue fresco de atum, vinagre, mel e vinho). O resultado era colocado em ânforas, hermeticamente fechadas, para fermentar. E vendido, mais tarde, a peso de ouro. Com os romanos aprenderam os portugueses, sobretudo, a celebrar a vida, sempre em volta de muitos pratos e muito vinho. Depois chegaram bárbaros germanos (no século V): alanos, godos, suevos, vândalos, visigodos, por conta de seca devastadora em suas terras. Insensíveis aos encantos de uma comida suave, eram bocas vorazes. Grandes caçadores, ensinaram a técnica de caçar e o gosto por carnes semicruas. De preferência javali e vaca, posto que o boi era destinado apenas ao trabalho de preparo da terra. Por fim, ensinaram também a fabricar queijos. De todos os tipos.

Mais tarde (em 711) vieram os mouros, árabes da Mauritânia que habitavam o norte da África. Do esforço com que se davam aos seus ofícios ficou a expressão *trabalhar como um mouro*. Entre todos os povos invasores, foi o que mais influenciou a cultura da Península Ibérica. Na arquitetura, com **"a arte do azulejo que tanto relevo tomou em nossas igrejas, conventos, residências, banheiros, bicas e chafarizes; a telha mourisca; a janela quadriculada ou em xadrez; a gelosia; o abalcoado; as paredes grossas"**[8]. Na indústria (de azeite, de azulejo, de tecido) e na agricultura, usando técnicas de irrigação sofisticadas para a época, como o **"moinho de água, ou azenha, avô do engenho colonial brasileiro de moer cana pelo impulso da queda de**

---

6. *Aventura e rotina*, p. 147.
7. *Casa-grande & senzala*, p. 314-315.

8. *Casa-grande & senzala*, p. 299.

água sobre uma grande roda de madeira"[9]. Também a "'*picata* ou *cegonha*, essa máquina simples e primitiva de tirar água dos fundos dos poços [...] A *nora*, esse engenho de elevar a água que a suave poesia dos campos torna agradável [...].'"[10] Plantaram amendoeiras e oliveiras. Além de algodão, arroz, cana-de-açúcar, maçã, melão. "**Introduziram as laranjas, os limões e as tangerinas e os processos adiantados de conservação e aproveitamento dos frutos em 'frutos secos'. Processo que se comunicaria vantajosamente ao Brasil, através das matronas portuguesas do século XVI que tão cedo se tornaram peritas confeiteiras de frutas tropicais.**"[11] Ensinaram também "**o valor antiescorbútico** [dessas] **frutas cítricas**"[12], tão úteis nos longos períodos de navegação. Aperfeiçoaram as plantações de vinhas, iniciadas pelos romanos – mas só para consumo de uva, que o Corão proibia beber álcool. Árvores, preferiam plantar as de frutas, em vez daquelas simplesmente de sombra. Tinham "**aversão ao arvoredo inútil do pequeno hortelão empenhado em aproveitar para o mercado o máximo das suas terras**"[13]. Tão importante era essa horta para o mouro "**que Afonso Henriques, ao dominar terras de Portugal e assenhorear-se da cidade de Lisboa, deixou que o mouro refluísse aos subúrbios e aí se entregasse ao cultivo de suas hortas: hortas animadas pela água das noras**"[14]. Na batalha de Ourique, em 1139, Dom Afonso derrotou cinco reis mouros. E só a partir daí, era já tempo, começou a nascer o reino de Portugal.

Os mouros influenciaram definitivamente o paladar ibérico. Das Índias trouxeram açúcar, anis-estrelado, canela, cravo, erva-doce, gengibre, noz-moscada; ainda arroz, aveia, trigo. Mais amêndoas, pistaches e nozes. Foi em busca dessas especiarias que se lançaram os portugueses ao mar tenebroso, nas grandes navegações. Depois, também em busca de terras para plantar cana-de-açúcar e tabaco. Para Cabrera Infante, "as maiores contribuições do Novo Mundo à Europa foram tabaco e sífilis"[15]. Os portugueses navegaram usando conhecimentos que aprenderam com esses árabes – "**técnicas de construção de barcos, compassos, quadrantes e cartas de navegar**"[16]. Aos poucos, foram igualmente introduzindo novos hábitos alimentares. "**O conhecimento de**

---

9. *Casa-grande & senzala*, p. 289.
10. *Casa-grande & senzala*, p. 288.
11. *Casa-grande & senzala*, p. 315.
12. *Um brasileiro em terras portuguesas*, p. 67.
13. *Aventura e rotina*, p. 80.
14. *Aventura e rotina*, p. 79-80.
15. 90. (Bibliografia).
16. *Um brasileiro em terras portuguesas*, p. 67.

vários quitutes e processos culinários; certo gosto pelas comidas oleosas, gordas, ricas em açúcar. O cuscuz, hoje tão brasileiro, é de origem norte-africana."[17] Gilberto Freyre nos fala também de um *cronista* (historiador), acompanhante, em Lisboa, do cardeal Alexandrino (em 1571), que **"notou o abuso de açúcar, canela, especiarias e gemas de ovos cozidos na comida portuguesa. Informaram-lhe que a maior parte dos quitutes eram mouros. Observou também o fato de a meio do jantar mudarem-se os guardanapos – requinte de limpeza talvez desconhecido entre os italianos. Os velhos livros de cozinha portuguesa como a *Arte de cozinha* de Domingos Rodrigues, mestre de cozinha de sua majestade (Lisboa, 1962), vêm cheios de receitas mouras e mouriscas: 'Carneyro Mourisco', 'Chouriço Mourisco', 'Gallinha Mourisca', 'Peyxe Mourisco', 'Olha Moura'."[18]**

Uma parte dessa culinária moura permanece, ainda hoje, no cardápio lusitano. Almôndega – bolinho de carne ou peixe picado com ovos, farinha, ligado com miolo de pão e temperado com salsa, noz-moscada, pimenta, tudo cozido em molho espesso. Açorda – alho, azeite, pão, acrescido do que se tiver à mão, como por exemplo carne ou bacalhau. Adáçana – guisado de tripa de bode. Os árabes também deixaram um jeito próprio de preparar carneiro, chouriço, galinha e peixe. E de fazer defumados ou estufados. Mas sua maior contribuição, na culinária, foi mesmo a doçaria. A princípio, feita com mel – um bolo que chamavam simplesmente *de mel*, doce folhado de mel (massa folhada regada de mel) –, alféloa, alfenim. Mais tarde, ainda receitas com açúcar. **"Pode-se afirmar que, talvez por influência árabe reforçada pelo contato com os trópicos orientais, a cozinha portuguesa que se transmitiu ao Brasil foi uma cozinha muito chegada ao açúcar; e, dentro dela, a doçaria ou a confeitaria que os brasileiros herdaram dos portugueses, e aqui vêm desenvolvendo, foi, desde os inícios dessa transmissão de valores, uma doçaria ou confeitaria açucaradíssima."[19]** Mais de trezentas palavras árabes ficaram na língua portuguesa, em sua grande maioria ligadas à culinária: açafrão, acepipe (hoje aperitivo, embora no início assim se chamassem as passas de uva), acelga, albarrada (jarra), alcachofra, alcaparra, alface, almôndega, atum, berinjela, cenoura, melão, sorvete, xarope; ainda álcool, alqueire, arroba, fatia, garrafa. Além de açougue (*as-suq*), para os árabes

---

17. *Casa-grande & senzala*, p. 299.
18. *Casa-grande & senzala*, p. 300.
19. *Açúcar*, p. 44, prefácio do autor à 3ª edição.

só nome que davam às ruas estreitas, com lojas dos dois lados, em que se vendia de tudo (carnes inclusive). Enfim, **"muito sangue mouro fora absorvido então em Portugal. Muita cultura maometana. E a própria mulher moura – o valor mais renitente, do ponto de vista maometano, contra a absorção por estranhos – tornara-se valor português sob a forma de um ideal de estética feminina, cristalizado no mito da *moura encantada*."**[20]

Judeus também andaram na região. Pela dificuldade em viver no campo, concentraram-se nos portos das grandes cidades. E em *shtetls* – assim, em ídiche, designavam as aldeias judaicas na Europa ocidental. Paradoxalmente, sem abandonar o gosto pela agricultura. **"Há quem levianamente julgue a repugnância do judeu à horta ou à pequena lavoura."**[21] Parte de seus ganhos vinha do comércio desses produtos. **"Parece terem mais tarde estendido sua especialização econômica ao comércio de gêneros alimentícios: 'peixe seco e as mais coisas', dirá um memorial de 1602 acusando-os de exploradores 'do povo miúdo que se sustenta de peixe seco'."**[22] E como acumulavam riqueza, em um processo natural, começaram a fazer de seus filhos doutores. Nenhum povo daquele tempo teve tantos, sobretudo bacharéis e médicos. **"O domínio holandês nos teria trazido o saber médico dos doutores judeus de Amsterdã, e por consequência, melhor assistência médica e higiênica aos habitantes do Nordeste. Diz-se que a cidade da Bahia no século XVII se apresentava cheia de médicos judeus. E do Recife, Israel veria sair um dos seus maiores doutores em medicina de todos os tempos: o grande Velosino."**[23] Desse povo herdamos o gosto por óculos e pincenês. E alguns pratos. Como o carneiro com ervas e o cozido, que se originou da *adafina*, principal alimento do Shabbath – dia do louvor que equivale ao repouso dominical do cristão.

Esses judeus viveram tranquilos, em Portugal. Mas só até quando Dom Manuel I, o Venturoso (1469–1521), casou-se com Isabel, filha dos reis católicos da Espanha (Isabel I e Fernando) – responsáveis pela expulsão dos judeus da Espanha, em 1492, com o Decreto de Alhambra. A partir de então, passaram a ser perseguidos impiedosamente. Muitos deles fugiram para o Brasil. A Pernambuco vieram, sobretudo, a partir de 1630, trazidos pela Companhia das Índias Ocidentais. Aqui, na rua do Bode – logo convertida em rua dos Judeus –

---

20. *Um brasileiro em terras portuguesas*, p. 55.
21. *Aventura e rotina*, p. 80.
22. *Casa-grande & senzala*, p. 307.
23. *Nordeste*, p. 149.

números 12 e 14, fundaram a primeira sinagoga das Américas. Expulsos os holandeses, em 1654, o navio em que estavam 23 deles (quatro casais, duas viúvas e treze crianças) se desgarrou da frota que voltava à Europa. Foram dar em Nova Amsterdã – que depois, em homenagem ao duque James de York, passou a ser Nova York. E lá fundaram a primeira comunidade judaica da América do Norte.

O mouro e o judeu foram **"duas grandes presenças, desde velhos dias ativos e influentes na vida, no caráter, na cultura, na composição e recomposição de paisagens portuguesas. Introdutores na Europa ibérica de valores desenvolvidos em áreas quentes e até áridas, foram também excitadores entre portugueses, situados entre a Europa e a África, a Europa e o Oriente, a Europa e os trópicos, como para um futuro mais dinâmico do que estático, de povo, como que sempre em estado de formação, do desejo de se expandirem como lusos em arcas de sol, de luz, de cores, de sabores, de odores, mais fortes e, porventura, mais deleitosos que os europeus."**[24] Com seus temperamentos inquietos, quase por natureza móvel, deram ao português o gosto pela aventura. Para Gilberto Freyre, em um verdadeiro **"ulissismo"**[25] – referência a Ulisses (Odisseu), principal personagem da Odisseia (século VIII a.C.), de Homero. Apresentado o personagem, na abertura desse poema, como um "herói de mil estratagemas que tanto vagueou, depois de ter destruído a acrópole sagrada de Troia, que viu cidades e conheceu costumes de tantos homens e que no mar padeceu de tantos tormentos". Lisboa tinha, para Gilberto Freyre, **"o seu não sei quê de docemente triste, que deve vir das muitas saudades de portugueses voltados há séculos, de tantas e tão diversas partes do mundo, para sua Ulisseia. Os Ulisses com saudades de Ulisseia."**[26] Não só Ulisses. Dom Sebastião também, no século XVI, **"considerado excesso ou extremo e até desvario de mística jovem"**[27]. Os dois, Ulisses e Dom Sebastião, seriam uma contraposição ao **"Velho de Restelo [que] seria a rotina agrária, a estabilização do homem no solo, além do seu nativo, ancestral apego à terra e a tradições religionárias, do seu exclusivo à vinha, à oliveira, ao sobreiro, à horta, ao pastoreio quase fixo, a conformidade com esses limites"**[28]. Camões fez do Velho de Restelo

---

24. *O luso e o trópico*, p. 75.
25. *O luso e o trópico*, p. 75.
26. *Aventura e rotina*, p. 79.
27. *Em torno da tradição camoniana.* Conferência na Câmara Municipal de Lisboa, 17 de julho de 1980.
28. *O luso e o trópico*, p. 74.

"uma voz de prudência a advertir os portugueses mais audazes do século XVI contra excessos inovadores"[29].

Ocorre que a aventura nunca destruiu, no português, "o gosto da rotina, da tradição, da repetição dos velhos ritos e gestos de cristãos e de lusitanos: o rezar aos santos; o comer leitão assado regado a vinho; o dar esmolas às santas casas"[30]. Daí se formando um colonizador com características bem próprias. Aberto a novas experiências, mas fortemente apegado às tradições. Assim o português, ao manter em cada uma de suas colônias os mesmos hábitos que tinham na terra mãe, "harmonizou a aventura com a rotina como nenhum outro povo a harmonizara: nem o árabe que não conseguiria chegar aos extremos de expansão alcançada pelo arrojo lusitano"[31]. É com esse espírito que o português se lançou ao mar. Assim chegou a "Ceuta [...] em 1415, chegou à ilha de Porto Santo em 1418 e à da Madeira em 1419; e aos Açores em mil quatrocentos e não se sabe exatamente quanto; passando em 1430 [na verdade em 1434, por mãos de Gil Eanes] o cabo Bojador – até essa época limite da navegação tropical –, descobriu o Senegal em 1445, as ilhas de Cabo Verde em 1460, as terras do Golfo da Guiné e o Congo em 1485, tendo, também, durante o mesmo período de ação aventurosa, ido ao Egito, daí à Arábia, à Pérsia, à Abissínia, descido até Sofala e reconhecido Madagascar em 1487. Tinha, em menos de um século, ultrapassado os limites das viagens árabes. Imitando desses maometanos técnicas e métodos de agir nos trópicos e de conviver com indígenas tropicais, dos quais iria assimilando as substâncias exóticas sob a constância de formas luso-cristãs de cultura, o português ultrapassaria o árabe no domínio político, e não apenas no conhecimento científico e na exploração comercial, de espaços tropicais; na assimilação, e não apenas no conhecimento, de culturas ou valores tropicais."[32] Em Calicute "se encontraram [...] diante de tão vasta fartura de sedas da China, de canela de Ceilão, de pimenta de Malabar, de marfim do interior da Índia e do centro da África, de sândalo, de cânfora, de tecidos de algodão fiado pela gente indiana; e tudo tão vermelho, tão amarelo, tão verde a brilhar ao sol do Oriente, que foi como se tives-

---

29. *Em torno da tradição camoniana.* Conferência na Câmara Municipal de Lisboa, 17 de julho de 1980.
30. *Um brasileiro em terras portuguesas*, p. 79.
31. *Um brasileiro em terras portuguesas*, p. 101.
32. *Um brasileiro em terras portuguesas*, p. 101.

sem chegado a um reino encantado"[33]. Tudo ali era novo, com um gosto de surpresa. E, **"no meio dessa variedade de coisas belas e raras, movia-se uma variedade de homens de raças e cores diversas a regalarem-se, com seus vagares orientais, do perfume, da cor e do gosto de frutas, aos olhos dos portugueses estranhas ou exóticas: mangas, mangostões, canas doces, tamarindos ácidos, cocos verdes e secos; e não apenas bananas, laranjas, limões, tropicalmente dourados por um sol que não era o do Sul da Europa mas outro: mais forte. Frutas às vezes arrancadas à boca dos homens por macacos e outros bichos, orientalmente soltos às ruas. Frutas a que se juntavam plantas, sementes, raízes, gomas de curar doença, avivar sentidos, adormecer vontades, reanimar desejos; e perfumes de perfumar os corpos dos homens e das mulheres."**[34]

Nos longos períodos em que aqueles portugueses passavam embarcados, a comida era limitada e "igual para todos: libra e meia de biscoito, meia caneca de vinho, uma caneca de água, carne de vaca salgada, peixe salgado, queijo, favas, grãos e azeite", segundo o mercador holandês Jan Huygen van Linschoten (1563-1611). Também alho, cebola, embutidos, mel, sal e vinagre. Alimentos perecíveis, como frutas e legumes, não levavam. Tratamento para o escorbuto (comum entre navegadores), isso já haviam aprendido com os mouros, era comer frutas cítricas no primeiro porto que encontrassem. Para beber e cozinhar, levavam pipas com água doce que não se conservava saudável por muito tempo. Em muitos casos, chuva era diferença entre vida e morte. Há registro de tripulações inteiras obrigadas a beber a própria urina, para sobreviver à sede. Ao menos até o começo do século XVII, quando certo Pero de Queiroz inventou um estranho equipamento para destilar água do mar. Foi então que em 1500, a caminho de Calicute, chegam os portugueses ao Brasil. **"A descoberta do Brasil pelos portugueses foi igualmente o resultado do trabalho científico que já fora desenvolvido em Portugal no século XV. Havia em Portugal um grupo de cosmógrafos e geógrafos cujas pesquisas tornaram possível aos navegadores descobrir novos oceanos e novas terras."**[36] Atravessaram os mares em caravelas toscas, uma evolução daquelas primeiras embarcações. Eram conhecidas como *caravelas redondas* – pelo formato arredondado

---

33. *Um brasileiro em terras portuguesas*, p. 68.
34. *Um brasileiro em terras portuguesas*, p. 68-69.
35. 125. (Bibliografia).
36. *Palavras repatriadas*, p. 16.

de seu casco; e por usar, além da tradicional vela latina (triangular), também uma redonda (em verdade panos quadrados, que ficavam arredondados quando inflados pelo vento). Nessas embarcações modestas e rudimentares, com 30 metros de comprimento por seis de largura, desembarcaram na terra a que chamaram de Vera Cruz os primeiros portugueses.

"**Tudo era aqui desequilíbrio. Grandes excessos e grandes deficiências, as da nova terra.**"[37] Os colonizadores tentaram, então, reproduzir os ambientes de além-mar. Com eles trouxeram "**vegetais e animais que lhes dessem, nessas diferentes áreas, a impressão de viver a mesma vida que viveriam no Portugal europeu. Constância. Gosto de rotina a moderar o de aventura, mercê do qual este mesmo lusitano, constante nos seus hábitos essenciais de alimentação e de habitação a ponto de insistir sempre na plantação do seu velho trigo e da sua velha uva** [mais cidra, figo, laranja, lima, limão, maçã, marmelo, melancia, melão, pera, pêssego, romã], **na criação do seu boi, do seu carneiro e do seu bode.**"[38] E também de galinha, ganso, pato, pombo, porco domesticado. E cão – dos animais domésticos, sem dúvida, aquele mais disputado por nossos índios. Na horta plantaram acelga, agrião, alface, berinjela, cenoura, chicória, couve, endro, espinafre, funcho, hortelã, manjericão, mostarda, nabo, pepino, salsa. Era uma horta feita de sabores e cheiros. Ainda hoje chamamos coentro e cebolinho de *cheiro-verde*.

Era uma adaptação difícil. "**O português vinha encontrar na América tropical uma terra de vida aparentemente fácil; na verdade dificílima para quem quisesse aqui organizar qualquer forma permanente ou adiantada de economia e de sociedade. Se é certo que nos países de clima quente o homem pode viver sem esforço da abundância de produtos espontâneos, convém, por outro lado, não esquecer que igualmente exuberantes são, nesses países, as formas perniciosas de vida vegetal e animal, inimigas de toda cultura agrícola organizada e de todo trabalho regular e sistemático.**"[39] E os portugueses se empenharam no esforço de compreender essa terra para eles nova. Assim, logo "**começaram a estudar as plantas e os animais brasileiros, e especialmente costumes e alimentos ameríndios ou índios, com uma exatidão que os cientistas modernos muito têm louvado. E foram**

---

37. *Casa-grande & senzala*, p. 77.
38. *Um brasileiro em terras portuguesas*, p. 100.
39. *Casa-grande & senzala*, p. 78.

eles também que começaram a construir na América tropical casas de um novo tipo e com características extraeuropeias. Casas cuja arquitetura é uma combinação das modas asiáticas e africanas com tradicionais estilos europeus. Ainda eles é que começaram a desenvolver uma cozinha luso--brasileira baseada em tradições europeias adaptadas às condições e aos recursos americanos e baseada também no conhecimento de plantas e processos culinários da Ásia e da África."[40]

Com as damas portuguesas aprendemos uma maneira diferente de preparar as carnes. Primeiro, eram temperadas com vinho ou vinagre e ervas, para que tomassem gosto, em técnica conhecida como *vinha-d'alhos*; depois, além de cozidas ou assadas, poderiam ser *fritas* – postas diretamente no fogo junto com gordura animal, óleo vegetal (oliva) ou manteiga. Do reino continuaram vindo, ainda por muito tempo, linguiça, presunto, toucinho e outros defumados. Também plantaram arroz, coco (usando matrizes vindas da África), tabaco e, sobretudo, cana-de-açúcar. Sem contar sal e açúcar, presenças dominantes da colonização portuguesa. Aqui vieram suas cozinhas, tal e qual funcionavam em Portugal – com alguidares, almofarizes, caldeirões, chaminés francesas, fogões de chapa de ferro com três bocas, fornos abobadados, fumeiros, formas de bolo, potes, tachos pesados de cobre. Mas não as usaram assim por muito tempo, sendo obrigados a fazer grandes adaptações. Começando pela beira do fogão, democraticamente dividido com negras e índias. "Gente que tão negramente, caboclamente, portuguesamente vivia"[41], segundo Ascenso Ferreira (1895-1965). Sobretudo tiveram que usar ingredientes da terra. Esquecendo amêndoa, canela, cravo, gengibre, maçã, pera, pêssego, pinhão. Em troca, adotando produtos para eles novos. Imitando os nativos **"nos seus hábitos nômades; nos seus métodos simples e rústicos de lavoura; na sua alimentação sumária de mandioca – alimentação adaptada às longas caminhadas pelos sertões; e dormindo, eles, em rede; aprendendo com eles a curar-se de males peculiares à nova terra e, sobretudo, a prevenir-se contra esses males, pelo uso de ervas e plantas tropicais e de tinturas protetoras da pele. O espírito de segurança henriquinamente associado ao de arrojo ou ao de aventura."**[42]

---

40. *Interpretação do Brasil*, p. 63.
41. 98. (Bibliografia).
42. *O luso e o trópico*, p. 303.

Por mãos da cozinheira portuguesa, tudo foi sendo aperfeiçoado e tornado requintado. "Desta massa de mandioca fazem mil invenções, mais saborosas que as de farinha de trigo"[43], assim disse Gabriel Soares de Sousa (1540-1591). O beiju ficou mais fino e mais seco. Ao mingau de carimã juntaram açúcar, leite e ovo – base de nossos primeiros bolos. E trigo que, de Portugal, continuou vindo por muito tempo ainda. **"Adversas ao trigo as condições de clima e de solo, quase que só insistiram em cultivá-lo os padres da S.J. para o preparo de hóstias."**[44] Mas era necessário encontrar substituto. Passam então a usar **"a farinha de mandioca [...] em lugar do trigo, abandonam os plantadores de cana a sua cultura aos caboclos instáveis. Daí: pela ausência quase completa do trigo entre os nossos recursos ou possibilidades naturais de nutrição, o rebaixamento do padrão alimentar do colonizador português."**[45] Assim foi. "Em vez de pão – raro entre nós até os começos do século XIX – usava-se ao almoço beiju de tapioca, ou de massa, e no jantar, pirão ou massa de farinha de mandioca feita no caldo de carne ou de peixe. Também arroz. Foi outro substituto do pão, à mesa patriarcal dos sobrados velhos, anterior à maior europeização da cozinha brasileira. Arroz cozido com camarões; ou então com cabeça de peixe. Arroz com carne. Arroz com sardinha. Arroz-doce. O arroz tornou-se tão do Brasil quanto da Índia."[46]

"Não nos esqueçamos de que a colonização do Brasil se iniciou na época em que a mesa de Portugal se aprimorara na *primeira da Europa*: opinião um tanto jornalística de Ramalho Ortigão que os estudos de história social parecem de certo modo confirmar. O português com seu gênio de assimilação trouxera para sua mesa alimentos, temperos, doces, aromas, cores, adornos de pratos, costumes e ritos de alimentação das mais requintadas civilizações do Oriente e do Norte da África. Esses valores e esses ritos se juntaram a combinações já antigas de pratos cristãos com quitutes mouros e israelitas."[47] Era, portanto, gente habituada a comer bem e generosamente. Tendo, nas suas mesas, o requinte da doçaria dos conventos e a fartura dos ingredientes das quintas. Por isso, e por ainda não confiarem nos produtos da terra, para **"grande parte de sua alimentação davam-se eles ao**

---

43. 134. (Bibliografia).
44. *Casa-grande & senzala*, p. 95.
45. *Casa-grande & senzala*, p. 95.
46. *Sobrados e mucambos*, p. 337-338.
47. *Manifesto regionalista*, p. 61.

luxo tolo de mandar vir de Portugal e das ilhas; do que resultava consumirem víveres nem sempre bem-conservados: carne, cereais e até frutos secos, depreciados nos seus princípios nutritivos, quando não deteriorados pelo mau acondicionamento ou pelas circunstâncias do transporte irregular e moroso. Por mais esquisito que pareça, faltavam à mesa da nossa aristocracia colonial legumes frescos, carne verde e leite. Daí, certamente, muitas das doenças do aparelho digestivo, comuns na época e por muito doutor caturra atribuídas ao 'maus ares'."[48]

Só aos poucos começaram a pôr nas mesas os alimentos da terra nova. No início, apenas por curiosidade; depois, pela dificuldade em chegarem aqui os que vinham de longe. Não tardaram, então, a **"fazer da mandioca dos índios o seu segundo pão, às vezes o único; da mulher índia ou africana, sua mulher, às vezes sua esposa; da mãe-d'água um alongamento de sua moura encantada, às vezes uma deformação de sua Nossa Senhora dos Navegantes; do suco do caju, seu dentifrício; do tatu, seu segundo porco; da tartaruga, matéria para uma série de experiências gastronômicas dentro das tradições da cozinha portuguesa; da folha de carobuçu queimada e reduzida a pó como de carvão, remédio para secar as boubas – mal de que o português do século XVI parece ter sofrido tanto ou quase tanto quanto o indígena; do leite de coco, um substituto do leite de vaca; do vinho de caju, um substituto do vinho do Porto – embora substituto ainda hoje muito distante do original. Aventura de dissolução e rotina de conservação. Confraternização com o exótico e ao mesmo tempo perpetuação do tradicional."**[49] E mais longe iriam. **"A mandioca e o milho, o caju e o jenipapo, o maracujá e o araçá foram adaptados pelos portugueses, no Brasil, a velhas receitas portuguesas, orientais e africanas de preparar pão, cuscuz, bolo, licor e vinho; o caju, feito doce à maneira dos antigos doces reinóis de figo; a mulher índia ou negra arrancada aos poucos do trabalho mais duro no campo para o serviço principalmente doméstico conforme os estilos tradicionais da Europa cristã: os filhos mestiços – mulatos ou caboclos – em colégios de padres, junto com brancos, com os filhos de casais europeus, com os órfãos vindos de Lisboa."**[50]

---

48. *Casa-grande & senzala*, p. 98.
49. *Uma cultura ameaçada e outros ensaios*, p. 27.
50. *Uma cultura ameaçada e outros ensaios*, p. 27-28.

A dívida da cozinha brasileira "**às tradições de forno e de fogão de Portugal, é uma dívida imensa**"[51], reconhecemos todos. "**Aos portugueses é que devemos, principalmente, a excelência da mesa brasileira: os sabores por assim dizer fundamentais da cozinha regional mineira, da cozinha regional baiana, da cozinha regional do Nordeste, da maranhense, da amazônica, da gaúcha. Foram os portugueses que nos fizeram herdeiros – numa época em que a sua mesa se aprimorara na *primeira da Europa* e talvez do mundo – da tradição medieval dos fornos dos mosteiros, célebres pelos seus presuntos de fumeiro, pelos seus paios de lombo com colorau, pelos seus perus recheados; herdeiros daquela *arte compósita* a que Ortigão chama *estilo manuelino* da culinária; herdeiros da tradição como que gótica da cozinha portuguesa opulentada durante o reinado de Manuel I pelas especiarias asiáticas.**"[52] "**Todas essas tradições de mesa e sobremesa de Portugal – a cristã, a pagã, a moura, a israelita, a palaciana, a burguesa, a camponesa, a monástica ou fradesca, a freirática – transmitiram de algum modo Portugal ao Brasil, onde as matronas portuguesas – é a informação de Gabriel Soares de Sousa – não tardaram a aventurar-se a combinações novas com as carnes, os frutos, as ervas e os temperos da terra americana. Aventuras de experimentação continuadas pelas brasileiras senhoras de engenho, pelas sinhás das casas-grandes, umas, grandes quituteiras, outras, doceiras, quase todas peritas no fabrico do vinho de caju, do licor de maracujá, da garapa de tamarindo: símbolos da hospitalidade patriarcal nesta parte do Brasil antes do *cafezinho* ter se generalizado como sinal de cortesia ou boas-vindas.**"[53]

Assim se foi construindo uma nova civilização nos trópicos. "**O período colonial representou uma importante fase no desenvolvimento social do Brasil. Nas grandes plantações de cana e posteriormente nos campos de ouro, nas fazendas de café e nas cidades do Brasil colônia, a mistura de raças ocorreu livremente por meio de relações sexuais irregulares e a cultura europeia entrou em contato íntimo com as culturas indígenas e africanas. Isto ocorreu particularmente na região agrícola da cana-de-açúcar, sob o estímulo das necessidades econômicas patriarcais**

---

51. *Manifesto regionalista*, p. 61.
52. *Região e tradição*, p. 204.
53. *Gilberto Freyre*, Coleção Encontros, p. 83.

Nota de compras da família imperial brasileira, 1879.

e da solidariedade social. A música brasileira começou ali, assim como a arquitetura doméstica brasileira e a culinária brasileira. Ali também a língua portuguesa adquiriu seu melhor sabor brasileiro. Os senhores de engenho estiveram entre os primeiros a escrever poemas no Brasil, os primeiros a se preocupar com a literatura, os primeiros a escrever tratados semietnológicos sobre os índios brasileiros e sobre os escravos africanos no Brasil, os primeiros a compilar dicionários da língua portuguesa adaptando-os às condições brasileiras. O lazer lhes proporcionou condições para desenvolver as atividades intelectuais e artísticas."[54]

"A base lusitana da cozinha brasileira é comum às demais cozinhas lusotropicais, com diferentes ecologias e configurações culturais tropicais – a oriental, a africana, a ameríndia –, condicionando diferentes expressões de simbioses nesse setor [...]. Dada a projeção sobre diferentes ecologias e culturas tropicais daquela cultura europeia, de europeidade, desde dias remotos afetada, no seu próprio reduto, por vigorosos impactos, sobre ela, de culturas não europeias – a árabe, a moura, a judaica –, compreende-se a importância que continua a ter, para quantos estudem aspectos dessa projeção e das reações que ela vem provocando, o fermento português, a tradição portuguesa, a presença portuguesa nessas diferentes cozinhas ou doçarias lusotropicais; as quais, sendo diferentes, guardam semelhanças em seus característicos de preferências de paladar, de confecção, de apresentação artística, quer de guisados e assados, quer, principalmente, de doces, de bolos, de sobremesas."[55]

Enfim, resume Gilberto Freyre: "**O português é, e sempre foi, o homem da horta emendada com o jardim; da igreja pegada à casa; da botica ou da cozinha vizinha do laboratório. O povo do útil reunido ao agradável; do sobrenatural reunido ao cotidiano; da ciência a serviço da vida. Daí ser tão tipicamente português o velho senhor de engenho do século XVI. Nas suas descrições de animais e de plantas reponta a cada passo o homem atento ao rendimento humano e ao valor social das plantas e dos animais exóticos; e também o amigo da boa mesa e do bom vinho.**"[56]

---

54. *Palavras repatriadas*, p. 42.
55. *Açúcar*, p. 42-43, prefácio do autor à 3ª edição.
56. *Uma cultura ameaçada e outros ensaios*, p. 29.

SELETA DE TEXTOS

O COLONIZADOR

"Pelo gosto só da rotina, o português teria obedecido ao Velho de Restelo e permanecido em Portugal um doce e passivo subeuropeu. Um subsuíço que em vez de relógios, bombons e leite condensado fabricasse seu vinho e enlatasse sua sardinha e seu azeite. Teria obtido nota alta em comportamento daqueles historiadores-moralistas do século XIX que julgaram tão severamente as aventuras – para eles, moralistas, loucuras – dos homens dos séculos XVI e XVII e do próprio século XVIII, como Dom João V. Mas não teria semeado o que semeou pelas quatro partes do mundo. Nem estaria hoje apto a começar a colher o que semeou tão amorosa e às vezes tão boemiamente, mais através de suas aventuras que de política calculada ou sistemática – de *sistema* que se possa rigorosamente denominar *sistema português* de colonização – no Oriente, na África, na América, nas ilhas do Atlântico. De modo que, enquanto ingleses e holandeses, calculistas e metódicos, tendo semeado ventos de furor, e ao mesmo tempo de sistemática imperial por esses mesmos espaços, colhem hoje tempestades na Ásia e na África, o português é, no Oriente, em Moçambique, na Angola, na Guiné, em São Tomé, em Cabo Verde, na América, menos um povo imperialmente europeu que uma gente já ligada pelo sangue, pela cultura e pela vida a povos mestiços e extraeuropeus."

Um brasileiro em terras portuguesas, p. 42.

"Mais do que qualquer outro europeu, o português instalado no Amazonas aprendeu a viver amazonicamente com o indígena. Aprendeu a lição do banho diário, a lição da rede fresca e higiênica para o repouso e para a própria dormida, a lição do mingau e da farinha de mandioca para a convalescença. Aprendeu a gostar de açaí e de guaraná; a saborear sarapatel de tartaruga; a tratar-se com ipecacuanha; a substituir a própria e lusitaníssima castanha europeia pela já então famosa do Pará."

Alhos e bugalhos, p. 159.

"De acordo com Payne, no seu *History of colonization*, os portugueses foram o primeiro povo desde a Antiguidade a estabelecer uma colônia no mais estrito sentido do termo, ao se desfazerem do que possuíam na terra natal e transportando a si próprios e suas famílias para um novo domicílio. Não só transportaram a si e suas famílias para o Brasil; eles também trouxeram os seus mais preciosos bens culturais."

Palavras repatriadas, p. 17.

"Contribuíram eles, entretanto, larga ou vivamente para essa propagação tanto quanto para a do sândalo e a do chá, a da borracha e a da porcelana orientais, a da pimenta e a da seda, a da batata e a da mandioca, a do cajueiro e a da mangueira, estes americanos, dada a variedade de contatos que, antes de qualquer outro europeu, chegaram a estabelecer entre a Europa e o Oriente, entre o Oriente e os trópicos, estendendo também suas aventuras comerciais a La Plata e à Terra Nova."

Alhos e bugalhos, p. 164.

"Viu [o jornalista francês Louis Mouralis] portugueses donos de vendas. Portugueses donos de armazéns de secos e molhados. Portugueses comerciantes por grosso e a retalho. Portugueses dedicados à cultura de hortaliças. E sempre aquele feitio sério. Mais rotina do que aventura – pode-se acrescentar. Mais o ramerrame comercial, a horticultura, a pequena lavoura, a vaca de leite, que a grande aventura industrial – embora esta não falte."

Uma cultura ameaçada e outros ensaios, p. 33.

"Os frades, argumentava Ramalho Ortigão, tendo constituído por vários séculos a classe pensante da nação, uma vez extintas as ordens religiosas, a civilização portuguesa ficou acéfala. Nenhuma outra classe herdou-lhe a preponderância intelectual. Resultado, concluía Ortigão, da alimentação regular e perfeita dos frades; da irregular e imperfeita das outras classes, prejudicadas na sua capacidade de trabalho e estudo pela insuficiência alimentar. Colonizou o Brasil uma nação de homens malnutridos. É falsa a ideia que geralmente se faz do português: um superalimentado."

Casa-grande & senzala, p. 313.

"Se Portugal colonizou o Brasil, o Brasil vem também, a seu modo, colonizando Portugal, isto é, fazendo-se presente no sangue, nas tradições de família, nos gostos culinários de numerosos portugueses, uns nascidos no Brasil, outros aqui educados na infância, ainda outros crescidos em Portugal sob a influência de uma avó ou de uma mãe brasileira."

Vida, forma e cor, p. 252.

"Alguns trouxeram consigo caboclas e mulatas brasileiras, para não falar nos índios enfeitados de penas e nos molequinhos de turbantes e de brincos que os novos-ricos e os fidalgos opulentos dos séculos XVI e XVII mandavam vir de longe para dar de presente aos amigos ilustres. Mulatas cozinheiras, amas de leite, mucamas. As mulatas quituteiras devem ter agido no sentido do enriquecimento da doçaria e da culinária portuguesas. Considerável deve ter sido também a sua influência no folclore e na arte popular dos recantos de províncias portuguesas, onde se fixaram com as suas chinelas, as suas joias, os seus amuletos, os seus xales, os seus turbantes, os seus balangandãs, as suas modinhas, os seus sambas, as suas crendices."

O mundo que o português criou, p. 74.

"A arquitetura religiosa portuguesa conservou-se no Brasil quase sem alteração. A militar, igualmente. Nas próprias casas-grandes patriarcais, tão cheias de combinações novas, os traços essenciais conservaram-se os portugueses. Na arte do doce, na da cozinha, na da louça, na do jardim, na do móvel, na da escultura religiosa, na dos trabalhos de ouro e prata, na dos instrumentos de música, na dos brinquedos dos meninos, na das embarcações de rio e mar, a força criadora do português, em vez de se impor com intransigência imperial, ligou-se, no Brasil, ao poder artístico do índio e do negro e, mais tarde, ao de outros povos, sem entretanto desaparecer: conservando-se em quase tudo o elemento mais característico."

O mundo que o português criou, p. 63-64.

SELETA DE TEXTOS

AS SENHORAS PORTUGUESAS

"Que haviam de fazer as senhoras de sobrado, às vezes mais sós e mais isoladas que as iaiás dos engenhos? Quase que só lhes permitiam uma iniciativa: inventar comida. O mais tinha de ser o rame-rame da vida de mulher patriarcal. Várias inventaram comidas, doces, conservas com os frutos e as raízes da terra. Os filhós de mandioca 'saborosos, sadios e de boa digestão', 'mantimento que se usa entre gente de primor', quem os inventou foi a mulher portuguesa: 'o que foi inventado pelas mulheres portuguesas que o gentio não usava deles', diz Gabriel Soares, senhor de engenho do século XVI. O processo – o velho processo português do filhó de que falam as crônicas mais antigas de Portugal; o novo elemento, o que a terra bruta dos índios apresentava de mais caracteristicamente seu – a mandioca."

Sobrados e mucambos, p. 142.

"As moças parentas do donatário e de sua mulher, que os acompanharam; as órfãs – algumas, dizem os cronistas que educadas na Corte – que foram depois mandadas para Pernambuco a fim de casarem com os principais da colônia; as mães de família que se transportavam para cá com seus maridos, trouxeram todas – ou quase todas – da sua educação nos conventos de freiras ou na Corte, o segredo da arte, então untuosamente eclesiástica, ou antes, abacial, dos pastéis, dos bolos, dos doces, das empadas. Trouxeram na ponta dos dedos verdadeira riqueza: as tradições dos doces dos *conventos* e das *regiões* portuguesas. Daí o esplendor que logo no primeiro século colonial a arte do comer adquiriu em Pernambuco. Principalmente a arte da sobremesa – favorecida singularmente pela fartura de mel de açúcar dos engenhos e pela variedade de frutos do mato tropical."

Região e tradição, p. 209.

"Embora o Brasil tenha tido no século XVI uma mulher, dona Brites de Albuquerque, como chefe do governo de uma das mais importantes províncias, a chamada Nova Lusitânia, o papel desempenhado pelas mulheres na sociedade colonial tem sido quase inteiramente desprezado pelos historiadores convencionais do Brasil. Estudos recentes feitos por historiadores sociais mostraram a grande importância da contribuição de mulheres nos primórdios do desenvolvimento social do país. Não apenas a contribuição de mulheres portuguesas, que se encarregavam dos escravos domésticos e supervisionavam diversas atividades domésticas, industriais e artísticas nas casas-grandes, mas também a contribuição de mulheres índias e africanas. Por meio da mulher índia diversos elementos ou valores da cultura indígena foram assimilados pelos portugueses. Alguns dos primeiros colonos casaram-se com mulheres índias e aprenderam delas uma série de coisas valiosas, tais como o uso de ervas nativas para remédio ou para fins culinários, a técnica de preparar farinha de mandioca e algumas práticas da agricultura rústica dos índios."

Palavras repatriadas, p. 32.

A COLÔNIA

"É conhecida a prosperidade que a capitania de Duarte Coelho desfrutou desde os primeiros dias de governo do donatário. Em 1576 já possuía duas povoações: Olinda e Igarassu. Vinte e três engenhos movidos a boi ou a água e produzindo de 50 a 70 arrobas de açúcar. Centenas de colonos. Centenas de escravos africanos. Nesse ambiente de vida relativamente fácil é que começou a desenvolver-se a cozinha regional de Pernambuco. Para a mesa dos primeiros senhores de engenho da região importavam-se iguarias de Portugal e das Canárias: [...] *para as suas mesas* – diz-nos um cronista referindo-se aos homens opulentos da época – *se importavam regularmente os mais delicados produtos de Portugal e das ilhas do Oeste*. Iguarias que eram servidas em louças do Oriente. Nas casas de Olinda, baixelas de prata rebrilhavam sobre toalhas finas. Os cronistas informam que, em Pernambuco, no século XVI, eram reputados pobres os colonos sem prata na mesa; ou sem copo de ouro para beber vinho."

Região e tradição, p. 209.

"A falta desses recursos [de alimentação do seu país de origem] como a diferença nas condições meteorológicas e geológicas em que teve de processar-se o trabalho agrícola realizado pelo negro mas dirigido pelo europeu dá à obra de colonização dos portugueses um caráter de obra criadora, original, a que não pode aspirar nem a dos ingleses na América do Norte nem a dos espanhóis na Argentina."

Casa-grande & senzala, p. 77.

"Para as necessidades de alimentação foram-se cultivando de norte a sul, através dos primeiros séculos coloniais, quase que as mesmas plantas indígenas ou importadas. Na farinha de mandioca fixou-se a base do nosso sistema de alimentação. Além da farinha cultivou-se o milho; e por toda parte tornou-se quase a mesma a mesa colonial, com especializações regionais apenas de frutas e verduras: dando-lhe mais cor ou sabor local em certos pontos a maior influência indígena; em outros, um vivo colorido exótico a maior proximidade da África; e em Pernambuco, por ser o ponto mais perto da Europa, conservando-se um como equilíbrio entre as três influências: a indígena, a africana e a portuguesa."

Casa-grande & senzala, p. 94.

"Também alguns conventos se tornaram célebres, no século XIX, pela excelência de sua mesa. E alguns eclesiásticos, verdadeiras *baianas* de batina, de tão gordos ou obesos. De um se sabe que estourou de gordo no começo do século XIX: o prior de um convento de carmelitas da Paraíba. Morreu de um insulto apoplético quando, escanchado num burro, ia ao mercado comprar carne para um grande jantar, repetição do da véspera. Excesso lamentável de gosto pela mesa, decerto: mas a verdade é que os conventos, com seus frades gulosos, foram redutos de boa tradição luso-brasileira do paladar e, portanto, centros de resistência à desnacionalização de Portugal ou do Brasil. Noutro convento dos carmelitas descalços – este em Pernambuco – Tollemare foi convidado, pela mesma época, a jantar com os frades. Verdadeiro banquete, o jantar regional que lhe deram. Peixe magnífico. Vastas talhadas de melancia."

Região e tradição, p. 213-214.

SELETA DE TEXTOS

"A própria Salvador da Bahia, quando cidade dos vice-reis, habitada por muito ricaço português e da terra, cheia de fidalgos e de frades, notabilizou-se pela péssima e deficiente alimentação. Tudo faltava: carne fresca de boi, aves, leite, legumes, frutas; e o que aparecia era da pior qualidade ou quase em estado de putrefação. Fartura só a de doce, geleias e pastéis fabricados pelas freiras nos conventos: era com que se arredondava a gordura dos frades e das sinhás-donas. Má nos engenhos e péssima nas cidades: tal a alimentação da sociedade brasileira nos séculos XVI, XVII e XVIII. Nas cidades, péssima e escassa. O bispo de Tucumã, tendo visitado o Brasil no século XVII, observou que nas cidades 'mandava comprar um frangão, quatro ovos e um peixe e nada lhe traziam, porque nada se achava na praça nem no açougue'; tinha que recorrer às casas particulares dos ricos. As cartas do padre Nóbrega falam-nos da 'falta de mantimentos' e Anchieta refere nas suas que em Pernambuco não havia matadouro na vila, precisando os padres do colégio de criar algumas cabeças de bois e vacas para sustento seu e dos meninos: 'se assim não o fizessem, não teria o que comer'. E acrescenta: 'Todos sustentam-se mediocremente ainda que com trabalho por as cousas valerem mui caras, e tresdobro do que em Portugal'. Da carne de vaca informa não ser gorda: 'não muito gorda por não ser a terra fértil de pastos'. E quanto a legumes: 'da terra ha muito poucos'. É ainda do padre Anchieta a informação: 'Alguns ricos comem pão de farinha de trigo de Portugal, máxime em Pernambuco e Bahia, e de Portugal também lhes vem vinho, azeite, vinagre, azeitona, queijos, conserva e outras cousas de comer.'"

Casa-grande & senzala, p. 102.

"'Não se vê carneiro e raro é o gado bovino que preste', informava sobre a Bahia o abade Reynal. Nem carne de vaca nem de carneiro nem mesmo de galinha. Nem frutas nem legumes; que legumes eram raros na terra e frutos quase que só chegavam à mesa bichados ou então tirados verdes para escaparem à gana dos passarinhos, dos tapurus e dos insetos. A carne que se encontrava era magra, de gado vindo de longe, dos sertões, sem pastos que o refizessem da penosa viagem. Porque as grandes lavouras de açúcar ou de tabaco não se deixavam manchar de pastos para os bois descidos dos sertões e destinados ao corte. Bois e vacas que não fossem os de serviço eram como se fossem animais danados para os latifundiários. Vacas leiteiras sabe-se que havia poucas nos engenhos coloniais, quase não se fabricando neles nem queijos nem manteiga, nem se comendo, senão uma vez por outra, carne de boi. Isto, explica Capistrano de Abreu, 'pela dificuldade de criar reses em lugares impróprios à sua propagação'. Dificuldade que reduziu este gado ao estritamente necessário ao serviço agrícola. Era a sombra da monocultura projetando-se por léguas e léguas em volta das fábricas de açúcar e a tudo esterilizando ou sufocando, menos os canaviais e os homens e bois a seu serviço."

Casa-grande & senzala, p. 102-103.

"É ilusão supor-se a sociedade colonial, na sua maioria, uma sociedade de gente bem-alimentada. Quanto à quantidade, eram-no em geral os extremos: os brancos das casas-grandes e os negros das senzalas. Os grandes proprietários de terra e

SELETA DE TEXTOS

os pretos seus escravos. Estes porque precisavam de comida que desse para os fazer suportar o duro trabalho da bagaceira."

Casa-grande & senzala, p. 95.

"Grandes comezainas por ocasião das festas; mas nos dias comuns, alimentação deficiente, muito lorde falso passando até fome. Tal a situação de grande parte da aristocracia e principalmente da burguesia colonial brasileira e que se prolongou pelo tempo do Império e da República. O mesmo velho hábito dos avós portugueses, às vezes guenzos de fome, mas sempre de roupa de seda ou veludo, dois, três, oito escravos atrás, carregando-lhes escova, chapéu de sol e pente."

Casa-grande & senzala, p. 529.

"Outros críticos tem tido a cozinha afro-brasileira – bem menos simpáticos do que o cientista francês [Sigaud]. De Vilhena já vimos a impressão de repugnância que lhe deixou a comida colonial. Repugnância por assim dizer estética. Outros criticaram-na ferozmente do ponto de vista higiênico. A Antônio José de Sousa, o uso imoderado de condimentos, 'tais como o azeite de dendê, a pimenta e principalmente dos bredos (carurus, quibebes), pareceu a causa de várias enfermidades generalizadas a senhores e escravos no Brasil; que todos abusavam desses *afrodisíacos do paladar*."

Casa-grande & senzala, p. 547.

"O pobre ou o homem médio que não tivesse casa com viveiro de peixe, no dia que quisesse dar-se ao luxo de comer peixe fresco, para variar do seco, tinha de enfrentar não um atravessador apenas, mas toda uma série de intermediários. E esses intermediários não eram judeus nem ciganos – cabeças de turco para todo negócio desonesto; nem gente bangalafumenga. Eram cristãos-velhos dos mais puros, gente das casas nobres e até militares em que se encarnavam algumas das virtudes mais cavalheirescas da classe dominante."

Sobrados e mucambos, p. 285.

"Para os pobres importava-se da Europa o bacalhau; e de Montevidéu e Buenos Aires, a carne-seca. A carne-seca como o bacalhau e a farinha de trigo, por maiores reduções de direitos de consumo que sofressem, continuaram a custar caro ao consumidor. Isto devido à liberdade para especulação e para lucros ilícitos de que gozaram, durante o Império, os manipuladores do comércio de gêneros."

Sobrados e mucambos, p. 294.

"Que obra de engenharia humana foi a adaptação de formas europeias de corpo humano a redes ameríndias de dormir, admitidas dimensões antropológicas diferentes de um tipo de homem para outro. E também, no setor culinário, a substituição – tão importante – desde o século XVI, do trigo pela mandioca e a adoção, na culinária e na farmacopeia, de frutos, ervas e sucos indígenas, usados pelos nativos – o caju, por exemplo – além da adoção por europeus em processo de abrasileiramento – um processo, todo ele, de engenharia humana – essencialmente adaptativo."

Homens, engenharias e rumos sociais, p. 24.

"Nas províncias de monocultura, cuja população – principalmente a dos mucambos – raramente comia carne e peixe, eram mais frequentes os abortos; comuns as úlceras crônicas e a cegueira noturna. Naquelas de produção mais variada onde até fruta entrava na dieta dos negros em quantidade apreciável, as moléstias pareciam mais raras, a reprodução abundante, a duração de vida mais longa. Muita gente imagina que a alimentação nas casas-grandes de engenho era sempre superior à dos sobrados da cidade. Mas já sugerimos que não. Muito sobrado recebia da Europa uma variedade de alimentos finos que faltavam à mesa patriarcal dos engenhos e das fazendas menos opulentas. E a esses alimentos finos podiam juntar frutas e legumes dos seus próprios sítios ou quintais, consumidos também pelos negros das senzalas urbanas e suburbanas. Quanto a esses negros das senzalas, as evidências, ou pelo menos os indícios são de que, como nos engenhos e fazendas, eles foram beneficiados por uma alimentação mais regular e por um passadio mais fano que o da gente livre dos cortiços, dos mucambos e das casas térreas das cidades; e que os moradores aparentemente livres das próprias fazendas e engenhos."

Sobrados e mucambos, p. 295.

"O café só veio a popularizar-se no meado do século XIX. Sobremesa: arroz-doce com canela, filhós, canjica temperada com açúcar e manteiga, o doce com queijo de Minas, o melado ou mel de engenho com farinha ou queijo. Frutas – abacaxi, pinha, manga, pitanga – das quais também se faziam doces ou pudins. Às vezes, havia grandes feijoadas. As ortodoxas eram as de feijão-preto. O feijão se comia todos os dias. Era de rigor no jantar de peixe – em Pernambuco e na Bahia preparando-se o feijão de coco. Nas feijoadas o feijão aparecia com lombo, carne salgada, toucinho, cabeça de porco, linguiça. Misturava-se com farinha até formar uma papa que se regava com molho de pimenta. De camarão, ostras e marisco se fazia nas cozinhas dos sobrados grandes – mais sofisticadas em geral que as das casas de engenho, mais em contato com os temperos do Oriente e da África – muito quitute picante: 'guisados que primavam pelo excesso de condimentos excitantes, sobretudo a pimenta e que eram de uso frequente ou ao jantar ou à ceia', diz-nos o doutor José Luciano Pereira Júnior referindo-se à cozinha das casas nobres do Rio de Janeiro antes de 1808. A carne verde, adianta o doutor Pereira Júnior, 'não era fornecida em quantidade suficiente para abastecer o mercado; usava-se então muito de carne salgada, que vinha do Norte, e do lombo de porco que com abundância era fornecido por Minas'. Informação que confirma a de viajantes franceses com relação à Bahia: carne muito escassa, não só a de boi, como a de galinha e de carneiro. Contra a carne de carneiro, Luccock observou no Rio de Janeiro curiosa repugnância religiosa: era a carne do animal que simbolizava Nosso Senhor e não devia ser comida pelos bons cristãos."

Sobrados e mucambos, p. 337.

"O arroz tornou-se tão do Brasil quanto da Índia. Introduzido na colônia pelo marquês de Lavradio, que administrou o Brasil de 1769 a 1779, tornou-se, na opinião de franceses, mestres do paladar, superior ao arroz da Índia ('*fort supérieur au riz de l'Inde*'), não se compreendendo que, à falta da justa proteção, chegasse ao fim da era imperial vencido pelo produto inferior de possessões inglesas. Manteiga se comia pouco. Quase não se encontrava no mercado. Em compensação, havia fartura de queijo de Minas. Talvez o que mais se comesse nas cidades marítimas ou de rio, como Salvador, Olinda, o Recife, o Rio de Janeiro, São Luís, Desterro, fosse peixe e camarão, pois muita chácara tinha seu viveiro próprio, que dava para o gasto da casa e para o comércio, os ricos vendendo aos pobres os peixes considerados mais plebeus. Ainda hoje se segue a velha hierarquia, em classificar peixes, havendo os que, embora gostosos, são considerados peixe do povo e vendidos por preços mais baratos. Há peixes de primeira, de segunda, de terceira, de quarta, de quinta, de sexta classe, cuja categoria se acha até oficializada pelas prefeituras de algumas cidades. Os peixes para a mesa dos sobrados grandes tornaram-se, no Norte, a cavala – de preferência a cavala-perna-de-moça – a cioba, o camorim, a carapeba, a curimã, a pescada, também se admitindo a garoupa, a tainha, o pampo-da-cabeça-mole, a enchova, a bicuda, a carapitonga, o serigado, o beijupirá, até mesmo o camarupim, o aribebéu, o galo; daí para baixo, vinha e vem o rebotalho. O peixe de mucambo e de frege: espada, bapuruna, pirambu, palombeta, arraça, bodeão, bagre. Exceções só da agulha, que sendo um peixe de mucambo, de fogareiro de rua, também se comia – e come – nas mesas fidalgas, com azeite e farofa. Mas quase por extravagância ou boêmia. No Rio de Janeiro, os peixes nobres eram o badejo, a garoupa, o beijupirá, e os plebeus e vendidos a preços baixos a tainha, a sardinha, o xarelete."

Sobrados e mucambos, p. 338.

"Os anúncios de comidas importadas também aparecem com frequência nas gazetas coloniais, acentuando-se nas do tempo do Reino e do Império. Eram presuntos frescos de Vestfália, a 240 réis a libra como os que anunciava a confeitaria de Horacio Meseri pelo *Jornal do Comércio* [do Rio de Janeiro] de 25 de outubro de 1827, confeitaria que chamava também a atenção dos seus fregueses para a sopa de tartaruga à inglesa que servia pelas 11 horas da manhã. Era a passa, era o vinho engarrafado francês borgonha, era o porto em barril, o champanha, a sardinha de Nantes, o molho inglês, a mostarda inglesa, a conserva inglesa, o queijo parmesão, o queijo flamengo, o queijo suíço, o queijo londrino, o toucinho de Lisboa, o biscoito em lata. Era o 'cosinheiro genovez' Thomaz Galindo a anunciar sua 'caza sita no beco do Piolho' onde aceitava 'todas as encommendas de pratos de cosinha como raviolis cruas e cosidas, perus rexeados, gallinhas e frangos e differentes pratos de massas, tortas e fructas e creme de leite', como consta de um anúncio do Diário do Rio de Janeiro, de 16 de fevereiro de 1822. Era o 'cosinheiro de nação italiana' que não só cozinhava como fazia 'todas as qualidades de massas, pastéis e doces' anunciado pelo mesmo *Diário* de 13 de janeiro de 1830 – a mesma época em que Auguste, cozinheiro francês, brilhava nos anúncios do *Diário de Pernambuco*."

Sobrados e mucambos, p. 458.

"Os próprios revolucionários pernambucanos – tão numerosos no primeiro quartel do século XIX – não se descuidavam da mesa, que alguns pretenderam tornar patrioticamente brasileira, substituindo o vinho europeu pela aguardente; e o pão de trigo, pela farinha de mandioca. Ambas as ideias – seja dito de passagem – lamentáveis."

Região e tradição, p. 214.

"Do Maranhão é o padre Vieira quem salienta não haver, no seu tempo, em todo o Estado, 'açougue, nem ribeira, nem horta, nem tendas onde se vendessem as cousas usuais para o comer ordinário'. De todo o Brasil é o padre Anchieta quem informa andarem os colonos do século XVI, mesmo 'os mais ricos e honrosos' e os missionários, de pé descalço, à maneira dos índios; costume que parece ter-se prolongado ao século XVII e aos próprios fidalgos olindenses – os tais dos leitos de seda para a hospedagem dos padres visitadores e dos talheres de prata para os banquetes de dia de festa. Seus tecidos finos seriam talvez para as grandes ocasiões."

Casa-grande & senzala, p. 101.

MOUROS

"Foram o mouro e o frade as duas grandes eminências pardas por trás de muito do que se fez de mais importante aqui e no próprio Ultramar no sentido de amansar para Portugal e para o cristianismo paisagens brutas e de dar-lhes um valor ao mesmo tempo social e estético que nunca tiveram. Daí a própria quinta como a própria culinária, a própria doçaria e o próprio vestuário regional – o bioco do Algarve, por exemplo –, guardarem, em Portugal, marcas de influência do mouro e do frade. Sem eles não se explica a paisagem, do mesmo modo que não se explica a cultura portuguesa; nem o modo por que essa paisagem e essa cultura foram pelo português abertas a influências dos trópicos sem que, nessa aventura, se comprometesse sua dinâmica, expansiva, dissoluta, mas em certos pontos irredutível, lusitanidade. Uma lusitanidade de que o mouro e o frade, podendo às vezes ter parecido ser, e até ter sido, inimigos ou traidores, foram quase cúmplices. E cúmplices valiosíssimos."

Aventura e rotina, p. 52-53.

"Influência árabe que, de Portugal, transmitiu-se ao Brasil e muito presente tanto na culinária como em ritos de reclusão e tendências à inferiorização de mulheres. Tais extremos, por vezes, se encontraram."

Modos de homem & modas de mulher, p. 294.

"Se foram os cruzados que trouxeram às Espanhas o moinho de vento, aplicado em certas partes da América – nas Índias Ocidentais, por exemplo – à indústria do açúcar, foram os mouros que introduziram em Portugal o moinho de água, ou azenha, avô do engenho colonial brasileiro de moer cana pelo impulso da queda de água sobre uma grande roda de madeira. João Lúcio de Azevedo salienta que a própria oliveira parece se ter tornado melhor utilizada em Portugal depois da vinda dos mouros. Explica João Lúcio: 'a nomenclatura, proveniente do latim para as árvores – oliveira, olival, olivedo – de origem árabe no produto – azeitona, azeite – leva a pensar em um maior aproveitamento dessa espécie vegetal no período muçulmano.'"

Casa-grande & senzala, p. 289.

SELETA DE TEXTOS

TROCA DE MERCADORIAS

"O Portugal que chegara a exportar trigo para a Inglaterra tornou-se, na sua fase de mercantilismo, o importador de tudo para a sua mesa – menos sal, vinho e azeite. Do estrangeiro vinham trigo, centeio, queijo, manteiga, ovos, galinha. A não ser para os últimos redutos de produção agrícola e portanto de alimentação fresca e sadia. Esses redutos foram os conventos."

Casa-grande & senzala, p. 313.

"Coincidindo essa intensificação de convivência urbana com a descoberta de terras do Oriente de mercados tropicais, o português – a quem se deve também atribuir ação importante na introdução, entre europeus, de drogas tropicais como o quinino, a ipeca, a sena, e orientais como o ópio, para não falar na maior importação de bacalhau e de peixe seco, de açúcar e de marmelada – foi o primeiro dos europeus a ligar o Oriente e os trópicos à Europa burguesa."

Um brasileiro em terras portuguesas, p. 97.

"Sem esses valores orientais e tropicais, novos para a Europa – panos, tecidos, trajos, perfumes, alimentos, drogas –, sem a incorporação de tantos e tão finos ou valiosos produtos do Oriente e dos trópicos à vida europeia, é difícil de admitir-se que a transição do europeu, das formas de convivência medievais às burguesas, tivesse se processado tão docemente como, afinal, se processou."

Um brasileiro em terras portuguesas, p. 98.

"Só das bebidas orientais e tropicais introduzidas na rotina da vida europeia antes pelo português aventuroso que pelo veneziano de fôlego comercialmente curto, poderia alguém escrever todo um ensaio sociológico, em que se estudasse a revolução causada por esses excitantes nos hábitos europeus de convivência. Grande como foi a revolução causada pela pimenta e pelos temperos tropicais e orientais – adotados dos indianos, dos africanos e dos maometanos por um português com um gosto pelas aventuras de paladar nele só superado pelo entusiasmo pelas aventuras de sexo – sobre aqueles mesmos hábitos e os puramente higiênicos de alimentação, se não cotidiana, de dias festivos, não foi menor o efeito renovador de bebidas que, como o café, o chá, o chocolate, o rum da Jamaica, a aguardente da América tropical, fizeram do europeu – influenciado, em grande parte, pelo português – quase um homem novo."

Um brasileiro em terras portuguesas, p. 98.

"Os portugueses e os espanhóis foram também, se não os pioneiros, os europeus que tornaram possíveis numerosas indústrias que, na Europa, se desenvolveram à base de produtos dos trópicos americanos, da Índia e da África. Produtos que eles foram os primeiros a valorizar, como no caso das matérias corantes: madeiras que produziam tintas amarelas e vermelhas, como o pau-brasil; ou o azul extraído do anil da Índia. Isto se deu também como vários outros produtos tropicais que vieram a transformar-se em base de prósperas indústrias europeias. Por exemplo: cacau, açúcar, algodão, quina e tabaco. Tudo isso foram riquezas descobertas pelos hispanos, ou por eles assimilados de não europeus. Em alguns casos, foram os hispanos os primeiros a utilizar esses produtos como parte de novo tipo de civilização na qual as civilizações e as culturas tropicais adicionaram à civilização europeia algo de tão importante que daria a esta uma nova dimensão e ao homem europeu novas possibilidades sociais e culturas de desenvolvimento."

Palavras repatriadas, p. 269.

"Um ponto a reparar e comentar nesta civilização, que hoje se estende da Europa à África, à Ásia, à Oceania e não apenas à América e a ilhas tropicais ou quase tropicais do Atlântico, é que o português de início procurou dar ao conjunto uma como suficiência ou unidade lusotropical que se exprime hoje em interpenetrações de paisagem e de vida animal caracteristicamente lusotropicais: a presença do cajueiro do Brasil na Índia portuguesa, por exemplo, e a da galinha-d'angola, no Brasil; a presença da mangueira e do coqueiro-da-Índia na América portuguesa e a do cacau da Bahia, na Ilha de São Tomé; a presença da *bananeira de S. Tomé* no Brasil e da mandioca, do Brasil, na Guiné; a presença da batata do Brasil em Macau (e em áreas chinesas vizinhas de Macau) e a presença da fruta-pão do Oriente no Brasil; a presença do papagaio brasileiro em Portugal e do gado português no Brasil. Do gado, da vinha, do trigo. Pois todo valor europeu, o português procurou fazer florescer nos trópicos sem pretender que só na Europa tais valores fossem castiços."

Um brasileiro em terras portuguesas, p. 100.

"O português, empenhado em desenvolver principalmente a lavoura tropical de cana-de-açúcar, concorreu para o desenvolvimento de lavouras então ancilares da de cana de um modo que veio beneficiar populações e economias tropicais, vítimas do seu próprio isolamento ou da sua própria inércia. O geógrafo inglês professor R. J. Harrison Church, no seu *Modern Colonization* (Londres, 1951), destaca à página 20 ter sido com o fim de alimentar na África escravos a ser enviados para o Brasil, e para a alimentação desses grupos consideráveis de africanos durante a viagem da África para a América, que o português introduziu na África Ocidental *vasto número de plantas novas* (*a vast number of new plants*), como – dentre *as mais importantes* – a mandioca, a batata-doce, o milho, o coco, frutas cítricas. As laranjas, provavelmente vindas diretamente de Portugal. Mais tarde – acrescente-se ao professor Church – o cacau. Fosse qual fosse o motivo para a introdução de tão valiosas plantas alimentares da América tropical na África – introdução a que correspondeu a transplantação de vegetais da África e da Ásia tropicais, e não apenas da Europa temperada para as terras quentes da América, como a mangueira, a jaqueira, a caneleira, a fruta-pão, o coco da Índia – o certo é que a ação do português como modificador da ecologia vegetal da África, da América, da própria Índia – onde introduziu o cajueiro, em benefício de populações humanas e animais e de economias e culturas, vítimas algumas delas da escassez ou penúria de alimentos, foi talvez o movimento mais considerável no sentido da modificação – modificação dirigida – de distribuição intratropical de vegetais úteis ao homem."

O luso e o trópico, p. 118-119.

SELETA DE TEXTOS

"No caso do Brasil, que foi um fenômeno do século XVII, o português trazia mais a seu favor, e a favor da nova colônia, toda a riqueza e extraordinária variedade de experiências acumuladas durante o século XV, na Ásia e na África, na Madeira e em Cabo Verde. Entre tais experiências, o conhecimento de plantas úteis, alimentares e de gozo que para aqui seriam transplantadas com êxito, o de certas vantagens do sistema de construção asiático, adaptáveis ao trópico americano, o da capacidade do negro para o trabalho agrícola."

Casa-grande & senzala, p. 84.

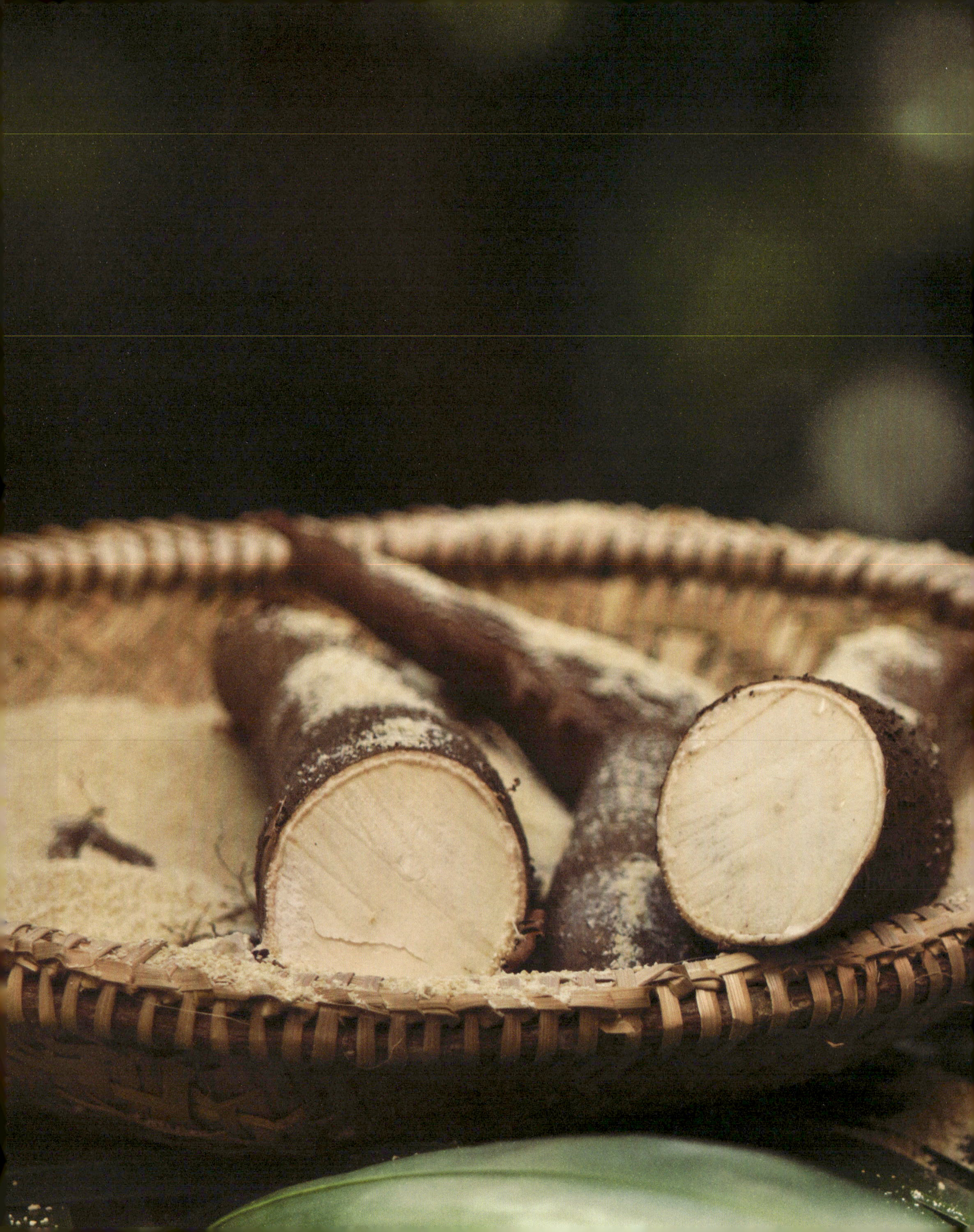

6
O ÍNDIO

"Os indígenas [...] nos transmitiram [informações] dos cajus, dos guaranás, das pitangas, das mandiocas, de outros tantos brasileirismos valiosos."[1]

"Homens andavam pela praia [...] pardos, nus, sem coisa alguma que lhes cobrisse suas vergonhas. Traziam arcos nas mãos, e suas setas", segundo registro do escrivão da armada de Pedro Álvares Cabral – o mestre da balança da Casa da Moeda do Porto, Pero Vaz de Caminha. Para o colonizador português, eram apenas *índios*; reproduzindo Colombo, que disse quase o mesmo quando pensou estar no Oriente, ao pôr os pés em ilha que ganhou nome de São Salvador. Ou *negros da terra*; desta que os nativos, evocando suas palmeiras, chamavam Pindorama. **"O invasor pouco numeroso foi desde logo contemporizando com o elemento nativo."**[2] O primeiro encontro se deu no dia seguinte ao da chegada, quando tupiniquins foram levados à caravela de Cabral. "Deram-lhes ali de comer: pão e peixe cozido, confeitos, fartéis, mel, figos passados", continuou Caminha. **"Se mostraram desinteressados do vinho que os portugueses lhes deram de beber e do peixe cozido, do pão, dos figos, dos confeitos que lhes deram a provar."**[3] Eram mais de 5 milhões, em cerca de mil tribos. Entre elas a dos caetés, que vivia em território que ia de Itamaracá ao rio São Francisco. Os mesmos que depois comeram o primeiro bispo do Brasil, Dom Pero Fernandes Sardinha, e mais 91 tripulantes que naufragaram no litoral de Alagoas. Depois, dizimados seriam eles próprios, por Mem de Sá (1500-1572), terceiro governador-geral do Brasil (de 1558 a 1572). Prenunciando um extermínio que fez esses índios se reduzirem, hoje, a menos de 1 milhão – quase todos mestiçados, aculturados, domesticados.

Os portugueses não encontraram, nessa nova terra, **"nenhum povo articulado em império ou em sistema já vigoroso de cultura moral e material – com palácios, sacrifícios humanos aos deuses, monumentos, pontes, obras de irrigação e de exploração de minas"**[4]. Diferentes de astecas, incas e maias, nossos índios eram **"uma das populações mais rasteiras do continente"**[5]. **"Quase

---

1. *Alhos e bugalhos*, p. 145.
2. *Casa-grande & senzala*, p. 158.
3. *Região e tradição*, p. 201.
4. *Casa-grande & senzala*, p. 157-158.
5. *Casa-grande & senzala*, p. 158.

que bandos de crianças grandes; uma cultura verde e incipiente; ainda na primeira dentição; sem os ossos nem o desenvolvimento nem a resistência das grandes semicivilizações americanas."[6] Também não havia por aqui "cravo, pimenta, âmbar, sândalo, canela, gengibre, marfim, nenhuma substância vegetal ou animal de valor consagrado pelas necessidades e gostos da Europa aristocrática ou burguesa [...]. Isto sem falar no ouro e na prata, mais farejados do que tudo e de que logo se desiludiram os exploradores da nova terra."[7] À primeira vista, só "infinitas árvores de pau-brasil e canafístula", segundo Vespúcio[8], ou "agoas muytas infindas", na visão de Caminha. Além de mulheres que lembravam, em tudo, a imagem da *moura encantada*. **"O ambiente em que começou a vida brasileira foi de quase intoxicação sexual. O europeu saltava em terra escorregando em índia nua [...]. Muitos clérigos [...] deixaram-se contaminar pela devassidão. As mulheres eram as primeiras a se entregarem aos brancos, as mais ardentes indo esfregar-se nas pernas desses que supunham deuses."**[9]

Dos muitos costumes locais, alguns horrorizaram o europeu. **"A coca mascada e as sementes de mimosa usadas como rapé; o tabaco usado apenas como bebida e só em certas cerimônias; o conhecimento e uso do curare e outros venenos [...] sinais por meio de tambores; decorações fálicas [...] nenhum metal; pouco uso da pedra [...] árvores derrubadas por meio de cunhas [...] nenhuma indumentária, a não ser de casca de árvore para os homens; pentes para as mulheres feitos de pedaços de palmeira; colares de dentes humanos [...] fusos atravessados no nariz; chocalho atado às pernas, pintura elaborada do corpo [...]; os nomes de pessoas** [nos filhos colocavam nomes de animais, árvores e peixes] **não pronunciados alto e os dos caracteres místicos apenas sussurrados; a importância da feitiçaria [...] o hábito de comer barro...** [e, sobretudo, o] **canibalismo."**[10] Mas nossos índios não comiam carne humana propriamente para matar a fome. O faziam por vingança ou honra, incorporando a alma dos vencidos às suas próprias almas. E para essas vítimas, curiosamente, nem era o pior paradeiro. Assim, logo estariam com as divindades em que acreditavam. Melhor que apodrecerem no chão,

---

6. *Casa-grande & senzala*, p. 158.
7. *Casa-grande & senzala*, p. 87.
8. 83. (Bibliografia).
9. *Casa-grande & senzala*, p. 161.
10. *Casa-grande & senzala*, p. 165.

condenadas a vagar sem destino pela eternidade. Alguns presos esperavam anos até cumprir sua sina. O ritual festivo de execução foi descrito pelo alemão Hans Staden[11] (1525-1579), ele próprio um refém dos tupinambás. Eram "tratados como um animal de estimação". Bem-alimentados e enfeitados, ainda recebiam mulher por companhia. "Formaram um círculo ao redor de mim, ficando eu no centro com duas mulheres. Amarraram-me numa perna chocalho e na nuca penas de pássaros. Depois começaram as mulheres a cantar e, conforme um som dado, tinha eu de bater no chão o pé onde estavam atados os chocalhos." Convidavam tribos amigas para a ceia, regada sempre a muito cauim. O prisioneiro era banhado, depilado, pintado de preto, untado com mel e recoberto por plumas e cascas de ovos. Morria por golpe de tacape na nuca. Seu sangue, recolhido numa cuia pelas mais velhas da tribo, era bebido ainda quente. Por todos, até bebês – que sugavam o bico do seio de suas mães, untado com aquele sangue. Depois, para permitir a raspagem da pele, era o cadáver assado e escaldado. Com um bastão enfiado no ânus, para impedir a excreção. Só então era esquartejado. Miolos e vísceras eram das crianças, em forma de mingau. Língua, para os jovens. Órgãos sexuais, às mulheres. O resto do corpo ficava com os homens. Alguns ossos eram também aproveitados: crânios fincados em estacas, como troféu; tíbias transformadas em flautas e apitos; dentes usados como colar.

    O cardápio de nossos índios ia bem além do consumo dessa carne humana. Era simples, variado e saudável, daí decorrendo a própria aparência daquela gente. **"*Rijos e nédios*, Pero Vaz de Caminha escreveu dos selvagens que os portugueses encontraram nas praias de sua futura colônia americana. O que parece indicar a excelência dos alimentos indígenas que serviriam de base a novas expressões regionais da velha cozinha lusitana; a novas aventuras para o paladar português."[12]** Alimentavam-se quando tinham fome. Aproveitavam tudo que a terra lhes oferecia, e **"toda vida animal [era também] aproveitada como alimento"[13]**. Mas eram "caçadores sem cães, pescadores sem anzóis e plantadores sem enxadas", segundo Karl von den Steinen.[14] O fato é que **"a enxada é que não se firmou nunca na mão do índio nem do mameluco; nem o seu pé de nômade se fixou nunca em**

---

11. 138. (Bibliografia).
12. *Região e tradição*, p. 201.
13. *Casa-grande & senzala*, p. 165.
14. 139. (Bibliografia).

pé de boi paciente e sólido"[15]. "**Os campos** [eram então] **clareados a fogo (coivara) e cavados a pau e não a enxada.**"[16] Esse processo de coivara foi uma das poucas contribuições do índio para a colonização agrária do Brasil. Não usavam animais para "**serviço doméstico nem** [...] **no transporte de fardos, todo ele feito penosamente ao dorso do homem e principalmente da mulher**"[17]. Usavam "**flecha, lança, arco e remo,** [...] [todos] **instrumentos de madeira**"[18]. Viviam da caça de cágados, caititus, cobras, gambás, jabutis, jacarés, jaguatiricas, lagartixas, lagartos, mocós, pacas, porcos-do-mato, preguiças, queixadas, ratos, tamanduás, tartarugas, tatus, timbus. "Não há aqui boi, nem vaca, nem cabra, nem ovelha, nem galinha, nem qualquer outra alimária", dizia Caminha. Apreciavam insetos: besouros, cupins amarelos, gafanhotos, larvas, piolhos, sararás, tacuras, tacurandas, tanajuras, tapurus. Aves também: acauãs, arapongas, araras, canindés, curiós, graúnas, jaçanãs, jacus, jandaias, macucaguás, maguaris, maracanãs, mutuns, nhandus, patativas, paturis, tabuiaiás, tuiuiús, algumas surpreendendo os portugueses por seu tamanho. E sobretudo peixes. Capturados "**pelo processo de lançar veneno na água, mas também por anzol, armadilha, rede e fisga denteada**"[19]. Usando também "**canoas cavadas na madeira**"[20] feitas "**de um só pau,** [...] **adotadas pelos primeiros colonos nos seus** *raids* **sertões adentro**"[21]. Peixes tinham nomes que ainda hoje permanecem: baiacu, beijupirá, camurim, caramuru, curimã, jaú, lambari, piaba, piranha, parati, saúna, surubim, tambaqui, traíra, tucunaré. Além do pirarucu, mais ao norte, com língua que usavam para ralar guaraná. Mais camarão, caranguejo, lagosta, mexilhão, ostra, pitu, sernambi.

O hábito de temperar carnes era para eles desconhecido. "Não havia tempero nas panelas indígenas", ensina Luís da Câmara Cascudo[22] (1898-1986). Nossos índios usavam pimentas (*quiyá*) secas ao sol, depois piladas e reduzidas a pó. Postas diretamente na boca junto com carnes, farinhas, peixes e pirões; e com variados cheiros, cores e sabores. Formas também compridas (*cuiemoçu, cuihen, sabãa*) ou redondas (*cuijurimu, cumbari*). "A cumbari arde no lábio do guerreiro, tornando mais gostosa a carne assada no moquém", palavras de José de Alencar (1829-1877) em *O guarani*. Cumbari era uma

---

15. *Casa-grande & senzala*, p. 163.
16. *Casa-grande & senzala*, p. 165.
17. *Casa-grande & senzala*, p. 166.
18. *Casa-grande & senzala*, p. 165.
19. *Casa-grande & senzala*, p. 165.
20. *Casa-grande & senzala*, p. 165.
21. *Casa-grande & senzala*, p. 185.
22. 93. (Bibliografia).

espécie picante, cheirosa, braba, dessas que queimam até quase a alma. Pimentas usavam assim, puras; e, às vezes, também numa mistura salgada que chamavam por muitos nomes – *ijuqui, inquitaia, iuquitaya, juquitaia* e, sobretudo, *ionquet*. Quase sempre comiam o alimento cru. Raramente cozinhavam em água. Quando o faziam, usavam vasilhames de cerâmica, apoiados sobre uma estrutura rústica com três pontos de apoio, em pedra, a que chamavam *trempe*. Ou sobre *jirau*, espécie de mesa com varas de madeira. Carnes costumavam assar na brasa, presas em espetos paralelos que chamavam *moquém* – precursores dos churrascos de hoje. A prática foi assim descrita pelo viajante Jean de Léry[23] (1534-1611): "Enterram profundamente no chão quatro forquilhas de pau, enquadradas à distância de três pés e à altura de dois pés e meio; sobre elas assentam varas com uma polegada ou dois dedos de distância, uma da outra, formando uma grelha de madeira". Sua função primeira não era a de preparar carne para consumo imediato. Mas, basicamente, um processo de conservação. "Equiparava-se ao fumeiro europeu", observou Câmara Cascudo[24]. Um uso ancestral, comum também entre piratas – que o montavam, pelo mundo, nas praias de desembarque. Aos brancos, os índios também ensinaram uma técnica de assar com folhas envolvendo peixes, depois aproveitada na culinária nordestina para assar bolos como o manuê – **"mandioca puba com leite de coco, sal e às vezes açúcar, enrolada em folha de bananeira"**[25]. Gilberto Freyre chegou a ficar aborrecido por ter, uma dama pernambucana, informado a Cecília Meireles (sendo a informação logo repassada à Comissão Nacional do Folclore) que o manuê era prato de todos os dias. **"Como cidadão do Recife me parece haver exagero na afirmativa: que nem o *manuê* desse estilo nem *manuês* de outros estilos podem ser considerados *pratos de todos os dias no Recife.*"**[26]

Os índios alimentavam-se ainda de amendoim, batata-doce, cará e feijão. Também de uma folha não desenvolvida da guariroba que alguns viajantes, pelo aspecto, pensaram ser palmito. Folhas, de maneira geral, não; que, para aquela gente, seria só comida de brincadeira – leve, sem sustança, sem sabor. Apreciavam milho – assado, cozido, em mingaus, transformado em fubá ou como bebida. Do

---

23. 108. (Bibliografia).
24. 93. (Bibliografia).
25. "A propósito de manuê", artigo publicado na revista *O Cruzeiro*, em 18 de março de 1950.

26. "A propósito de manuê", artigo publicado na revista *O Cruzeiro*, em 18 de março de 1950.

milho preparavam **"além da farinha (*abatiuí*), hoje usada no preparo de vários bolos, a *acanijic*, que sob o nome de canjica tornou-se um dos grandes pratos nacionais do Brasil, a *pamuna* – hoje pamonha – envolvida, depois de pronta, na própria palha do milho, a pipoca, que, segundo Teodoro Sampaio, quer dizer 'epiderme estalada'"**[27]. E sobretudo mandioca, muita, sempre. Era o principal ingrediente da dieta indígena. De todas as formas. Como farinha pura, pilada com carne ou peixe (paçoca), frutas, folhas; mais beiju, carimã, mingau, pirão e bebidas alcoólicas. Quando mudavam de lugar, por cansaço das terras ou risco de invasão inimiga, todo o mandiocal era transformado em farinha e levado na viagem, entre os mais preciosos bens da tribo. Das comidas, **"as principais eram as que se faziam com a massa ou a farinha de mandioca"**[28]. Essa mandioca acabou sendo aos poucos adotada pelo colonizador como substituta do trigo: **"Foi completa a vitória do complexo indígena da mandioca sobre o trigo: tornou-se a base do regime alimentar do colonizador [...]. Ainda hoje a mandioca é o alimento fundamental do brasileiro e a técnica do seu fabrico permanece, entre grande parte da população, quase que a mesma dos indígenas."**[29] Daquelas primeiras receitas nos ficaram **"a farinha fina, de curimã, para o filho pequeno; o mingau; o *mbeiu* ou beiju... a tapioca...** E algumas conservam ainda hoje **"gosto de mato [por ser] enrolado em folha de palmeira ou de bananeira"**[30]. Nossos índios viviam em territórios razoavelmente determinados. Sem se deslocar à procura de alimentos, salvo raríssimas exceções – como nas safras de cajus, disputados em todas as praias do Nordeste. Colhiam frutas, mas não as plantavam. Eram muitas: abacate, abacaxi, abajeru, abiu, açaí, ananás, amaitim, bacaba, biribá, cambucá, cucura, cumaí, curuiri, guajiru, ingá, inajá, japurá, jataí, jatobá, maçaranduba, matapi, murici, piquiá, pupunha, tucumã, ubaia, ucuquirana, umari. Bananas, também, *pa'kowa*, servidas cruas, assadas ou sob a forma de mingaus. Faziam **"duas grandes cerimônias para celebrar épocas de colheita ou de amadurecimento de frutas"**[31]. Bom lembrar que o doce, na cultura do índio, era apenas mel, **"havendo [até] certa domesticação de abelhas"**[32]. Um mel (*eirá* ou *eiruba*) consumido puro, como simples gulodice; ou misturado a raízes e frutas, no preparo de bebidas fermentadas.

---

27. *Casa-grande & senzala*, p. 194.
28. *Casa-grande & senzala*, p. 190.
29. *Casa-grande & senzala*, p. 191.
30. *Casa-grande & senzala*, p. 192.
31. *Casa-grande & senzala*, p. 165.
32. *Casa-grande & senzala*, p. 165.

Apesar de pouco desenvolvidos, os da terra viviam numa sociedade com tarefas bem definidas. **"As mulheres, porém, [...] trabalhavam, sem comparação, mais do que os homens."**[33] Não importava a idade. Nem se estavam grávidas. Suas tarefas eram muitas. Cozinhar. Mastigar raízes para fabricação de bebidas, numa preparação que mais parecia um ritual, segundo crônicas da época, *repugnante*. É que as raízes, depois de mastigadas, eram cuspidas, para que a saliva desse início à fermentação. "As mulheres fazem a bebida. Tomam as raízes de mandioca, que deixam ferver em grandes potes. As moças assentam-se ao pé e mastigam essas raízes e o que fica mastigado é posto numa vasilha à parte", assim descreveu Hans Staden[34] o preparo do *cauim*. "Índias moças", segundo Gândavo[35]; ou "velhas", segundo o naturalista holandês Georg Marcgrave (1610-1644), na sua *Historia Naturalis Brasiliae*. Tanto faz. Eram muitas as bebidas fermentadas, a partir de diferentes ingredientes. As mulheres índias faziam também todos os utensílios que usavam na cozinha – cerâmicas, alguidares, panelas de barro, **"grandes pilões de pau para pisar coca, tabaco e milho"**[36]. Mais cabaça e cuia, para Gabriel Soares de Sousa[37] (1540-1591) a "porcelana dos índios". Ainda empregavam fibras de algodão, piaçava ou tucum para fazer balaios, cestos, esteiras e urupemas. Tudo isso acabou depois incorporado à cozinha do colonizador. **"Ela nos deu ainda a rede em que se embalaria o sono ou a volúpia do brasileiro."**[38] O nome escolhido pelo português para essa *ini* ou *quisaua* provavelmente decorreu da semelhança com a rede de pescar. Dos hábitos indígenas, deitar nela foi o costume que mais se arraigou em nossa cultura. O gosto pela higiene do corpo foi também herança das mulheres nativas. **"O brasileiro de hoje, amante do banho e sempre de pente e espelhinho no bolso, o cabelo brilhante de loção ou de óleo de coco, reflete a influência de tão remotas avós."**[39]

Ainda cuidavam essas mulheres da lavoura (de mandioca, inhame ou cará, milho, amendoim, coca e tabaco), um **"trabalho desdenhado pelos homens"**[40]. Entre suas muitas funções estava a de cuidar dos filhos, "de tornar-se uma espécie de berço ambulante da criança, de amamentá-la, às vezes até aos 7 anos; de lavá-la; de ensinar as meninas a fiar algodão e a preparar

---

33. *Casa-grande & senzala*, p. 183.
34. 138. (Bibliografia).
35. 101. (Bibliografia).
36. *Casa-grande & senzala*, p. 165.
37. 134. (Bibliografia).
38. *Casa-grande & senzala*, p. 163.
39. *Casa-grande & senzala*, p. 163.
40. *Casa-grande & senzala*, p. 164.

a comida"[41]. Faziam também adornos – colares, cocares, brincos, pulseiras. Além de suprir a casa de água e transportar fardos, usando *aturá* – um cesto comprido, seguro à testa por faixa de embira. Viria daí o verbo *aturar*, com o sentido de suportar fardo pesado. Essas mulheres eram **"um pouco besta de carga e um pouco escrava do homem. Mas superior a ele na capacidade de utilizar as coisas e de produzir o necessário à vida e ao conforto comum."**[42] Dessa **"cunhã é que nos veio o melhor da cultura indígena"**[43].

Aos homens cabiam a caça, a pesca, a defesa da tribo contra inimigos e a construção de habitações – uma tarefa nada modesta, dadas as grandes dimensões das ocas. Esse era **"seu trabalho mais duro"**[44]. Cada oca comportava de oitenta a 140 pessoas. Abrigando **"comunidades inteiras em uma casa só, grande e quadrangular, coberta de palha, quatro caibros sustentando-a no interior, sem chaminé; o terreno em redor da casa limpo, mas esta escondida no meio do mato e só acessível por caminhos e veredas confusas"**[45]. **"Cada habitação com um chefe, sendo o conselho formado por todos os adultos do sexo masculino."**[46] Faziam as necessidades bem longe dessas casas, **"no meio de touça de bananeiras perto do rio. E de manhã antes do banho."**[47] Em volta da aldeia levantavam **"a cerca de pau a pique, que os portugueses adotariam mais tarde como meio de defender as casas-grandes de engenho dos ataques de inimigos"**[48]. Dos homens era também a tarefa de fabricar tintas, de várias cores: amarela, tirada da tatajuba; branca, da tabatinga; encarnada, de araribá; urucum, do pau-brasil; e preta, do jenipapo. Além de acender fogo pela fricção de varas – que o choque pelo sílex veio só depois, com os portugueses. Um fogo usado no preparo da comida. Mas, também, como instrumento de defesa e aquecimento da oca. Assim escreveu o franciscano frei Vicente do Salvador[49] (1564-1635): "A noite toda têm fogo para se aquentar, porque dormem em redes no ar e não têm cobertores nem vestido, mas dormem nus, marido e mulher na mesma rede, cada um com os pés para a cabeça do outro". Praticavam a poligamia, **"tendo existido e existindo ainda entre tribos que se conservam intactas da influência moral euro-**

---

41. *Casa-grande & senzala*, p. 190.
42. *Casa-grande & senzala*, p. 185.
43. *Casa-grande & senzala*, p. 163.
44. *Casa-grande & senzala*, p. 185.
45. *Casa-grande & senzala*, p. 165.
46. *Casa-grande & senzala*, p. 166.
47. *Casa-grande & senzala*, p. 182.
48. *Casa-grande & senzala*, p. 185.
49. 131. (Bibliografia).
50. *Casa-grande & senzala*, p. 167.

peia"⁵⁰. Sem que as mulheres se incomodassem com o fato **"de o homem, seu companheiro, tomar outra ou outras mulheres"⁵¹**. O índio contribuiu com o português, sobretudo, **"na obra de devastamento e de conquista dos sertões, de que ele foi o guia, o canoeiro, o guerreiro, o caçador e pescador"⁵²**. Não obstante falhando no **"rame-rame tristonho da lavoura de cana, que só as reservas extraordinárias de alegria e de robustez animal do africano tolerariam tão bem"⁵³**. Com a chegada dos europeus, **"desorganiza-se entre os indígenas da América a vida social e econômica; desfaz-se o equilíbrio nas relações do homem com o meio físico"⁵⁴**. Altera-se **"o sistema de alimentação e de trabalho, perturbando-lhes o metabolismo, [...] [sem contar que] introduziram entre eles doenças endêmicas e epidêmicas"⁵⁵** e lhes impuseram roupas.

Aos índios devemos um pedaço de nosso temperamento e de nossos hábitos alimentares. **"A culinária nacional [...] ficaria empobrecida, e sua individualidade profundamente afetada, se se acabasse com os quitutes de origem indígena: eles dão um gosto à alimentação brasileira que nem os pratos de origem lusitana nem os manjares africanos jamais substituiriam."⁵⁶** Um pouco de nossa música, também. Enquanto negros utilizavam basicamente tambores, em uma obsessão por percussão, a música do índio era feita, além desses tambores, também de **"gaita, flauta, castanhola e maracá"⁵⁷**. Depois, já na catequese, incorporaram pandeiro, flauta de madeira e uma viola de arame que veio da guitarra espanhola, com cinco ou seis cordas duplas. Segundo Bernardo Alves⁵⁸, o próprio samba nasceu na nação cariri – e não nas senzalas, como reza a tradição. E aqui mesmo, no Nordeste. Deles herdamos também o "receio das coisas caiporadas, as estrelas corredeiras como denúncia de mau augúrio, o medo do trovão e dos raios como fato de previsão sinistra, em reclamo do alto", segundo Marcos Vilaça⁵⁹; mais o gosto pela ciranda, pelo pé descalço, pelo banho de rio, pelo badoque. E, ainda, o **"gosto pelos jogos e brinquedos infantis de arremedo de animais: o próprio jogo de azar, chamado do bicho, tão popular no Brasil, encontra base para**

---

51. *Casa-grande & senzala*, p. 168.
52. *Casa-grande & senzala*, p. 163.
53. *Casa-grande & senzala*, p. 163.
54. *Casa-grande & senzala*, p. 157.
55. *Casa-grande & senzala*, p. 180.
56. *Casa-grande & senzala*, p. 192-193.
57. *Casa-grande & senzala*, p. 166.
58. 84. (Bibliografia).
59. 140. (Bibliografia).

tamanha popularidade no resíduo animista e totêmico da cultura ameríndia reforçada depois pela africana. Há, entretanto, uma contribuição ainda mais positiva do menino ameríndio aos jogos infantis e esportes europeus: a da bola de borracha por ele usada em um jogo de cabeçada. Este jogo brincavam-no os índios com uma bola provavelmente revestida de caucho, que aos primeiros europeus pareceu de um pau muito leve."[60]
De lamentar, só, que a história brasileira não celebre nenhum herói indígena. Nem mesmo personagens notáveis, como o tupiniquim Tibiriçá, que ajudou o colonizador na formação de São Paulo (1562). Ou o temiminó Arariboia, que lutou contra os franceses de Villegaignon (1567), no Rio de Janeiro. Ou o potiguar Felipe Camarão, que emprestou a força de seus braços para derrotar os holandeses (1654) em Pernambuco.

---

60. *Casa-grande & senzala*, p. 206.

A INDÍGENA

"O cronista [Gabriel Soares de Souza] salienta como trabalho exclusivo das mulheres as redes de fio de algodão e as 'fitas como passamanes, e algumas mais largas', com que ennastram os cabellos. E pormenoriza: 'As mulheres já de idade teem cuidado de fazerem a farinha de que se mantem, e de trazerem a mandioca ás costas para casa; e as que são muito velhas teem cuidado de fazerem vasilhas de barro a mão como são os potes em que fazem os vinhos, e fazem alguns tamanhos que levam tanto como uma pipa, em os quase e em outros menores fervem os vinhos que bebem; fazem mais estas velhas panellas, pucaros e alguidares a seu uso, em que cozem a farinha, e outros em que a deitam e em que comem, lavrados de tintas de cores; a qual louça cozem em uma cova que fazem no chão, e põem a lenha por cima; e teem e creem estas indias que se cozer esta louça outra pessoa que não seja a que a faz, que há de arrebentar no fogo; as quaes velhas ajudam tambem a fazer farinha que se faz no seu lanço'."

Casa-grande & senzala, p. 184.

"Eram ainda as mulheres que plantavam o mantimento e que iam buscar a água à fonte; que preparavam a comida; que cuidavam dos meninos. Vê-se que não era pequena a importância da mulher velha entre os indígenas; enorme a da mulher, em geral; e nessa categoria o estudo comparado da arte e da indústria entre os primitivos autoriza-nos a colocar o homem efeminado ou mesmo o invertido sexual, comum entre várias tribos brasílicas."

Casa-grande & senzala, p. 184.

"Hartt salienta o fato da arte da cerâmica entre os indígenas do Brasil ter-se desenvolvido pelas mãos da mulher; e essa generalização do sábio norte-americano confirmou-a, depois de observar os Cadiueu, o seu discípulo Herbert S. Smith. Confirmam-na, com relação à cerâmica de Marajó, pesquisas recentes de Heloísa Alberto Torres [*Cerâmica de Marajó*]. É certo que discriminam esses estudos ter sido a fabricação de louça entre os indígenas do Brasil arte tardia e precedida pela dos trançados; pela utilização durante muito tempo de trançados impermeabilizados como vasilhame para condicionar líquidos; e esses trançados, arte dos homens mais do que das mulheres."

Casa-grande & senzala, p. 184-185.

"Para a mulher tupi a vida de casada era de contínuo trabalho: com os filhos, com o marido, com a cozinha, com os roçados. Isto sem esquecermos as indústrias domésticas a seu cargo, o suprimento de água e o transporte de fardos. Mesmo grávida a mulher índia mantinha-se ativa dentro e fora de casa, apenas deixando de carregar às costas os volumes extremamente pesados [...] A seu cargo, diz-nos Léry, estava toda a organização doméstica; '*toute la charge du ménnage*'. E eram trabalho de suas próprias mãos os utensílios de que se servia para fazer a comida, para guardá-la, para pisar o milho ou o peixe, moquear a carne, espremer as raízes, peneirar as farinhas; os alguidares, as urupemas, as cuias, as cabaças de beber água, os balaios. Utensílios muitos desses que se incorporaram ao trem de cozinha colonial. Ainda hoje o vasilhame de qualquer casa brasileira do Norte ou do Centro do Brasil contém numerosas peças de origem ou feitio puramente indígena. A nenhuma cozinha que se preze de verdadeiramente brasileira falta a urupema ou o pilão, o alguidar ou o pote de água. A algumas dessas vasilhas domésticas, feitas de barro, de madeira, de casco de animal ou de casca de fruta – o ralo, de cascas de ostras – não só davam as cunhãs recorte ou formas graciosas, como animavam-nas de desenhos pintados a cor: '*mille petites gentillesses*', diz Léry."

Casa-grande & senzala, p. 189-190.

"A mulher gentia temos que considerá-la não só a base física da família brasileira, aquela em que se apoiou, robustecendo-se e multiplicando-se, a energia de reduzido número de povoadores europeus, mas valioso elemento de cultura, pelo menos material, na formação brasileira. Por seu intermédio enriqueceu-se a vida no Brasil [...] de uma série de alimentos ainda hoje em uso, de drogas e remédios caseiros, de tradições ligadas ao desenvolvimento da criança, de um conjunto de utensílios de cozinha, de processos de higiene tropical – inclusive o banho frequente ou pelo menos diário, que tanto deve ter escandalizado o europeu porcalhão do século XVI."

Casa-grande & senzala, p. 162-163.

O INDÍGENA

"Enquanto o esforço exigido pelo colono do escravo índio foi o de abater árvores, transportar os toros aos navios, granjear mantimentos, caçar, pescar, defender os senhores contra os selvagens inimigos e corsários estrangeiros, guiar os exploradores através do mato virgem – o indígena foi dando conta do trabalho servil. Já não era o mesmo selvagem livre de antes da colonização portuguesa; mas esta ainda não o arrancara pela raiz do seu meio físico e do seu ambiente moral; dos seus interesses primários, elementares, hedônicos; aqueles sem os quais a vida se esvaziaria para eles de todos os gostos estimulantes e bons: a caça, a pesca, a guerra, o contato místico e como que esportivo com as águas, a mata, os animais. Esse desenraizamento viria com a colonização agrária, isto é, a latifundiária: com a monocultura, representada principalmente pelo açúcar [...] Para livrar o indígena da tirania do engenho é que o missionário o segregou em aldeias. Outro processo, embora menos violento e mais sutil, de extermínio da raça indígena no Brasil: a sua preservação em salmoura, mas não já a sua vida própria e autônoma. Às exigências do novo regime de trabalho, o agrário, o índio não correspondeu, envolvendo-se em uma tristeza de introvertido. Foi preciso substituí-lo pela energia moça, tesa, vigorosa do negro, este um verdadeiro contraste com o selvagem americano pela sua extroversão e vivacidade."

Casa-grande & senzala, p. 228-229.

"Em Portugal, como, depois, no Brasil do Império, o *homem natural*, o índio brasileiro de penas e flecha tornou-se, desde o século XVI, uma figura muito da pintura realista – onde aparecia como nota exótica ou colonial – e também da simbólica: símbolo de certo vago rousseauísmo de burgueses apaixonados de longe pela natureza selvagem. Figura comum na estatuária dos jardins, das fontes e do frontão dos sobrados, e, juntamente com o macaco, com o papagaio, com a arara e com outros bichos brasileiros, usados também na arte portuguesíssima do paliteiro de louça ou de prata. Nessa popularidade da figura do índio na arte doméstica pode-se surpreender a influência ideológica ou sentimental da natureza brasileira sobre os burgueses do Reino e da Colônia."

O mundo que o português criou, p. 72.

CRIANÇAS ÍNDIAS

"Léry ficou encantado com a higiene infantil e doméstica dos indígenas. Contrasta-a com a dos europeus. E conclui pela superioridade do processo americano. O menino crescia livre de fraldas, cueiros e panos que lhe dificultassem os movimentos. Mas não implicava essa liberdade em descuido das mães. Por faltar cueiros e fraldas de pano aos bebês dos Tupi nem por isso cresciam eles sujos ou nojentos."

Casa-grande & senzala, p. 209-210.

ALIMENTOS INDÍGENAS

"Peckolt salienta ter sido o milho o único cereal encontrado pelos europeus no Brasil; e menciona os outros alimentos vegetais dos aborígines de que logo se utilizaram os adventícios: a mandioca, a batata-doce, o cará, os pinhões, o cacau, o midubi. De legumes verdes a terra era escassa; e aos poucos que havia os indígenas não ligavam importância. 'Os legumes verdes eram pouco procurados pelos índios; porém as mulheres colhiam para fins alimentícios certas plantas silvestres, como os carurus de várias qualidades, a serralha, mas principalmente o palmito que, tanto cru como cozido, era alimento predileto.'"

Casa-grande & senzala, p. 196.

"As raízes de mandioca viu-as Gabriel Soares raspadas pelos índios de 1500 até ficarem alvíssimas; 'depois de lavadas, ralam-nas em uma pedra ou ralo que para isso tem, e depois de bem raladas, espremem essa maça em um engenho de palma a que chamam tipiti que lhe faz lançar a agua que tem toda fora, e fica essa maça enxuta, da qual se faz a farinha que se come, que cozem em um alguidar para isso feito, em o qual deitam esta maça e a enxugam sobre o fogo onde uma índia a meche com um meio cabaço, como quem faz confeitos, até que fica enxuta, e sem nenhuma humidade, e fica como cuscuz; mas mais branca, e desta maneira se come, é muito doce e saborosa'. A farinha de mandioca adotaram-na os colonos em lugar do pão do trigo; preferindo a princípio os proprietários rurais a fresca, feita todos os dias; acerca do que diz Gabriel Soares: 'e ainda digo que a mandioca é mais sadia e proveitosa que o bom trigo, por ser de melhor digestão. E por se averiguar por tal, os governadores Thomé de Sousa, D. Duarte e Mem de Sá não comiam no Brasil pão de trigo por se não acharem bem com elle, e assim o fazem outras muitas pessoas.'"

Casa-grande & senzala, p. 190-191.

"No Nordeste a farinha geralmente fabricada é a seca, outrora chamada de guerra; nesta região tanto quanto no extremo Norte, o tipiti – 'cesto tubular elástico, feito de folhas de palmeira', da definição de Teodoro Sampaio – continua a caracterizar, nas zonas mais rústicas na sua economia ou na sua cultura, a técnica do preparo da farinha [...] 'Conheciam', escreve Couto de Magalhães dos indígenas do Brasil, 'processos de fermentação pelos quais preparavam excelentes conservas alimentares e próprias para estômagos enfraquecidos; entre outros, citarei os bolos de carimã, com os quais quase todos nós fomos alimentados durante o período da nossa infância.'"

Casa-grande & senzala, p. 191-192.

"Os portugueses é que não tardaram em descobrir, entre os indígenas, valores culinários em potencial – quati, tatu, cutia, caititu, capivara, carapitanga, beijupirá, carapeba, guaiamum, siri, caju, maracujá, araçá – que, utilizados à maneira europeia, resultariam em pratos gostosos, em vinhos, licores e sobremesas finas. É o que indicam crônicas do século XVI como a de Gabriel Soares de Sousa, que se revela um gastrônomo sensual ao lado de um naturalista de primeira ordem. Gente experimentada ou, antes, especializada na assimilação do exótico, os portugueses encontraram muito que anexar dos índios e da natureza tropical da América à sua tradição de regalões; muito que incorporar ao seu patrimônio culinário já enriquecido pelo contato com o Oriente, pelo intercurso com a África e pelas relações com os mouros."

Região e tradição, p. 201-202.

"Nem o tal inhame nem os tais frutos da terra bastariam agora à alimentação do selvagem submetido ao trabalho escravo nas plantações de cana. O resultado foi evidenciar-se o índio no labor agrícola o trabalhador banzeiro e moleirão que teve de ser substituído pelo negro."

Casa-grande & senzala, p. 230.

ANIMAIS INDÍGENAS

"Teodoro Sampaio, que pelo estudo da língua tupi tanto chegou a desvendar da vida íntima dos indígenas do Brasil, afirma que em torno à habitação selvagem e 'invadindo-a mesmo com a máxima familiaridade, desenvolvia-se todo um mundo de animais domesticados, a que chamavam *mimbaba*'. Mas eram todos animais antes de convívio e de estimação do que de uso ou serviço: 'Aves de formosa plumagem, como o guará, a arara, o canindé, o tucano, grande número de perdizes (ianhambi ou iambu), urus e patos (ipeca), animais como o macaco, o quati, a irara, o veado, o gato (pichana) e até cobras mansas se encontravam no mais íntimo convívio.'"

Casa-grande & senzala, p. 166-167.

"Daí, e independentemente mesmo do totemismo [...], a intimidade por assim dizer lírica do primitivo habitante do Brasil com numeroso grupo de animais, principalmente pássaros, por ele amansados ou criados em casa, sem nenhum propósito de servir-se de sua carne ou de seus ovos para alimento, nem de sua energia para o trabalho doméstico ou agrícola ou para a tração, nem do seu sangue para sacrifício religioso."

Casa-grande & senzala, p. 167.

SELETA DE TEXTOS

COSTUMES INDÍGENAS

"Vários são os complexos característicos da moderna cultura brasileira, de origem pura ou nitidamente ameríndia: o da rede, o da mandioca, o do banho de rio, o do caju, o do 'bicho', o da 'coivara', o da 'igara', o do 'moquém', o da tartaruga, o do bodoque, o do óleo de coco-bravo, o da 'casa do caboclo', o do milho, o de descansar ou defecar de cócoras, o do cabaço para cuia de farinha, gamela, coco de beber água etc. Outros, de origem principalmente indígena: o do pé descalço, o da 'muqueca', o da cor encarnada, o da pimenta etc. Isto sem falarmos no tabaco e na bola de borracha, de uso universal, e de origem ameríndia, provavelmente brasílica."

Casa-grande & senzala, p. 232.

"Gente quase nua e à toa, dormindo em rede ou no chão, alimentando-se de farinha de mandioca, de fruta do mato, de caça ou peixe comido cru ou depois de assado em borralho. Nas suas mãos não cintilavam pérolas de Cipango nem rubis de Pegu; nem ouro de Sumatra nem sedas de Catar lhes abrilhantavam os corpos cor de cobre, quando muito enfeitados de penas; os pés em vez de tapetes da Pérsia pisavam a areia pura. Animal doméstico a seu serviço não possuíam nenhum. Agricultura, umas ralas plantações de mandioca ou midubi, de um ou outro fruto."

Casa-grande & senzala, p. 86-87.

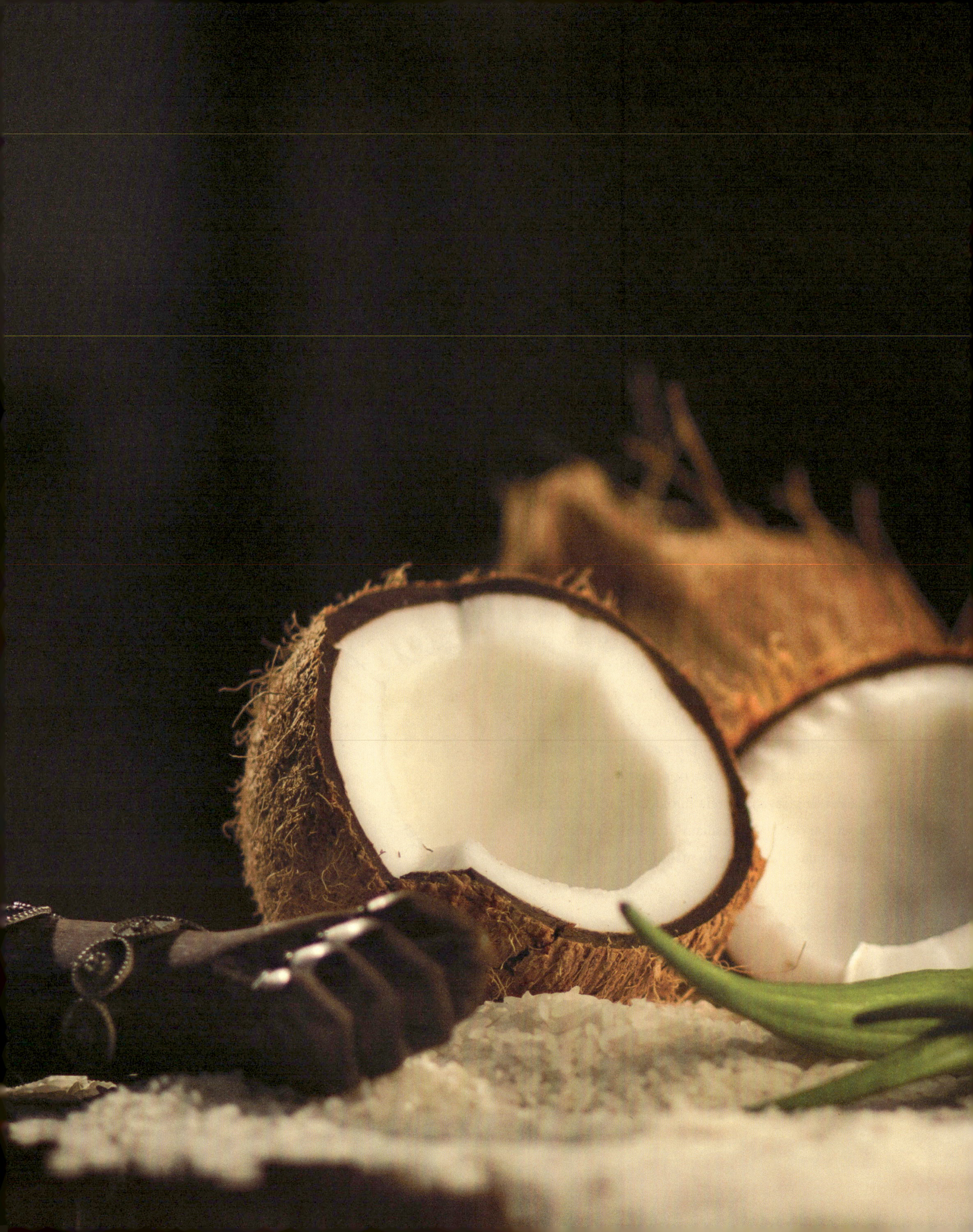

7
O ESCRAVO
AFRICANO

"Na ternura, na mímica excessiva, no Catolicismo em que se deliciam nossos sentidos, na música, no andar, na fala, no canto de ninar menino pequeno, em tudo que é expressão sincera de vida. trazemos quase todos a marca da influência negra."[1]

A partir do século XVI, e por mais dois séculos ainda, africanos foram chegando por aqui, sem mais esperanças de voltar à terra onde viveram, e morreram, seus pais e seus avós. "A africanização do Brasil pela escravidão é nódoa que a mãe pátria imprimiu na sua própria face", assim disse Joaquim Nabuco[2]. Vieram trabalhar nos engenhos, **"para plantarem a cana; para a cortarem; para colocarem a recortada entre as moendas impelidas a roda de água – nos engenhos chamados de água, e por giro de bestas ou de bois, nos chamados almanjarras ou trapiches; limparem depois o sumo das caldeiras de cocção; fazerem coalhar o caldo; purgarem e branquearem o açúcar nas formas de barro; destilarem a aguardente"**[3]. A civilização do açúcar **"teve de depender do escravo negro de modo absoluto"**[4]. Porque esses escravos **"se tornaram literalmente os pés dos senhores: andando por eles, carregando-os de rede ou de palanquim. E as mãos – [...] as dos senhores se vestirem, se calçarem, se abotoarem, se limparem, se catarem, se lavarem."**[5] Trazidos, todos, **"da área mais penetrada pelo islamismo"**[6]. Primeiro da Guiné, para as capitanias de São Vicente e São Tomé. Por conta disso *guiné* passou a ser designação genérica, dada a todos os africanos. Mesmo aqueles que, depois, vieram de outros lugares, sobretudo Angola (Luanda) e Moçambique. Para Pernambuco, Rio de Janeiro e Bahia. Todos do grupo banto – benguelas, congos (ou cabindas) e ovambos. Esses, de Angola, chamados aqui também de *galinhas*. *Galinhas de Angola*. Sendo Galinhas, só para lembrar, nome de ilha do arquipélago de Bissagos, e de um rio na Costa dos Grãos (parte superior da Guiné). Parte deles desembarcava ilegalmente em um porto natural, no litoral sul de Pernambuco, que acabou conhecido como *Porto de Galinhas*. No século XVIII, passaram a vir também da Costa da Mina (atualmente essa região corresponde aos Estados de Gana, Togo, Benin e Nigéria): bornus, ewes (ou jejes), hauçás, iorubás (ou nagôs), minas, tapas.

---

1. *Casa-grande & senzala*, p. 367.
2. 114. (Bibliografia).
3. Casa-grande & senzala, p. 517.
4. *Nordeste*, p. 127.
5. *Casa-grande & senzala*, p. 517.
6. *Casa-grande & senzala*, p. 381.

Aqui eram só mercadoria, vendidos em feiras miseráveis. Ou objeto de escambo, trocados por algodão (de Cabo Verde), animais, armas, estanho, mantas (do Alentejo) e roupas. Um cavalo por sete escravos. Vinte e cinco manilhas de latão por um deles. **"Vê-se através dos velhos anúncios [...] a definida preferência pelos negros e negras altas e de formas atraentes – 'bonitas de cara e de corpo' e 'com todos os dentes da frente'."**[7] Gilberto Freyre, desde cedo, compreendeu a importância desses anúncios. **"Orgulho-me de, ainda muito jovem, ter-me antecipado nessa valorização de anúncios de jornal."**[8] Por eles era possível identificar os lugares de onde vieram aqueles escravos, seus tipos físicos, seus gostos, como se vestiam, como se comportavam "e os seus defeitos, que algumas vezes só eram defeitos aos olhos do senhor", segundo Alberto da Costa e Silva[9]. Aos poucos, enquanto aumentava a população negra, ia diminuindo o número de índios. E não por acaso. Posto ser o estágio cultural da civilização escrava superior ao da civilização indígena em quase tudo: agricultura, artesanato, criação de animais, mineração. E na culinária. Parte dessa superioridade pode-se, talvez, atribuir **"ao regime alimentar mais equilibrado e rico que o dos outros, povos ainda nômades, sem agricultura regular nem criação de gado"**[10]. Eram superiores, também, à **"grande maioria dos colonos brancos – portugueses e filhos de portugueses quase sem instrução nenhuma, analfabetos uns, semianalfabetos na maior parte"**[11].

Para os negros, em sua terra natal, caçar era divertimento e razão de orgulho. Conferia dignidade ao *congo* (caçador). Caçavam de tudo: aves, bode, búfalo, cão, carneiro, crocodilo, elefante, girafa, hipopótamo, javali, lagarta, lebre, porco (selvagem), tatu, zebra e roedores em geral. De galinha não gostavam. E ovo era remédio. Pescavam com arpão, flecha e *luana* (rede de pesca). Carnes conservavam no sal; e com sal, mais ervas e pimentas, temperavam. Dominavam diferentes técnicas de cozinhar. Colocavam as carnes diretamente sobre a brasa ou no vapor, grelhavam, assavam no forno, faziam defumados. Como nossos índios, também esses escravos não conheciam frituras. Manteiga usavam apenas para untar o corpo. Azeite era remédio ou cosmético para o cabelo. Só que, aqui chegando, (quase) tudo

---

7. *Casa-grande & senzala*, p. 396.
8. *O escravo nos anúncios de jornais brasileiros do século XIX*, p. 21.
9. *O escravo nos anúncios de jornais brasileiros do século XIX*, prefácio, p. 15.
10. *Casa-grande & senzala*, p. 373.
11. *Casa-grande & senzala*, p. 382.

mudou. Sobretudo por não conseguirem reproduzir, no Brasil colonial, os sabores da terra distante, dadas as limitações impostas pela condição social a que estavam reduzidos. Praticavam uma culinária de senzala. Mesmo com os senhores de engenho suprindo parte das necessidades desses **"escravos de cuja saúde, de cuja energia, de cujo trabalho dependia a [sua] fortuna e o bem-estar daqueles conjuntos"**[12]. Assim, **"eram de ordinário bem-alimentados e recebiam cuidados dos senhores como se fossem – depõe um observador estrangeiro – uma 'grande família de crianças'. Tinham três refeições por dia e um pouco de aguardente de manhã. A primeira refeição constituía de farinha ou pirão, com frutas e aguardente. Ao meio-dia, faziam uma refeição muito substancial, de carne ou peixe. À noitinha, feijão-preto, arroz e verduras. Nos dias feriados, era costume, em alguns engenhos e em algumas fazendas – grandes engenhos e grandes fazendas, note-se bem –, matar um boi para o regalo de escravos e dar-lhes aguardente, que os tornava alegres e os animava para os batuques. Dançavam, então, aos ritmos sensuais do *batuque* ou de outras danças de origem africana, e riam, cantavam ou tocavam *marimba*."**[13]

Nas senzalas, conservaram alguns hábitos de sua terra. Entre eles a **"saudável predileção africana pelos vegetais"**[14] – **"quiabo, couve, taioba, jerimum"**[15]. Também **"outras 'folhas', outros 'verdes' ou 'matos' de fácil e barato cultivo, desprezados pelos senhores, entravam na alimentação do escravo típico. São 'matos' cuja introdução na cozinha brasileira – em geral indiferente ou hostil à verdura – se deve ao africano."**[16] Faziam papas de fécula, pirões e farinhas de sorgo. Sem contar que usavam arroz – **"alimento fundamental para os escravos"**[17], de muitas maneiras. E sempre. Inclusive no *kuz-kuz*, que faziam com esse arroz ou com semolina, sorgo, trigo. Só aqui aprenderam a usar milho na preparação do cuscuz. Gostavam de inhame (que trouxeram com eles) – assado, cozido, transformado em farinhas ou acompanhando carne ou peixe. Frutas de todo tipo. Sobretudo banana. Comiam até um cacho por vez. Zelosos com seus pertences, e para evitar o escorbuto, seus senhores consentiam que os escravos tivessem, no pomar, as frutas que

---

12. "Alimentação de escravos e alimentação de operários", artigo no *Diário Popular*, em 19 de setembro de 1968.
13. *Vida social no Brasil nos meados do século XIX*, p. 79.
14. *Casa-grande & senzala*, p. 549.
15. *Casa-grande & senzala*, p. 549.
16. *Sobrados e mucambos*, p. 401-402.
17. *Sobrados e mucambos*, p. 401.

quisessem. Mas eles preferiam mesmo alimento dissolvido, por acreditar que fosse mais forte. Além de mais adequado, também, a suas bocas desdentadas. Antes de dormir, enquanto na casa-grande se esfregavam os dentes com *triaga magna* (mistura de 74 drogas que curava tudo), restava aos escravos só alho – *a triaga dos rústicos*. Um dente de alho para cada um. Era comum, nesses escravos, chegar aos 40 anos sem um único dente na boca – segundo o *Trattado unico da constituição pestilencial de Pernambuco*, do médico João Ferreira da Rosa, impresso em Lisboa (1694), talvez o primeiro livro de medicina do Brasil. Pode-se dizer **"ter sido o escravo de casa-grande ou sobrado grande, de todos os elementos da sociedade patriarcal brasileira, o mais bem-nutrido"**[18]. É que as mesas dos ricos senhores, não podemos esquecer, **"foi ela quase sempre prejudicada pelo excesso de conservas importadas da Europa, em condições de transporte que estavam longe de comparar-se, do ponto de vista da higiene ou da técnica de conservação de alimentos, com as dominantes no século atual. De onde muito alimento deteriorado ou rançoso consumido pela gente nobre dos sobrados que desdenhava das verduras ou matos frescos, comidos pelos negros ou pelos escravos."**[19]

Escravos homens eram destinados aos trabalhos pesados. Nas cidades carregavam baús, caixas, comidas, lenhas, madeiras, móveis, pedras, pianos ou terra. Faziam os **"trabalhos mais imundos na higiene doméstica e pública dos tempos coloniais. Um deles, o de carregar à cabeça, das casas para as praias, os barris de excrementos vulgarmente conhecidos por tigres. Barris que [...] ficavam longos dias dentro de casa, debaixo da escada ou em um outro recanto acumulando matéria."**[20] Transportavam cadeirinhas, canoas, liteiras e redes, em passeios de senhores. E serviam como *moleques de recado*. Eram também artífices, caldeireiros, ferreiros, marceneiros, oleiros, pedreiros, pescadores, remeiros e vaqueiros. Alguns, conquistando a confiança de seus patrões, acabaram exercendo ofícios de capatazes, feitores e até carrascos de outros negros. Nas casas-grandes dos engenhos foram capangas, domésticos, guarda-costas, pajens. Tudo, ali, dependia deles. "Se os casarões remanescentes do tempo antigo parecem inabitáveis devido ao desconforto é porque o negro está ausente. Era ele que fazia a casa funcionar [...] o negro era esgoto,

---

18. *Sobrados e mucambos*, p. 401.
19. *Sobrados e mucambos*, p. 402.
20. *Casa-grande & senzala*, p. 550.

era água corrente no quarto, quente e fria, era interruptor de luz e botão de campainha; o negro tapava goteira e subia vidraça quebrada, era lavador automático, abanava que nem ventilador" – palavras do arquiteto Lúcio Costa[21].

Escravas mulheres, sobretudo **"as mais limpas, mais bonitas, mais fortes"**[22], iam para as casas-grandes dos engenhos. Essas *mucamas* faziam todos os serviços da casa: arrumavam, costuravam, lavavam roupa, limpavam, passavam. Ajudavam suas donas a tomar banho e a se vestir. Cuidavam das crianças como amas de leite, que senhoras de posse não se davam aos incômodos de amamentar ou trocar fraldas. Foram elas que embalaram muitas gerações com canções de ninar que ainda hoje se cantam. ***"Durma, meu benzinho, Que a cuca j'ei vem;/ Papai foi na roça,/ Mamãe logo vem."***[23] Impossível esquecer **"da negra velha que nos contou as primeiras histórias de bicho e de mal-assombrado. Da mulata que nos tirou o primeiro bicho-de-pé de uma coceira tão boa."**[24] E continuavam alimentando as crianças, depois. **"Que nos deu de comer, ela própria amolegando na mão o bolão de comida."**[25] Aos senhores também serviam em suas camas, nas horas vagas, com o vigor daquelas carnes duras. **"Não há escravidão sem depravação sexual. É da essência mesma do regime. Em primeiro lugar, o próprio interesse econômico favorece a depravação criando nos proprietários de homens imoderado desejo de possuir o maior número possível de crias."**[26] Foram esses senhores das casas-grandes, por ignorância ou prepotência, que contaminaram as negras das senzalas. **"Por muito tempo dominou no Brasil a crença de que para o sifilítico não há melhor depurativo que uma negrinha virgem."**[27]

Aquelas escravas influenciaram nosso jeito de falar. **"A ama negra fez muitas vezes com as palavras o mesmo que com a comida: machucou-as, tirou-lhes as espinhas, os ossos, as durezas, só deixando para a boca do menino branco as sílabas moles [...] palavras que só faltam desmanchar-se na boca da gente. A linguagem infantil brasileira, e mesmo portuguesa, tem um sabor quase africano:** *cacá, pipi, bumbum, tentém, neném, tatá, papá, papato, lili, mimi, au-au, bambanho, cocô, dindinho, bimbinha* **[...] Os nomes próprios foram dos que mais se amaciaram, perdendo a solenidade, dissolvendo-se de-**

---

21. 96. (Bibliografia).
22. *Casa-grande & senzala*, p. 436.
23. *Casa-grande & senzala*, p. 410.
24. *Casa-grande & senzala*, p. 367.
25. *Casa-grande & senzala*, p. 367.
26. *Casa-grande & senzala*, p. 399.
27. *Casa-grande & senzala*, p. 400.

licadamente na boca dos escravos. As Antônias ficaram Dondons, Toninhas, Totonhas; as Teresas, Tetés; os Manuéis, Nezinhos, Mandus, Manés [...]."[28]

Mas, especialmente na cozinha, a mulher escrava se destacou. Ela "**dominou a cozinha colonial, enriquecendo-a de uma variedade de sabores novos [...] principalmente pela introdução do azeite de dendê e da pimenta-malagueta tão característicos da cozinha baiana; pela introdução do quiabo; pelo maior uso da banana; pela grande variedade na maneira de preparar a galinha e o peixe. Várias comidas portuguesas ou indígenas foram no Brasil modificadas pela condimentação ou pela técnica culinária do negro, alguns dos pratos mais caracteristicamente brasileiros são de técnica africana: a farofa, o quibebe, o vatapá.**"[29] Essas escravas nos ensinaram também a usar coco e, sobretudo, leite de coco. Aos poucos foram nascendo, por mãos negras, receitas novas: angu, canjica, mungunzá, pamonha. Os doces passaram a misturar técnicas portuguesas, mouras e africanas. Bebidas faziam muitas, mas só fermentadas. Do fruto das palmeiras, do milho e do mel de abelha. Sem alambique, claro, um instrumento que só mais tarde nos veio da Europa. Destaque absoluto, nessas bebidas, para a cachaça, primeira destilada feita no Brasil. Essa *água ardente,* assim a chamavam, dava euforia e disposição para o trabalho no campo, protegia do frio e era remédio para qualquer coisa, de reumatismo a picada de cobra. Tudo isso aconteceu sobretudo no Nordeste. Sem que o mesmo tenha acontecido em outros centros urbanos do Sul do Brasil, em que **"fidalgos [...] mantiveram por muito tempo cozinheiros vindos de Lisboa"**[30]. Por conta do preconceito e de uma segregação absoluta que, por toda parte, marcaram a colonização europeia. O cozinheiro de Dom Pedro II (de Portugal), Domingos Rodrigues[31](1637-1719), no último capítulo do seu *Arte de cozinha*, por exemplo, dá conselhos "muito necessários para a inteligência e bom exercício dessa arte". Entre eles: "A todos os senhores, que prezam muito serem assistidos pelos exercitantes desta arte, que de nenhum modo consintam nas suas cozinhas, nem ainda por moços delas, a negros, mulatos ou qualquer cozinheiro que de sua criação ou inclinação for vil [...] porque hão de comer com muito pouca limpeza, e com muito risco em sua saúde, que assim mo tem mostrado a experiência de muitos anos, e o exercício desta minha arte".

---

28. *Casa-grande & senzala*, p. 414.
29. *Casa-grande & senzala*, p. 542.
30. *Casa-grande & senzala*, p. 542.
31. 129. (Bibliografia).

Os escravos tiveram grande importância na formação social do Brasil, sendo **"a força que mais afetou a nossa plástica social"**[32]. Na formação econômica também. A civilização do açúcar **"não se teria feito sem ele – diga-se mais uma vez. Diga-se sempre. O padre Vieira viu no negro o Cristo da civilização do açúcar; "não há trabalho nem gênero de vida no mundo mais parecido à Cruz e à Paixão de Cristo que o vosso em um desses engenhos."**[33] Alguns acabaram repatriados. Mas regressaram à África **"abrasileirados, abaianados, aportuguesados em vários dos seus hábitos, gostos, costumes e até vícios"**[34]. Com **"o gosto pela farinha de mandioca e pelo doce de goiaba, por comidas brasileiras, por hábitos brasileiros. Que prolongaram na África devoções brasileiras como a de Nosso Senhor do Bonfim. Além de festas com cantigas e danças brasileiríssimas. Isto é, mestiças."**[35] Até chegaram a fundar **"em Ardra uma cidade com o nome de Porto Seguro"**[36]. Com eles levaram, ao lado da paz de quem volta às raízes, também jeitos diferentes de fazer antigas receitas. Inclusive pratos que, há tanto tempo vindos da mãe África, acabaram aqui recriados com ingredientes locais: acarajé, caruru, galinha de caçarola, moqueca de crustáceo e de peixe, lombo de porco assado, mocotó, xinxim de galinha. E vatapá, adaptação de técnicas africanas usadas no *muambo de galinha* e no *quitande de peixe*. Outros escravos, mesmo livres, preferiram não voltar. Por pressentir, talvez, já não ser mais deles a pátria distante. Ou outros eram agora eles próprios, aculturados que estavam ao ambiente. E permaneceram nas casas de seus donos.

Também ocuparam as ruas, vendendo comida. **"Negras forras, algumas tão boas doceiras que conseguiram juntar dinheiro vendendo bolo."**[37] Tudo com **"doce feito ou preparado por elas. Por elas próprias enfeitado com flor de papel azul ou encarnado. E recortado em forma de corações, de cavalinhos, de passarinhos, de peixes, de galinhas [...]. Arrumado por cima de folhinhas frescas de banana. E dentro de tabuleiros enormes, quase litúrgicos, forrados de toalhas alvas como pano de missa."**[38] Andavam com esses tabuleiros na cabeça ou ficavam nas esquinas de ruas movimentadas. Aí **"os tabuleiros repousavam sobre armações de pau escancaradas em X.**

---

32. *Casa-grande & senzala,* p. 397.
33. *Nordeste,* p. 127.
34. *Bahia e baianos,* p. 95.
35. *Bahia e baianos,* p. 95.
36. *Casa-grande & senzala,* p. 395.
37. *Casa-grande & senzala,* p. 543.
38. *Casa-grande & senzala,* p. 543.

A negra ao lado, sentada em um banquinho."[39] Assim faziam também **"as negras de fogareiro, preparando ali mesmo peixe frito, mungunzá, milho assado, pipoca, grude, manuê"**[40]. Vestidas sempre de maneira bem própria: **"O trajo africano, de influência maometana, permaneceu longo tempo entre os pretos. Principalmente entre as pretas doceiras; e entre as vendedeiras de aluá. Algumas delas amantes de ricos negociantes portugueses e por eles vestidas de seda e cetim. Cobertas de quimbembeques. De joias e cordões de ouro. Figas da Guiné contra o mau-olhado. Objetos de culto fálico. Fieiras de miçangas. Colares de búzios. Argolões de ouro atravessados nas orelhas. Ainda hoje se encontram pelas ruas da Bahia negras de doce com os seus compridos xales de pano da costa. Por cima das muitas saias de baixo, de linho alvo, a saia nobre, adamascada, de cores vivas. Os peitos gordos, em pé, parecendo querer pular das rendas do cabeção. Teteias. Figas. Pulseiras. Rodilha ou turbante muçulmano. Chinelinha na ponta do pé. Estrelas marinhas de prata. Braceletes de ouro."**[41]

Faltando só dizer que esses escravos trouxeram alegria para a colônia. **"Nos engenhos, tanto nas plantações como dentro de casa, nos tanques de bater roupa, nas cozinhas, lavando roupa, enxugando prato, fazendo doce, pilando café; nas cidades, carregando sacos de açúcar, pianos, sofás de jacarandá de ioiôs brancos – os negros trabalharam sempre cantando."**[42] Foi o escravo **"quem animou a vida doméstica do brasileiro de sua maior alegria [...] Ele que deu alegria aos são-joões de engenho, que animou os bumbas meu boi, os cavalos-marinhos, os carnavais, as festas de Reis. Que à sombra da Igreja inundou das reminiscências alegres de seus cultos totêmicos e fálicos as festas populares do Brasil."**[43] Hora de refeição era, para aquela gente, sempre farta de alegria. Comer acabava sendo momento de festa, em meio a tanta dor. Com os pratos na mesa se misturando a cantos e danças das terras distantes, batuques, lamentos, zoadas, crenças, chocalhos, saudades.

---

39. *Casa-grande & senzala*, p. 543.
40. *Casa-grande & senzala*, p. 544.
41. *Casa-grande & senzala*, p. 396.
42. *Casa-grande & senzala*, p. 551.
43. *Casa-grande & senzala*, p. 551.

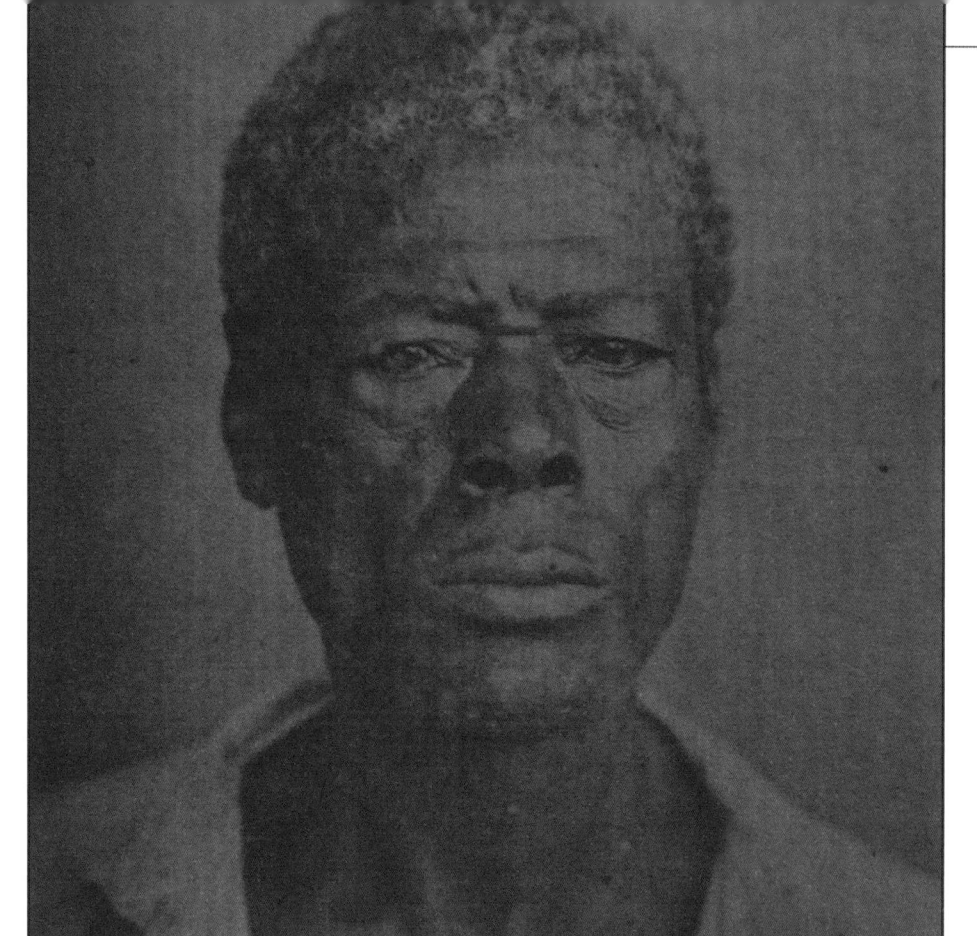

Escravos do século XIX.

SELETA DE TEXTOS

ALIMENTAÇÃO DE ESCRAVO

"Depois de lembrar [o professor Tales de Azevedo] a afirmativa do professor Josué de Castro, de que os molhos de azeite de dendê e pimenta são 'verdadeira infusão concentrada de vitaminas A e C', observa: 'A boa dentadura do preto considerada um traço hereditário peculiar a esse tipo étnico, na dependência de condições glandulares próprias dos tipos constitucionais atlético e longilíneo, mais frequentes entre os negros africanos, bem pode relacionar-se ao consumo de azeite de dendê no seu continente originário'. Destaca, ainda, o pesquisador baiano o consumo, pelo brasileiro colonial, de alimentos, como o cará ou o inhame, 'ricos em elementos da constelação B, vitaminas que, segundo está verificado, influem poderosamente para manter a energia física, a resistência à fadiga muscular, e a admitir as primeiras conclusões de pesquisas ainda em curso, a iniciativa, a vivacidade, o bom humor' [...] Reconhece, assim, o pesquisador baiano a superioridade da alimentação da gente das senzalas e da própria plebe africanoide dos mucambos – continuadora, sempre que possível, de hábitos alimentares africanos, respeitados, na maioria das senzalas, pelos senhores de casas-grandes e sobrados mesmo porque eram hábitos vantajosamente econômicos para os mesmos senhores – sobre a alimentação dos brancos ou da gente senhorial das casas ou sobrados nobres."

Sobrados e mucambos, p. 409-410.

"O escravo negro no Brasil parece-nos ter sido, com todas as deficiências do seu regime alimentar, o elemento mais bem-nutrido em nossa sociedade patriarcal, e dele parece que numerosos descendentes conservaram bons hábitos alimentares, explicando-se em grande parte pelo fator *dieta* – repetimos – serem em geral de ascendência africana muitas das melhores expressões de vigor ou de beleza física em nosso país: as mulatas, as baianas, as crioulas, as quadraronas, as oitavonas, os cabras de engenho, os fuzileiros navais, os capoeiras, os capangas, os atletas, os estivadores no Recife e em Salvador, muitos dos jagunços dos sertões baianos e dos cangaceiros do Nordeste."

Casa-grande & senzala, p. 107.

"Este, vindo de um estágio de cultura superior ao do americano, corresponderia melhor às necessidades brasileiras de intenso e contínuo esforço físico. Esforço agrícola, sedentário. Mas era outro homem. Homem agrícola. Outro, seu regime de alimentação, que, aliás, pouca alteração sofreria no Brasil, transplantadas para cá muitas das plantas alimentares da África: o feijão, a banana, o quiabo; e transportados das ilhas portuguesas do Atlântico para a colônia americana o boi, o carneiro, a cabra, a cana-de-açúcar."

Casa-grande & senzala, p. 230.

O ESCRAVO

"Mas não foi toda de alegria a vida dos negros, escravos dos ioiôs e das iaiás brancas. Houve os que se suicidaram comendo terra, enforcando-se, envenenando-se com ervas e potagens dos mandingueiros. O banzo deu cabo de muitos. O banzo – a saudade da África."

Casa-grande & senzala, p. 552-553.

SELETA DE TEXTOS

"Quase todos os africanos *brasileiros* voltaram à África da Bahia. Às vezes de outros pontos do Brasil mas *via Bahia*. Abaianados, portanto. Amaciados, urbanizados, polidos pela Bahia. E quem diz Bahia ou baiano diz festa, bolo, doce, mulata, alegria, e até pecado. Os sete pecados mortais e não apenas todos os santos da Igreja, mais os dos candomblés: Bahia de Todos os Santos. Diz música, dança, canto, foguete, capoeiragem, pastel enfeitado com papel de cor, caprichosamente recortado, caruru, violão, balangandã, chinelinha leve na ponta do pé da mulher, em contraste com o tamanco pesadamente português do homem, saia de roda, camisa ou cabeção picado de renda, guardando peitos gordos de negras, de mulatas, de quadraronas provocantes."

Problemas brasileiros de antropologia, p. 269-270.

A ESCRAVA

"*A ama, amamentou todas as gerações brasileiras; mucama, a todos acalentou; homem, para todos trabalhou; mulher, a todos se entregou.* Convém não esquecer a cozinheira; a negra do fogão; a pretalhona do forno. Influindo a nutrição como influi sobre o tipo social – sobre a própria moral social – sofremos todos, por esse lado, a influência africana. Porque as chamadas cozinhas *baiana, pernambucana, maranhense*, com os seus mocotós, mungunzás, sarapatéis, canjicas, tapiocas, pamonhas e comidas de coco, acusam forte influência africana."

Região e tradição, p. 189-190.

"Essa sua influência africanizante vem se exercendo através das mulatas que ainda hoje ensinam os meninos brancos a falar e, dentro desse primeiro ensino de português, transmitem-lhes superstições, cantos, tradições africanas; através das mulatonas gordas que cozinham para as casas dos brancos, africanizando com seus temperos as próprias receitas francesas; através das quadraronas e oitavonas bonitas que pelo prestígio da beleza e do sexo sobem dos mucambos até os sobrados de azulejo – amantes de negociantes, de oficiais da Polícia e do Exército, de funcionários públicos, de portugueses ricos, de italianos, de alemães, de filhos de barões e de viscondes do tempo do Império."

Sobrados e mucambos, p. 798.

"Menino ou menina, crescia o novo membro da família com a medalha de Nossa Senhora ou de algum santo ao pescoço, à qual às vezes se juntava uma figa ou um dente de jacaré contra o mau-olhado. Crescia mimado pela mãe e quase sempre também pela ama, que de ordinário era quem lhe dava de mamar do seu peito preto ou pardo, além de gordo e opulento; quem lhe dava à boca os primeiros mingaus; quem lhe cantava as primeiras cantigas para o fazer dormir; quem lhe fazia os primeiros medos; mais tarde, quem lhe tirava dos pés os primeiros bichos; quem às vezes lhe catava nos cabelos os primeiros piolhos; quem lhe dava os primeiros banhos; quem o vestia; quem o despia; quem o calçava."

Ordem e progresso, p. 182.

"Uma outra como que memória coletiva que parece associar-se, e a da 'nega' idealmente recordada pelo fato de ter sido, para muito brasileiro, a iniciadora em delícias não só de amor físico, como, anteriormente, de paladar, como quituteira, como que materna. Associação que seria uma confirmação, da parte do Brasil, socialmente antropológico, àquela generalização do antropólogo Robert Briffault no clássico *The mothers*, que atribui o máximo de importância às mães no contexto antropológico. Mas a associação paladar, sexo, mulher mãe, no caso do passado social do brasileiro, com a mãe preta, tantas vezes, a principal mãe quituteira do menino de formação patriarcal, ainda porventura presente, como resíduo, na formação do menino pós-patriarcal, concorreria para explicar ter sido tão brasileira a metáfora de identificar-se a posse de uma mulher por um homem, ou mesmo de um homem por uma mulher, com o comer de um bom quitute por um gourmet ou um gourmand."

Insurgências e ressurgências atuais, p. 259-260.

ANÚNCIO

"Vício comum entre os escravos do tempo do Império foi também o da cachaça, a que vamos encontrar frequentes alusões nos anúncios de negros fugidos. Comum principalmente entre os negros de engenho, alguns dos quais eram desadorados para roubar aguardente em cabaças. Às vezes arrombavam destilarias. Malaquias, 'o que costuma' – diz um anúncio de 1834 – 'quando se ausenta de casa muda o nome para Joaquim [...] o rosto de muleque, pés apalhetados, estatura e corpo ordinário, farçola, regrista [...] cabelo cortado à moda, isto é, rente no meio da cabeça e crescido dos lados', tinha o vício da cachaça."

O escravo nos anúncios de jornais brasileiros do século XIX, p. 122.

"O curioso, entretanto, é que o dono dessa joia de crioula trocava-a – havia, na época em apreço, muita troca de escravos entre senhores – por 'uma negrinha sem defeito que tenha de 16 a 18 anos' (*D.P.*, 23/11/1835). Talvez por desejar, o dono da angélica cria de religiosas, escrava que, em vez de prendada para a vida apenas doméstica, fosse capaz de ir à rua ou ao mercado vender frutas do sítio do senhor: mangas, cajus, sapotis, que era também o ofício de Benedita, de nação da Costa, de 40 anos, que em 1857 desapareceu com frutas e tabuleiro, levando 'vestido de algodão riscado, um pano da costa e um xale amarrado na cabeça' (*D.P.*, 28/12/1857)."

O escravo nos anúncios de jornais brasileiros do século XIX, p. 159-160.

"'Vende-se uma escrava boa cozinheira, engomma bem e ensaboa, com uma cria de 3 anos, peça muito linda, propria de se fazer um mimo della; e tambem se vende só a escrava, no caso que o comprador não queira com a cria', informa um anúncio, ainda do *Diário de Pernambuco*, de 28 de abril de 1859."

O escravo nos anúncios de jornais brasileiros do século XIX, p. 166.

SELETA DE TEXTOS

"Os anúncios de jornais da época estão cheios de referências a escravos pretos e pardos notáveis pelas suas 'prendas'. Mulatas que sabiam fazer 'labirinto' e 'bordados' 'com perfeição'. Negras crioulas peritas no preparo de doces; pardas capazes de pentear a mais requintada senhora; pretos, bons oficiais de ferreiro; negros, ótimos boleeiros; pardos, oficiais de alfaiate; mulatos, perfeitos destiladores e já conhecedores da ingresia conhecida por 'alambiques de Derosne'[44]. É possível que houvesse, nesses anúncios, exageros. Mas não tanto ao extremo de serem todos puras invenções."

Vida social no Brasil nos meados do século XIX, p. 75.

---

44. O químico francês Charles Derosne (1779-1846), juntamente com o mecânico Jean-François Cail (1804--1871), fundou em 1836 a empresa Société Derosne et Cail, que viria a se tornar uma das maiores produtoras mundiais de equipamentos para a indústria açucareira, inclusive de alambiques.

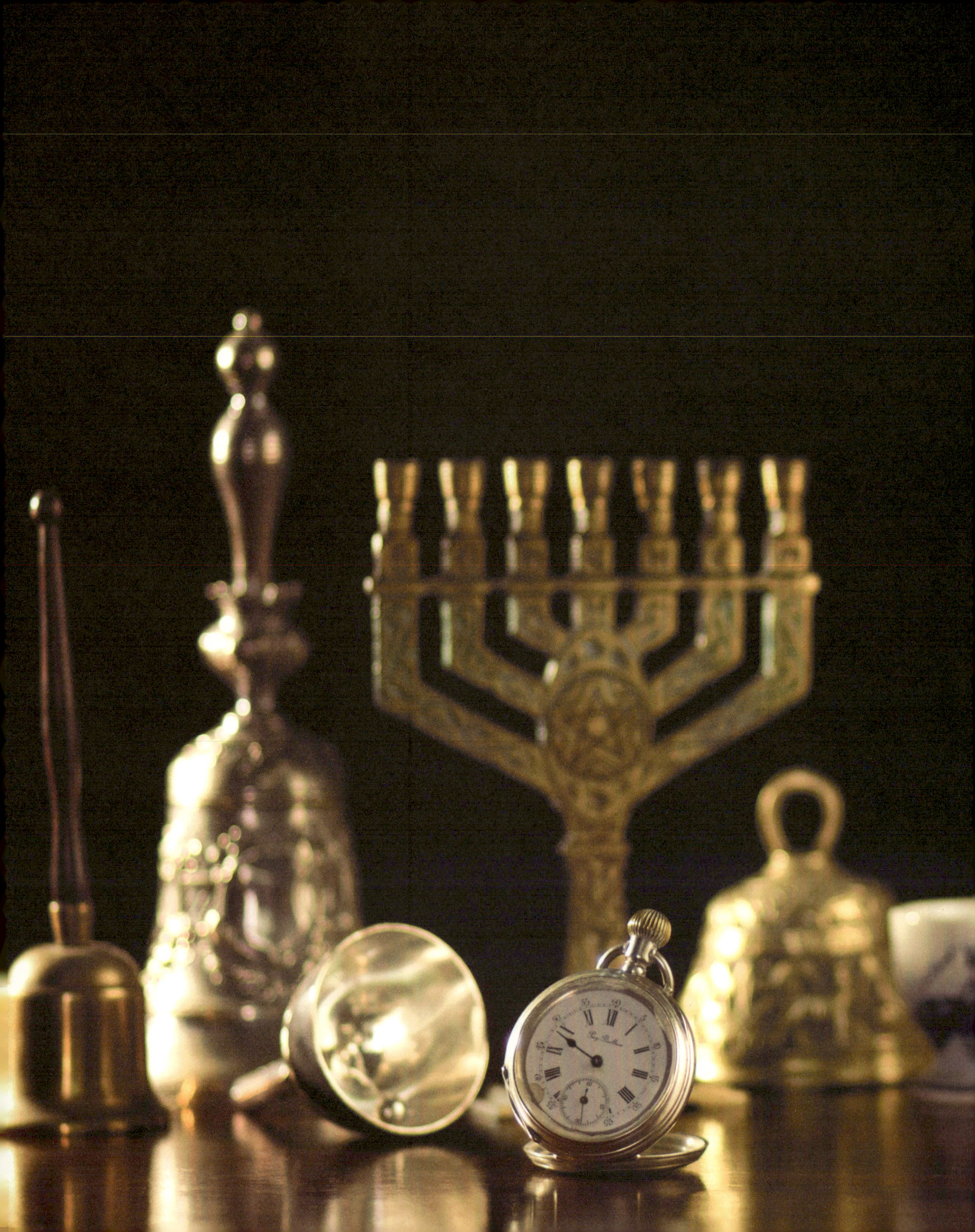

8
OUTROS POVOS

"O Brasil é isto: combinação, fusão, mistura. E o Nordeste, talvez a principal bacia em que se vêm processando essas combinações, essa fusão, essa mistura de sangues e valores que ainda fervem: portugueses, indígenas, espanhóis, franceses, africanos, holandeses, judeus, ingleses, alemães, italianos. Daí a riqueza de sabores ainda contraditórios de sua cozinha."[1]

Além dos sangues que foram a base de nossa formação, muitos outros povos aqui deixaram suas marcas. Influenciando até mesmo nosso jeito **"de andar, de sorrir, de amar, de cantar, de dançar, de ser religioso"**[2]. Também nossas **"preferências gerais por alimentos, por crenças, por formas de lazer, por músicas, por artes, por divertimentos"**[3]. Incorporando, às nossas tradições, elementos de cada uma dessas culturas. **"Vários elementos de culinária, de decoração, de arquitetura, de música, de literatura, de desporto, de técnica de trabalho"**[4]. Com a consciência de que **"nossa tradição pode enriquecer-se, e muito, no contato com as culturas trazidas pelos imigrantes"**[5]. Em todas as áreas, inclusive na culinária. Os anúncios de jornais da época documentam as **"transformações de gosto que, durante a revolucionária primeira metade do século XIX, foram afastando o brasileiro de costumes já castiçamente luso-brasileiros para aproximá-los de modas francesas, inglesas, italianas, alemãs, eslavas; e também norte-americanas que, desde então, começaram a competir com as europeias"**[6]. Aos poucos foi **"tornando-se *chic* comer à francesa, à italiana, à inglesa. O chá e a cerveja dos ingleses se propagaram rapidamente entre a fidalguia dos sobrados. Também as massas e os pastéis dos italianos. O queijo flamengo ou suíço. A própria doçaria das casas-grandes, das iaiás solteironas dos sobrados, das freiras dos conventos, dos negros de tabuleiro, foi desaparecendo, perdendo o encanto até para os meninos."**[7] Gilberto Freyre reconheceu, desde cedo, a importância de todas essas influências.

HOLANDESES

Tudo começou com a primeira sociedade anônima (e já multinacional) que o mundo conheceu – a Companhia das Índias Ocidentais, que chegou a Pernambuco em 14 de fevereiro de 1630. O lugar não foi escolhido ao acaso. É que, por esse tempo, era o maior produtor mundial de açúcar. Um açúcar, segundo Antonil[8], "sempre doce e vencedor de amarguras, que vai dar gosto ao paladar dos seus inimigos nos banquetes, saúde nas mezinhas aos enfermos, e grandes lucros aos senhores de engenho e aos lavradores que o perseguiram,

---

1. *Gilberto Freyre*, Coleção Encontros, p. 93.
2. *O escravo nos anúncios de jornais brasileiros*, p. 49.
3. *O escravo nos anúncios de jornais brasileiros*, p. 49.
4. *O mundo que o português criou*, p. 22.
5. *O mundo que o português criou*, p. 22.
6. *Sobrados e mucambos*, p. 454.
7. *Sobrados e mucambos*, p. 461.
8. 86. (Bibliografia).

e aos mercadores que o compraram". A Holanda precisava dele, ainda bruto, para suas refinarias. Eram 26, apenas em Amsterdã. Sendo esse açúcar refinado e depois vendido, a muito bom preço, para toda a Europa.

Mais tarde, em 23 de janeiro de 1637, chegou o conde João Maurício de Nassau-Siegen – **"um gentil-homem abrilhantado pelas graças da civilização mediterrânea, cheio de gosto pelas artes plásticas; cheio de entusiasmo pela pintura, amando os bons jantares, as ceias lautas, os banquetes finos"**[9]. A bordo do *Zuphen*, junto com três outras naus – *Adão e Eva*, *Senhor de Nassau* e *Pernambuco*. Com **"seu séquito de homens louros"**[10]: 350 soldados; o latinista e poeta Franciscus Plante e outros **"pastores da religião de Calvino,** [que aqui pregaram] **novas formas de cristianismo"**[11]; os médicos Willem Piso e Willem van Milaenen; o astrônomo e naturalista Georg Marcgrave – **"os primeiros olhos de cientistas a estudarem sistematicamente os indígenas, as árvores, os bichos do Brasil"**[12]. Mais o arquiteto Pieter Post, que traçou **"os planos de uma grande cidade de sobrados altos e de canais profundos por onde se pudesse passear de canoa como na Holanda"**[13]. Também os pintores Frans Post, Albert Eckhout e o desenhista Zacarias Wagener, que aqui registraram tudo – **"casas de engenho, palhoças de índios, mucambos de pretos, cajueiros à beira dos rios, negras com trouxas de roupa suja à cabeça, figuras de índios, de mestiços, de negras"**[14]. Trouxeram animais de criação – **"gatos, para combater aos ratos dos armazéns, trezentos cães ingleses [...] que auxiliariam os soldados na captura de negros e índios"**[15]. E **"gente de vários países do norte da Europa e não apenas da Holanda. Judeus. Nórdicos e judeus dos quais alguns deixariam descendência numerosa no Brasil e afetariam de vários modos os estilos de vida e de cultura da América lusocatólica."**[16] Só não se preocuparam em trazer, nessa corte heterogênea, um único cozinheiro de fama.

Em terra, tudo foi se modificando. Nassau construiu dois palácios. O *Schoonzit* (ou da Boa Vista, atual convento do Carmo) para repouso e lazer; e o **"Vrijburg** [ou Friburgo, que o povo chamava das Torres, por possuir duas torres

---

9. *Região e tradição*, p. 211.
10. *Guia prático, histórico e sentimental da cidade do Recife*, p. 24.
11. *Sobrados e mucambos*, p. 441.
12. *Sobrados e mucambos*, p. 441.
13. *Sobrados e mucambos*, p. 441.
14. *Sobrados e mucambos*, p. 441.
15. *Prefácios desgarrados*, vol. I, p. 399.
16. *Prefácios desgarrados*, vol. I, p. 399.

altas, onde hoje está o Campo das Princesas] – **cercado de coqueiros e das mais altas árvores dos trópicos**"[17], residência oficial e trabalho. Ergueu **"no meio dos cajueiros o primeiro observatório astronômico da América; um jardim botânico e outro zoológico surgiram dentre os mangues"**[18]. Preocupou-se com as condições de higiene da colônia, com **"obras de engenharia e principalmente com o sistema de canais de que [...] dotou a capital do açúcar; e no interior, com as medidas tomadas por ele contra os desmandos da monocultura da cana e a favor da plantação de legumes e de cereais pelas terras dos engenhos. Estas medidas teriam se refletido de modo favorável sobre a saúde da população. Além disso, o domínio holandês nos teria trazido o saber médico dos doutores judeus de Amsterdã e, por consequência, melhor assistência médica e higiênica aos habitantes do Nordeste."**[19]

A presença holandesa entre nós teve a marca da predação colonizadora, bem diferente do estilo de aculturação portuguesa. Em 24 anos de dominação, os flamengos não nos deixaram uma escola de pintura, nem de arquitetura, nem de medicina, apesar de com eles virem tantos bons profissionais. Na culinária não foi diferente. Nenhuma contribuição significativa **"com relação à culinária, em geral, e à doçaria, em particular, durante a ocupação holandesa"**[20]. Nenhum **"sinal de influência na cozinha da região. Apenas um tipo de biscoito duro: o brote."**[21] Quase a mesma pronúncia de *pão*, na língua holandesa. Sendo essa uma das poucas palavras que deles herdamos. **"Os filólogos não acham jeito de identificar na fala daqueles nortistas senão uma ou outra recordação como a palavra 'brote.'"**[22] Enquanto os portugueses marcaram **"o idioma holandês de palavras essenciais como *kraal* (de curral), ainda hoje corrente entre os transvaalianos de origem holandesa"**[23].

A incapacidade do invasor na conquista do paladar pernambucano justifica **"grande parte do insucesso de suas tentativas de desaportuguesação do Nordeste. Incapacidade que não deixa de ser surpreendente num povo que desde o século XVI criava vacas de leite tão bonitas, fabricava queijo tão bom e manteiga tão gostosa, dominava o mercado de arenque. Mas com tudo isso parece que nem em Amsterdã nem em Leyden a arte da mesa – para não falar

---

17. *Guia prático, histórico e sentimental da cidade do Recife*, p. 24.
18. *Sobrados e mucambos*, p. 441.
19. *Nordeste*, p. 149.
20. *Açúcar*, p. 23.
21. *Região e tradição*, p. 211.
22. *Sobrados e mucambos*, p. 439.
23. *Uma cultura ameaçada e outros ensaios*, p. 19-20.

na da sobremesa – chegara à opulência da portuguesa: a de Alcobaça, a de Coimbra, a de Lisboa, a do Porto. Mesa de frades, fidalgos, freiras, matronas, tricanas, tripeiros."[24] É que faltava, a esse povo, "**uma forte tradição culinária alemã ou holandesa, que o habilitasse a vencer, no Nordeste, a dos conventos, solares, quintas e aldeias de Portugal. Tradição – a luso-brasileira, de cozinha – já por mais de um século enriquecida, no contato com o Oriente e com a natureza do Brasil, de especiarias e substâncias tropicais.**"[25] A mais provável explicação para isso é que "**o invasor encontrou aqui não um espaço livre, mas um ambiente já impregnado de mil e um cheiros de comidas – o cheiro de mocotó, o de mungunzá, o de peixe frito, o de canjica – confraternizados com o aroma do incenso. E o que se verificou foi, até certo ponto, a conquista do paladar do europeu do Norte pela mesa patriarcal e pela sobremesa abacial dos luso-brasileiros.**"[26]

O tempo de Maurício de Nassau "**foi no Recife uma época de grandes banquetes, jantares, piqueniques. Ele atraiu à mesa suntuosa do Palácio das Torres alguns dos maiores inimigos da Holanda: o capitão Paulo da Cunha, por exemplo. Atraiu fidalgos da terra. Atraiu padres e frades para jantares onde a conversa se desenrolava em latim. Isto em Palácio. Nos parques à sombra das árvores, as tardes de verão eram também animadas pelo ruído das merendas populares, espécie de piqueniques acompanhados de música,** *como se usa na Holanda* **– informa o autor de** *Valeroso Lucideno.*"[27] Mas nunca houve, por parte dos holandeses, qualquer simpatia para com os produtos da terra. Nada de frutas, legumes, verduras, raízes, caules ou produtos à base de mandioca, largamente usados na dieta de portugueses, índios e negros. Aqui, continuaram a ter os mesmos hábitos de antes. Como se ainda estivessem na velha Europa. De lá vinham todos os seus alimentos – arenque, bacalhau, carne de boi e de carneiro (salgadas), língua, peixe seco, presunto, salmão, toucinho. Também alcaparra, arroz, aveia, azeite, azeitona, biscoito, cevada, fava, farinha de trigo, passas. E "**vieram-nos da Holanda, durante o tempo dos flamengos, além de muito queijo e de excelente manteiga**"[28], muitas bebidas – aguardente, cerveja (birra), vinho. Uma dieta em que predominavam álcool, conservas,

---

24. *Região e tradição*, p. 21.
25. *Região e tradição*, p. 212.
26. *Região e tradição*, p. 212.
27. *Região e tradição*, p. 212.
28. *Prefácios desgarrados*, vol. I, p. 399.

sal e que certamente contribuiu para a derrota das tropas da Companhia nas duas batalhas dos Montes Guararapes. Seja como for, "**parecia sempre dia de festa a vida no Recife do tempo de Maurício de Nassau. Cidade cheia de gente se divertindo, passeando de bote, comendo merenda ao ar livre, vendo os bichos do jardim, gozando a sombra do arvoredo."**[29]

Nassau aqui ficou até 1644, quando afinal se despediu desta terra que jamais considerou verdadeiramente sua. Do palácio da Boa Vista, seguiu em direção a Olinda, cidade que seus patrícios queimaram (grande parte do casario, quatro mosteiros, a igreja do Salvador do Mundo) e, depois quem sabe, se arrependeram. Só para lembrar, no incêndio a "**Olinda católica reagiu quanto pôde. Reagiu bravamente. Nem parecia a Olinda amolecida pelo luxo e pela luxúria dos fins do século XVI e dos princípios do XVII: a Olinda da indignação dos pregadores. Um dos quais, diante de uma gente tão voltada para as sedas e os veludos, para o ouro, para as pratas e para as pedras preciosas de que se cobriam as senhoras, para as iguarias e os vinhos finos importados do Reino e das Ilhas com que se regalavam os senhores, bradou um dia: 'Sem mais diferença do que o de uma só lettra, esta Olinda está chamando por Olanda e por Olanda há de ser abrazada Olinda, que onde falta tanto a justiça da terra não tardará muito a do céo.'"**[30] Enfim, "'Olinda [foi] abrazada por Olanda'"[31]. Depois o conde passou por Itamaracá, onde contemplou o forte de Orange – batizado com esse nome pelo próprio Nassau, em homenagem a um condado de sua família. E afinal chegou a Cabedelo (Paraíba), onde embarcou na mesma caravela que o trouxera ao Brasil sete anos antes. Mas não se foi como veio. Chegou em busca de fortuna e voltou com ela. Na bagagem, estimada em 2.600.000 florins, havia fumo, jacarandá, marfim, pau-brasil, mobiliário e toda a produção dos artistas que com ele vieram. Sem contar as muitas caixas de açúcar – tantas que, transformadas em dinheiro, acabaram por financiar as despesas de seu palácio em Haia, a *Mauritshuis* (Casa de Maurício). A casa, que hoje abriga um dos mais importantes museus de pintura da Holanda, foi pelos senhores do Conselho dos XIX nomeada *Suikerhuis* (Casa do Açúcar), por conta disso. Consta que Nassau

---

29. *Guia prático, histórico e sentimental da cidade do Recife*, p. 28.
30. *Olinda – 2º guia prático, histórico e sentimental de cidade brasileira*, p. 132.
31. *Nordeste*, p. 149.

chorou na despedida ao ouvir, depois da salva de canhões, o hino *Wilhelmus van Nassauven*. Findando a aventura holandesa em 1654, quando os invasores foram finalmente expulsos desta terra. É que, palavras de José Antônio Gonsalves de Mello[32], "a exploração pura e simples das terras e da gente, a venalidade dos seus prepostos e a inépcia dos seus dirigentes levaram à ruína o governo holandês".

FRANCESES

Tudo começou quando a família real chegou ao Brasil, em 1808, por força das tropas francesas de Junot que ocupavam Portugal. A ironia, nessa invasão determinada por Napoleão, é que toda a corte portuguesa, desde muito, tentava imitar os modismos franceses. D. Maria, a Rainha Louca, chegou a convidar Luís XV para ser padrinho do seu terceiro filho (e futuro rei de Portugal), Dom João VI. Sem contar que, nos tempos em que ainda tinha restos de lucidez, contratou o grande chef Lucas Rigaud para cuidar dos cardápios da realeza. Com ele houve, de vez, **"o afrancesamento da cozinha e da doçaria portuguesas"**[33]. A culinária portuguesa mudou, com Rigaud e alguns de seus discípulos – entre os quais José da Cruz Alvarenga, que ao Brasil veio para ser cozinheiro da família real. Costumes foram se consolidando. Primeiro no Rio de Janeiro, depois nas casas-grandes dos engenhos de açúcar. As quadrilhas (*quadrilles*), por exemplo, trocaram os palácios pelos arraiais de São João, em arrasta-pés feitos de anavantus (*en avant tous*) e anarriês (*en arrière*). Tudo era francês. **"O Recife ia afrancesar-se em todos os seus estilos de vida. 'Tudo se quer à francesa', dizem uns versos de 1840 publicados no *Carapuceiro*."**[34] "Mudavam-se até os nomes das coisas para torná-las mais finas", assim escreveu Mário Sette[35]; ainda lembrando poeta que reclamava da situação, em versos: "O trenó hoje é console/ Tête-à-tête é canapé/ Étagères as prateleiras/ Dança à noite é soirée". O próprio Gilberto Freyre usa, muitas vezes, expressões francesas nos seus textos, como **"*retour aux sources*"**[36] (ao falar do regresso saudosista a receitas tradicionais) ou **"*physiologie du goût*"**[37] (ao referir o ato fisiológico

---

32. 104. (Bibliografia).
33. *Açúcar*, p. 69.
34. *Açúcar*, p. 95.
35. 133. (Bibliografia).
36. *Açúcar*, p. 52.
37. *Açúcar*, p. 55.

do gosto, em alusão clara ao livro do francês Brillat Savarin). Sem educação, refinamento, nem qualquer resto de orgulho, a burguesia da época passou a copiar servilmente os hábitos franceses daquela nobreza itinerante – na língua, na etiqueta, na moda, na decoração, na dança, na afetação dos gestos, no uso de perfume intenso.

Mas em nenhum outro campo essa influência foi tão forte quanto na culinária. **"A fartura de cana favoreceu o desenvolvimento de toda uma série de bons-bocados de origem francesa."**[38] Interferindo mesmo nos hábitos das casas-grandes. **"As mulheres gordas, fazendo doce [...]** [e todo o patriciado rural] **que se consolidara"**[39] naquelas casas. Passamos a ter mesas com mais refinamento usando cristais Baccarat ou São Luís, porcelanas da Companhia das Índias e prataria em geral – bandejas, bules, conchas, paliteiros, talheres, salvas. Começamos a usar o *serviço à francesa*, bem mais formal, com cada convidado sendo servido individualmente. Quase sempre *à la clochette*, com sininho para chamar os serviçais. O próprio anúncio das refeições era feito em francês: *Madame, est servie* (está servida). Adotamos também um horário de refeições mais semelhante ao de hoje, reproduzindo aquele estabelecido (em Paris) ao tempo da Revolução Francesa. Curioso é que tudo se deu por conveniência dos deputados participantes da Assembleia Nacional Constituinte. É que suas sessões iam das 12 às 18 horas, um horário nada compatível com os hábitos da época – em que a primeira refeição forte (o almoço) era servida bem cedo e a segunda (o jantar) no meio do dia. Essa influência se fez ainda mais forte quando aqui chegaram pasteleiros e doceiros franceses. **"Os pasteleiros e doceiros franceses começam a aparecer nos anúncios dos jornais dos primeiros anos do Império, juntamente com caixas de passas, as latas de figos, os boiões de ameixas vindos da Europa."**[40] Sem esquecer os cozinheiros. **"Auguste, 'cozinheiro francês' [...] com sua arte europeia cheia de riquefifes, brilhante de atrativos para os aristocratas da Madalena e para os fidalgos dos sobrados grandes do Poço da Panela, gente, agora, de olhar voltado para a França: trata de fazer escola."**[41] Dito Auguste, inclusive, participava **"ao público, pelo *Diário de Pernambuco*, que 'pelas**

---

38. *Açúcar*, p. 44.
39. *Sobrados e mucambos*, p. 105.
40. *Açúcar*, p. 94.
41. *Açúcar*, p. 94.

muitas ocupações que tem', decide 'tomar alguns discípulos para ensinar o seu ofício'"[42]. Ele "encarregava-se de *fazer todo e qualquer banquete, com grande diversidade de iguarias e exatidão. Dele parecem datar certas modas de pratos e doces finos franceses que foram deixando um tanto na sombra as sobremesas coloniais de arroz-doce, o próprio doce de coco, o melado ou mel de engenho com farinha ou macaxeira.*"[43]

Nessa reprodução de hábitos franceses aprendemos a valorizar temperos e saladas; a preparar *fondues, omelettes, soufflés,* molhos (*bearnaise, béchamel, velouté*), sopas (*bouillabaisse, oignon*), caldos (*consommé*), entradas (*croquette, paté, vol-au-vent*), carnes (à Chateaubriand, *au poivre*, à Rossini, *strogonoff*). Galinha ao vinho (*coq au vin*) ou de cabidela – que, longe de ser portuguesa (como pensam muitos), é receita genuinamente francesa, a partir de técnica usada para preparar a *poule en barbouille*. Um desses **"quitutes com aparência de brasileiros [que] são franceses e refletem o francesismo que desde o século XVIII invadiu a cozinha portuguesa: a cabidela, por exemplo. A galinha de molho pardo."**[44] Mais pães de todo tipo – *baguette, croissant, brioche*. E aquele da terra (duro, pesado e seco), que trocou a farinha de milho ou de mandioca pela de trigo, ficando bem mais tenro, de miolo branco e casca dourada na lenha, semelhante aos já largamente usados em toda a Europa. No Brasil, e só aqui, ganhou nome de *pão francês*. Incorporamos também o hábito dos acompanhamentos junto ao prato principal, sobretudo batatas – *puré, dauphine, duchesse, rösti, sauté*. Até a receita inglesa de batatas fritas, na França conhecida como *pommes frites*, aqui virou *fritas francesas*. Adotamos também a sobremesa, ao final da refeição – usando *chantilly, crème brûlée, crêpe, éclair, mousse, pavé, profiterole, sorbet*. Sem contar que nos convertemos em grandes apreciadores de queijos e vinhos em geral. Inclusive um que Dom Pérignon (1668-1715) descobriu por acaso, na abadia de Hautvillers, após o que convidou seus colegas monges: *Venham todos! Depressa! Venham! Estou bebendo estrelas*. Um espumante que passou a ser conhecido pelo nome da própria região em que era produzido, *champagne*.

---

42. *Açúcar*, p. 95.
43. *Um engenheiro francês no Brasil*, p. 57.

44. *Açúcar*, p. 66.

Gilberto Freyre sentia falta de um lugar, no Recife, onde pudesse provar apenas pratos franceses. **"A própria Aliança Francesa poderia cuidar do assunto. Pois não só do espírito deve viver a influência da cultura da França noutros países: também do pão. Também do bom pão francês e da excelente *pâtisserie* francesa."**[45] Com os franceses aprendemos, ainda, a valorizar alimentos das Américas que, levados à Europa, no início eram destinados apenas a animais e escravos – batata, cacau, milho, tomate. Só depois, e aos poucos, recebendo o valor que mereciam. Mas a esses franceses devemos, sobretudo, a consciência de que a mesa deve ser sempre um espaço de alegria; momento para celebrar, com os amigos, a epifania gloriosa da vida.

INGLESES

Dizem que quando Dom João VI chegou à Bahia foi logo mandando iluminar a cidade. A expressão *para inglês ver* teria vindo daí. Não se sabe, com certeza, sua origem exata. Gilberto Freyre lembra uma explicação de Pereira da Costa[46]: **"'Tocando na Bahia na tarde de 22 de janeiro de 1808 a esquadra que conduzia de Lisboa para o Rio de Janeiro a fugitiva família real portuguesa e não desembarcando ninguém pelo adiantado da hora, à noite, a geral iluminação da cidade, acompanhando a todas as suas sinuosidades, apresentava um deslumbrante aspecto. Extasiado e entusiasmado, o príncipe regente Dom João, ao contemplar do tombadilho da nau capitânia tão belo espetáculo, exclama radiante de alegria, voltando-se para a gente da corte que o rodeava: *Está bem para o inglês ver*, indicando com um gesto o lugar em que fundeava a nau *Bedford*, da marinha de guerra britânica, sob a chefia do almirante Jervis, de comboio à frota real portuguesa."**[47] Só que, para outros, a expressão **"data dos dias de proibição do tráfico de escravos, quando no Brasil se votavam leis menos para serem cumpridas do que para satisfazerem exigências britânicas. Foi a versão colhida no Rio de Janeiro por Émile Allain que a apresenta como equivalente do francês '*pour jeter de la poudre aux yeux*'. De qualquer modo a frase ficou."**[48]

---

45. *Guia prático, histórico e sentimental da cidade do Recife*, p. 27.
46. 95. (Bibliografia).
47. *China tropical*, p. 36.
48. *Sobrados e mucambos*, p. 429.

Seja como for, os primeiros ingleses chegaram para se instalar **"precisamente nas cidades onde após a chegada de Dom João VI estabeleceram-se colônias de ingleses – Rio de Janeiro; Salvador da Bahia; Recife, Pernambuco; São Luís do Maranhão"**[49]. E contribuíram, muito, para o progresso industrial brasileiro. Com fundição, cabo submarino, iluminação a gás e depois energia elétrica, estradas de ferro, transportes coletivos, telégrafos, redes de esgoto, moendas de engenho, barcos a vapor. Eram esses **"engenheiros britânicos tão exímios na utilização não só técnica porém artística do ferro ou do aço e criadores tanto de máquinas quanto de tesouras e de talheres finos"**[50]. Fundaram a Great Western, a Western Telegraph Company, a Pernambuco Tramways and Power Company, a Western of Brazil Railway Company e outras companhias mais. **"Os afidalgados da Great Western do sul de Pernambuco revestidos de guarda-pós de linho e de seda que, entretanto, não impediam seus portadores mais gulosos de irem burguesmente se abastecendo e até emporcalhando pelas estações, de mangabas – as famosas mangabas de Prazeres – cajus, doces, alfenins, alféolos, peixes, biscoitos, caranguejos."**[51] Sem esquecer que, com eles, vieram também os bancos ingleses – London and Brazilian Bank, British Bank of South America, London and River Plate Bank.

Foram muitas as heranças por eles deixadas. Especialmente na culinária. **"A influência do chá, do pão de trigo, da cerveja e depois do *whisky*, do *gin*, e do *rum*, do *beef*, ou bife com batatas, do rosbife, da costeleta de carneiro [...] [Também] pela louça inglesa, pelo *sandwich*, pelo *lanche*, pelo *ponche*, pela figura ou pelas maneiras do *gentleman* [...] pelo *drink* gelado (que em pontos secundários como Maceió os requintados de terra, por largos anos, iam beber a bordo dos navios ingleses) [...] pela mostarda, pelo sabonete inglês, pelo biscoito inglês, pelo tipo inglês de vinho do Porto ou de Jerez."**[52] Mais o bolo de noiva – com massa escura à base de vinho, ameixas, passas e frutas cristalizadas. **"O 'bolo de noiva', por exemplo, continua uma instituição vivíssima. O seu raio de ação vem até se ampliando nos últimos anos: de burguês tem passado a outras áreas sociais."**[53] Isso em Pernambuco; que, no Sul, a massa do bolo de casamento continua sendo branca,

---

49. *Ingleses no Brasil*, p. 257.
50. *Ferro e civilização no Brasil*, p. 95.
51. *Ingleses no Brasil*, p. 104.
52. *Ingleses no Brasil*, p. 66-67.
53. *Açúcar*, p. 51.

herança do colonizador português. Na Inglaterra, **"no meado do século XIX, intelectuais, artistas e políticos organizaram-se num grupo conhecido por *Young England*, em cujo programa figurava em relevo este ponto: trabalhar pela elevação da arte culinária na Inglaterra. O esforço dos jovens não conseguiu grandes coisas: a cozinha inglesa continua a mais horrível das cozinhas. (Excetuada a carne de carneiro que em nenhum país é mais gostosa do que lá.)"**[54] Gilberto Freyre tenta uma explicação para isso: **"Talvez devido aos extremos de higiene, come-se execravelmente na Inglaterra e em parte dos Estados Unidos"**[55].

Dos ingleses recebemos, também, influências no jeito de vestir, **"do fato branco [...] do pijama de dormir, do gorro de viagem [...] da capa de borracha [...] do relógio inglês (superado pelo suíço), do sapato inglês [...] pela lã ou casemira inglesa, pela moda inglesa de gravata e de meia, pela *dinner jacket* (aqui, como noutros países latinos, mas não na Inglaterra, chamada *smoking*), pela calça de flanela, pela *knicker-bocker*, pelo redingote (de *riding coat*), pelo chapéu inglês (o chapéu redondo que substituiu entre nós o triangular)**[56]". No uso **"do revólver, do rifle esportivo, do macadame, do *water-closet*, do jogo da bola (*tennis*) e de outros esportes, da residência em subúrbio, da sela inglesa; do piano inglês (superado pelo alemão) [...] o começo de algumas seitas protestantes, hoje prósperas no nosso país, e de métodos modernos de ensino de meninos (com o acréscimo da educação física à intelectual), o gosto pelos romances policiais, especialmente os de Sherlock Holmes, [...] pelos piqueniques, [...] pelo *habeas corpus*, pelo *jury* [...] E por influência inglesa desenvolveu-se entre os brasileiros *snobs*, ou simplesmente elegantes ou *smarts* e *up-to-dates* – palavras que vão brasileiramente no plural porque o seu começo de abrasileiramento chegou ao ponto de permitir essa licença –, o gosto pelo modo inglês de andar a pé, pelo modo inglês de andar a cavalo, pela maneira inglesa de ser o homem *dandy*, pelo passeio a pé (que passou a ser designado entre nós por uma falsa expressão inglesa – *footing* –, talvez inventada por algum João do Rio), pelo hábito inglês de barbear-se o *gentleman* diariamente, pelo modo inglês de falar baixo e *rir* sem ruído, pelo colégio inglês para**

---

54. *Artigos de jornal* ("Pirão, glória do Brasil"), p. 59.
55. *Artigos de jornal* ("Pirão, glória do Brasil"), p. 60.
56. *Ingleses no Brasil*, p.66.

meninos (do tipo do de mr. John H. Freese em Nova Friburgo, e do que mr. Morethson e mr. Charles W. Armstrong fundaram em São Paulo), pelo *bufete* (aparador, guarda-comida ou pequeno restaurante das estações ferroviárias) e depois pelo *bar* – devendo notar-se, a propósito de bufete, que também se generalizou, em português, a palavra inglesa *buffet* (bofete) para designar tapa ou punhaço, palavra tanto num como noutro sentido de remota origem francesa, mas provavelmente introduzida no Brasil pelos ingleses –, [...] pelo *iate*, pelo *clube*, pela moda inglesa de roupa de homem, pelo chá das cinco, pelo molho inglês, pela *soda-water*, pelo colarinho Eton para os meninos, pelo capacete de cortiça, pelo cachimbo inglês, pela governanta inglesa, pela *hora inglesa* (com o significado de hora rigorosamente exata), pela *palavra de inglês* (com o significado de quase palavra de honra), pelo *valet* inglês do tipo imortalizado pelo Eça, pelo *breakfast*, pelo *garden-party*, pelo *bungalow*, pelo *cottage*, pelo sal de frutas, pelo *whist*, pelo *poker*, pelo cavalo inglês de corrida, pelo *turf*, pelas corridas de Jockey ou Derby Club, pelo cachorro inglês de caça ou simplesmente de raça, especialmente o buldogue, pelos exercícios de Sandow, pelo *maple*, pelo sotaque inglês na pronúncia da língua inglesa e da própria língua portuguesa, pelas viagens nos vapores ingleses, especialmente – desde 1839 – nos *ingleses* da Mala Real ou *Royal Mail*, pelo gado inglês de leite ou de raça (Durham, Mereford, Polled Angus) que veio aristocratizar cercados ou pastos do Sul do Brasil e algumas cocheiras e campinas do Norte, pelo cheque bancário."[57] E tanto foi essa influência que introduziram palavras novas em nosso cotidiano, "verbos como chutar, driblar, blefar, boicotar, macadamizar, boxear, esbofetear, brecar, liderar, lanchar, além das palavras já mencionadas e de várias outras: *handicap*, esporte *(sport)*, *match*, futebol *(foot-ball)*, gol *(goal)*, golquipa *(goalkeeper)*, beque *(back)*, *sportsman*, refe *(referee)*, time *(team)*, *off-side*, craque *(crack)*, turfe *(turf)*, truque *(truck)*, estoque *(stock)*, pudim *(pudding)*, uísque *(whisky)*, recorde *(record)*, *bill*, *pedigree*, buldogue, bifada, coque *(coke)*, bolina *(bowline)*, cróssima *(crossing,* termo ferroviário), sulaque *(slide-valve)*, categute *(catgut)*, pôquer *(poker)*, iate *(yacht)*, mister, miss, esnobe *(snob)*, júlio ou jule *(joule)*,

---

57. *Ingleses no Brasil*, p. 66-67.

gin, rum, tênis, *set*, pônei *(pony)*, draga *(drag)*, capimbó *(ceiling ball)*, *smart*, *drink*, lanche *(lunch)*, warrantagem, escuna *(schooner)*, *drawback*, cheque *(check)*, *gaff-top*, repórter, *report*, palhabote *(pilot-boat)*, nurse, barca-ferri *(ferry-boat)*, revólver, *knockout*, *round*, *standard*, *stand*, *cottage, waterproof, whist*, rifle, o *alô* telefônico, o *hurrah* ou urra festivo, *ring, scratch*, bloco *(block)*, *lockout*, slogan, *slack, high-life, best-seller*. **E há por onde atribuir origem inglesa a cornimboque *(hornbox)*, sinuca *(snooker)* e sucata *(succotash)*."**[58] Enfim, com esses ingleses tivemos "uma das mais importantes fases da vida de nossa cidade, tal, entre outras marcas, a influência cultural que nos foi legada" por eles, segundo Rostand Paraíso[59].

ALEMÃES

Espalharam suas colônias pelo Sul do Brasil. **"Algumas, em 1850, já prósperas [...] A de Petrópolis contava 2.565 representantes. [...] Os colonos especializavam-se no cultivo do milho e das batatas e na fabricação de manteiga e de queijo de coalho. A mesma coisa acontecia com os colonos de Nova Friburgo."**[60] A escolha desses lugares não se deu por acaso. Procuraram **"os lugares de clima mais doce e de terras mais altas, uns entregando-se ao fabrico da manteiga e do queijo, outros à pequena lavoura, alguns indo mesmo trabalhar nos cafezais de São Paulo e até nos canaviais da Bahia"**[61]. Essas colônias lembram, ainda hoje, algumas cidades alemãs – na arquitetura, no clima, nos monumentos, nas festas, na culinária. Apesar de não tão conhecida quanto a de seus vizinhos França e Itália, a culinária alemã é muito especial – feita de pratos fortes e generosos. É que os germânicos reconhecem "nos alimentos uma espécie de milagre, pois não se destinam apenas a lhes dar força física. Os alimentos são a fonte da força espiritual. As carnes, os ovos, os peixes, as aves, as caças em geral, o vinho, as frutas, os legumes, o queijo, a manteiga, os doces, determinam também uma força psíquica capaz de alterar o humor, produzir grandes pensamentos, enriquecer a linguagem", segundo Cesar Leal[62].

Carnes são a base de todas as refeições. De boi e de vitelo – guisada, assada *(Sauerbraten)*, com molho agridoce e purê de maçã, ensopada, moída

---

58. *Ingleses no Brasil*, p. 67.
59. 120. (Bibliografia).
60. *Vida social no Brasil nos meados do século XIX*, p. 72.
61. *Sobrados e mucambos*, p. 455.
62. 107. (Bibliografia)

(*Schnitzel*), recheando massas (*Maultaschen*) ou como ingrediente na preparação de cozidos (*Pichelsteiner*). De caça – coelho, javali, veado. E aves – galinha, pato, peru e ganso (inclusive *Martinsgans*, recheado com castanhas e maçãs). Mas campeão, em todas as regiões, é mesmo o porco – assado (*Schwartenbraten*), guisado ou defumado. Até porque dele, em tempo de economia de custos própria da globalização, na panela tudo se aproveita – coxão, costeleta, estômago (*Saumagen*), joelho (*Eisbein*), língua, paleta.

Há mais de 1.500 tipos diferentes de embutidos (*Würste*) no país. Desses, 780 são salsichas. Variando, a depender da região. O recheio é feito de carnes que podem ser divididas em três grandes grupos: *Brühwurst* (cozido, como as salsichas e os frios), *Kochwurst* (patê) e *Rohwurst* (fermentado, como o salame). Junto, molho de tomate ou mostarda – clara, escura, de cremona (com sabor doce), misturada com raiz-forte. Ao gosto do freguês. Principal acompanhamento, para todos esses pratos, é sempre batata. Com ou sem casca. Cozida, assada ou frita. Mais aspargo, cebola frita, cenoura, espinafre, nabo, purê de ervilha e *Apfelmus* (purê de maçã). Além de repolho, que por lá é encontrado de quase todas as cores e servido ao natural, em conserva ou no famoso chucrute (*Sauerkraut*). **"A indústria alemã de alimentos em conserva** [instalada aqui] **foi outra expressão de cultura germânica."**[63]

A cozinha alemã, apesar de tantos gostos, se revela única sobretudo na confeitaria. Em sorvetes, pudins, cremes, biscoitos, doces e geleias de ameixa, maçã, morango, cereja e nozes (*Weisse Nürnberger*). Tortas – *Apfeltorte* (torta de maçã coberta com farofa de manteiga e açúcar) e *Käsetorte* (torta de ricota). Ou bolos como o *Schwarzwälder* (recheado com cereja, especialidade da Floresta Negra). Outra sobremesa de prestígio é o *Strudel* – rocambole de massa muito fina, quase transparente, com recheio à base de frutas, especialmente cereja, ameixa, nozes, passa, canela e açúcar. Mais famoso de todos é o *Apfelstrudel*, feito com maçã ácida. Faltando só falar no *Bavaroise* – creme com frutas, que recebeu esse nome, claro, por ter sido criado na região da Baviera. Foi Carême, um dos maiores cozinheiros franceses, quem apresentou a receita ao mundo, sendo logo em seguida adotada pela culinária francesa – o que justifica ter, esse nome, uma grafia afrancesada.

---

63. *Nós e a Europa germânica*, p. 83.

Os alemães contribuíram decididamente para o desenvolvimento do Brasil, competindo com ingleses e franceses aqui já instalados. Conseguiram, **"no decorrer do século XIX, vantagens em vários setores em sua competição – especificamente comercial, ao mesmo tempo que amplamente cultural, com ingleses e franceses [...] Conseguiram-na quanto à cerveja: cerveja de tipo germânico superior à inglesa, por algum tempo dominante no Brasil. O presunto de Westfália – indicam-no os anúncios de jornais – tornou-se rival do de York, inglês. O móvel alemão tornou-se, no Brasil, o dominante, entre os importados da Europa. Os vinhos alemães tornaram-se os da preferência de não poucos brasileiros, entrando assim em competição com os franceses."**[64] Não só isso. **"As bolachas de Hamburgo parecem ter superado desde então as inglesas, do mesmo modo que as cervejas alemãs** [como já vimos] **terminariam por superar, no mercado brasileiro, e para o gosto dos brasileiros, as inglesas, e os pianos alemães, os pianos ingleses, durante a primeira metade do século XIX os dominantes nas casas elegantes de Pernambuco. Eram esses pianos, a princípio ingleses, índices de distinção e até de nobreza entre as famílias, sendo olhada com algum desdém a que, no Recife ou em casa-grande mais requintada de engenho do interior da então Província de Pernambuco não tivesse na sala principal vistoso piano de cauda de fabrico, durante algum tempo, inglês e só inglês; de certa altura em diante também alemão."**[65] O que ocorreu em muitos estados do Brasil, inclusive Pernambuco. **"Pianos e cervejas alemãs começariam na segunda metade do século XIX a ser os pianos e as cervejas de preferência dos recifenses. Preferência que se acentuaria nos começos do século XX."**[66] O mesmo ocorreria com cofres, drogas, motores de força, máquinas, porcelanas, produtos químicos, remédios e tintas. Na área cultural também. **"A música alemã é que mais generalizada influência de caráter superiormente cultural parece ter exercido sobre os brasileiros de Pernambuco."**[67] O gosto pelos compositores alemães – Brahms, Carl Orff, Händel, Richard Strauss, Richard Wagner, Schumann, sem contar Bach e Beethoven. Nas ciências jurídicas, na literatura e na filosofia: **"A filosofia germânica chegaria ao fim do século**

---

64. *Nós e a Europa germânica*, p. 15.
65. *Nós e a Europa germânica*, p. 66.
66. *Nós e a Europa germânica*, p. 63.
67. *Nós e a Europa germânica*, p. 63.

XIX – graças principalmente à explosiva ou revolucionária *Escola do Recife*, animada pelo vulcânico Tobias Barreto mais do que por qualquer outro – em franca competição com a inglesa e a francesa"[68].

Gilberto Freyre lembra suas andanças pelo país. "Em setembro do ano passado, viajando pela Alemanha, cheguei a uma cidade muito velha. Num instante me enamorei do lugar. Mentalmente já eu conhecia uma cidade como aquela – com aquele ar acastelado, com aquele arvoredo azul à beira do rio, com aquelas pontes em arco e aquelas torres gordas. Conhecia-a dos romances e das estampas a cor nos livros de história da carochinha. Era noite e a gente da velha cidade alemã começava a recolher à casa; daí a pouco toda ela estaria a dormir sob a bênção de Deus e o sorriso claro da Dindinha Lua. E eu saí a vagar pelas ruas à espera que o relógio da catedral batesse meia-noite. À meia-noite – pensei com os meus botões – quando todos estes alemães gordos e róseos tiverem recolhido das cervejarias e acabado de fumar seus cachimbos de louça e de comer, entre goles de cerveja, rodelas de salame com fatias de pão, à meia-noite, quando estiverem todos a dormir sossegados, esta velha cidade se povoará como por encanto de fadas e beldades, de cavaleiros com as suas cotas de malha e de escudeiros a trote, de físicos caturras com as suas seringas e as suas ervas e de pajens louros. Mas veio meia-noite e nenhum destes personagens de história apareceu; apenas, no recuo de uma viela, vi passar devagarinho um gato de bruxedo, de pelo hirto. Creio que foi por causa da lua que a tal gente não apareceu; estava tudo tão claro que parecia dia. Mas o certo é que recolhi ao hotel desapontado."[69]

---

68. *Nós e a Europa germânica*, p. 15.
69. *Tempo de aprendiz*, p. 230.

SELETA DE TEXTOS

HOLANDESES

"Convém destacar sua preocupação [a de Maurício de Nassau] de desenvolver no Nordeste do Brasil a cultura das plantas alimentares e de gozo. Na fala de encerramento do Congresso de Municípios que se reuniu no Recife em 1640 – iniciado, aliás, com grande banquete no Palácio das Torres – Nassau disse aos nobres da terra, representantes dos vários municípios e maníacos da monocultura: *Estas terras são produtivas de muitas frutas e drogas preciosas [...] E como nosso desejo é que este estado vá em aumento e cada vez mais se enriqueça, vos recomendamos que cada Câmara se esforce em seu respectivo distrito por persuadir os moradores a plantar e beneficiar os ditos vegetais.*"

Região e tradição, p. 212-213.

FRANCESES

"A cozinha francesa, sim, porque ela é expressão do plurirregional no nacional; e do seu aperfeiçoamento numa das artes mais complexas do tempo moderno, pode-se sugerir vir resultando de experimentos em torno de estratificações culinárias regionais, tradicionais, populares, folclóricas, até, e quase sempre anônimas, que, estilizadas, vêm se tornando nacionais, e recebendo, por vezes, notáveis transformações através das *invenções romanescas* de um Brillat-Savarin e de um Dumas. Invenções sempre de acordo com uma sensibilidade ou um estilo ou uma tradição panfrancesa de paladar, diferente, em qualquer das suas expressões genialmente individuais ou sociologicamente regionais, da tradição chinesa ou da tradição italiana ou da tradição espanhola de paladar. Tradições das quais se poderá dizer o mesmo que são castiçamente nacionais, sendo plurirregionais, com seus patos à moda de Pequim, suas massas à maneira de Bolonha, suas galinhas com arroz no estilo de Valência."

Brasis, Brasil, Brasília, p. 23.

"Havia brasileiros que diziam dos jantares franceses que pareciam jantares de menininhas brincando *de casa* com suas bonecas e nas suas louças de brinquedo – pratos, xícaras, bules e travessas liliputianos. Jantares de pouca comida. Pouca mas à sua maneira excelente. Assim podia tornar-se a cozinha brasileira cuja tendência era, nas casas-grandes e nos sobrados patriarcais, ser uma cozinha de frades regalões, com os pratos parecendo umas montanhas de carne e de pirão ou de arroz."

O outro amor do dr. Paulo, p. 67.

"Vauthier tinha razão: aos poucos é que viria o interesse e a participação dos particulares no sistema de estradas que o governo teria a princípio de sustentar sozinho. Fechados os engenhos grandes dentro de suas tendências à economia oniprodutiva – autarquia, diria alguém mais caprichoso ou atual em terminologia – e contentando-se os engenhos menores com os caminhos de rato para a exportação de seu açúcar e para a importação de sua farinha, de seu charque, de suas bolachas, só depois de algum tempo de operação das estradas novas a revolução econômica atingiria aqueles blocos de privatismo e de rotina."

Um engenheiro francês no Brasil, p. 177.

INGLESES

"O solo rico em carvão deu aos ingleses decisiva vantagem sobre holandeses e franceses, tornando o seu comércio transoceânico auxiliar de sua atividade industrial. Atividade transformadora de algodão, de mascavo, de tabaco, de borracha, de cacau, de outros valores vindos brutos dos trópicos, em produtos como que europeus: tecido, açúcar refinado, geleia, rapé, seringa, bombom. Atividade tornada possível pelo ferro e pelo carvão, animador de fornalhas, máquinas, motores. Desenvolvida, tal atividade industrial passou a servir-se também de tintas, gomas, óleos, resinas, essências, madeiras, plumas, nozes, vindas também do Ultramar e principalmente dos trópicos."

Um brasileiro em terras portuguesas, p. 73.

"Em magnífica introdução ao diário, o lúcido crítico que é Paul Elmer Moore lembra do personagem [um amigo imaginário do romancista inglês George Gissing] uma predileção muito do autor, dissimuladamente presente nesse seu outro eu: sua convicção de haver inteira inseparabilidade entre dieta inglesa e virtude inglesa. Dele, sabe-se ter sido, nos seus dias de extrema pobreza, um inglês incapaz de comer satisfatoriamente seus bons bifes à inglesa, temperados por molhos de todo ingleses. Uma vítima, quando teve por companheira uma mulher francesa, da insistência dessa mulher em lhe impor quitutes e temperos castiçamente franceses e anti-ingleses. O que ele era, no paladar, era um inglês absoluto, para quem a dissimulada glutoneria britânica animava uma ética, por menos que lhe faltasse aparência saudavelmente estética."

De menino a homem, p. 135-138.

"Várias palavras que designam frutas, plantas, animais e produtos dos trópicos são, em inglês, palavras portuguesas ou derivadas do português ou adquiridas de línguas orientais ou através do português: *cajoo, paca, tapir*, o *peixe-bonito, cobra*, a *cobra-de-capelo, manioc, tapioca, talvez, tomato*."

Pessoas, coisas & animais, p. 336-337.

"E sou capaz de jurar que a palavra *saudade* acabará entrando na língua inglesa, e *canja*, nos *menus* dos hotéis norte-americanos e ingleses, como duas recordações, uma sentimental, outra culinária, do fraternal esforço em comum de brasileiros, norte-americanos e ingleses contra o alemão nazista, o italiano fascista e o japonês nazifascista."

Pessoas, coisas & animais, p. 337.

"Comportaram-se [os ingleses] aos olhos da gente do povo com um ar antipático de donos egoístas não só dos mais possantes navios, dos mais poderosos barcos e da mais adiantada técnica ou ciência do mundo, como das próprias águas do mar e de todos os seus peixes, a começar pelo bacalhau. Comida de brasileiro pobre em cujo comércio enriqueceu muito inglês ou muito brasileiro ou português contratante de navios ingleses especializados no transporte do nauseabundo peixe seco. Alguns desses ricos ficaram para sempre conhecidos por Fulano ou Sicrano *Bacalhau*."

Ingleses no Brasil, p. 63.

"A begônia é outra planta que os jardins britânicos devem ao Brasil ou à América tropical – pois a flora nem sempre se deixa limitar ou caracterizar por fronteiras políticas – assim como *hundreds of other beautiful plants*. Belas e deleitosas. Entre estas o abacaxi (*Ananas sativa*). Por onde se vê que os ingleses no Brasil quase sempre procuraram unir ao útil o agradável. À exploração do ouro o cuidado pelas plantas simplesmente belas."

Ingleses no Brasil, p. 83

"Também se viu muito inglês – não só engenheiro como cientista ou naturalista – em excursões pelo interior do Brasil, obrigado a substituir o *whisky* pela cachaça, a costeleta de carneiro com pão pela carne-seca com farinha, o Porto pelo *vinho ordinário*, o chá com biscoito pelo bacalhau (que tão detestável pareceu a Dent) acompanhado d'água de quartinha ou de jarra, o rosbife pela feijoada (que aos olhos do mesmo Dent pareceu à primeira vista igualmente execrável, mas a cujo sabor brasileiríssimo seu paladar acabou se adaptando), o pudim de ameixa pelo doce de goiaba. Os primeiros viajantes ingleses no interior do Brasil, como Mawe, estes tiveram de acautelar-se contra salteadores de estrada; e devem ter se horrorizado tanto quanto ele e Luccock com a imundice das cozinhas de certas casas coloniais, mesmo opulentas."

Ingleses no Brasil, p. 118.

"O engenheiro Stevenson, no Amazonas, não só provou açaí como carne de papagaio com cará, gostando tanto do mingau como da carne que lhe recordou a de galinha. E no princípio do século já outro inglês, este naturalista, Waterton, experimentara carne de macaco com pimenta de Caiena, que lhe parecera semelhante, no sabor, a carne de cabrito ou de bode."

Ingleses no Brasil, p.118-119.

"Pela crítica que o padre inglês faz à economia das casas de residência dos brasileiros do Rio de Janeiro, casas que, segundo ele, não mantinham despensa (nem de açúcar, nem de café, nem de vinho, nem de alimento nenhum) mas adquiriam o necessário em pequenas quantidades para o gasto imediato, das *vendas* próximas – talvez porque comprados aqueles gêneros em quantidades maiores e guardados em despensas fossem furtados e consumidos pelos escravos domésticos –, deve-se concluir que as residências dos ingleses eram bem supridas de alimentos e bebidas, guardadas em despensas e em adegas. Na casa de campo de um inglês, mr. Willis, casado com brasileira e residente em Irajá – casa muito frequentada por negociantes ingleses do Rio de Janeiro que aí costumavam passar os domingos, jogando, sob o sol forte, *quoits* e outros jogos violentos e refrescando-se com *porter* – Walsh participou de vasto jantar. Peixe e feijoada: uma autêntica feijoada brasileira. As bebidas é que eram uma combinação anglo-brasileira: *porter,* vinho do Porto e cachaça – uma cachaça transparente como água cujo gosto, entretanto, lhe lembrou o do *whisky* escocês."

Ingleses no Brasil, p. 195-196.

"Eram desses artigos europeus – principalmente ingleses – de alimentação fina e também de *porter,* vinho do Porto, Sherry, biscoitos, passas e farinha de trigo que se enchiam as despensas e adegas das casas inglesas e das brasileiras bem-sortidas e bem-dirigidas, donde não se mandavam moleques apressadamente às vendas próximas comprar isto ou aquilo, quando acontecia aparecer de repente uma pessoa de cerimônia para jantar. E evidentemente os ingleses que assim se nutriam ou regalavam – dando aos brasileiros exemplos primorosos de *passar bem*, que foram logo imitados pela gente mais fina – não tinham culpa de que grande parte da população do Brasil, a tais iguarias, preferisse – ou se visse obrigada a preferir pela sua situação econômica – o bacalhau, o charque e a farinha de mandioca."

Ingleses no Brasil, p. 197.

"Os ingleses, por alguns anos residentes no Brasil, voltavam ao seu país deixando aqui pedaços da Inglaterra. Até vacas de leite. Vaca como a do leilão de Carlos Saunders e vaca como a do leilão do capitão Killey, no Recife, por intermédio do corretor Oliveira: *uma lindissima vaca muito nova e de melhor raça ingleza (do condado de Devon) muito leiteira e propria para o melhoramento de raça neste paiz*, diz um anúncio no *Diário de Pernambuco* de 12 de novembro de 1844."

Ingleses no Brasil, p. 230.

"Os ingleses curto domínio tiveram sobre o fornecimento de farinha de trigo, bolacha e biscoito aos mercados do Brasil colonial, vencidos que foram logo nesse comércio pelos norte-americanos. Foram, entretanto, os ingleses os principais propagadores do gosto pelo pão entre os brasileiros, que até aos fins do século XVIII consumiam quase exclusivamente farinha de mandioca. Mesmo superados pelos norte-americanos, no comércio de farinha de trigo como no de alcatrão e de outros artigos, os ingleses continuaram a vender no Brasil alguma da farinha que ainda hoje se chama, entre a gente das regiões brasileiras mais apegadas ao passado, de *farinha do reino*, como reminiscência da época colonial, anterior à chegada de Dom João VI ao Brasil, em que a farinha de trigo nos vinha por intermédio de Portugal. *Farinha do reino*, *queijo do reino*, *pimenta do reino*. E a Esquadra Inglesa de sir Sidney já vimos que vendeu aqui, mais de uma vez, farinha ou bolachas avariadas."

Ingleses no Brasil, p. 253-254.

"A influência inglesa no Brasil, tão definida, nítida e direta, desde a chegada de Dom João VI ao Rio de Janeiro em 1808 – pois até então fora indireta e um tanto vaga, através de um Portugal que o Tratado de Methuen [assinado entre Inglaterra e Portugal, em 27 de dezembro de 1703, também conhecido como Tratado dos Panos e Vinhos – os portugueses se comprometiam a consumir os tecidos britânicos e, em contrapartida, os britânicos, os vinhos de Portugal] tornara aliado particularmente vantajoso da nação britânica e mercado certo dos panos, das fazendas e da farinha que transbordavam da Inglaterra ou, por intermédio da Inglaterra, de outras nações produtoras para as colônias ou quase colônias inglesas –, chegou a ter o caráter de uma verdadeira renovação dos hábitos brasileiros de alimentação. Encontrou resistência, apenas, da parte daqueles patriotas mais radicais; ou da população mais miserável."

Ingleses no Brasil, p. 254-255.

SELETA DE TEXTOS

"O artigo de alimentação em cujo transporte se especializaram os ingleses nas suas relações com os mercados brasileiros da primeira metade do século XIX já vimos que foi o bacalhau de Terra Nova – de Newfoundland – de que estão cheios os anúncios de jornais brasileiros da época. Só o *Nelson*, navio inglês, entrou em outubro de 1821 no porto do Rio de Janeiro com 1.330 barricas e 672 caixões de bacalhau, logo anunciados no *O Espelho*: jornal em que se refletiam acontecimentos econômicos e não apenas políticos da época. Nesse ponto – o transporte para o Brasil de bacalhau de Terra Nova – os ingleses, em vez de procurarem revolucionar a alimentação tradicional do brasileiro no sentido da substituição de alimentos da terra por produtos britânicos, preferiram acomodar-se, por conveniência do seu comércio, a uma tradição de alimentação portuguesa desenvolvida no Brasil: o gosto pelo bacalhau ou o hábito do bacalhau. Tradição em que se conciliavam preceitos religiosos de dias de abstinência de carne com o fato do famoso peixe seco poder ser adquirido mais facilmente e a preços mais baixos do que a carne, num país, como o Brasil do século XIX, no qual, na interpretação de quase todos os aspectos da economia, da vida e da alimentação, precisamos de estar sempre atentos aos efeitos da monocultura latifundiária. Esta dificultava tanto o consumo de carne fresca como o de legumes, o de leite e o de ovos, pela grande maioria da população das cidades. O burguês podia variar a alimentação de carne-seca ou verde, comendo lagosta, camarão, pitu, curimã de viveiro, ou salmão ou presunto, importados de Londres. À grande maioria da população pobre não restava outro artigo com que alternar a monótona alimentação de carne-seca com farinha de mandioca senão o bacalhau. Bacalhau com farinha sob a forma de pirão ou de farofa."

Ingleses no Brasil, p. 256.

"O *club* inglês só para homens, angulosamente masculino ou monossexual, só tem equivalente na França em certos cafés quase clubes mas frequentados não somente por homens como por mulheres do tipo francês que corresponde ao de *hetairas* entre os gregos antigos. Em Portugal a maioria dos cafés são ainda quase rigorosamente monossexuais: exclusividade que se verificou também até há pouco no Brasil. Talvez resto de influência moura."

Sociologia – introdução ao estudo dos seus princípios, p. 399-400.

"É o caso – insisto no assunto – de uma surpreendente ressurgência que acabo de surpreender na Grã-Bretanha: a de uma culinária castiçamente, teluricamente, genuinamente inglesa ou britânica que, para os seus atuais restauradores, teria sido desvalorizada pelo impacto sobre a cultura britânica, em geral, da tecnocratizante Revolução Industrial. A culinária castiçamente britânica teria sido como que artesanal – à brasa e ao lume de lenha e, com o fogão a gás sucedido pelo elétrico, teria se tecnocratizado numa cozinha, no seu modo de ser progressista, insípida. Inclusive – pode-se acrescentar esta observação – sob o impacto de um *time is money*, inimigo de vagares culinários. A restauração ou reabilitação em começo não está se processando como idealização pura de um puro arcaísmo obsoleto e apenas pitoresco; e sim através de uma pós-modernização desse arcaísmo através dos próprios recursos de fontes as mais modernas de energia elétrica que possam ser postas a serviço da desejada reabilitação. Bem-sucedida essa reabilitação, a Grã-Bretanha pode surpreendentemente vir a competir com a cozinha francesa, com a italiana, com a polonesa, desfazendo-se a fama de incompetência inata da gente inglesa ou britânica para a arte culinária. Má fama que teria resultado de um episódio socioeconômico no desenvolvimento britânico, com algumas de suas tradições – inclusive a culinária – sacrificadas a um progressismo ou modernismo como que sociológica ou economicamente totalizante."

Insurgências e ressurgências atuais – cruzamentos de sins e nãos num mundo em transição, p. 233.

ALEMÃES

"Estaria de todo consolidada, em Pernambuco, a vitória da cerveja alemã, abrasileirada, sobre a importada da Inglaterra. A 22 de dezembro de 1869 noticiava o *Diário de Pernambuco* que Henri Joseph Leiden, *proprietário da grande fábrica de cerveja da rua do Sebo*, acabava de ser agraciado por S.M. o Imperador, com o hábito da Rosa, por decreto de 10 do corrente, em atenção a ter sido ele o fundador da primeira fábrica de cerveja no Brasil no ano de 1842 e ao grande desenvolvimento que deu a essa indústria tanto na corte como em Pernambuco."

Nós e a Europa germânica, p. 27.

ITALIANOS

"É claro que, estando em Roma, os brasileiros procuraram ser romanos nas suas preferências culinárias. E também quanto aos vinhos. Tornaram-se gourmets das massas finas de toda espécie dentre as que faziam a glória da cozinha italiana. Eram massas que, segundo alguns entendidos, feitas fora da Itália ou por mãos que não fossem de mestres-cucas genuinamente italianos, não tinham o especialíssimo sabor que as caracterizava na Itália, isto é, quando preparadas no seu país de origem e por gente nascida e crescida sentindo esse sabor, seu aroma, suas provocações ao paladar. Isto junto com o sabor e o aroma dos vinhos próprios para acompanharem essas e outras especialidades da cozinha italiana como as costelas de cabrito de que se regalaram em Orvieto. Comeram olhando a catedral. Dando de comer aos olhos de modo magnífico. E à boca, de modo é claro que mais modesto porém mais do que satisfatório: finamente artístico."

O outro amor do. dr. Paulo, p. 142.

"Os brasileiros, nos seus dias de Roma, fartaram-se de ouvir música de opereta, em *beer-gardens* que eram, é claro, muito menos de cervejas – a bebida preferida por uns tantos turistas vindos do Norte da Europa – do que de vinhos. De bons vinhos italianos. Também saborearam – a mais não poderem – gelados de novos tipos que haviam se tornado especialidades italianas. O barão, quase uma criança no seu gosto por esses gelados, lamentou mais de uma vez que não se importassem, para o fabrico desses doces, frutas brasileiras dentre as capazes de ser transportadas do Brasil para a

SELETA DE TEXTOS

Itália. Também haviam notado que o café servido na Itália era superior ao servido na França."

O outro amor do dr. Paulo, p. 143.

"À Itália não faltavam essas substituições. Como não faltavam, pensou Paulo, que revia Nápoles sob o enlevo de encantos que os olhos só desfrutavam em Nápoles e que só em Nápoles deliciavam o olfato. Odores de frutas que ninguém, dentre os brasileiros, supunha oferecerem ao homem odores e sabores tão bem em Nápoles como em terras mais quentes. Como no Brasil, laranjas e limões, em abundância. Laranjeiras e limoeiros floridos como se estivessem nas suas terras de origem."

O outro amor do dr. Paulo, p. 152.

GREGOS

"Longamente contemplada a Acrópole, os brasileiros tiveram sua primeira refeição em Atenas. Quiseram que a comida fosse a castiçamente grega. Vinho, o clássico, dos gregos. Resinoso, portanto. Azeitonas. Carne de bode. Carne de carneiro. Leite de cabra ou de ovelha. Queijo também. Maria Francisca, irônica, quis saber se o sal de que se serviam era o ático. O que perguntou sorrindo."

O outro amor do dr. Paulo, p. 158.

JUDEUS

"Nas cozinhas dos sobrados, com a liberdade que Nassau deu aos judeus, cozinhou-se, decerto, muito quitute israelita e é possível que dos hebreus nos tenha vindo o hábito da feijoada dormida, isto é, do alimento preparado de véspera e como que encoberto, guardado, dormido; nos quintais, debaixo dos cajueiros, criaram-se carneiros e engordaram-se galinhas para serem sacrificadas e preparadas, segundo o rito de Moisés, e comidas nos dias de preceito, com o pão da Páscoa e as ervas picantes. E nos fundos das lojas, e até em público, adorou-se o Deus de Israel; praticou-se o judaísmo. E é possível que até a Cabala, tão do gosto dos sefardins de imaginação mais ardente."

Sobrados e mucambos, p. 441.

"O sefardim que aqui chegou da Holanda não era elemento inteiramente estranho à cultura predominante no Brasil, isto é, a ibérica ou hispânica. Os hinos que vinha cantando eram *piyyutim* inspirados nos poetas espanhóis e portugueses. E em vez da sovinice, da somiticaria, da unhice de fome dos judeus ashkenazim, marcava-lhe os hábitos certa grandeza muito espanhola e muito portuguesa. O gosto de luzir na rua e de ostentar sedas e veludos nas festas. O gosto da mesa larga e farta. O bacharelismo. O intelectualismo."

Sobrados e mucambos, p. 448.

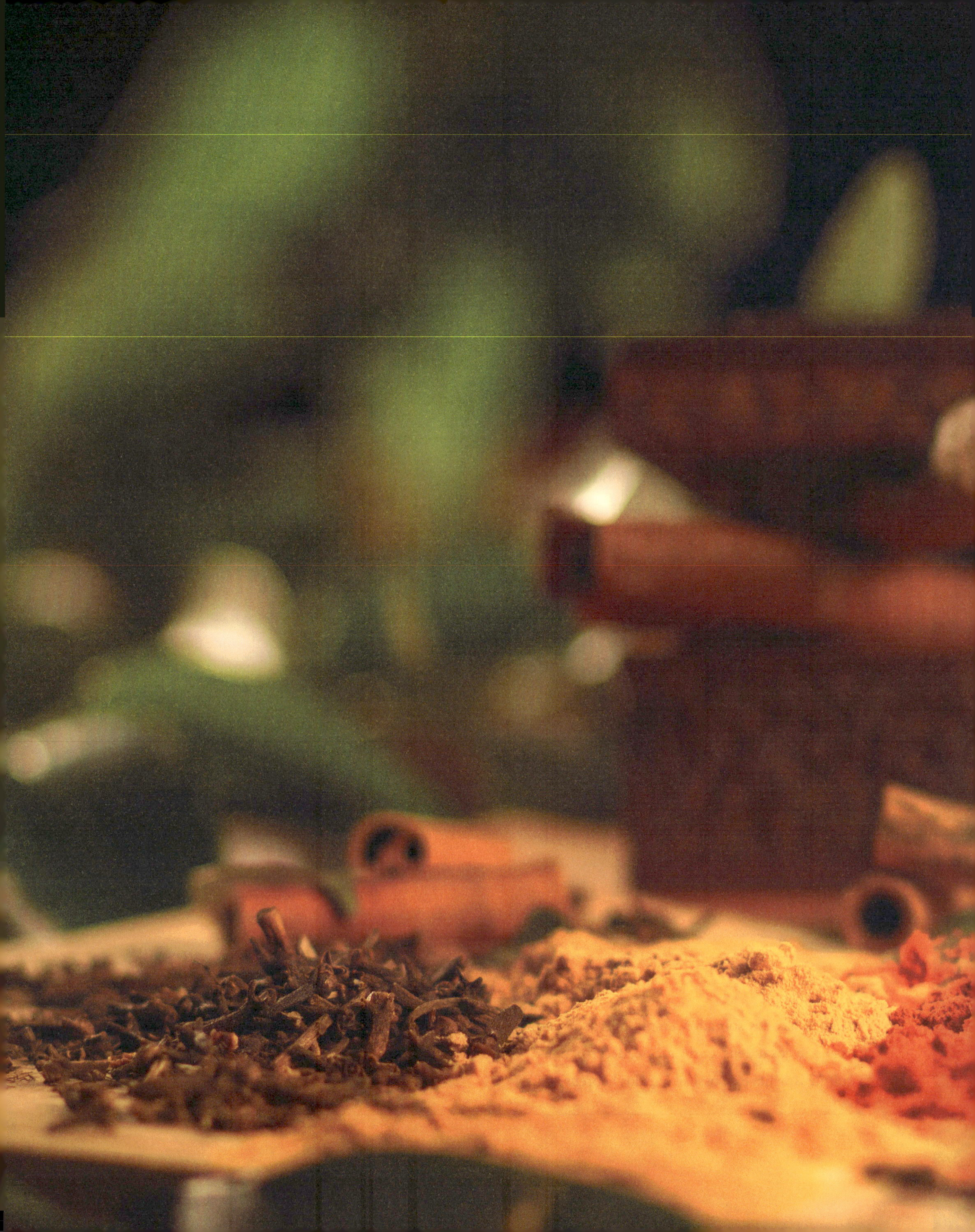

9
O ORIENTE

"O Oriente chegou a dar considerável substância, e não apenas alguns dos seus brilhos mais vistosos de cor, à cultura que aqui se formou e à paisagem que aqui se compôs."[1]

Gilberto Freyre compreendeu, desde bem cedo, a influência do Oriente em nossa cultura. *China tropical*, assim se referia ao Brasil. E começou a identificar, no país, "valores orientais absorvidos pelos portugueses e incorporados à cultura brasileira" – palavras de Edson Nery da Fonseca[2]. À custa de algumas incompreensões, é certo. **"Há quem tenha por exagerada a importância por nós atribuída ao Oriente na formação da cultura que aqui se desenvolveu com a sociedade patriarcal."**[3] Dando-se que o colonizador, muito antes de aqui desembarcar, já havia incorporado valores orientais a seus hábitos. Decorrência natural da convivência com árabes, israelitas e maometanos ancestralmente estabelecidos na península Ibérica; além de viagens à África e à Índia. Segundo Maria Archer[4], "a sombra da Índia já se estendia pela África Oriental anteriormente a Vasco da Gama". Cabendo a esse navegador, em maio de 1498, a honra de pela primeira vez chegar por mar a Calicute (hoje Calcutá). Aos poucos, e cada vez mais, foram se agregando, **"aos valores europeus, mil e tantos valores ultramarinos, novos para a Europa. Em Lisboa é que alguns desses valores começaram a adquirir cidadania lusitana, antes de se tornarem universais. O marfim da Guiné, sedas e porcelanas da China, o sândalo de Timor, o ouro de Sofala, a canela de Ceilão, a pimenta de Malaca, o benjoim, o âmbar, as laças de Achem, os tecidos de Bengala."**[5] Mais ouro, pedrarias, essências em geral, móveis raros e o luxo das sedas bordadas. Assim vieram **"do Oriente à Europa o leque, a porcelana de mesa, as colchas da China e da Índia, os aparelhos de chá"**[6], o gosto **"pelos estilos asiáticos de decoração"**[7].

A busca por essas mercadorias era um convite à aventura. Pedro Álvares Cabral foi o escolhido para chefiar uma segunda (e enorme, para os padrões da época) expedição à Índia. Com o fim de estabelecer naquele porto

---

1. *China tropical*, p. 38.
2. *China tropical*, prefácio, p. 25.
3. *Sobrados e mucambos*, p. 551.
4. 87. (Bibliografia).
5. *Aventura e rotina*, p. 356.
6. *China tropical*, p. 28.
7. *Homem, cultura e trópico*, p. 91

distante um entreposto comercial. Partiu com três caravelas, nove naus e uma naveta de mantimentos – abarrotadas de canhões, pólvora, espadas, alimentos e quase 1.500 homens. No caminho encontrou o Brasil, bem mais a oeste que seu destino. Não por acaso, claro. Afinal chegando à Índia com uma nau a menos – a de Diogo Dias, que só no fim da expedição reencontrou as outras. De lá voltou Cabral com especiarias muitas. E fama de *desafortunado com as coisas do mar,* que o levou a nunca mais pôr os pés em uma nau.

Garcia de Orta (1499-1568), famoso médico de Lisboa, mais tarde acompanhou a armada de Martim Afonso de Souza, que à Índia foi com o fim de estudar ingredientes e técnicas utilizados por médicos hindus e árabes. Nunca mais retornou; por ter, em Goa, escolhido morar. **"Viveu vida como que de louco entre os quase loucos que eram, então, para os europeus mais convencionalmente europeus, os homens do Oriente, quanto aos seus usos, seus alimentos, seus remédios. Estranhos homens que perfumavam as bocas mascando bétel até cuspirem vermelho como se estivessem tísicos; que em sua alimentação se serviam de ervas que pareciam plantas de feiticeiros; que se regalavam do leite não de animais mas de vegetais, como o do coco; de sopas desconhecidas na Europa como a canja de arroz; de temperos exóticos como a canela; de esquisitas frutas como a manga e a jaca."**[8] Lá escreveu *Colóquio dos simples e drogas e coisas medicinais da Índia*[9] (1563), o mais importante registro de animais, ervas, especiarias, frutas, minerais e doenças do Oriente. Destaque, no livro, para sua curiosa apresentação: "Vosso favor e ajuda ao grão volume,/ Que agora em luz saindo/ Dará na medicina novo lume,/ E descobrindo irá segredos certos/ A todos os antigos encobertos". Feita por um poeta miserável, ex-provedor de defuntos, cego de um olho perdido em luta contra mouros de Mazagão (possessão portuguesa, Marrocos, norte da África) vazado por uma seta pela *fúria rara de Marte,* segundo ele próprio, que chegou a Goa depois de ter naufragado na foz do Rio Mekong (Camboja). E que se salvou nadando com um braço, apenas, tendo no outro rascunho de poema épico dedicado ao rei Dom Sebastião. Só não conseguiu, segundo lenda pouco acreditada, salvar sua companheira chinesa, Dinamene – que, depois, celebrou em alguns sonetos. Certo é que sobrevivia fazendo versos em troca

---

8. *Médicos, doentes e contextos sociais,* p. 195.
9. 118. (Bibliografia).

de comida, depois vindo a ser o mais importante poeta da língua portuguesa, Luís Vaz de Camões (1524-1580). Sendo, aquele poema, salvo do naufrágio, *Os lusíadas*. **"Camões deve ter aprendido na Índia, com seu amigo Garcia de Orta, haver possíveis superioridades, em aspectos de modo algum desprezíveis, de culturas orientais sobre culturas europeias: no próprio uso medicinal, além de alimentar, de ervas desconhecidas por europeus e por seus doutores em ciências desdenhosas de saberes não europeus. Desdenhosas de suas substâncias e dos seus estilos ou dos seus ritos."**[10] Outro que escreveu sobre essas aventuras no Oriente foi Fernão Mendes Pinto (1510-1583), em *Peregrinação* (publicado somente em 1614): **"Suas descrições permanecem até hoje como um dos grandes documentos sobre os contatos culturais europeus com o Oriente"**[11]. E tão fantásticos foram seus relatos que por muito tempo não se acreditou neles, havendo registro de brincadeiras com seu próprio nome – *Fernão Mendes Minto* ou *Fernão, Mentes? Minto*.

Hábitos e mercadorias orientais chegaram ao Brasil com os primeiros colonizadores. Gilberto Freyre reconheceu que, em nenhum outro lugar, **"haviam** [hábitos e mercadorias] **se aclimado com o mesmo à vontade que no Brasil; e formado com valores indígenas, europeus e de outras procedências o mesmo conjunto simbiótico de natureza e cultura que chegou a formar no nosso país. É como se ecologicamente nosso parentesco fosse antes com o Oriente do que com o Ocidente."**[12] Com o tempo, a paisagem da Colônia foi se modificando. E muito por conta dessas influências. O traçado da cidade com **"ruas estreitas"**[13], a presença do *"kiosque* **ou quiosque, pequeno pavilhão de forma octogonal que, sob esse nome ou o de pagode, tornou-se, com o palanque, característico das praças públicas do Brasil do tempo do Império, algumas das quais, enfeitadas com bandeirolas de papel e lanternas de cor e folhas de canela, tomavam, nos dias de festa, aspecto nitidamente oriental. Principalmente ao clarão dos fogos de artifício acompanhados do ruído de foguetes."**[14] Neles se vendia de tudo. "**No quiosque** [inaugurado no bairro da Estância em 1848] **do Torres** [José dos Santos Torres] **vendiam-se 'champanha-cometa, montebello, chateau-margô, ale, porter, verdadeiro marasquino de zara, limonadas, gaso-

---

10. *Uma cultura ameaçada e outros ensaios*, p. 189.
11. *Palavras repatriadas*, p. 16.
12. *Sobrados e mucambos*, p. 552.
13. *Sobrados e mucambos*, p. 558.
14. *Sobrados e mucambos*, p. 564.

Mercado de Pangim, Goa, Índia, 1951.

Vendedores de grão-de-bico e amendoim, Goa, Índia, 1951.

Mercado de Pangim, Goa, Índia, 1951.

sas e sorvetes de todas as frutas da estação'. Também 'salame, fiambre, rosbife, perus, galinhas, peixe frito e de escabeche, mão de vaca, empadas, pastelões, tortas e pudins e todas as diversas iguarias que constituem a boa mesa e o deleite do gourmand'."[15]

O Oriente aqui também estava presente em **"sombras de grandes árvores asiáticas e africanas, como [...] a jaqueira, a gameleira, em volta das casas, nas praças e à beira das estradas"**[16]; mais **"as da caneleira, as da árvore de fruta-pão, as da carambola"**[17], do caqui, do jambo. Da mangueira – pena que aqui não conheciam (em meados do século passado) **"modernas técnicas indianas [...] de aperfeiçoamento das mangas pela enxertia de garfo. Pois as mangas da Índia chamadas** *afonsas* **– e com a forma de corações –, as** *fernandinas* **– parecidas com peras – e as** *colaças* **são rainhas junto das quais as brasileiras chegam apenas a ser princesas; e as da Guiné, quando muito, damas de companhia."**[18] E sobretudo do coqueiro – que **"tornou-se um dos melhores fundamentos da economia de certos trechos do litoral do Norte do Brasil: um litoral desde o século XVI orientalizado de tal modo no seu aspecto de terra tropical a ponto do brasileiro descer hoje na Índia sob forte impressão de** *déjà-vu*"[19]. Curioso, lembra Freyre, é que **"tendo o nativismo entre nós se exprimido em movimento de exaltação à aguardente de cana e ao vinho de caju e de repulsa ao vinho do Porto, e de exaltação à mandioca e de repulsa ao trigo, não tenha tomado vigorosamente o aspecto de exaltação de árvores e plantas nativas como o pau-d'arco e o pau-brasil e de repulsa às exóticas. Nem às exóticas trazidas da Ásia ou da África nem às de procedência europeia."**[20]

Essa influência também se deu na arquitetura. Com **"largos beirais arrebitados nas pontas em cornos de lua. [...] casas de telhado acachapado no estilo dos pagodes da China"**[21]; "o chafariz, o fogo de vista, a telha côncava, o banguê, a rótula ou gelosia de madeira"[22], "a casa caiada de branco ou pintada de cor viva e em forma de pagode [...] o azulejo"[23], "varandas, esteiras chamadas da Índia, palanquins, palanques [...] alpendres

---

15. *Sobrados e mucambos*, p. 564-565.
16. *Sobrados e mucambos*, p. 558.
17. *O luso e o trópico*, p. 227.
18. *Aventura e rotina*, p. 322.
19. *Aventura e rotina*, p. 322

20. *China tropical*, p. 72.
21. *Sobrados e mucambos*, p. 558.
22. *Sobrados e mucambos*, p. 552.
23. *Sobrados e mucambos*, p. 552.

Carregadora de cocos, Goa, Índia, 1951.

de proteção das próprias igrejas contra a violência das chuvas, do sol, da luz"[24]. No vestuário, o **"xale e o turbante de mulher"**[25], o uso do leque, da bengala, dos **"guarda-sóis orientalmente vastos para as caminhadas sob o sol dos dias mais quentes"**[26], dos tecidos e dos perfumes. O tipo **"de recreação e de arte, de religião e de assistência social, de educação e de transporte"**[27]. Influência também no vocabulário. **"De origem oriental é a palavra caqui (***kaki***) tanto para designar o brim de tecido forte (usado há anos no fardamento militar do Brasil) como o fruto do caquizeiro, também há anos aclimado no nosso país."²⁸ Até o *pagode*, também. **"Aliás, é curioso notar-se o fato de se ter derivado de pagode a palavra, hoje tão corrente em língua portuguesa, pagodeira, para significar festa ruidosa."²⁹** Não só isso. Igualmente o hábito de bater palmas para entrar em casa, de sentar com as pernas cruzadas em tapetes, o modo hierárquico do homem se comportar em família, o recato feminino, o ideal de mulher gorda e bonita.

Não foi diferente na alimentação; como se vê, inclusive, no **"gosto pela canja – que é um caldo ou uma sopa indiana"³⁰**. Canjas **"que os portugueses aprenderam a saborear com fidalgos indianos do mesmo modo que aprenderam a bebericar chá com aristocratas chineses"³¹**. **"Daí notarem especialistas em *nuances* de língua chinesa que a língua portuguesa é a única, das europeias, em que a palavra para designar chá é a da aristocracia chinesa e não *te* ou *tea*, derivada de chinês menos nobre."³²** Servido esse chá em **"porcelanas ainda do Oriente; por portuguesíssimas pratas postas a serviço do orientalíssimo chá"³³**. Nos chegaram também **"o cuscuz, o alféolo, o alfenim, o arroz-doce com canela, o cravo das Molucas³⁴**; **"muito azeite, muito cravo, muita pimenta, muito açafrão avermelhando a comida, avivando-a, requeimando-a para melhor despertar o paladar um tanto indolente das pessoas amolecidas pelo calor"³⁵**. Sem esquecer o leite de coco, incorporado a quase todos os nossos refogados; o hábito do café, do **"refresco de tamarindo, de limão, de água de coco, nas horas de calor mais ardente"³⁶**. Lembrando mais **"as expressões de estética culinária, quer na elaboração de quitutes que possam ser considerados artísticos pelo primor da sua confecção, quer na apresentação e decoração, sob formas e cores atraentes, dos mesmos quitutes"³⁷**.

Sem que se saibam as razões, nem todos os hábitos alimentares do Oriente nos chegaram. Entre eles **"a tendência para o alimento macio, para

---

24. *Aventura e rotina*, p. 322.
25. *Sobrados e mucambos*, p. 552.
26. *Sobrados e mucambos*, p. 558.
27. *Sobrados e mucambos*, p. 551.
28. *Sobrados e mucambos*, p. 564.
29. *O luso e o trópico*, p. 231.
30. *O luso e o trópico*, p. 231.
31. *Contribuição para uma sociologia da biografia*, p. 90.
32. *Contribuição para uma sociologia da biografia*, p. 90.
33. *Contribuição para uma sociologia da biografia*, p. 89.
34. *Sobrados e mucambos*, p. 552.
35. *Sobrados e mucambos*, p. 558.
36. *Sobrados e mucambos*, p. 558.
37. *O luso e o trópico*, p. 227.

a redução do arroz ou do trigo a pasta; para a fragmentação da carne e dos vegetais em pedacinhos, na cozinha e pelo cozinheiro, e não pelo indivíduo que se serve desses alimentos [...] a combinação, num prato único, e como que coletivista, de vários alimentos"[38]. Daí decorrendo "toda uma série de ritos, de etiquetas, de técnicas associadas à mesa ou, antes, ao ato de comer: o uso de cuias ou tigelas, em vez de pratos que se tornaram característicos da mesa ocidental; o uso de pauzinhos, em vez de facas e dos garfos ocidentais, ou dos dedos indianos; a postura oriental dos convivas – pernas cruzadas, sobre esteiras ou tapetes também coletivos –, em contraste com as cadeiras ocidentais, individuais em torno da clássica mesa de jantar"[39]. Algumas doenças também nos vieram, entre elas a "**elefantíase dos árabes**"[40]. E remédios, com plantas "**profiláticas como o manjericão** [...] folhas e flores contra o mau-olhado e as chamadas malícias do ar – são alguns dos traços orientais, ainda visíveis na paisagem do Brasil"[41]. "Das plantas profiláticas dos hindus propriamente ditos – porque o manjericão é dos maometanos – a principal é a tulossi, colocada com fim religioso à porta das habitações e sobre o lugar da queima dos cadáveres. Cadáveres que os parses expõem aos abutres no alto das suas torres chamadas de '*silêncio*'."[42]

Foi uma relação justa de trocas. Navios traziam mercadorias e partiam carregados com ingredientes da terra. Tudo registrado em anúncios dos jornais da época. "**Por meio de comércio regular vinham as mercadorias orientais para o Brasil-Colônia, em navios portugueses que chegavam de Lisboa e do Porto aos portos brasileiros não só cheios de vinho, farinha de trigo, bacalhau e queijo do reino – ou da Europa – como de artigos do Oriente, aqui trocados, junto com os da Europa, por algodão, açúcar, aguardente, café, tabaco, madeira, raízes medicinais. Era considerável, nesse intercâmbio, a balança de lucro a favor de Lisboa.**"[43] Alguns desses anúncios, para Gilberto Freyre, merecem destaque. "**Em 1771 a nau *Nossa Senhora de Ajuda* trazia da China 'louça, vidros e outros effeitos'** [...] com a fragata francesa *La Chifone* [...] vinham então da Índia, para o Brasil, além de outros artigos, 'louças, fazendas, pimenta, canela, tapeçarias e pedras preciosas

---

38. *O luso e o trópico*, p. 297.
39. *O luso e o trópico*, p. 297.
40. *Sobrados e mucambos*, p. 552.
41. *Aventura e rotina*, p. 322.
42. *China tropical*, p. 113.
43. *China tropical*, p. 53.

Mulheres moendo pimenta, amendoim e coco, Goa, Índia, 1951.

como esmeraldas e rubis'. Outras especiarias 'vinham acondicionadas em frasqueiros, vasos, garrafas e em objetos de cerâmica fina, além da louça da China comprada a preço de rolos de tabaco.'"[44] Segundo esses anúncios, "'guardanapos da India a 1:600 a duzia'; gangas azuis de Nanquin; 'ricos cortes' de vestidos de tonquim da Índia 'adamascados', 'cor de roza e verde a 8$000 reis e pretos e azues a 12$000'; gangas da Índia e de Cantão. Também 'canella da China' em 'pequenos fardinhos'; 'marfins de lei'; 'caixas de voltarete da Índia com suas fixas.'"[45] "Os bergantins, como o Novo Dourado, aquelas [...] 'tigelas azues de Nankim e Cantão' que rebrilham, nos anúncios de jornais, 'chicaras esmaltadas para chá', em contraste com o branco insípido ou apenas dourado nas beiras das louças europeias."[46] Em compensação, daqui saíram batata **"que, transplantada no século XVI ou no XVII, pelo português para o Oriente, vem reduzindo desde então, em áreas particularmente sujeitas a fomes, os efeitos de catástrofes que nessa parte do mundo são famosas pela extensão dos seus efeitos"**[47]; o cajueiro **"ainda hoje é uma das bases da economia luso-indiana"**[48].

Chegando ao Brasil, Dom João VI e sua corte fizeram tudo para que fôssemos cada vez mais próximos da Europa ocidental, sobretudo Inglaterra e França. Menos em função de uma política externa própria, em relação ao Brasil, do que da força do imperialismo inglês – de absorção e dominação de povos e culturas extraeuropeias, para expansão dos produtos de suas indústrias.

---

44. *Sobrados e mucambos*, p. 570-571.
45. *Sobrados e mucambos*, p. 592.
46. *China tropical*, p. 79.
47. *Aventura e rotina*, p. 322.
48. *Aventura e rotina*, p. 322.

O ORIENTE

Camponeses, Goa, Índia, 1951.

Assim, fomos apresentados a **"poderosos sistemas ocidentais de iluminação das ruas, das praças, das casas que substituíssem o azeite de peixe, a vela de sebo, a lanterna oriental de papel, a chamada 'cabeça de alcatrão', pelo lampião de querosene, pelo candeeiro inglês, ou belga, também de querosene, pelo bico de gás"**[49]. Com **"técnicas ocidentais de produção, de transporte, de urbanização, de iluminação, de pavimentação de estradas, de habitação, de conservação e preparação de alimentos, de recreação, de saneamento de** ruas e de casas, o Brasil entrou em nova fase de vida moral e material"[50]. "Mas sem que essa fase nova fosse marcada só por vantagens para a nossa gente e para a nossa cultura ainda em formação. Sob vários aspectos, o que havia já entre nós de imitado, assimilado ou adotado do Oriente representava uma já profunda e, às vezes, saudável adaptação do homem ao trópico, que aquele 'desassombramento' rompeu ou interrompeu quase de repente."[51] É que esses valores orientais já estavam enraizados em nossa cultura. "O Brasil fizera-os valores seus. Ao findar o século XVIII eram valores brasileiros."[52]

---

49. *China tropical,* p. 44.
50. *China tropical,* p. 44.
51. *China tropical,* p. 44.
52. *China tropical,* p. 45.

SELETA DE TEXTOS

"Ramalho Ortigão, no seu ensaio *O culto da arte em Portugal*, lembra quanto os descobrimentos, as conquistas, o comércio dos séculos XVI e XVII enriqueceram a paisagem portuguesa na Europa – e, poderia ter acrescentado, a paisagem europeia, através de Portugal – pela introdução de plantas úteis. Úteis e ao mesmo tempo – acrescente-se – decorativas. Não só o gengibre de Malabar, a canela de Ceilão, o cravo das Molucas, o benjoim do Achem, como as tecas de Cochim, o pau de Solor, o anil de Cambaia."

O mundo que o português criou, p. 70.

"O chinês é dinâmico, embora de um dinamismo que não se confunde com o dos anglo-saxões ou o dos alemães modernos. Ele sabe juntar à ação interessada o gosto pelo lazer, pela arte desinteressada, pela música, pelo canto, por prazeres da vida – o da cozinha, por exemplo – que entre os anglo-saxões são considerados domínio antes das mulheres e dos homens efeminados que dos homens normalmente masculinos. Recebem-me os luso-chineses de Manica e Sofala não só com discursos em chinês porém com quitutes, bons-bocados, doces que me recordam estar em zona de extrema especialização dos homens, e não apenas das mulheres, nas artes mais delicadas da cozinha e do doce. Recebem-me também com cantos tão cheios de vida que parecem ser cantados apenas por moças e rapazes em idade colegial."

Aventura e rotina, p. 459.

"Na Cochinchina, [os chineses] monopolizam o comércio de especiarias. Na Birmânia e na Malásia, controlam as exportações de arroz. É possível que o seu panchinesismo seja apenas uma resposta étnico-cultural àquele pan-europeísmo que durante alguns séculos fez o mesmo no Oriente; e não dure, ou não pretenda durar senão como corretivo a um excesso: o da opressão do Oriente por poderes imperialmente europeus."

O luso e o trópico, p. 34.

"Importador, durante anos, de artigos orientais foi o armazém de Joaquim Matos Costa, estabelecido à rua dos Pescadores nº 11, no Rio de Janeiro, dos primeiros decênios do século XIX, 'lado direito hindo para cima': aí se encontravam lonas, meias-lonas e brins da Índia, cabos do Cairo de todas as bitolas, sabão em caixa, arroz da Índia muito claro e inteiro, além de fazendas, chá e gangas, tudo do Oriente. E anúncio da *Gazeta* de 24 de janeiro de 1818 indica que havia então para vender à rua de São Pedro nº 25 'guardanapos da India a 1.600 a duzia', além de 'hum vestido de cassa bordado de ouro muito rico.'"

China tropical, p. 62.

"Árvores e plantas que o português transferiu do Oriente para a América tropical, do mesmo modo que transferiu da América tropical para o Oriente plantas e árvores hoje tão em harmonia com as paisagens orientais, a ponto de nos darem a ideia de sempre terem florescido no Oriente. O caso do cajueiro, por exemplo, que aliás constitui, sob a forma de castanha beneficiada, uma das bases mais consideráveis do sistema atual de comércio da Europa e dos Estados Unidos com algumas das áreas orientais."

O luso e o trópico, p. 227.

SELETA DE TEXTOS

"Brasil, tão cedo beneficiado por uma série de manufaturados trazidos do Oriente pelos portugueses que enriqueceram também a América tropical com numerosas plantas alimentares, medicinais e de gozo, do Oriente e da África. Por outro lado, plantas, artefatos e até volúpias da América tropical, entre estas a rede, foram por eles assimilados. Com relação ao tabaco americano, isto é, ao vício de fumá-lo, mascá-lo, ou sorvê-lo em pitadas, não se pode afirmar ter sido singular ou pioneira a ação propagadora dos lusos. Contribuíram eles, entretanto, larga ou vivamente, para essa propagação tanto quanto para a do sândalo e a do chá, a da borracha e a da porcelana oriental, a da pimenta e a da seda, a da batata e a da mandioca, a do cajueiro e a da mangueira, dada a variedade de contatos que, antes de qualquer outro europeu, chegaram a estabelecer entre a Europa e o Oriente, entre o Ocidente e os trópicos, estendendo também suas aventuras comerciais a La Plata e a Terra Nova."

Insurgências e ressurgências atuais – cruzamentos de sins e nãos num mundo em transição, p. 300.

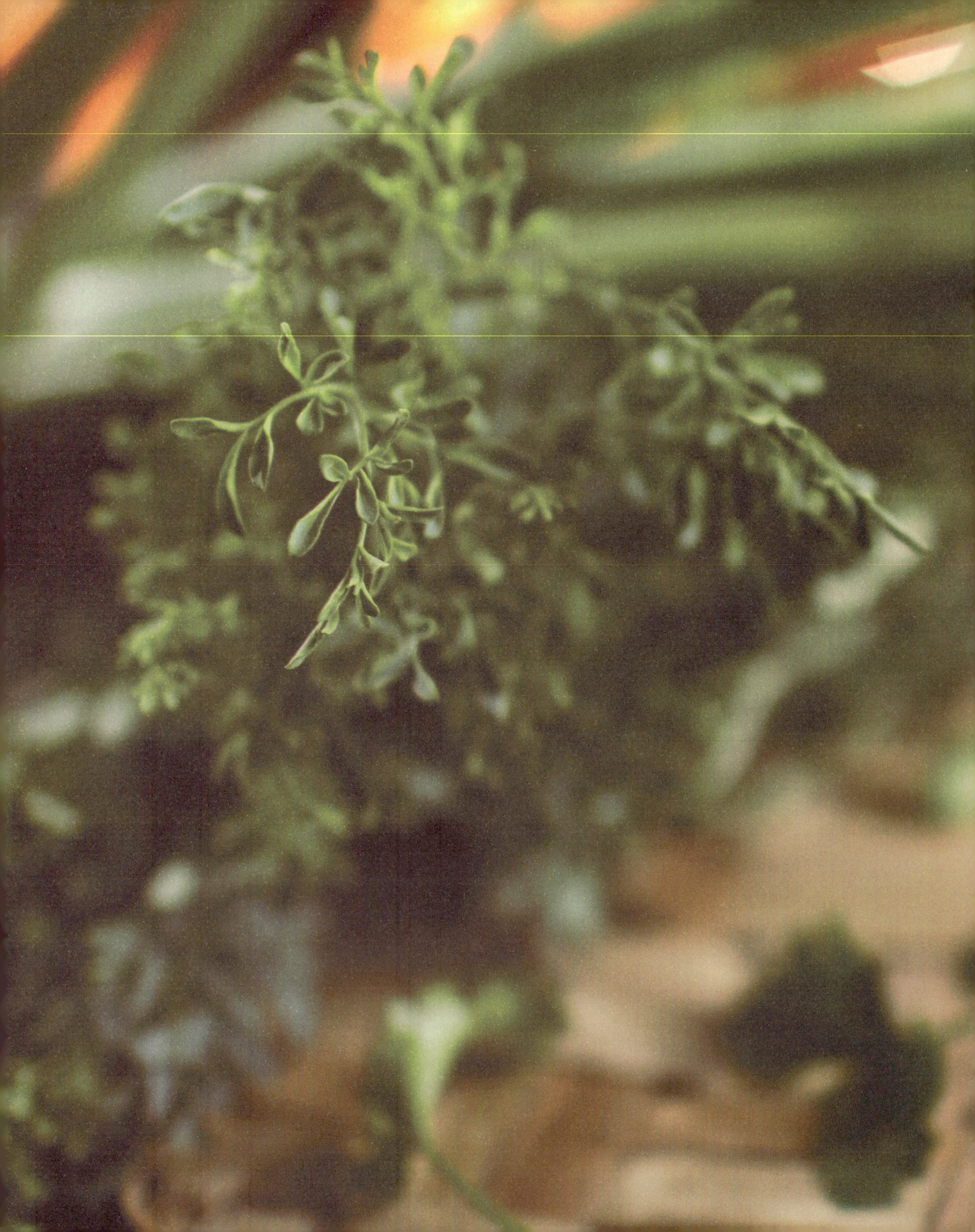

10
OS TRÓPICOS

"O trópico apresentou-se ao maior número de portugueses que primeiro se aventuraram à residência no Oriente e no Brasil como espaço messiânico ou ideal: quente; claro; luminoso; sem névoas nem gelos."¹

Mais que uma região do globo **"sob o máximo poder solar"**[2], situada entre os trópicos de Câncer (ao norte) e de Capricórnio (ao sul), para Gilberto Freyre esse trópico era sobretudo um estado de espírito. Interferindo no próprio jeito de ser de seus habitantes, **"hoje, quase metade da população mundial"**[3]. E que se refletia em **"trajes regionais, casas, flores e plantas de jardins, legumes de hortas, potes, objetos de uso doméstico e culinário, panos simplesmente decorativos, tecidos de cores litúrgicas ou simbólicos empregados em cerimônias religiosas, cívicas, escolares. São a *vária cor* que, surpreendida ainda nos começos, já alegrava os olhos de um Camões seduzido pela luz e pelas cores tropicais."**[4] Sem que, para o escritor português, **"a vida ideal fosse a mole e doce daqueles trópicos de caricatura onde a todo o esforço se opusesse o ócio ou o prazer com os seus *manjares novos e esquisitos*"**[5]. Durante muito tempo, para as elites europeias, tudo ali **"seria necessariamente bárbaro, desordenado, grosseiro, exuberante, derramado, desmedido, agreste. De um sol a doer como fogo nos olhos dos homens só poderia resultar excesso. De uma luz a ferir-nos a vista como se fosse flama só poderia resultar desequilíbrio. De cores a gritarem como loucas só poderia resultar alucinação."**[6] Ocorre que nos trópicos o colonizador português foi encontrando, **"exageradas ou intensificadas, cores e formas de mulher e de paisagem, sabores, odores, sensações, qualidades de solo, valores de cultura, que eram já seus conhecidos de modo menos intenso, menos vivo, menos cru, em regiões portuguesas marcadas profundamente pela presença moura"**[7]. E esse ambiente, novo para ele, acabou por seduzi-lo. Talvez por ser, em cada detalhe, **"o extremo oposto à civilização europeia mais requintada, caracterizada na composição das suas próprias paisagens e não apenas na elaboração das suas obras de arte e de pensamento, nas suas modas**

---

1. *A propósito de frades,* p. 26.
2. *O luso e o trópico,* p. 53.
3. *O luso e o trópico,* p. 53.
4. *O luso e o trópico,* p. 87.
5. *O luso e o trópico,* p. 151.
6. *Um brasileiro em terras portuguesas,* p. 173.
7. *O luso e o trópico,* p. 70-71.

de trajo e não apenas nos seus estilos de habitação, pelo que se supunha a suprema manifestação de gosto civilizado: a medida, a simetria, a ordem, a suavidade, a nuança, a penumbra"[8].

Um traço comum no período dos descobrimentos é que, desde seu começo, manteve-se o colonizador atento **"ao conhecimento de ervas, plantas e vegetais que foi descobrindo entre as populações nativas. Explica-se assim que, entre eles, tenha madrugado a medicina tropical de que pode ser considerado pioneiro, sob o aspecto da ciência das plantas aplicável ao tratamento da saúde dos homens"**[9] – para o que colaborou Garcia de Orta, com seu *Colóquio dos simples e drogas e coisas medicinais da Índia*. Os portugueses passaram a ser **"tropicais em sua própria cultura europeia"**[10]. Vivendo não só **"em íntima harmonia com as condições tropicais (embora persistentemente europeu e cristão nas suas formas decisivas de ser civilizado)"**[11], como também transmitindo **"várias dessas técnicas e desses valores [tropicais] a habitantes de terras frias e temperadas"**[12]. Para o bem e para o mal, tiveram todas as suas colônias em terras tropicais. Unindo-se aos trópicos **"por amor e não apenas por conveniência"**[13]. E findando cúmplices nos **"gostos picantes das comidas, nas cores quentes das casas e de muitos dos trajos regionais, e no gosto pelos perfumes no cabelo e nos lenços, que é um gosto de homens e não apenas de mulheres"**[14]. Uma atitude que implica **"vir vencendo o português em zonas de atividade nos trópicos em que outros europeus têm fracassado. Daí não ter ele nem degradado os trópicos nem se degradado nos trópicos, ao contrário do que pareceu a críticos levianos dos seus primeiros estilos de vida, de vestuário, de alimentação e de habitação em meios tropicais."**[15]

Gilberto Freyre desdenhava quem não compreendia essa dimensão nova. E isso se viu quando criticou os ingleses, que censuravam a maneira portuguesa de se vestir na Índia, **"um tanto à maneira dos orientais: trajes leves, soltos, calças ou pantalonas quase de *clown* ou de palhaço, sandálias, véus, xales, pijamas, chambres de chita. Aos ingleses do século XVII, do

---

8. *Um brasileiro em terras portuguesas*, p. 173.
9. *O luso e o trópico*, p. 135.
10. *Uma política transnacional de cultura para o Brasil de hoje*, p. 89.
11. *Uma política transnacional de cultura para o Brasil de hoje*, p. 72.
12. *Uma política transnacional de cultura para o Brasil de hoje*, p. 72.
13. *O luso e o trópico*, p. 70.
14. *Aventura e rotina*, p. 48.
15. *O luso e o trópico*, p. 54.

XVIII e do próprio começo do XIX parecia que essa transigência com hábitos tropicais de vestuário comprometia a dignidade europeia que devia afirmar-se, sob um sol ardentíssimo, em formas tão hirtas de trajar como as europeias."[16] Longe disso, e sem maiores restrições, os **"portugueses confraternizaram com os homens tropicais. Adotaram muitos dos seus usos e alimentos."**[17] Para tanto, levaram à Europa **"a rede, o banguê, a mandioca, a pimenta, o urucu, o pau-brasil, a seringa [...] o cachimbo, o leque, o chapéu de sol. Valores caracteristicamente tropicais em sua função de harmonizar o homem com o clima quente ou de defender o homem do excesso de sol."**[18]

Ao estudar os trópicos, Gilberto Freyre estabeleceu conceitos novos para sua época. Numa conferência que pronunciou em Goa (1951), pela primeira vez falou do *lusotropicalismo*; defendendo "uma federação espontânea de povos lusófonos, baseada em valores de cultura comuns, inclusive os valores cristãos transmitidos a esses povos pelos religiosos franciscanos"[19], segundo Edson Nery da Fonseca. **"Não será um estudo científico ou sociológico ou antropológico fácil e simples. Será difícil e complexo. Mas a sua necessidade, sob esse e outros aspectos – vestuário, habitação, alimentação etc. – impõe-se não só aos brasileiros que, como continuadores dos portugueses, precisam de sistematizar experiências e desenvolver antecipações dos antepassados, como aos norte-europeus que, como os ingleses, franceses, belgas, começam a considerar com novos olhos problemas tropicais."**[20] Mais tarde, em 1966, criou os *Seminários de tropicologia,* "inspirados no seminário interdisciplinar fundado pelo professor Frank Tannenbaum na Universidade de Colúmbia, mas com grandes inovações no Recife", diz o mesmo Edson Nery da Fonseca, que por muitos anos participou deles. Para essas reuniões mensais, convidava participantes de diferentes **"geração e sexo, ao lado da representação de saberes científicos e humanísticos; admissão, conforme os assuntos a serem considerados, de elementos extrauniversitários ou extra-acadêmicos, capazes de trazerem, ao trato de matéria complexa, experiências de militantes em atividades práticas: desde a clínica à culinária; desde o sacerdócio ao esporte; desde a pintura à música"**[21]. Esses seminários logo ganharam **"repercussão internacional"**[22].

---

16. *O luso e o trópico*, p. 54.
17. *Um brasileiro em terras portuguesas*, p. 176.
18. *Um brasileiro em terras portuguesas*, p. 176.
19. 100. (Bibliografia).
20. *O luso e o trópico*, p. 89.
21. *Insurgências e ressurgências atuais*, p. 85-86.
22. *Insurgências e ressurgências atuais*, p. 85.

Quando pela primeira vez se ausentou de sua terra, Gilberto Freyre sentiu na carne o que era viver longe dos trópicos. **"Começo a ter saudades de nossa natureza tropical, clara, florida, cheia de sol."**[23] Sentia falta **"dos verdes de Pernambuco que fizeram Post pintar árvores diferentes das europeias"**[24]. Daquele verde próprio **"de canavial, de cajueiro, de mangueira, de mar de litoral"**[25], que só sabe como é quem os viu com seus próprios olhos; verde que ondula, dançando à força dos ventos. Também receitas tropicais, com grande variedade de peixes, crustáceos, carnes e **"uma tal riqueza de vegetais e de frutos saudáveis que chega a ser crime a importação da Europa ou dos Estados Unidos"**[26]. Mais que tudo, lembrava os diferentes jeitos de ser da sua gente. Do ato de dormir, sobretudo em **"rede além de fresca, estética, lúdica, ecologicamente higiênica"**[27]. Do vestuário, nem sempre próprio para o lugar, **"das calças para os homens, dos sapatos fechados para os dois sexos e, também, do uso de meias por homens, mulheres e crianças"**[28]. Mesmo no trato pessoal, tudo era diferente. **"O banho espaçado, que, entre a grande maioria dos europeus, é rito; e rito que as condições europeias de clima se não justificam, toleram; mas que seria terrivelmente anti-higiênico em áreas tropicais."**[29] Sem esquecer a importância de **"ter os seus próprios desportes ou os seus próprios jogos, ao lado de danças, de recreações, de alimentos, de bebidas, que melhor correspondam àquela ecologia e às tradições ou às constantes biossociais, psicoculturais desenvolvidas sob a mesma ecologia"**[30]. Então se perguntava **"por que ter vergonha da tropicalíssima rede? Por que ter vergonha de frutas tão tropicais como o maracujá, o caju e a pitanga? Por que ter vergonha da tropicalíssima farinha de mandioca? Por que esconder as redes, os licores de pitanga, as comidas com farinha de mandioca das vistas dos europeus sofisticados ou americanos dos Estados Unidos para dar-lhes a impressão que nós, tropicais, nunca as usamos ou nunca as saboreamos?"**[31] Em tudo se afirmando, entre nós, uma cultura bem diferente da então conhecida nos países europeus. Nova. Quente. Apaixonada. Uma cultura tropical.

---

23. *Tempo de aprendiz*, p. 51.
24. *A propósito de frades*, p. 79.
25. *A propósito de frades*, p. 79.
26. *Médicos, doentes e contextos sociais: uma abordagem sociológica*, p. 100.
27. *Médicos, doentes e contextos sociais: uma abordagem sociológica*, p. 100.
28. *Sociologia da medicina*, p. 102.
29. *Sociologia da medicina*, p. 102.
30. *Sociologia da medicina*, p. 197-198.
31. *Palavras repatriadas*, p. 407.

CIENTISTAS SOCIAIS APROVAM AS BASES DE NOVA CIÊNCIA: A TROPICOLOGIA

Apôio da Assembléia do Instituto Internacional de Civilizações Diferentes à Tropicologia sugerida pelo sociólogo Gilberto Freyre — Contribuição brasileira para as ciências humanas — Regressará D. de Pernambuco em maio 9-5-57 Recife

LISBOA (U.P.) — O escritor Gilberto Freyre, depois de encerrados os trabalhos da 30.ª Sessão de Estudos do Instituto Internacional de Civilizações Diferentes, declarou que a mesma assinalou uma vitória para a ciência brasileira. Acrescentou que a reunião aprovou, por uma assembléia de europeus, africanos e asiáticos, as bases de uma ciência especial, ao mesmo tempo ecológica e cultural, proposta pelo autor de **Casa Grande & Senzala**: a Tropicologia.

«Ficou assim demonstrada» — declarou Gilberto Freyre aos jornalistas — «a maturidade atingida no Brasil pelas Ciências Sociais especializadas no esclarecimento de problemas não só brasileiros, mas também humanos». Disse que foi para êle motivo de grande satisfação ouvir de homens de tão diferentes formações as mais elogiosas referências à contribuição brasileira para as ciências humanas, afirmando que as palavras do prof. Marcelo Caetano, na sessão inaugural, consagraram o Luso-Tropicalismo como doutrina da ação portuguesa nas áreas tropicais.

O escritor brasileiro, que se encontra na Europa em companhia de sua espôsa, sra. Magdalena Guedes Pereira Freyre, participou da Conferência na qualidade de Relator-Geral, ao lado de eminentes cientistas sociais da Inglaterra, França, Itália. Gilberto Freyre retornará a seu país em princípios de maio próximo, a bordo do **Vera Cruz** em companhia do chanceler Paulo Cunha e do embaixador do Brasil, dr. Alvaro Lins.

CULTURA COMUM

LISBOA (U.P.) — Obteve a melhor repercussão entre cientistas europeus, africanos e asiáticos as conclusões do relatório do escritor Gilberto Freyre sôbre Aspectos Culturais do Pluralismo, apresentado na Conferência do Instituto Internacional de Civilizações Diferentes.

No seu trabalho, o sociólogo brasileiro apresenta diversas sugestões, a primeira das quais assim expressa: «Quando dois ou mais grupos étnicos e culturais formem, em área tropical, um novo sistema cultural, sob a orientação de um grupo culturalmente decisivo, considera-se necessário que a cada grupo étnico cultural sejam dado amplas oportunidades de contribuir para a cultura comum em elaboração».

Referiu-se, em seguida, aos meios de expressão, recomendando: — «Ainda que se reconheça que uma língua comum seja necessária ou conveniente — á unidade de tal sistema ao desenvolvimento da sua literatura, que sejam admitidas línguas particulares, conforme as necessidades de grupos particulares».

O sr. Gilberto Freyre considera conveniente «que os valores culturais e os estilos da vida escolhidos, em áreas tropicais, mais de acôrdo com o ambiente físico ou a ecologia trópica, do que com o prestígio político ou social associado à origem dêles, quando valores ou estilos importados da Europa ou de outra área, temperada ou boreal, por europeus fundadores de colônias nos trópicos, ou nelas residentes».

O relatório expressa finalmente a convicção de que nos espaços tropicais «os tipos mais desejáveis de civilizações modernas são os que combinam os elementos importados com os ecológicos, tanto étnicos como culturais».

O escritor Gilberto Freyre

Notícias sobre a Tropicologia. *Diário de Pernambuco*, 9 de maio de 1957.

"Não foi outra a política que, de modo geral, o português adotou em sua expansão nos trópicos, como o mais sério rival europeu – do ponto de vista sociológico da assimilação das gentes nativas – do maometano. O cristão português imitou na sua difícil dominação dos trópicos – dominação de populações numerosas com reduzido capital--homem – aquele povo extraordinariamente dúctil, lúcido, móvel, que, desde eras remotas, fora seu competidor na Europa; e em quem, nesse período de competição, entrecortada de fases de cooperação ou aproximação cordial, reconhecera o portador de uma civilização, sob vários aspectos superior à da Europa cristã."

Um brasileiro em terras portuguesas, p. 55.

"Evidência de ter sido o esforço português nos trópicos animado quase sempre pelo desejo de estabilidade, de permanência, de residência, de *pax social*, é a arquitetura que se desenvolveu nas várias áreas lusitanas na Ásia, na África, na América tropicais: uma arquitetura que se caracteriza pela solidez, pela base, pela substância: inclusive pelo acréscimo de ecológico óleo de peixe aos seus alicerces semelhantes a raízes de jaqueira, cajazeira, mangueira. Disso não são exemplos apenas as fortalezas que os lusos levantaram em Marrocos e na Índia, o castelo-forte de Gondar, na Abissínia, as pontes sobre o Nilo Azul, os fortes da costa africana."

O luso e o trópico, p. 77.

"O que talvez se deva a vir o português possivelmente se compensando de sua inferioridade, em relação ao espanhol, quanto a recursos de instrução academicamente universitária nos trópicos – recursos que madrugaram na América espanhola – por meio de experimentos extra-acadêmicos que desde o período colonial fizeram de mosteiros como o dos beneditinos, no Rio de Janeiro, de hortos botânicos como o de Olinda, e de engenhos como o de Muribeca – onde o erudito Morais estudou, ainda na época colonial, alterações sofridas pela língua portuguesa no Brasil – centros de experimentação científica em torno de problemas peculiares aos trópicos: ao Brasil ou à América tropical."

O luso e o trópico, p. 114.

"Da influência do Brasil sobre Angola até o meado do século XIX, escreveu recentemente um estudioso inglês de coisas angolanas, que chegou a significar a tal ponto abrasileiramento do teor de vida luso-angolano, que *life in Luanda was like life in a brazilian city*. Daí a sua generalização um tanto enfática de terem sido tais relações *extraordinarily close relations*, quando o fato nada tem de contrário às normas portuguesas de expansão europeia nos trópicos: apenas tornou evidente, desde o século XVII, a capacidade, que madrugou no português antes de amadurecer no inglês, de se organizar, fora da Europa, em sistema transregional de cultura."

O luso e o trópico, p. 224.

"Será esse problema [o de vestuário nos trópicos] considerado, no Instituto de Antropologia Tropical, com sede no Recife, tão importante quanto o da casa, o do móvel, o do alimento, o das artes plásticas e o da recreação ecológica para o trópico: os principais problemas que serão estudados nesse novo instituto com que o Brasil avivará sua presença nos modernos estudos científicos e humanísticos sobre o Homem e as suas civilizações."

Homem, cultura e trópico, p. 84.

"E como quem casa quer casa, daí decorreu em grande parte a arquitetura lusotropical, inteligentemente ecológica; e tão expressiva quanto o vestuário, a alimentação, no Brasil a preferência pela rede para repouso e mesmo dormida, do que, desde o início, houve de simbiótico entre a civilização europeia, plasticamente encarnada no português, e a realidade tropical, por esse mediador aceita em várias das suas estratificações, embora retificada, domesticada, alterada, noutros."

Uma política transnacional de cultura para o Brasil de hoje, p. 85.

"Um alarmismo talvez mais político nas suas intenções que científico nos seus métodos de indagação e no seu empenho de esclarecimento vem ultimamente atribuindo à situação alimentar dos povos tropicais, em particular, e dos não europeus, em geral, aspectos ou cores de situação catastrófica, quando a verdade não parece ser exatamente esta desde que se considerem as várias situações alimentares de hoje do ponto de vista geral; e não sob critério etnocêntrico. Ainda que certos regimens de alimentação de povos tropicais pareçam bizarros a nutricionistas europeus e anglo-americanos, os tropicalistas – e aqui se evidencia a necessidade de uma lusotropicologia que corrija não nas ciências, mas nos cientistas boreais, seus excessos etnocêntricos."

Uma política transnacional de cultura para o Brasil de hoje, p. 87.

"São aspectos do assunto – pessoa situada e moda brasileira – que estarão sempre presentes nas considerações que se seguem, como inter-relações. Parece chegado o momento de essa espécie de moda – a brasileira – ser apresentada como expressão tão característica de uma cultura nacional e, dentro dessa cultura, como uma afirmação de criatividade brasileira, tão importante e cada vez mais evidente, como na música, como a que se faz notar na arquitetura, como a que caracteriza, além da culinária, a doçaria e a drincologia: todas essas criações, testemunhos de um crescente domínio, pelo brasileiro, de valores ecologicamente tropicais, acrescentadas a heranças europeias."

Modos de homem & modas de mulher, p. 173.

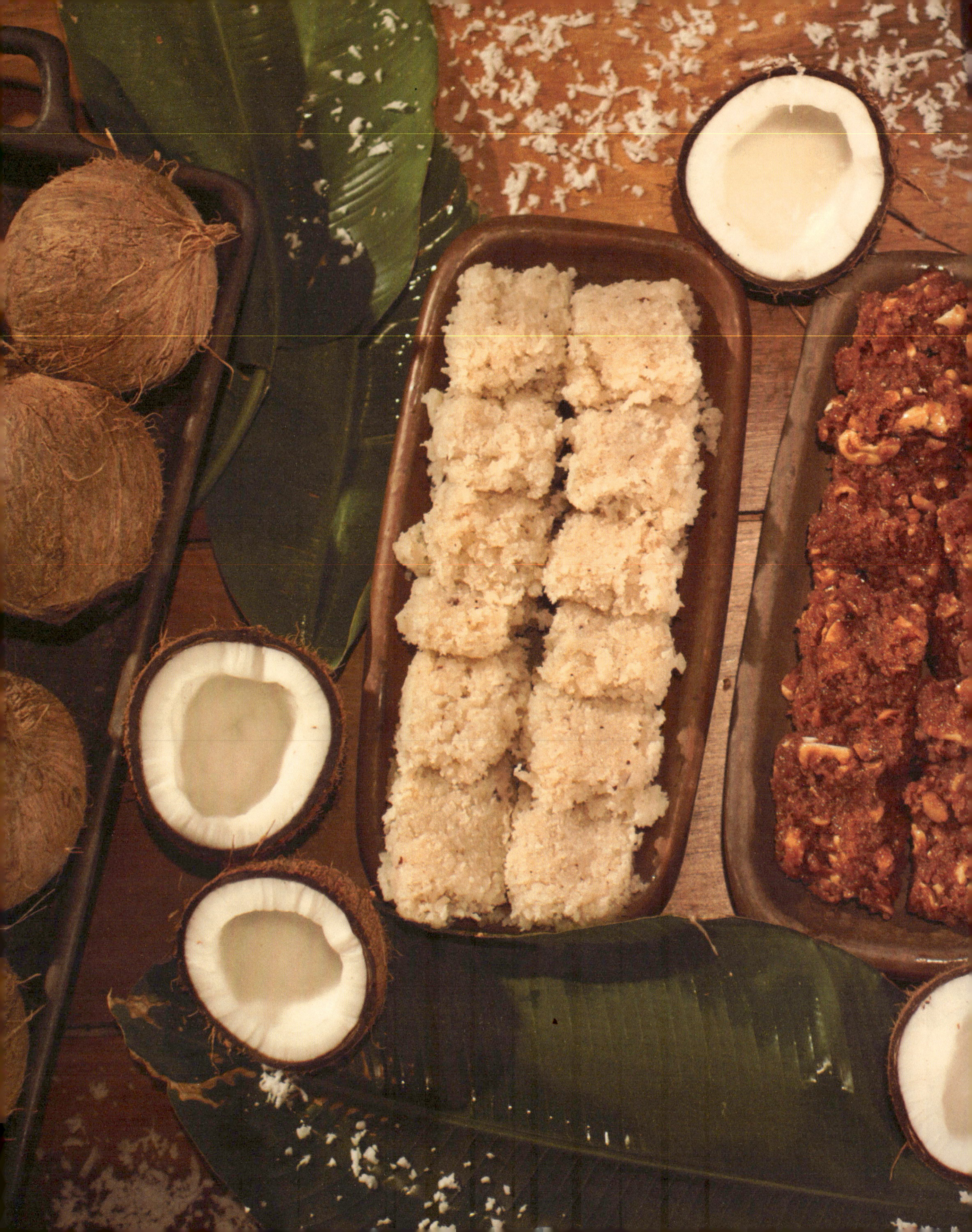

11
REGIONALISMO

"Regionalmente é que deve o Brasil ser administrado. É claro que administrado sob uma só bandeira e um só governo, pois regionalismo não quer dizer separatismo."[1]

Desde seus primeiros escritos, Gilberto Freyre chamava atenção para a importância de preservar as tradições regionais herdadas das culturas que formaram a nossa identidade, todas fortemente ameaçadas pela descaracterização. Com riscos na arquitetura, na pintura, no vestir, na música, na culinária. **"Toda essa tradição está em declínio ou, pelo menos, em crise no Nordeste."² E "uma cozinha regional que desaparece é sinal de alguma coisa de podre no reino da Dinamarca. É um sinal de alarma."³** Freyre voltou ao Brasil em 1923 e ficou desapontado ao **"saber que a água de coco verde era refresco que não se servia nos cafés elegantes do Recife, onde ninguém se devia lembrar de pedir uma tigela de arroz-doce ou um prato de mungunzá ou uma tapioca molhada."⁴** E ao perceber que **"os usineiros e os negociantes de algodão aprendem a comer no Rio ou na Europa coisas de nomes franceses e voltam com vergonha de comer angu e manuê e tapioca. Ou carne de sol. Ou cabidela."⁵** Pensava, inclusive, que haveria **"maior virtude em comer patrioticamente mal, mas comida da terra, que em regalar-se das alheias. É mais ou menos o que faz o inglês. Entre nós sucede que as comidas da terra não exigem semelhante sacrifício. O nosso caso reduz-se antes a este absurdo: estamos a comer impatrioticamente e mal o que os franceses comem patrioticamente e bem."⁶** Passa então a defender, com unhas e dentes, esses valores regionais. No papel de *"**missionário** de certo regionalismo ao mesmo tempo tradicionalista e experimentalista, modernista e brasileirista"*⁷.

Pouco depois de sua volta, criou o Centro Regionalista do Nordeste. As reuniões, todas as terças-feiras, se davam **"na casa do professor Odilon Nestor** [poeta, ensaísta e catedrático de Direito Internacional]**, em volta da mesa de chá com sequilhos e doces tradicionais da região – inclusive sorvete de

---

1. *Gilberto Freyre*, Coleção Encontros, p. 71.
2. *Manifesto regionalista*, p. 67.
3. *Região e tradição*, p.215.
4. *Manifesto regionalista*, p. 66.
5. *Tempo de aprendiz*, p. 602.
6. *Crônicas do cotidiano: a vida cultural de Pernambuco nos artigos de Gilberto Freyre*, ("A arte de bem comer"), p. 60.
7. *Vida, forma e cor*, p. 28.

coração-da-índia – preparados por mãos de sinhás. Discutem-se então, em voz mais de conversa que de discurso, problemas do Nordeste. Assim tem sido o Movimento Regionalista: inacadêmico mas constante. Animado por homens práticos como Samuel Hardman e não apenas por poetas como Odilon Nestor; por homens politicamente da *esquerda* como Alfredo Moraes Coutinho e da extrema *direita* como Carlos Lyra Filho."[8] Os resultados desses encontros logo apareceram. Primeiro, em 7 de novembro de 1925, com o livro comemorativo ao centenário do *Diário de Pernambuco*, *O livro do Nordeste* – segundo ele **"primeira tentativa esboçada, no Brasil, de introspecção econômica social"**[9]. Organizado e coordenado por Freyre, vale a lembrança. E com trabalhos de intelectuais importantes como Oliveira Lima, Júlio Bello, Mario Melo, Manuel Bandeira (com um dos mais conhecidos de seus poemas, "Evocação do Recife") e do próprio Freyre, com **"três artigos sobre o passado social do Nordeste** ["Vida social do Nordeste – aspectos de um século de transição", "A pintura no Nordeste" e "A cultura da cana-de-açúcar"] **evocando menos revoluções do que senhores de engenho, iaiás, casas-grandes, meninos, moleques, artes populares"**[10].

As atividades do Centro não pararam por aí. Em 1926, realizou o Primeiro Congresso Regionalista, no qual Gilberto Freyre explicitou **"a defesa da culinária e da doçaria tradicionais da região; a defesa dos jogos e brinquedos regionais; a defesa das artes populares, inclusive o mamulengo e o bumba meu boi e a renda do Ceará"**[11]. Dando especial atenção aos valores culinários do Nordeste. **"A significação social e cultural desses valores. A importância deles: quer dos quitutes finos"**[12] e **"caros em que se esmeraram, nas velhas casas patriarcais, algumas senhoras das mais ilustres famílias da região e que está sendo esquecida pelos doces dos confeiteiros franceses e italianos"**[13]; quer dos populares, **"do doce, do bolo, do quitute de tabuleiro, feito por mãos negras e pardas com uma perícia que iguala, e às vezes excede, a das sinhás brancas"**[14]. Ainda chamando atenção para a **"necessidade de serem todos defendidos pela gente do Nordeste contra a crescente descaracterização da cozinha regional"**[15]. Nesse congresso, terminou sua participação

---

8. *Manifesto regionalista*, p. 49.
9. *Livro do Nordeste*, p. 3.
10. *Alhos e bugalhos*, p. 46.
11. *Alhos e bugalhos*, p. 46.
12. *Manifesto regionalista*, p. 59.
13. *Manifesto regionalista*, p. 58.
14. *Manifesto regionalista*, p. 59.
15. *Manifesto regionalista*, p. 59.

dizendo: "Creio que não haveria exagero nenhum em que este congresso, pondo no mesmo plano de importância da casa a mesa ou a cozinha regional, fizesse seus os seguintes votos: 1. Que alguém tome a iniciativa de estabelecer no Recife um café ou restaurante a que não falte cor local – umas palmeiras, umas gaiolas de papagaios, um caritó de goiamum à porta e uma preta de fogareiro, fazendo grude ou tapioca – café ou restaurante especializado nas boas tradições da cozinha nordestina. 2. Que os colégios de meninas estabeleçam cursos de cozinha em que sejam cultivadas as mesmas tradições. 3. Que todos quantos possuírem em casa cadernos ou mss. antigos de receitas de doces, bolos, guisados, assados etc. cooperem para a reunião dessa riqueza, hoje dispersa em manuscritos de família, esforço de que o Primeiro Congresso Regionalista do Nordeste tomará a iniciativa, nomeando uma comissão para a colheita de material tão precioso e digno de publicação."[16]

Essas palavras, que leu durante o congresso, "ficaram conhecidas como *Manifesto regionalista*, só em parte publicado no *Diário de Pernambuco*. Pois o propósito era publicar em volume não só esse manifesto, como as teses apresentadas nas comissões ou lidas em plenário. Projeto que fracassou porque faliu o velho banco em que estava depositado o dinheiro do centro."[17] O documento recebeu versão definitiva só 26 anos depois, em 1952 – ampliado, revisado e agora com título, que originalmente não tinha, de *Manifesto*. A polêmica foi grande. "Primeiro, porque ao publicá-lo em 1952, o autor o retocou e desenvolveu; segundo, porque só o intitulou de *Manifesto* na referida publicação, sendo evidente o conteúdo programático, tanto na pregação jornalística de Freyre quanto no texto lido em 1926; e, terceiro, porque o jornalista Joaquim Inojosa negou sua existência em vários opúsculos polêmicos, para vingar-se das reservas com que Gilberto Freyre o recebeu no Recife como embaixador do modernismo paulista de 1922", esclarece Edson Nery da Fonseca[18]. Ao que César Leal completa: "O Manifesto existiu mesmo que não haja sido divulgado na época com as características ortodoxas das definições dicionarísticas do termo. O conceito de *manifesto* é bastante elástico e não pode ser entendido apenas em seu *sensu stricto*. Em

---

16. *Manifesto regionalista*, p. 68.
17. *Gilberto Freyre,* Coleção Encontros, p. 65.
18. 99. (Bibliografia).

sentido amplo – *lato sensu* – *manifesto* é toda proposição nova contida numa carta de princípios, num ensaio, numa comunicação, visando a encontrar audiência, orientando novos caminhos para a política, o comércio, a indústria, as ciências, as artes, as letras. Um tanto ironicamente (ainda que isso seja absolutamente correto) podemos dizer que até uma relação de mercadorias transportadas por navios se denomina *manifesto*. Por isso, sinto-me na obrigação – no quase dever, como analista literário – de afirmar que o *Manifesto regionalista* de 1926 teve maiores consequências para a nossa literatura do que a Semana de Arte Moderna de 1922."[19]

A comparação com o movimento modernista de 22, em São Paulo, era mesmo inevitável. Embora fossem, na essência, bem diferentes. Enquanto o dos paulistas se limitava à literatura e às artes, voltando-se sobretudo para o futuro, o regionalista abraçava todos os setores – pregando fidelidade às tradições regionais, mas sem deixar de considerar novas experiências. **"Nem outra deve ser nossa orientação no que se refere à culinária, à doçaria e à confeitaria regionais: devemos ser fiéis às tradições regionais, sem deixarmos de nos entregar àqueles experimentos e àquela procura de novas combinações de paladar de que nos falam os velhos cronistas, como Gabriel Soares. No vestuário, também; nos jardins, nos brinquedos das crianças – três outras artes ligadíssimas à vida – precisamos igualmente nos desembaraçar da excessiva imitação do europeu e do americano, para criarmos beleza, arte, vida com os nossos próprios valores. No ensino, o mesmo, e o mesmo, na própria religião."**[20]

Depois, na sequência de seu compromisso com a região, criou o Instituto Joaquim Nabuco de Pesquisas Sociais. **"O instituto é, de algum modo, filho ou neto do movimento regionalista. Filho ou neto com deveres de gratidão para com o um tanto esquecido pioneiro, em dias remotos já voltado para a necessidade de estudos sistematicamente regionais de antropologia, história, sociologia e economia brasileira; e desde 1925, desejoso de que pintores decorassem nossos edifícios e nossas praças com figuras de negros e mestiços trabalhadores de engenho, de trapiche de cozinha e não apenas com perfis, bustos e estátuas equestres de generais, bispos e doutores brancos; que essas**

---

19. *Três histórias mais ou menos inventadas*, posfácio de César Leal, p. 48-49.

20. *Antecipações*, p. 28-29.

ruas e praças fossem arborizadas com árvores das matas brasileiras e não exóticas; desejoso, também, de que nos romances, nos contos, nos ensaios, na poesia, no teatro, os escritores, sem se tornarem sectariamente regionalistas, não se envergonhassem de ser regionais nos seus motivos e modos de expressão."[21] Um centro de estudos que tenha também **"o seu museu de etnografia matuta e sertaneja, de arte popular, de indústria caseira [...] Tipos de habitação, de redes de dormir, de redes de pesca, de barcos [...] de brinquedos de menino, de mamulengo, de louça, de trajo, de chapéu, de alpercata, de faca, de cachimbo, de tecido, de bordado, de renda chamada da terra ou do Ceará, receitas de remédios, alimentos, doces, bebidas, crendices, superstições, tudo isso tem interesse científico, artístico, cultural, social, prático"**[22].

E insistia na ideia de que cada região tivesse o seu restaurante – com arquitetura, decoração, árvore, jardim, horta. Tudo típico do lugar. Servindo **"quitutes, doces, frutas, especialidades sub-regionais, que pudessem ser saboreadas ao som da música e canto também sub-regionais. Também cigarros de palha, refrescos, caldos de cana, combinações desses refrescos com aguardente de engenhos ou engenhocas dos arredores."**[23] Essa, no fundo, era uma reação a comidas e bebidas de fora, inclusive a **"Coca-Cola que, se vem avançando entre nós, juntamente com outras bebidas incaracterísticas preparadas ninguém sabe ao certo de que, é pelo fato de não valorizarmos, como devemos valorizar, a nossa água de coco, a nossa cajuada, o nosso refresco de tamarindo ou de carambola: tão deliciosamente tropicais nos seus sabores e nos seus efeitos refrescantes"**[24]. Ao lado desses restaurantes, deveria haver **"uma loja de brinquedos e objetos de arte regional e popular: bonecas de pano, renda do Ceará, farinheiras e colheres de pau, chapéus de palha de ouricuri, alpercatas sertanejas, cabaços de mel de engenho, cachimbos de barro, manés-gostosos, figuras de mamulengo, carrapetas, panos da costa, balaios, cestos, bonecos de barro, potes, panelas, quartinhas, bilhas. Nem mal nenhum haveria em que funcionassem perto do restaurante um mamulengo e, nos dias de festa, um bumba meu boi ou um pastoril."**[25]

---

21. *Gilberto Freyre,* Coleção Encontros, p. 66.
22. *Perfis parlamentares 39,* Câmara dos Deputados, p. 237.
23. *Sugestões em torno de uma nova orientação para as relações intranacionais no Brasil,* p. 43.
24. *Sugestões em torno de uma nova orientação para as relações intranacionais no Brasil,* p. 43.
25. *Manifesto regionalista,* p. 69.

Estatuto e programa do Centro Regionalista do Nordeste, criado em 28 de abril de 1924.

CENTRO REGIONALISTA DO NORDESTE

Art. 16 dos Estatutos: São considerados socios remidos e n'este caso isentos de toda a mensalidade, as pessôas que, sendo propostas por tres socios effectivos, pagarem no acto da entrada a importancia de 1:000$000 em dinheiro.

Art. 18: Consideram-se socios effectivos ou titulares as pessôas que, residindo n'esta capital ou suas immediações, sejam propostas por tres socios de qualquer categoria ou peçam a sua inclusão como socio.

Paragrapho unico — Neste ultimo caso, o Presidente do Centro designará uma commissão para emittir parecer sobre a idoneidade do candidato.

Art. 19: Os socios effectivos ou titulares pagarão 50$000 de joia e 5$000 de mensalidade.

A B C Graphico—Flores 117—Recife

CENTRO REGIONALISTA
PROGRAMMA

1.º O Centro Regionalista do Nordeste, com séde no Recife, tem por fim desenvolver o sentimento da unidade do Nordeste, já tão claramente caracterizada na sua condição geographica e evolução historica, e ao mesmo tempo, trabalhar em prol dos interesses da região nos seus aspectos diversos: sociaes, economicos e culturaes.

2.º Para isto será o Centro constituido e organizado dentro da communhão regional, aproveitando os bons elementos da intelligencia nordestina, com exclusão de qualquer particularismo provinciano, quer quanto ás cousas quer quanto ás pessoas.

3.º O Centro conservará a sua acção livre ás injuncções das correntes partidarias, collaborando com todos os grandes movimentos politicos que visem o desenvolvimento material e moral do Nordeste.

4.º Perante o governo da União o Centro defenderá os interesses do Nordeste na sua solidariedade, sem sacrificar as questões fundamentaes da região ás vantagens particulares de cada Estado.

5.º Afim de congregar os elementos da vida e da cultura nordestina, o Centro procurará:
a) Organizar conferencias, exposições de arte, visitas, excursões.
b) Manter em sua séde bibliotheca e sala de leitura, onde se achem representadas as producções intellectuaes do Nordeste no passado e no presente.
c) Promover cada anno ou de dois em dois annos, em uma cidade do Nordeste, um congresso regionalista.
d) Editar uma revista de alta cultura "O Nordeste", dedicada especialmente ao estudo das questões nordestinas e ao registro da vida regional.

A verdade é que Gilberto Freyre tinha muito orgulho de sua região. Para ele não havia lugar que excedesse **"o Nordeste em riqueza de tradições ilustres e em nitidez de caráter. Vários dos seus valores regionais tornaram-se nacionais depois de impostos aos outros brasileiros menos pela superioridade econômica que o açúcar deu ao Nordeste durante mais de um século do que pela sedução moral e pela fascinação estética dos mesmos valores."**[26] Nem lugar com povo mais forte e altivo. No Nordeste e sobretudo em Pernambuco **"a primeira mulher governante das Américas – no século XVI; o primeiro parlamento político do Brasil, no século XVII; o início da literatura no Brasil; o início do teatro no Brasil; o início dos estudos sistemáticos de ciências naturais na América portuguesa; o início de adaptação da medicina europeia aos problemas tropicais; o início da adaptação sistemática da tecnologia e da ciência francesas à solução de problemas peculiares ao Brasil; o início, antes de São Paulo, da aplicação de tecnologia britânica de higiene, construção de estradas de ferro e de outros problemas peculiares ao Brasil; o início – com Tobias Barreto e outros pioneiros – da influência germânica nos estudos brasileiros do direito, filosofia, geografia; alguns dos primeiros sindicatos trabalhistas**

---

26. *Gilberto Freyre*, Coleção Encontros, p. 71-72.

do Brasil foram organizados no Nordeste. Lá teve início a culinária nas suas formas mais requintadas e também a arquitetura e a música brasileiras."[27] Tudo isso dando, aos nordestinos, **"a consciência de representarem um Brasil mais brasileiro que o representado pelo Rio, por exemplo; e sob essa consciência, o desejo de procurarem animar a sua vida em expressões novas, modernas, atuais, do espírito tradicionalmente brasileiro que ali se encontra ainda. Do velho espírito brasileiro que ali sobrevive na linha de ingênua e doce beleza das igrejas, das capelas de engenho e das casas; e no sabor, apurado pelos séculos, dos bolos e doces e quitutes de família feitos com os frutos da terra; e no traço meio rude, meio franciscano, meio ascético, dos velhos bancos de engenho, de vinhático ou jacarandá; e das velhas mobílias e arcas."[28]** Afirmando-se assim, por dentro da ideia nacional, uma cultura própria e autônoma. Regional. Primeiros prenúncios de que compreendia, com o coração, não haver nada de mais universal que sua aldeia.

---

[27]. *Palavras repatriadas*, p. 295.
[28]. *Tempo de aprendiz*, p. 601.

"Hoje precisamos de Joões Ramos, continuadores de Joaquins Nabucos e cujas vozes se ergam não só a favor dos homens ainda cativos de homens ou dos animais ainda maltratados e explorados pelos donos ou das matas roubadas de seus bichos mais preciosos por caçadores a serviço de comerciantes gulosos de dinheiro fácil, mas a favor das árvores, das plantas, dos frutos da região, dos seus doces e dos seus quitutes, que tanto quanto as artes populares e os estilos tradicionais de casa e de móvel, vêm sendo desprezados, abandonados e substituídos pelas conservas estrangeiras, por drogas suíças, remédios europeus e pelas novidades norte-americanas."

Manifesto regionalista, p. 75.

"Do autor, já houve quem perguntasse como é que sendo tão entusiasta de coisas de arte, estrangeiras e moderníssimas, mostrava ou, pelo menos, afetava interesse pelos bonecos de barro das feiras e pelos bolos de tabuleiro das ruas do Recife. Evidente contradição. E como essa haverá nele várias outras contradições de romântico. Romântico ele é, ainda, no gosto de falar de si próprio à sombra de qualquer pretexto; e mesmo sem pretexto nenhum."

Região e tradição, p. 64-65.

"A casa de Ulisses [irmão de Gilberto Freyre] perto de Casa Forte (Encanamento), Bandeira chama de 'toca de Regionalismo', pelo que lá se encontra de regional tanto no sítio, cheio de mangueiras, jaqueiras, palmeiras, como no interior da mansão, que aliás é mourisca no estilo: jacarandás, porcelanas, pratas, cristais dos velhos tempos de Pernambuco. Alguns de família. Aliás o que nós temos de melhorzinho no gênero está não na toca dos solteiros mas na casa da família, que Bandeira visitou e sentenciou: 'Esta casa é ainda mais agradável do que a toca. É uma delícia'. Os velhos Freyres ficaram encantados com Bandeira. Minha Mãe proclama-o 'um dos nossos.'"

Tempo morto e outros tempos, p. 283.

"É um contacto que não deve ser perdido em nenhuma atividade de cultura regional. E dessas atividades não deve ser excluída nunca a arte do quitute, do doce, do bolo que, no Nordeste, é um equilíbrio de tradições africanas e indígenas com europeias; de sobrevivências portuguesas com a arte das negras de tabuleiro e das pretas e pardas de fogareiro. Por conseguinte, brasileiríssima."

Manifesto regionalista, p. 71.

"No brasileiro de hoje que, civilizado, prefere dormir amerindianamente em rede – uma moda triunfante – deliciar-se amerindianamente em substituir trigo por mandioca – outra moda triunfante – comer africanamente, com igual delícia, acarajé – moda nada insignificante –, está um civilizado que junta à sua predominante civilidade sobrevivências, para ele, quase voluptuosas, de primitividade. A primitividade que o espanhol, parente de brasileiro, Picasso, procurou em inspirações afronegras, para sua modernizadora pintura."

Modos de homem & modas de mulher, p. 143.

"Ser alguém regionalista não significa apenas, nesta parte do Brasil, gostar de mobília de jacarandá ou de casa colonial, de igreja antiga e de azulejo velho. Há quem tenha gosto e até paixão por esses valores aristocráticos – alguns, hoje, relíquias para serem conservadas em museus – mas despreze os que considera rústicos e, que, entretanto, estão à base da estrutura mesma da nossa cultura regional. Há quem se suponha mais devotado que os demais às tradições da região, mas seja incapaz de descer à cozinha para provar o ponto de um doce de goiaba ou experimentar o tempero de um afervemtado de peru; ou ao mercado para comer um sarapatel da marca dos que fazem a fama do Bacurau; ou a Dudu para saborear uma peixada à moda da casa, com pirão e pimenta; ou ao fundo de um velho sítio cheio de mangueiras e jaqueiras para chupar manga e comer jaca com as mãos, lambuzando-se; ou a uma boa queda-d'água de engenho, para um regalado banho, fazendo antes de entrar n'água o sinal da cruz e chupando um ou dois cajus entre goles de cachaça que guardem a alma e o corpo dos perigos que povoam todas as águas. Há quem não queira nem olhar para um mucambo, quando o mucambo tem lições preciosas a ensinar aos arquitetos, aos higienistas, aos artistas. Há quem evite passar por toda rua estreita ou por todo beco antigo, quando a rua estreita ou beco antigo é outro mestre de urbanismo e de higiene."

A condição humana e outros temas, p. 33.

"Raras são hoje as casas do Nordeste onde ainda se encontrem mesa e sobremesa ortodoxamente regionais: forno e fogão onde se cozinhem os quitutes tradicionais à boa moda antiga. O doce de lata domina. A conserva impera. O pastel afrancesado reina. Raro um Pedro Paranhos Ferreira, fiel, em sua velha casa de engenho – infelizmente remodelada sem nenhum sentido regional – aos pitus do rio Una. Raro um Gerôncio Dias de Arruda Falcão que dirija ele próprio de sua cadeira de balanço de patriarca antigo o preparo dos quitutes mais finos para a mesa imensa da casa-grande – quase um convento – que herdou do capitão Manuel Tomé de Jesus, lembrando à cozinheira um tempero a não ser esquecido no peixe, insistindo por um molho mais espesso no cozido ou por um arroz mais solto para acompanhar a galinha, recordando, às senhoras da casa, as lições de ortodoxia culinária guardadas nos velhos livros de receitas da família. Rara uma dona Magina Pontual que se esmere ela própria no fabrico de manteiga que aparece à mesa da sua casa-grande: a do Bosque. Rara uma dona Rosalina de Melo que faça ela própria os alfenins de que não se esquecem nunca os meninos que já passaram algum fim de ano no engenho de São Severino dos Ramos."

Manifesto regionalista, p. 67.

"Não é só o arroz-doce: todos os pratos tradicionais e regionais do Nordeste estão sob a ameaça de desaparecer, vencidos pelos estrangeiros e pelos do Rio. O próprio coco verde é aqui considerado tão vergonhoso como a gameleira, que os estetas municipais vêm substituindo pelo fícus-benjamim, quando a arborização que as nossas ruas, parques e jardins pedem é a das boas árvores matriarcais da terra ou aqui já inteiramente aclimadas: pau-d'arco, mangueira, jambeiro, palmeira, gameleira, jaqueira, jacarandá."

Manifesto regionalista, p. 65-66.

"Tudo isso é tradição em declínio. Nem nas casas-grandes, nem nos mosteiros da região, nem nos palácios dos governadores, nem nos restaurantes das capitais do Nordeste, a mesa se apresenta hoje à altura de suas tradições [...] Desapareceram as negras doceiras. Os mestres cozinheiros pretos tornaram-se raros. As senhoras brancas já não descem à cozinha. O tipo de dona de casa moderna exaltado por Joaquim Nabuco na pessoa de sua madrinha, a senhora de Massangana, é uma sombra do passado. Pela região inteira, a arte do doce está melancolicamente murchando em indústria de goiabada de fábrica. Só as avós sabem ainda fazer os doces tradicionais. As filhas e as netas recorrem aos de lata. Uma ou outra dona Mariinha ainda faz doces à moda antiga. Já são numerosas as casas de engenho – para não falar nas do Recife – onde a visita é recebida simplesmente a presunto, empada de camarão seco, conserva de pera, vinho do Rio Grande. Coisas de mercearia e de confeitaria. Nos conventos, a hospitalidade se limita à cerveja: e cerveja às vezes quente. Já quase não se veem padres ou frades gordos: só um ou outro cônego. Dos palácios de governadores da região – onde outrora morreu um presidente de província pelo excesso de mangas de Itamaracá que chupou um dia, ao almoço – não tenho conhecimento de um só que se distinga pela excelência dos seus jantares. Há restaurantes, no Recife, onde se continua a comer bem. Mas nenhum bom restaurante verdadeiramente regional. O fato é este: a cozinha tradicional desta região está ameaçada de desaparecer. Não só os excessos vão desaparecendo: vai aos poucos morrendo a cozinha tradicional, constituída por um admirável equilíbrio de valores."

Região e tradição, p. 214-215.

"Não é senão absurdo comer-se nas casas e nos restaurantes do Nordeste tropical exatamente o mesmo que se come na Europa temperada. Ou o que se importa dessa Europa ou de outras áreas temperadas e frias. Daí merecer o estímulo dos educadores, desde as aulas primárias de Geografia às, já adiantadas, de Economia, de Antropologia e de Sociologia, que sejam ministradas a crianças, a adolescentes e a jovens brasileiros, a tendência para valorizarmos, no nosso sistema de alimentação, os produtos do trópico nordestino: o caju magnificamente opulento de vitaminas – assunto de que se têm ocupado, em livros e estudos cuja leitura deve ser recomendada à atenção desses educandos, fisiólogos como professor Nelson Chaves, mais que químicos como o professor Oswaldo Gonçalves de Lima e geógrafos como o professor Mauro Mota; a mandioca – já reabilitada, como alimento até para convalescentes, por mestre Silva Melo; o milho – do qual se fazem, entre nós, tantos quitutes regionais, como a pamonha, o mungunzá, a canjica, a umbuzada, o quibebe, a paçoca, o açaí, os refrescos de maracujá e de pitanga, os doces de guabiraba, araçá, goiaba, o creme de abacate, o vinho de jenipapo. Alimentos tão ligados a tradições regionais de culinária, de doçaria e de drincologia brasileira. Regionais e caseiras."

Oh de casa!, p. 115-116.

"A verdade é que não só de espírito vive o homem: vive também do pão – inclusive do pão de ló, do pão doce, do bolo que é ainda pão. Não só com os problemas de belas-artes, de urbanismo, de arquitetura, de higiene, de engenharia, de administração deve preocupar-se o regionalista: também com os problemas de culinária, de alimentação, de nutrição."

Manifesto regionalista, p. 59.

"Está em tristonho declínio a antiga mesa dos senhores de engenho da Nova Lusitânia. Mesa exaltada pelo autor dos *Diálogos das grandezas* [de Ambrósio Fernandes Brandão]. Elogiada pelo padre Fernão Cardim. E em dias menos remotos, por Tollenare. O *canned food* e o *menu* francês estão a matá-la. Não é de admirar que no Rio – quase uma cidade de pensões e hotéis – domine o cosmopolitismo na mesa; e que dificilmente sinta a gente nos doces o gosto de fruta do Brasil. Mas saltam aos olhos o ridículo e a vergonha de casas provincianas, de casas de engenho, de casas de cidades brasileiras, onde a mesa já não é a dos velhos quitutes e doces feitos em casa, mas a de acepipes caricaturescamente exóticos. Precisamos voltar à honestidade brasileira do paladar. Precisamos perder a vergonha dos nomes dos nossos bolos e doces e comidas de mandioca e de coco tão características do Nordeste. Nomes que exatamente por serem ingênuos chegam às vezes a ser líricos e a parecer nomes de poemas: pudim de veludo, bolo de iaiá, arrufos de sinhá, baba de moça. Quem negará ao nordestino a riqueza da tradição de sua mesa – a mesa dos senhores de engenho, a mais afidalgada do Brasil e a de mais variados sabores, graças ao doce favor da natureza tropical? E quem negará à cozinha um forte prestígio nacionalizador?"

Tempo de aprendiz, p. 602-603.

"Eça de Queiroz, numa de suas cartas ultimamente publicadas, fala com horror dos patriotas liberais que em Portugal substituíram *a nobre vaca cozida dos avós pelo abominável boeuf à la mode*. Lamentação já de Dom Francisco Manuel de Melo. Foi Dom Francisco Manuel que escreveu nos seus *Apólogos dialogais* – livro admirável, infelizmente lido hoje por um esquisitão ou outro: *Não tenho paciência para sofrer, uns que, vivendo toda a sua vida entre nós, criados com as nossas sopas de vacas* [...] *por poucos meses de ausência, já quando voltam ao reino, tudo dele lhes enfada*, pois *o negócio é posto por eles em tais termos, que nem andar, nem vestir, nem comer se pode já à portuguesa*. É a atitude, ainda hoje, no Brasil, dos que, em poucos meses na França, na Inglaterra, na Suíça, na Alemanha, na Itália, nos Estados Unidos, adquirem de tal modo o gosto pelos pratos estrangeiros, que tomam vergonha de quanta sopa de vaca, de quanto mocotó de colher, de quanta moqueca à baiana comeram na sua meninice brasileira."

Região e tradição, p. 217.

GILBERTO FREYRE

Assucar

*Algumas receitas
de doces e bolos dos
engenhos do Nordeste*

12
AÇÚCAR E OUTROS
LIVROS DE RECEITAS

"Numa velha receita de doce ou de bolo há uma vida, uma constância, uma capacidade de vir vencendo o tempo sem vir transigindo com as modas nem capitulando [...] ante as inovações."[1]

Os cadernos de receitas de nossas avós eram o que havia de mais precioso em suas cozinhas. Nem grandes, nem bonitos, nem sofisticados como os de hoje. Escritos por elas mesmas, com letras bem desenhadas que aprendiam em tortuosos exercícios de caligrafia. Ali havia segredos que só as próprias donas eram capazes de decifrar. Porque, muitas vezes, escreviam essas receitas com falta de alguns ingredientes importantes. Com dosagens pouco precisas – *um pires, um prato, um bocado, uma cuia, o quanto baste.* E um modo de preparar vago – *mexa até que chegue no ponto, asse até que fique bom, misture até sentir que está bom.* Para que outros, lendo esses cadernos, não pudessem fazer o prato. Só elas próprias. Ou suas filhas, a quem passavam esses segredos, secularmente, preservando a memória das famílias. **"As receitas mais velhas de doces dos velhos engenhos do Nordeste estão cheias de *medidas* que recordam as antigas cozinhas portuguesas, do tipo da do convento de Alcobaça: palanganas, tigelas, gamelas de pau. Cheias, também, das expressões:** *farinha do reino* **e** *queijo do reino.* **E as formas de bolo conservaram-se também as mesmas do reino, gordas e largas."[2]** Gilberto Freyre logo percebeu importante fonte de pesquisa nesses apontamentos, apresentados **"sem outros objetivos que o de serem as receitas postas em prática. A verdade, porém, é que, em torno das mesmas receitas, pode se dizer que existe, além de prosa simplesmente [...]** *à la* **Jourdain, alguma etnografia, um pouco de história e até um tanto de sociologia."[3]**

No seu *Manifesto regionalista* (1926), Freyre chamava atenção para a estética e as tradições regionais de doces e bolos. Em *Casa-grande & senzala* (1933), explicita a importância das influências portuguesa, indígena e africana na formação da nossa culinária. Até que, em *Açúcar – algumas receitas de bolos e doces do Nordeste do Brasil* (1939), completa sua obra nesse campo.

---

1. *Açúcar*, p. 32, prefácio do autor à 3ª edição.
2. *Açúcar,* p. 78-80; e "Doces tradicionais do Brasil", artigo publicado em 30 de julho de 1938.
3. *Açúcar,* p. 55, prefácio do autor à 3ª edição.

"Eu próprio acabo de publicar o meu livro de receitas doces, chamado *Açúcar*, que considero um dos meus principais e é dedicado sobretudo à mulher brasileira."[4] Valorizando receitas regionais que **"se conservaram por muito tempo em segredo"**[5]. Elogiando aquele doce **"de pedigree, e não um doce improvisado ou imitado dos estrangeiros. Que tem história. Que tem passado. [...] Gostado, saboreado, consagrado por várias gerações brasileiras."**[6] Mas Gilberto Freyre se preocupava, especialmente, com as novas gerações de moças que **"já não sabem fazer um doce ou guisado tradicional e regional. Já não têm gosto nem tempo para ler os velhos livros de receitas de família. Quando a verdade é que, depois dos livros de missas, são os livros de receitas de doces e de guisados os que devem receber das mulheres leitura mais atenta. O senso de devoção e o de obrigação devem completar-se nas mulheres do Brasil, tornando-as boas cristãs, e, ao mesmo tempo, boas quituteiras, para assim criarem melhor os filhos e concorrerem para a felicidade nacional. Não há povo feliz quando às mulheres falta a arte culinária. É uma falta quase tão grave como a da fé religiosa."**[7] Para a conservação de nossa cozinha ameaçada por influências de fora, aconselhava, inclusive, **"um programa de ação nacionalista. *Rumo à cozinha* deve-se gritar aos ouvidos das moças do Brasil: rumo aos livros de receitas das avós."**[8]

Aos poucos foi catalogando, cuidadosamente, compotas e sorvetes que foram nascendo com o gosto forte de nossas frutas. A epifania gloriosa de bolos e doces com sabor de pecado – arrufos de sinhá, baba de moça, beijos, bolo dos namorados, ciúmes, colchão de noiva, engorda-marido, suspiros, fatias de parida (que o povo logo chamou de *fatias paridas)*. Criados por freiras – bolo divino, manjar do céu, papos de anjo. Para lembrar fatos históricos – cabano, legalista, republicano, treze de maio. Com nome de gente – dona Dondon, doutor Constâncio, doutor Gerôncio, Luiz Felipe, tia Sinhá. Das famílias que os criaram – Cavalcanti, Souza Leão. Dos engenhos onde nasceram – Guararapes, Noruega, São Bartolomeu. E também sabores de festas – Carnaval, Semana Santa, São João, Natal. "Com as comidas indígenas e negras iam cir-

---

4. *Gilberto Freyre*, Coleção Encontros, p. 133.
5. *Açúcar*, p. 73.
6. *Açúcar*, p. 73.
7. *Manifesto regionalista*, p. 67; e *Gilberto Freyre*, Coleção Encontros, p. 88.
8. *Artigos de jornal*, p. 59.

culando as amostras da doçaria portuguesa", palavras de mestre Câmara Cascudo[9]. Inclusive bombons, confeitos, doces de rua e de tabuleiro. E tudo mais que estava à volta, como o papel recortado usado na decoração desses bolos e doces. Sem esquecer outros usos daquele açúcar, como na preparação de remédios – em chás e xaropes de capim-santo (fígado), casca de catuaba (impotência), cidreira (tosse), flor de melancia (para dor nos rins), mastruço (gripe). Tudo reunido com critério e paixão. Muito e muita.

Gilberto Freyre sabia dos riscos que corria perante a *intelligentsia* da época. Escandalizou a elite conservadora quando recolheu receitas que vieram de famílias e engenhos da região. **"Um livro de receitas de doces e bolos regionais, empreendido por escritor considerado também sociólogo ou antropólogo, foram, para o Brasil dos dias em que se verificaram aquele Congresso [Regionalista] e essa publicação, atos de coragem."**[10] Espantou a *academia*, quando se ocupou de tema considerado então menor. **"Não se compreendia que intelectuais varonis cuidassem de matéria tão feminina"**[11]. Enfrentou previsíveis comentários de maldade ou inveja. **"O menos que se disse dos indivíduos empenhados na valorização de tradições culinárias e de artes regionais de doçaria, peculiares ao Brasil, foi que não passavam de *blagueurs*, de *snobs*, de arcaizantes."**[12] Mas não levaria muito a sério essas críticas. E, no fundo, talvez até gostasse delas, no tanto em que seus textos eram reconhecidos como transgressores. Nada convencionais. Ou porque tinha a clara antevisão dos predestinados, ao sentir necessário resgatar esse pedaço de nossa história. O troco, antecipado, viria já na abertura da introdução do livro, com um pensamento de Machado de Assis: "A publicação de um manual de confeitaria só pode parecer vulgar a espíritos vulgares". Foi assim, graças à ousadia, à persistência e ao gênio de Gilberto Freyre, que pudemos compreender melhor toda uma época.

Os livros de receitas nasceram do desejo dos homens de transmitir seu relacionamento com o meio ambiente e suas experiências na preparação dos alimentos. A princípio, é certo, tudo resumido à garantia da própria sobrevivência. Depois, para transmitir informações alimentares que valiam a pena ser reproduzidas. **"Uma arte que resiste a seu modo ao tempo, repetindo-se ou**

---

9. 92. (Bibliografia).
10. *Açúcar*, p. 41, prefácio do autor à 3ª edição.
11. *Açúcar*, p. 41, prefácio do autor à 3ª edição.
12. *Açúcar*, p. 41, prefácio do autor à 3ª edição.

Capa da primeira edição do livro *Açúcar*, 1939.

recriando-se, com a constância das suas excelências e até das suas sutilezas de sabor; afirmando-se, por essa repetição ou por essa recriação."[13] Desde antes do domínio da escrita. Os primeiros registros que nos ficaram, de homens ainda primitivos, foram desenhos nas paredes das cavernas. Indicando como e o que caçavam, e como usavam a caça para se alimentarem. Com o tempo, passaram a usar símbolos cunhados (daí se dizer escrita cuneiforme) em placas de argila. Sendo símbolo mais recorrente, nessas placas, o ato de comer – desenho de cabeça junto a um pão. Até que, bem mais tarde, com a invenção da imprensa, tudo ficou mais fácil.

No início, não havia *livros de receitas* propriamente ditos. A Bíblia (de 3000 a.C. a 100 d.C.), por exemplo, em numerosas passagens revela ingredientes do povo de Deus. Nela se vê uma cozinha feita com grande quantidade de ervas – aipo, anis, chicória, coentro, cominho, endro, hortelã, hissopo, mostarda, sálvia, tomilho. Trazidas, quase todas, da Índia e da península Arábica. Legumes também, sobretudo secos, por serem mais fáceis de conservar. E arroz – que, além de acompanhar pratos, era também usado na fabricação de cerveja, vinagre e vinho. Azeite, usavam o de oliva. Queijos, frescos e secos (conservados no sal), vinham do leite de cabra, ovelha e vaca. Açúcar ainda não; que o doce era, nos primeiros tempos, mel de abelha. Com ele faziam uma espécie de torta – "era branco e tinha o sabor de uma torta de mel" (Êxodo, 16, 31). Entre as carnes, preferiam a de cordeiro. Em sequência, na ordem das preferências, boi e vitelo (novilho com menos de um ano). Mas o Senhor também orientou, aos filhos de Israel, o uso de outras carnes. "Entre todos os animais da terra eis o que podereis comer: podereis comer todo animal que tem a unha fendida e o casco dividido, e que rumina. Mas não comereis aqueles que só ruminam ou só têm a unha fendida [...]"(Levítico, 11, 2). Entre esses animais proibidos estavam coelho, porco e lebre.

Informações sobre a alimentação na Antiguidade também constam de velhos tratados médicos e de agricultura. Mesmo indicando os alimentos sob uma visão apenas técnica, longe ainda dos prazeres dos sabores. Algumas vezes, referiam procedimentos de plantio; outras, o uso desses alimentos na cura de doenças; ou ensinavam como conservar, por mais tempo, alimentos perecíveis. Por eles se sabe que os gregos preferiam frutas, legumes, pães, peixes e molhos condimentados com especiarias. Não por acaso, foram esses gregos os primeiros padeiros do mundo. Já o primeiro *livro de receitas*, propriamente dito, nos veio de Roma. Era *De re coquinaria*, único dos tratados latinos sobre o tema que chegou até nós. Com algumas páginas de menos, infelizmente. Dele, o que temos hoje é uma versão do século IV, provavelmente organizada por alguém não muito versado em culinária – "confundindo ingredientes e

---

13. *Açúcar*, p. 32, prefácio do autor à 3ª edição.

Desenhos de Manoel Bandeira, para o livro *Açúcar*.

Fôrmas tradicionais de bolos e doces.

Fôrmas de alfenim.

Peças da cozinha usadas no preparo de doces e quitutes tradicionais.

Enfeites, com papel recortado, para doces tradicionais.

repetindo em dois locais diferentes a mesma receita", como observou Inês de Ornellas e Castro[14]. *De re coquinaria* foi escrito por Marcus Gavius Apicius (30 a.C.-37 d.C.) – um aristocrata que, por preferir o ambiente da cozinha, passava o tempo bem longe dos cavalos do pai. Nem sempre sendo entendido pelos que provavam seus pratos, é certo. Segundo críticos da época, por serem "demasiado indigestos e sofisticados". Para tanto, não hesitava em usar ingredientes extravagantes – cristas de aves vivas, calcanhares de camelo, línguas de flamingo, pavão ou rouxinol. Entre as carnes, recomendava porco em 70% das receitas. Especialmente leitão assado inteiro. E órgãos femininos da porca, símbolos de mesa próspera. Também chouriços, presuntos, salpicões, salsichas, toucinhos. E tão importante era essa carne que Petrônio[15] imaginava o paraíso como um "lugar de abundância onde porcos assados passeavam livremente". Depois do porco, na sequência do seu gosto, vinham cabrito, cordeiro e ovelha. Carne de boi também, mas apenas muito raramente. Por se usarem, na mesa, somente bois velhos e doentes – que os novos eram poupados, dado serem úteis no trabalho do campo. Aves eram muitas – abetarda, avestruz, faisão, flamingo, frango, ganso, grou (que tinha os olhos furados, antes da engorda), pato, pavão, perdiz, pombo, rola, tordo. Sem esquecer, no livro, as 108 receitas de crustáceos, moluscos e peixes – atum, dourado, enguia (frita ou em escabeche), esturjão, moreia (cozida e grelhada), perca, raia, salmonete (normalmente usado em banquetes).

Do Renascimento nos ficaram alguns livros importantes. O *Livro de cozinha da infanta d. Maria*[16], **"publicado pela Universidade de Coimbra, com prólogo, notas aos textos, glossário e índices de Giacinto Manupella e introdução histórica de Salvador Dias Arnaut. Por essa introdução, primorosamente erudita, se vê que na Idade Media já era muito o uso que se fazia do açúcar na culinária portu.guesa."**[17] Tanto que, logo na segunda receita, aparece a de um "vinho de açúcar que se bebe no Brasil, que é muito são e para o fígado é maravilhoso". Nossa cachaça, claro. A infanta dona Maria (filha do infante Dom Duarte e neta de Dom Manuel I) era culta e dominava as línguas clássicas. Quando foi casar com Alexandre Farnésio (terceiro duque de Parma), em 1565, na bagagem levou seu caderno de receitas. Os manuscritos

---

14. 117. (Bibliografia).
15. 123. (Bibliografia).
16. 110. (Bibliografia).
17. *Açúcar*, p. 43, prefácio do autor à 3ª edição.

originais estão na Biblioteca Nacional de Nápoles. Eram divididos em quatro partes (manjares de carne, manjares de ovos, manjares de leite, cousas de conservas), todas mais tarde reunidas num só volume.

Em 1680 surge, em Portugal, a *Arte de cozinha* – de Domingos Rodrigues[18], cozinheiro do rei Dom Pedro II de Portugal. Para Gilberto Freyre, um **"tratado portuguesíssimo: o útil reunido ao agradável. Às receitas de melindres e bolos, de sopas e manjares tradicionais, seguem-se muito lusitanamente – o português sempre foi o homem da horta emendando com o jardim, a negação da arte pela arte – a do caldo de víboras para purificar o sangue ou a de caldo de rãs e caracóis para curar tosses secas. E tudo obra castiça do tal mestre Rodrigues, português velho e às direitas. 'Todas as cousas que nela ensino', diz o autor da *Arte de cozinha*, 'experimentei por minha mão e as mais delas inventei por minha habilidade'. A parte inventada parece, entretanto, bem menor do que a recolhida da tradição – inclusive da tradição mourisca, tão rica em Portugal e na Espanha; de influência tão notável sobre a culinária como sobre a arquitetura peninsular."**[19] Muitas outras observações fez Gilberto Freyre sobre esse tratado. **"O livro de mestre Rodrigues foi para a época um acontecimento de significação patriótica, que a pessoa encarregada por el-rei de dar parecer sobre a obra não deixou de destacar, embora achando perigosos todos os incentivos à gula; mesmo os incentivos patrióticos."**[20] Entre muitas, uma receita do livro lhe chamava particular atenção. **"O bolo de bacia já vem no mais velho dos livros portugueses de receitas de cozinha: o de mestre Rodrigues. 'Amassa-se [diz o mestre] meia quarta de farinha com água fria temperada de sal desfeito, duas gemas de ovos, pouca manteiga e água de flor, depois de muito bem sovado esta massa sobre o duro (como para folhado) corte-se em planos e estenda-se fazendo-se folhas delgadas do tamanho da bacia; na qual depois de muito bem untada com manteiga de vaca ponha-se em uma folha e sobre ela um arrátel de amêndoas pisadas feitas em massapão [...] Ao lado do bolo de bacia, pão de ló, os sonhos, o arroz-doce, que devia se fazer com água de flor: 'um arrátel de arroz e depois casa-se com uma camada de leite e um arrátel de açúcar e água de flor...'"**[21]

---

18. 129. (Bibliografia).
19. *Açúcar*, p. 68.
20. *Açúcar*, p. 69.
21. *Açúcar*, p. 66-69.

Quase cem anos depois é lançado, em Portugal, *O cozinheiro moderno ou nova arte de cozinha* (1785), escrito por Lucas Rigaud[22] – um francês que foi cozinhar para dona Maria I, a Rainha Louca, e acabou afrancesando a culinária portuguesa. O que acabou repercutindo, também, na brasileira. **"Depois de mestre Rodrigues e em oposição ao seu tradicionalismo ou casticismo – com o venerável arroz-doce no centro – viria mestre Lucas Rigaud, de quem data o afrancesamento da cozinha e da doçaria portuguesas, tão lamentado mais tarde por Eça de Queiroz e Ramalho Ortigão; e também por Antônio Sardinha – meu bom e saudoso amigo – e pelos integralistas portugueses, com os quais não devem ser confundidos os brasileiros. Para mestre Rigaud o trabalho de mestre Rodrigues era um amontoado de erros: 'O que me obrigou a dar à luz esta obra [...]'. E, a tantos defeitos, ele opõe as graças da cozinha francesa, que alcançariam vitória tão grande sobre a boa e sólida cozinha portuguesa de peixe cozido e do arroz-doce, encarnada por mestre Rodrigues, pelas abadessas, pelas freiras quituteiras, pelas mouras e negras que, no século XVI, já vendiam quitutes pelas ruas de Lisboa, apregoando em voz alta ou cantada as virtudes dos seus doces."**[23] Rigaud substituiu o uso exagerado de condimentos (açafrão, cerefólio, coentro, estragão, funcho, manjericão). Valorizou o consumo de aves, borrego, caças, carneiro, peixes, sopas. Além de presunto, para ele a única parte nobre do porco. Legumes também – aipo, alcachofra, aspargos e chicória. Tudo deixou registrado em seu livro. E, só para lembrar, nesse livro apenas uma vez se refere à batata; ao ensinar que, "depois de cozidas em água e peladas, comem-se com molho de manteiga e mostarda".

O que sabemos dos hábitos alimentares dos primeiros anos da colonização do Brasil é, sobretudo, o que ficou registrado. Primeiro, na carta de Pero Vaz de Caminha "a el-rei Dom Manuel sobre o achamento" desse mundo novo. Depois, em cartas e relatórios escritos por missionários jesuítas como Anchieta, Cardim, Leonardo Nunes, Francisco Soares e Nóbrega (*Cartas do Brasil*) e mais tantos outros que vieram para a catequese dos índios. Ainda em crônicas de viajantes como Pero de Magalhães Gândavo (*Tratado da terra do Brasil*), Cristóvão de Lisboa, Simão de Vasconcelos e

---

22. 128. (Bibliografia).
23. *Açúcar*, p. 69.

sobretudo Gabriel Soares de Souza (*Tratado descritivo do Brasil*). **"Gabriel Soares tem páginas [...] que parecem de um livro de doceiro, tantas são as minúcias, os vagares de regalão, com que o senhor de engenho da Bahia do século XVI explica invenções das senhoras portuguesas, primeiras donas de casa na Colônia: combinações de temperos antigos de Portugal, ou dos modos tradicionalmente portugueses de fazer doces e conservas, com as frutas da terra, com a mandioca, com o milho, com a castanha-de-caju, com a macaxeira ou com o cará."**[24]

Nesse ambiente foi lançado o primeiro grande livro da culinária brasileira, *Cozinheiro imperial ou nova arte do cozinheiro e do copeiro em todos os seus ramos* (1840), com receitas do que se deveria servir às "esplêndidas mesas e delicados gostos, bem como ao alcance das mais moderadas posses e das mais simples necessidades". Quase uma reprodução de *O Cozinheiro moderno* (de Lucas Rigaud), que à época fazia ainda muito sucesso em Portugal. O *Cozinheiro imperial ou nova arte do cozinheiro e do copeiro em todos os seus ramos*[25] foi assinado por um chef de cozinha (R.C.M.) que não se sabe quem terá sido. Ou se existiu mesmo. Começa com desenho, em bico de pena, ensinando como trinchar carnes e servir as mesas. Depois, nessa ordem, receitas de sopas, caldos, vitela, carneiro, veado, aves, caça, *olla podrida* (cozido), peixes, mariscos (nesse capítulo incluídos camarões, lagostas, lulas e polvos), legumes, massas, doces, sugestões para banquetes *a qualquer tempo do ano [...] indispensáveis às grandes casas das capitais e que lhes servirão de guia seguro para os dias de grande gala*. A partir da quinta edição (1866), foram introduzidos "muitos e saborosíssimos quitutes brasileiros como sejam vatapás, carurus, angus, moquecas [...]". Encerrando-se o livro com verbetes explicativos. Gilberto Freyre lembra haver **"quem, escrevendo sobre a *Arte do cozinheiro e do copeiro*, para donas de casa de Portugal e do Brasil, divergisse da moda inglesa e francesa da panela de cobre estanhado [...] para aconselhar a velha louça de barro"**[26]. Ainda lembrando que o autor do livro **"não era nenhum neófito extremado"**[27]. Por fim reconhecendo que **"'o único utensílio de cozinha sadio é o de barro'; [...] assim é que toma mau cheiro com o tempo porque se repassa de gordura, e com o contato**

---

24. *Açúcar*, p. 70.
25. 126. (Bibliografia).
26. *Açúcar*, p. 90.
27. *Açúcar*, p. 90.

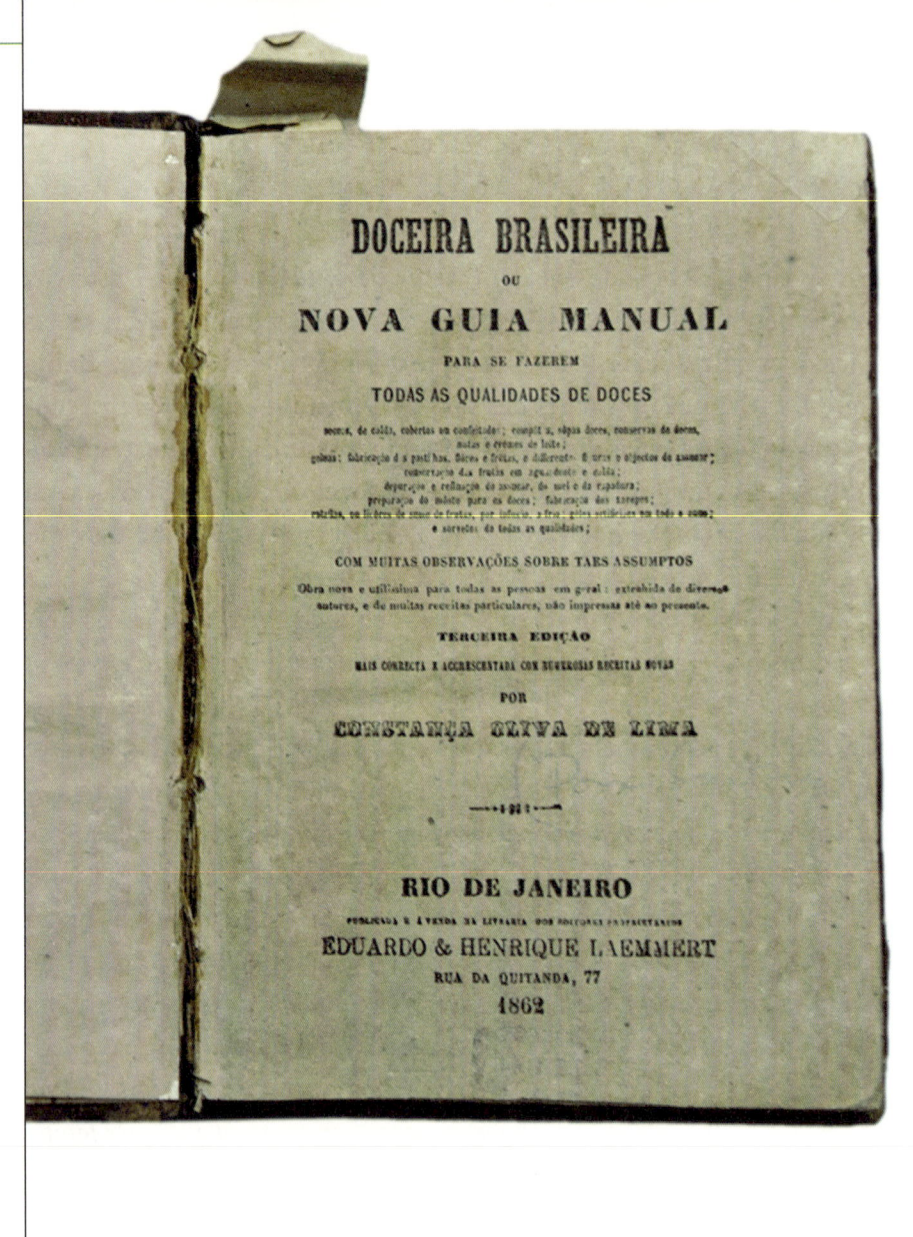

Livro *Doceira brasileira ou Novo guia manual para se fazerem todas as qualidades de doces*, 1862.

do ar e do fogo se faz rançoso; mas não importa que se gaste uma panela cada semana, bem baratas são, e a vida vale mais"[28].

Já no reinado de Dom Pedro II do Brasil (aquele que nunca foi rei em Portugal) surge o *Cozinheiro nacional*[29], de autor desconhecido. Augusto Victorino Alves Sacramento[30] (1827-1903) especula que seria de Paulo Salles, à época escritor da editora Garnier. Sem nenhuma comprovação disso. O propósito do livro está definido já na própria abertura: "É tempo que este país se emancipe da tabela europeia debaixo da qual tem vivido até hoje". Gilberto Freyre considera esse **"um livro profundamente significativo para a história da cultura brasileira [...]. Primeira tentativa no sentido de nos fazer conhecer pratos e quitutes cuja matéria-prima – por assim dizer – eram os bichos e as frutas das matas brasileiras. Espécie de indianismo culinário correspondendo ao literário: correspondendo ao primeiro romance nacional de Alencar ou ao primeiro poema brasileiro de Gonçalves Dias."**[31] Segundo ele, **"Santa Rita Durão e outros poetas da era colonial haviam cantado e exaltado as frutas brasileiras e os animais das nossas matas. Mas é nesse *Cozinheiro nacional* que aparecem primeiro, em letra de fôrma, receitas de guisados e assados de lagarto, de paca, de capivara."**[32] Além de anta, cobra, papagaio, peru, rã, tanajura. Valendo lembrar que **"o naturalista Hasting Charles Dent, que aqui esteve no tempo do Império, leu o livro e se espantou diante de tanta receita exótica: assados e guisados de toda a espécie de bichos brasileiros. Até de formigas humildes. Dent saboreou um lagarto assado e achou a carne ótima: alva, tenra, um gostinho bom de carne de porco. E não quis deixar de provar a formiga ou a tanajura frita."**[33] Na terceira edição do livro, em 1889, afinal aparece o seu título completo: *Cozinheiro nacional ou coleção das melhores receitas das cozinhas brasileira e europeia para a preparação de sopas, molhos, carnes, caça, peixes, crustáceos, ovos, legumes, pudins, pastéis, doces de massa e conservas para sobremesa; acompanhado das regras de servir à mesa e de trinchar.* E maior ainda seria esse título caso mais espaço houvesse na capa.

Na doçaria brasileira do século XIX alguns livros tiveram destaque. O primeiro é *Doceira brasileira ou novo guia manual para se fazerem todas as qualidades de doces*[34] (1862), de Anna Maria das Virgens Pereira Rabello (1832-1856), conhecida por "Sá-Dona", que não assinou a obra. Mais tarde o livro foi revisado e completado por dona Constança Oliva de Lima. Apesar dos esclarecimentos na folha de rosto da publicação, a dona Constança é atribuída a obra. Ela apresenta o livro como uma "coleção ampla de receitas, formas e métodos conhecidos até hoje de fazer doces, geleias, conservas, frutas

---

28. *Açúcar,* p. 90.
29. 135. (Bibliografia).
30. 88. (Bibliografia).

31. *Açúcar,* p. 75.
32. *Açúcar,* p. 75.
33. *Açúcar,* p. 76.
34. 122. (Bibliografia).

em calda". Incluindo sorvetes de baunilha, violeta e "frutas do mato". Nos pratos, usava ingredientes da terra que passaram a acompanhar os sofisticados ingredientes europeus. **"O livro de dona Constança traz muita receita de doce de fruta do mato em que se sente a influência romântica do indianismo ou do nativismo político sobre os gostos elegantes de sobremesa: doce de abacaxi à moda de Pernambuco, doce de caju à moda de Pernambuco, doce de guajiru de Pernambuco, doce de babosa, de bacuri, de mangaba, de sapoti, e até de pitomba, tudo de Pernambuco."**[35] Lembrando, mais, que **"vem cheio de receitas de sorvetes requintados – sorvetes de violeta, de zéfiro, de marasquino, de baunilha –, é que a figura do confeiteiro francês ou italiano já começava a criar maior importância entre a gente da alta sociedade no Império do que a doceira de casa, iaiá ou negra gorda"**[36].

Outro livro é *O doceiro nacional*, de autor desconhecido. Com descrição detalhada de objetos da cozinha e receitas de doces em calda – de caju, de jambo, de mandacaru, de marmelo. Dando ainda preciosas orientações de como obter a perfeição no ponto desses doces. E o *Dicionário do doceiro brasileiro* (sem referência à data da primeira edição), de Antônio José de Souza Rego[37], "contendo milhares de receitas pela maior parte novas de doces de todas as qualidades, obra de maior utilidade até hoje conhecida e dedicada especialmente às mães de família". Ignorado pela crítica, trata-se de importante repertório de receitas brasileiras e europeias. Como todo dicionário, também esse é organizado por ordem alfabética – começando com *abacaxi* e terminando com *zuchetti*. Nele, vemos maneiras de preparar sobremesas e informações sobre a origem da receita. Em *baba*, por exemplo, explica se tratar "de um bolo polonês, atribuído ao rei Estanislau Leczinski, excelente para servir com chá". Mas nenhum desses livros teve maior importância, na preservação de receitas tradicionais, que *Açúcar – algumas receitas de doces e bolos dos engenhos do Nordeste*, de Gilberto Freyre.

---

35. *Açúcar*, p. 77.
36. *Açúcar*, p. 71.

37. 137. (Bibliografia).

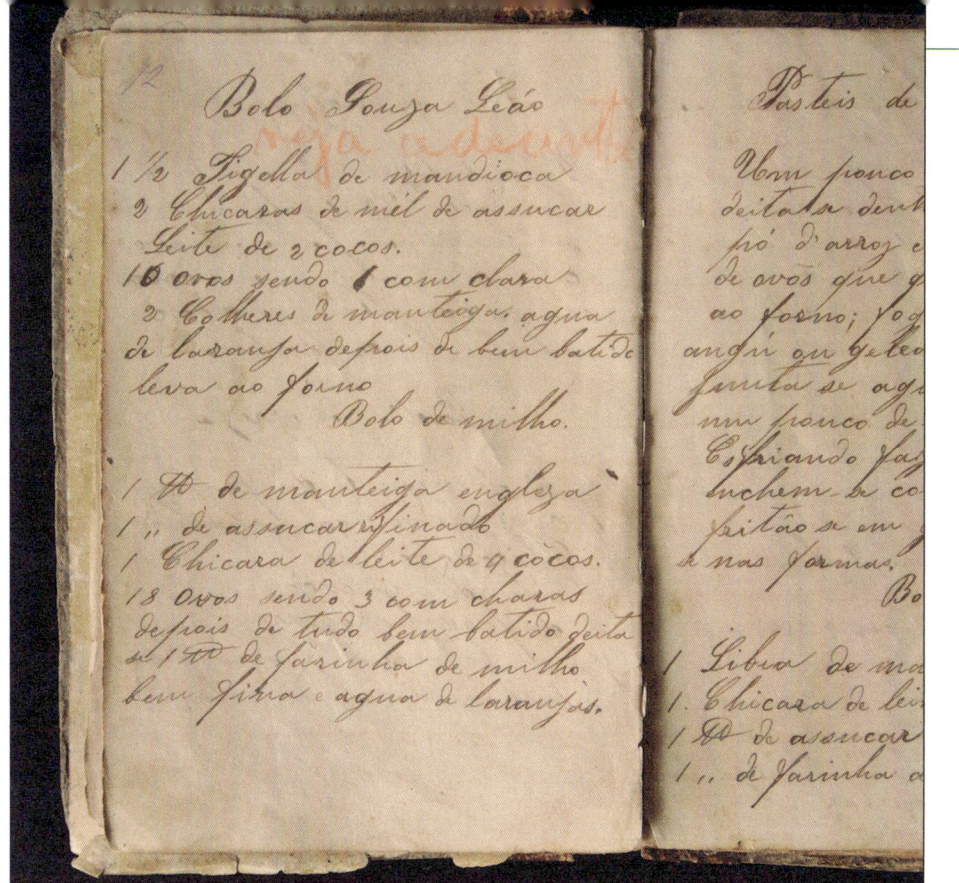

Caderno de receita que pertenceu à família Souza Leão.

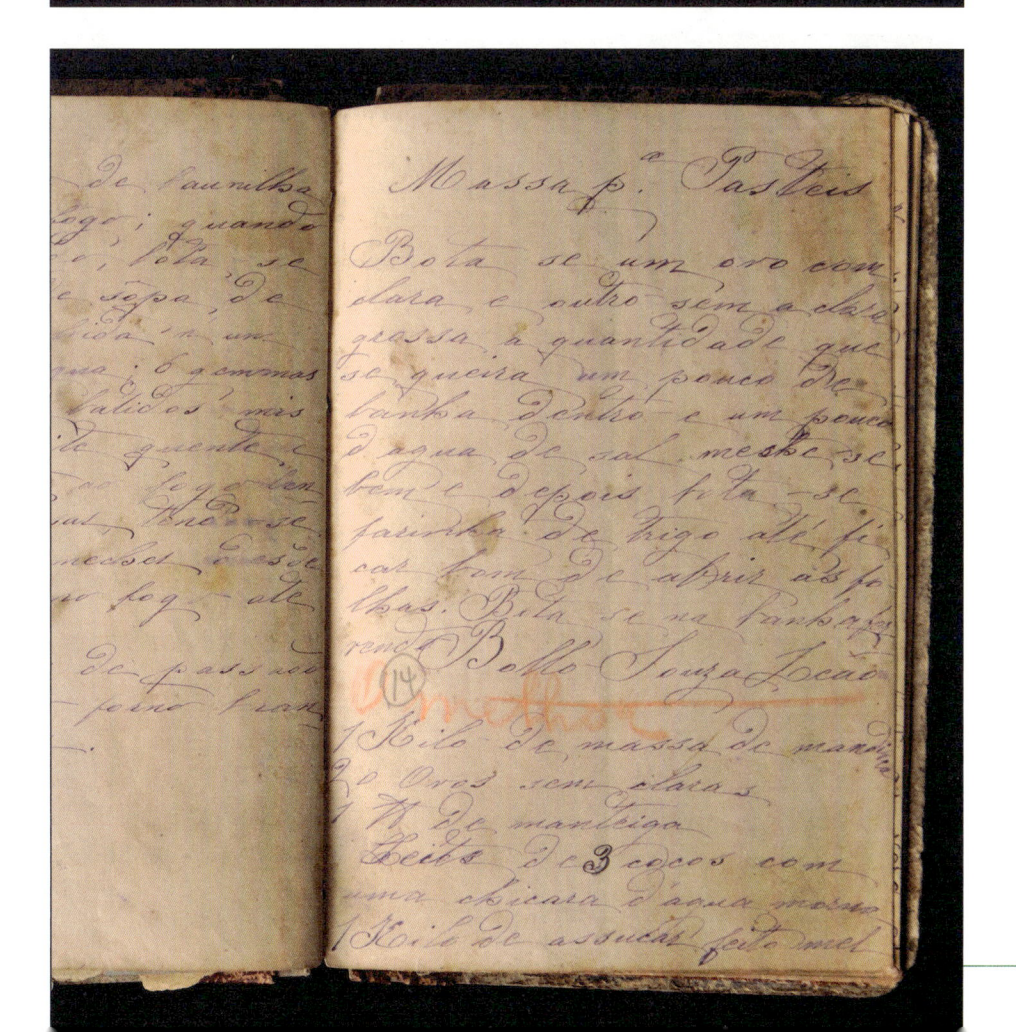

Caderno de receita de Gerôncio de Arruda Falcão.

Beijos

1 coco ralado
2 gemmas, ½ [libra] de assucar
um pouquinho de f.ª de trigo
ou massa de mandioca,
[...] a quantidade q. for
preciso p.ª se fazer os bollinhos
q. são feitos com a mão
e [mandar] assar em folhas de flandres

Broinhas de coco.
1 coco ralado, 1 colher de massa
de mandioca, 1 gemma, 1 colher
de manteiga ingleza, e assucar
q. se quizer.

Pé de moleque
P.ª 1 Tigella de massa de mandioca
½ tigella de mel em ponto de
passa, 6 ovos com claras, leite
de 2 cocos, cravo, canella, herva
doce e bastante castanha.

Mãi Benta
½ [lb] de farinha de arroz
½ [lb] de assucar
1 quarta de manteiga
1 Coco ralado
6 ovos.

Bem casado
1 [lb] de assucar em calda
1 colher de manteiga,
1 copo de leite e 6 gemmas

LIVRO AÇÚCAR

"*Açúcar* – livro aparecido em 1939 e reeditado em 1969 pelo Instituto do Açúcar e do Álcool – é uma das expressões mais características do esforço de valorização daquela arte ou daquela tradição – a culinária – em que se prolongou o interesse pioneiro, pelo assunto, dos regionalistas, tradicionalistas e, a seu modo, modernistas, do Recife. Atitude, para a época, um tanto corajosa. Pelo menos, escandalosa."

Açúcar, p. 41, prefácio do autor à 3ª edição.

"O critério sob o qual foi escrito o livro *Açúcar* [...]: o de valorizar na doçaria ou na culinária uma expressão de arte que de regional pode passar a nacional e até a transnacional. Valorização em que se manifesta, ao mesmo tempo que alguma coisa de cientificamente sociológico, outro tanto de subjetivamente, se não etnocêntrico, cultural, no sentido de representar o zelo de participantes de um complexo cultural pelo que nesse complexo seja arte ou saber característico: estilo ecológico de casa; medicina popular e também ecológica; cozinha, doçaria e confeitaria em que se combinem, como na brasileira, heranças culturais diversas – portuguesa ou hispânica (inclusive árabe, moura e judaica), ameríndia, africana."

Açúcar, p. 42, prefácio do autor à 3ª edição.

"*Açúcar* é para o que modestamente procura concorrer: para demonstrar, de modo prático, que essa utilização, documentada por um considerável número de receitas tradicionais, quase todas de origem nordestina ou características principalmente do Nordeste brasileiro, constitui um dos triunfos daquela arte simbiótica em que, nos dias coloniais, a mulher mais do que o homem e, nos últimos tempos, o homem – confeiteiro ou doceiro ou cozinheiro – tanto quanto a mulher vêm sabendo unir, no Brasil, o paladar europeu ao tropical, em criações verdadeiramente notáveis sob a forma de pudins, bolos, doces, conservas, sorvetes. Certo é da maioria das receitas reunidas neste livro, que, vindas dos dias de esplendor patriarcal das casas-grandes de engenho na sub-região açucareira do Nordeste – esplendor patriarcal a que correspondeu, por vezes, um sutil domínio de sinhás, mucamas e cunhãs sobre os homens, através de quindins culinários –, sofrem dessa sua origem aristocrática: são excessivamente dispendiosas para os dias atuais."

Açúcar, p. 45-46, prefácio do autor à 3ª edição.

"Quando há anos comecei a me preocupar com as tradições de mesa e de sobremesa do Brasil, a colecionar receitas velhas de doces e de quitutes, guardadas em cadernos de famílias antigas, a recolher outras receitas da boca de cozinheiras negras, de babalorixás, de curandeiros – a juntar modelos de formas de bolos e de recortes de papel para enfeite de doces – alguém comentou: *Isso é blague, isso só pode ser blague.*"

"Dieta, sexo e sociologia", artigo de jornal, sem data identificada.

"No preparo do caderno de receitas, de que estas notas são a introdução, servi-me de muito documento virgem: papéis soltos e livros manuscritos de receitas como os do doutor Gerôncio do Engenho Noruega; o de dona Águeda Pontual; os de meu velho parente Félix Cavalcanti de Albuquerque (Papai

Outro), que muito patriarcalmente anotava tudo: casamentos, batizados, mudanças de casa, remédios, receitas; de muita informação de quituteiras velhas como a boa Maria Bernarda; de alguns segredos conservados em família – em famílias antigas de engenhos pernambucanos, alagoanos, paraibanos. Também reproduzo oito ou dez receitas do livro, hoje raro, de dona Constança Olívia. Num ou noutro caso é possível que a receita publicada apareça, com palavras semelhantes, em livros recentes de confeitaria brasileira. A dona Cármem Magarinos de Sousa Leão e suas filhas – principalmente Odete e Hilda – devo a mais gentil e inteligente das colaborações no preparo destas notas, sendo que a Odete de Sousa Leão, o trabalho delicado de uniformizar as medidas das receitas. A dona Alice de Barros Ribeiro, a dona Angelina Barros de Andrade Lima, à senhorita Henriqueta Ribeiro Freire, a dona Carolina Baltar – última diretora da extinta Escola Doméstica de Pernambuco – e, ainda, a dona Francisca de Melo Freyre, a dona Gasparina Freyre Costa e principalmente a dona Vera Pereira – de quem este trabalho recebeu a melhor e a mais minuciosa das críticas – deixo aqui o meu agradecimento pelo auxílio valioso que me prestaram no preparo de um livro difícil de organizar dentro do critério regional e de tradição brasileira que procurei seguir."

Açúcar, p. 95-96.

LIVRO *DOCEIRA BRASILEIRA*

"A sinhazinha quituteira, que encontrava na França um país em que a boa cozinha era quase uma religião nacional, mostrara a Camargo e a Tavares, quando eles jantaram na casa de seus pais, velho livro de receitas de doces. Era um manuscrito que fora de sua avó e na letra da boa velhinha. Várias receitas de doces conservadas, nesse manuscrito precioso, eram segredo de família da casa-grande do engenho Bom Nome, da família de Maria Francisca. Outras a boa da avó, quando ainda quarentona, copiara de um livro que fizera época no Império de Pedro II: certo *Doceira brasileira ou novo guia para se fazerem todas as espécies de doces*. Livro organizado por uma dona Constança Oliva de Lima, ensinava até – o que fora novidade na época em que aparecera – não só como fazer, em casa, licores de sumos de várias frutas, inclusive de algumas ainda virgens dessa utilização tão finamente artística, como a fazer sorvetes das mesmas brasileiríssimas frutas."

O outro amor do dr. Paulo, p. 65.

CADERNO DE RECEITAS DE GERÔNCIO DE ARRUDA FALCÃO

"Possuo um [caderno de receitas] que foi de Gerôncio Dias de Arruda Falcão, por algum tempo senhor do engenho Noruega, e grande gourmet. Sentado em uma cadeira de balanço, o velho Gerôncio seguia às vezes o preparo dos guisados ou das sobremesas mais finas."

Casa-grande & senzala, prefácio à 1ª edição, p. 62.

"Também veio parar às minhas mãos esta preciosidade: o velho caderno de receitas do doutor Gerôncio Dias de Arruda Falcão, o último senhor do engenho Noruega."

Açúcar, p. 83.

SELETA DE TEXTOS

CADERNO DE RECEITAS

"[...] modinhas e versos de ioiôs e iaiás de casas-grandes e sobrados de circulação apenas familiar, que não chegaram a ser impressos nunca mas constituem em mss. documentos interessantíssimos para a interpretação psicológica de certos grupos sociológica e biologicamente endogâmicos – aos olhos anglo-saxônicos, quase incestuosos – constituídos por constelações de famílias patriarcais; livros igualmente mss. de receitas de doces e bolos – também reflexos das mesmas tendências no sentido de exclusividade ou de extrema intimidade familial, ao ponto de algumas dessas receitas terem atravessado largos períodos como segredos de famílias ou de constelações de famílias endogâmicas."

Seis conferências em busca de um leitor, p. 122.

"A *débâcle* felizmente não atingiu ainda a cozinha. As receitas de bolos e doces, de peixes e ensopados com leite de coco, de requeijão e vinhos que nos transmitiu a glutoneria dos engenhos através da memória das negras velhas ou dos papéis amarelados que as iaiás de outrora deixaram às suas netas – talvez os únicos documentos com letra de mulher que se encontram nos nossos mais antigos arquivos ilustres – são uma espécie de 'pedigree' do paladar, ainda conservado entre certas famílias no Norte."

Retalhos de jornais velhos, p. 44.

LIVRO DE RECEITAS

"O erudito autor [Raul Reboux] de *Plats Nouveaux – essai de gastronomie moderne* (Paris, 1927) destacou a necessidade dos livros de culinária – assados, guisados, doces, pudins, cremes – resultarem menos de simples e pachorrentas cópias de uns livros pelos outros, do que de contatos diretos dos autores com as fontes, com as tradições orais, com os segredos de família, com os manuscritos guardados a sete chaves por herdeiros de tais segredos, com os doceiros ou os quituteiros analfabetos."

"Masoquismo do paladar", artigo publicado no *Diário de Pernambuco*, em 2 de março de 1969.

PRENDAS DOMÉSTICAS

"A mulher apenas de prendas domésticas dificilmente poderá sobreviver entre computadores: será um arcaísmo. Uma mulher socialmente arcaica. Mas não creio que as chamadas *prendas domésticas* deixem de ter valor num mundo como o que começa a definir-se como pós-moderno, no qual a automação, o tempo livre, o lazer permitam à mulher, como ao homem, dedicar-se a artes – como a da cozinha, a do doce, a da costura, a do bordado, a do preparo de licores e vinhos particulares – que coincidem com as aptidões e os gostos de ordinário classificados entre *prendas domésticas*."

Gilberto Freyre, Coleção Encontros, p. 104.

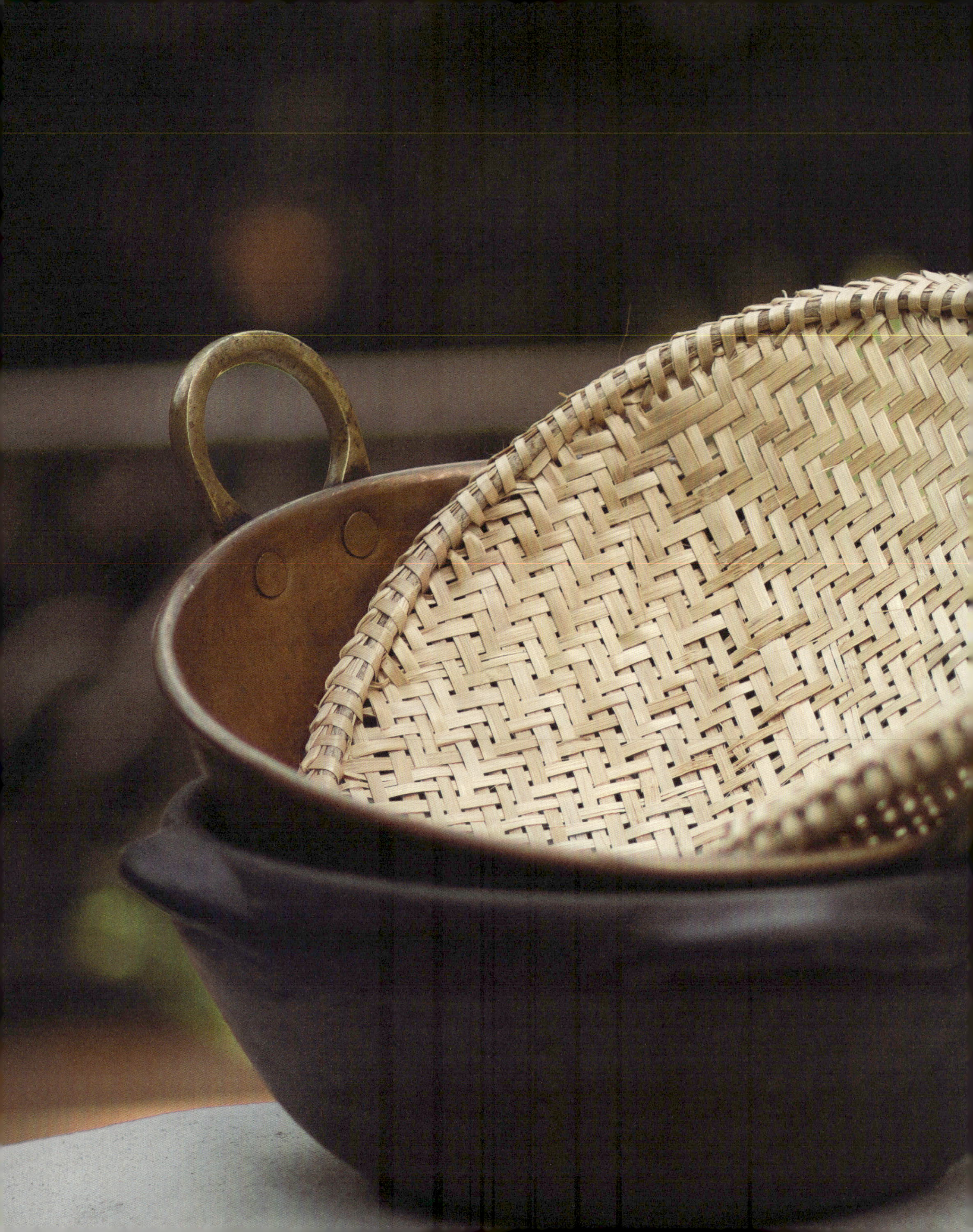

13
COZINHA
BRASILEIRA

"Pode-se dizer que o Brasil não se integrou na civilização moderna na qual é hoje a maior expressão de organização nacional nos trópicos, apenas com o sal da Igreja – marca de sua cristianização; também com o sal da cozinha – marca do começo da cozinha luso--brasileira sob vários aspectos regionais."[1]

Quando Gilberto Freyre ouviu, **"do viajadíssimo escritor europeu Blaise Cendrars, que a cozinha brasileira era uma das três melhores do mundo, as outras duas sendo a francesa e a chinesa, não** [se surpreendeu]. **Apenas** [ficou] **contentíssimo."**[2] Por ter ele reconhecido, publicamente, em Paris, o que Freyre de longe já sabia. **"Há quem pense que nossa maior glória está na música. Outros, que está na arquitetura. Ainda outros, que nem na música nem na arquitetura, porém no futebol. Creio que assim opinando tendem a subestimar, com a ênfase dada às suas preferências, a gata borralheira que vem sendo a culinária, à qual se liga a doçaria. Esta é – penso eu – como arte coletiva, sem heróis individuais como um Villa-Lobos, um Oscar Niemeyer, um Pelé, mas tendo há séculos a seu serviço numerosos mestres-cucas quase anônimos nos modos por que guardam e desenvolvem uma tradição vinda de dias remotos."**[3]

Na verdade a cozinha brasileira tem características muito variadas em cada lugar. Somos **"uma imensa reunião de províncias ou de regiões diversas, algumas de populações retardadas na sua economia ou na sua cultura, e cada uma com tradições, problemas, recursos humanos e de cultura"**[4] próprios. Também são distintas as influências, em cada uma dessas regiões. **"A portuguesa onde parece manifestar-se ainda hoje mais forte é no litoral, do Maranhão ao Rio de Janeiro [...] A influência africana sobressai na Bahia. A influência ameríndia é particularmente notável no extremo Norte."**[5] Sem contar que, **"no Rio Grande do Sul e em Santa Catarina, encontram-se traços consideráveis de influência espanhola e de influência alemã, a darem novos sabores aos pratos e novas aparências aos velhos hábitos lusitanos, açorianos ou paulistas de alimentação; em São Paulo e no Paraná, sinais**

---

1. *Região e tradição*, p. 203.
2. "Cozinha brasileira", *Diário de Pernambuco*, 24 de abril de 1977.
3. "Cozinha brasileira", *Diário de Pernambuco*, 24 de abril de 1977.
4. *Perfis parlamentares* n. 39, Câmara dos Deputados, p. 241.
5. *Manifesto regionalista*, p. 60.

de influência italiana e alguma influência síria ou árabe, além da israelita, presente também no Rio de Janeiro embora não revele o poder de expansão das outras. Mas como noutras artes, as três influências de cultura que se encontram à base das principais cozinhas regionais brasileiras e de sua estética são a portuguesa, a africana e a ameríndia, com as predominâncias regionais já assinaladas."[6] Ressaltando, Freyre, que o espaço em que **"essas três influências melhor se equilibraram ou harmonizaram foi na cozinha do Nordeste agrário onde não há nem excesso português como na capital do Brasil** [na época, o Rio de Janeiro], **nem excesso africano como na Bahia, nem quase exclusividade ameríndia como no extremo Norte, porém o equilíbrio. O equilíbrio que Joaquim Nabuco atribuía à própria natureza pernambucana."**[7] Tudo resultando em uma culinária única, que, embora **"com variantes regionais, é inconfundivelmente brasileira nos seus principais característicos e paladares"**[8].

Mas nem tudo, nesse campo, é só exercício de simples adaptações. Valendo lembrar **"a criatividade do brasileiro através da culinária caseira como expressão da sua capacidade para, em setor delicado como esse, inventar, inovar, criar, ou recriar, valendo-se os inventores ou as inventoras de matéria-prima brasileira ou tropical e combinando-a com tradições ibéricas ou europeias"**[9]. Essas tradições europeias se fizeram ainda mais presentes, no Brasil, a partir da chegada da família real. Não veio por vontade própria, toda gente sabe disso. Apenas fugia das tropas de Napoleão. Em oito naus, cinco fragatas, três brigues, uma charrua de mantimentos, trinta navios mercantes e quatro navios de guerra britânicos como escolta. A bordo, dona Maria I, a Rainha Louca; seu filho e príncipe regente, Dom João VI; sua ninfomaníaca nora, Carlota Joaquina; mais o restante da família, inclusive Dom Pedro (para nós I, em Portugal IV), quase toda a nobreza e o clero. No total, mais de 12 mil homens, objetos de arte, 60 mil livros, manuscritos, móveis e pratarias. Não foi uma viagem agradável. Por 64 dias sofreram com a inconstância dos ventos. Uma epidemia de piolhos obrigou muita gente a raspar a cabeça. Até mesmo Carlota Joaquina, que, no cais de Salvador, desceu portando um exótico turbante – logo convertido em moda por uma população local, desacostumada às novidades europeias. E já

---

6. *Manifesto regionalista*, p. 60-61.
7. *Manifesto regionalista*, p. 61.
8. *Insurgências e ressurgências atuais*, p. 176.
9. *Oh de casa!*, p. 47.

nessa viagem há registros culinários. O cozinheiro de bordo, Vicente Paulino, preparava as refeições com ingredientes que pudessem resistir à longa travessia – carne-seca salgada, chouriço, galinha, paio, peixe (seco ou em salmoura), porco, presunto, toucinho. Como tempero, alho, alecrim, cebola, pimenta, sal, azeite e vinagre. Mais ameixas em conserva, azeitonas, biscoitos, cereais, confeitos, fartéis, marmelo, mel, queijo do Alentejo e vinho.

Dom João, na aparência, não se mostrava um rei como tantos daquela época. Era na verdade **"um príncipe com poderes de rei; príncipe aburguesado, porcalhão, os gestos moles, os dedos quase sempre melados de molho de galinha, mas trazendo consigo a coroa; trazendo a rainha, a corte, fidalgos para lhe beijarem a mão gordurosa mas prudente, soldados para desfilarem em dia de festa diante do seu palácio, ministros estrangeiros, físicos, maestros para lhe tocarem música de igreja"**[10]. Com aquela corte viajante, grandes mudanças ocorreram por aqui. A começar pelo **"patriarcado rural que se consolidara nas casas-grandes de engenhos e de fazendas – as mulheres gordas, fazendo doce, os homens muito anchos dos seus títulos e privilégios de sargento-mor e capitão, de seus púcaros, de suas esporas e dos seus punhais de prata [...], dos muitos filhos legítimos e naturais espalhados pela casa e pela senzala – começou a perder a majestade dos tempos coloniais"**[11]. Na culinária, novos hábitos acabaram introduzidos. Por não ser, aquela aristocracia portuguesa, muito diferente da francesa. "Comia-se tão bem em Lisboa quanto em Versalhes", observou Alfredo Saramago[12]. Uma virtude muito relativa, por não dar Napoleão maior importância à mesa. "Não sabia comer. Morreu ignorando um bom prato. Almoçava em oito e jantava em quinze minutos, impossibilitando-o de sentir sabor no que comia", segundo Câmara Cascudo[13]. Só que, mesmo antes de Junot, naquela invasão francesa de 1808, já havia por lá **"o afrancesamento da cozinha e da doçaria portuguesas"**[14]. Por conta de um cozinheiro francês contratado pela Corte, o mestre Lucas Rigaud – tudo como já vimos.

Mudaram por aqui hábitos e costumes. Dom João foi responsável pelo retorno do **"Brasil, assim revolucionado, à sua tradição ibérica; com a Igreja Católica continuando a ter assegurados os seus privilégios de sistema

---

10. *Sobrados e mucambos*, p. 105-106.
11. *Sobrados e mucambos*, p. 105.
12. 129. (Bibliografia).
13. 93. (Bibliografia).
14. *Açúcar*, p. 69.

Jantar com receitas africanas no terreiro de Pai Adão, 1980.

unificador – sociologicamente e não apenas espiritualmente unificador – dos brasileiros, tendo-se permitido aos ingleses seus cultos protestantes, mas não a construção de igrejas com símbolos religiosos que contradissessem os católicos; com os já bem consolidados, como combinações de sabores, odores e cores, quitutes afro-brasileiros resistindo ao vermelho bife à inglesa e ao alvo pão à europeia; com o arquiteto renovador Grandjean de Montigny adaptando suas inovações arquitetônicas às tradições ou aos estilos já lusotropicais de arquitetura doméstica. A conciliação de contrários que então se verificou no Brasil foi das mais interessantes que têm ocorrido em qualquer parte do mundo, compreendendo-se que a figura de Dom João – tão ligada a essa conciliação – tenha atraído a atenção inteligente de um historiador-sociólogo do porte de Oliveira Lima: na época, aliás, em que escreveria o seu livro capital, já um tanto ex-republicano meio seduzido pela monarquia como solução político-social para o Brasil."[15]

Com o tempo, e isso ninguém esperava, foi Dom João se afeiçoando a esta terra para ele nova. **"Adaptara-se regente, depois, rei, quase de todo, ao Brasil: ao clima e às condições de vida. Tropicalizou-se tanto quanto lhe permitia a etiqueta europeia de príncipe e de rei. Ia-se consolidando em lusotropical inteiro, apreciador de frutas exóticas e até de quitutes do Brasil."**[16] Ocorre que, com a queda de Napoleão, já não havia razão para aquele exílio tropical. E **"os portugueses da Europa o obrigaram a reeuropeizar-se; a voltar a Lisboa; a contentar-se em ser um rei a serviço de um parlamento"**[17]. A família real, finalmente, voltou a Portugal. Aqui ficou Dom Pedro, no papel de príncipe regente. Com a tarefa de tornar, esse, um país independente; mas **"sem que essa independência implicasse a separação radical da antiga colônia, da antiga metrópole – o excesso em que se extremaram, durante algum tempo, os libertadores da América espanhola: sobretudo os de feitio bolivariano, com os quais era maior o seu contraste de rei de poucas palavras e de gestos sóbrios"**[18].

Em 14 de agosto de 1822, Dom Pedro, o Rei Soldado, partiu do Rio de Janeiro em direção a São Paulo – que, segundo informações do ministro conselheiro José Bonifácio de Andrada e Silva, estava em pé de guerra. Na viagem,

---

15. *Oliveira Lima, Don Quixote gordo*, p. 87.
16. *Oliveira Lima, Don Quixote gordo*, p. 91.
17. *Oliveira Lima, Don Quixote gordo*, p. 91.
18. *Oliveira Lima, Don Quixote gordo*, p. 91.

teve que atravessar matas fechadas e rios. Mas, no vigor de seus 24 anos, não se intimidou: "Dormirei sobre uma esteira e farei de travesseiro uma canastra [caixa revestida de couro, onde se guardam objetos]. Alimentar-me-ei de feijão e, à falta de pão, não desdenharei a farinha de mandioca"[19]. Andou 96 léguas em onze dias, um feito memorável. Cem anos depois, esse caminho que percorreu converteu-se na estrada Rio-São Paulo. São muitos os registros de alimentação, durante o trajeto. Na maior parte do tempo, a comitiva teve que se contentar com tatu, carne-seca, farinha de mandioca e queijo curado (puro ou com algum doce). Só em 25 de agosto chegou Dom Pedro a São Paulo. E, ao contrário do que esperava, tudo por lá estava calmo. Foi recebido com missas, fogos de artifício e muitas festas. Numa delas, conheceu a futura marquesa de Santos, dona Domitila de Castro, com quem teria quatro dos seus 18 filhos. Mas essa é outra história. Em 7 de setembro, às margens do riacho Ipiranga, recebeu carta do pai, Dom João VI. A notícia era de que perderia o status de regente, passando a ser mero delegado da corte. Tendo ainda que se conformar em ver todos os seus ministros nomeados por Lisboa. Junto vieram duas outras cartas. Uma, de José Bonifácio; outra da esposa, dona Leopoldina. Ambas o aconselhavam a romper com Portugal. Dom Pedro já pressentia que sua hora chegara. Dizem que o príncipe não estava bem, naquele dia, vítima de terrível diarreia. Por conta da água salobra de Santos ou de algum prato condimentado da viagem. Apesar disso, montou em seu cavalo, foi até o topo de uma pequena colina e gritou: "Independência ou morte!" Independência política, claro. Que no reino dos sabores, feito da mistura democrática de ingredientes dos índios, dos jeitos de fazer dos escravos africanos e das receitas portuguesas aqui adaptadas, desde muito a culinária brasileira era já independente. Em vão, portanto, o esforço de alguns nacionalistas ao **"pretender que os brasileiros, por sentimento antilusitano ou paixão nacional, só comessem mandioca, abandonando o pão de trigo, só bebessem aguardente de cana, repudiando o vinho do Porto; e substituíssem nas cerimônias de igreja o incenso pelo benjoim e mudassem os Silva e os Ferreira dos nomes para nomes arrevesadamente indígenas de rios e árvores"**[20].

---

19. 136. (Bibliografia).
20. *Um brasileiro em terras portuguesas,* p. 188.

Com a morte de Dom João, voltou Dom Pedro a Portugal. Aqui deixou seu filho, também Pedro, com apenas cinco anos. **"A liberdade de brincar – a maior, ou pelo menos a melhor, de todas as liberdades – não a conheceu Dom Pedro II, filho de imperador. Triste e sozinho filho de imperador, quase sem companheiros de brinquedo; sem poder, como os filhos de senhor de engenho, brincar de carrossel nas almanjarras, com os moleques seus leva-pancadas; nem armar arapucas com rodelinhas de banana para apanhar passarinhos; nem tomar banho de rio chupando caju; sem poder, como os meninos da cidade, empinar papagaio, jogar pião ou comprar ao postigo rolete de cana ou cocada às negras de tabuleiro. E sem ouvir histórias da carochinha ou bruxedo das pretas velhas de cabeção picado de renda – história de mãe-d'água e saci. Apenas fábulas de La Fontaine contadas pelo** *monsieur* **Boiret, no seu francês todo ossos de pedagogo oficial."**[21] Cresceu conservando hábitos rigorosos. E solitários. **"Às 8 almoçava em presença do médico, a quem cumpria examinar a comida e não consentir que ele comesse demais. Descansava até as 9 horas, e estudava desde as 9 até as 11 e meia. Em seguida – aqui o** *Regulamento do serviço do Paço* **abrandava um pouco – podia divertir-se e passear pelo Paço, até 1 e meia da tarde. À 1 e meia devia preparar-se para o jantar, que era às 2 horas. Às 2 em ponto começava o jantar em presença do médico e do camarista e, quando possível, da camareira-mor. Só podia conversar à mesa sobre assuntos científicos ou de beneficência. Depois do jantar – aqui o** *Regulamento* **era terrível – não devia saltar, nem se aplicar em coisa alguma nem, muito menos, dormir. Às 4 e meia, ou 5 horas, sendo o dia de sol, podia passear no jardim, devendo recolher-se cedo, antes do cair da noite [...] Às 8 da noite, devia rezar de novo; às 9 cear e às 9 e meia ou 10 horas, deitar-se."**[22]

Dom Pedro II, que ao contrário do pai jamais seria rei em Portugal, era um homem simples. E nunca desejou **"viver opulentamente, menos ainda plutocraticamente, nem no trajar nem nos hábitos ou requintes de mesa; nem nos móveis nem nas decorações dos seus modestíssimos casarões; nem nas suas carruagens, nem nas joias de mulheres de sua especial admiração: se é que teve mais de uma, além, é claro, da imperatriz, sempre tão

---

21. *Perfil de Euclides e outros perfis*, p. 135.
22. *Perfil de Euclides e outros perfis*, p. 136.

pobremente vestida"[23]. Seu reinado foi, no Brasil, a idade de ouro da culinária. "**Chegamos a possuir uma grande cozinha. E pelos lares patriarcais, nas cidades e nos engenhos, pretalhonas imensas contribuíam, detrás dos fornos e fogões, com os seus guisados e os seus doces para a elevada vida social e política da época mais honrosa da nossa história. Havia então no Brasil a preocupação de bem comer; nossas avós dedicavam à mesa e à sobremesa o melhor do seu esforço; era a dona de casa quem descia à cozinha para provar o ponto dos doces; era a senhora de engenho quem dirigia o fabrico do vinho de jenipapo, da manteiga e dos queijos; à mesa de jantar rebrilhavam nos dias de gala baixelas de prata; e o *Jornal das Famílias* publicava, entre versos de Machado de Assis e contos do doutor Caetano Filgueiras, receitas de cozinha muito dignas da ilustre vizinhança.**"[24]

Muitos foram os que restaram impressionados com essa culinária. "**Dos visitantes estrangeiros de 1845 a 1886 é quase certo que só os dispépticos se limitaram a dizer mal do país: Fletcher, Kidder, Radiguet, Scully elogiam-nos todos a fartura da cozinha e o viver patriarcal. Radiguet, por exemplo, dá como um dos maiores encantos da terra o sabor esquisito dos doces, dos cremes e dos licores de frutas indígenas; manga, araçá, goiaba, maracujá. Dos regalos da nossa sobremesa foi-se mais que saudoso o epicurista francês: '*flattent le palat et l'odorat*', escreve com água na boca no seu *Souvenirs de l'Amerique Espagnole*"**[25]. Gilberto Freyre, em seus estudos, logo observou que "**a idade de ouro de nossa vida social e da nossa política coincide com a idade de ouro da nossa cozinha. Exagero eu, ou digo despropósito, atribuindo um tanto às excelências da cozinha o esplendor da política e o encanto da vida social daquela época? Creio que não.**"[26]

Depois veio "**a aventura republicana estabilizada graças principalmente à segurança econômica que o café paulista deu desde o fim do Império ao Brasil**"[27]. Por anúncios de jornal, é possível saber as preferências dos brasileiros naquela época. Importavam "**alimentos, vinhos, cervejas e licores considerados finos e capazes de dar prestígio às mesas de casas de família que os ostentassem ou às de restaurantes ou hotéis que pudessem

---

23. *Pessoas, coisas & animais*, p. 371.
24. *Tempo de aprendiz*, p. 345-346.
25. *Tempo de aprendiz*, p. 346.
26. *Tempo de aprendiz*, p. 346.
27. *O luso e o trópico*, p. 291-292.

Feijoada com Alfred Knopf, que editava seus livros nos Estados Unidos.

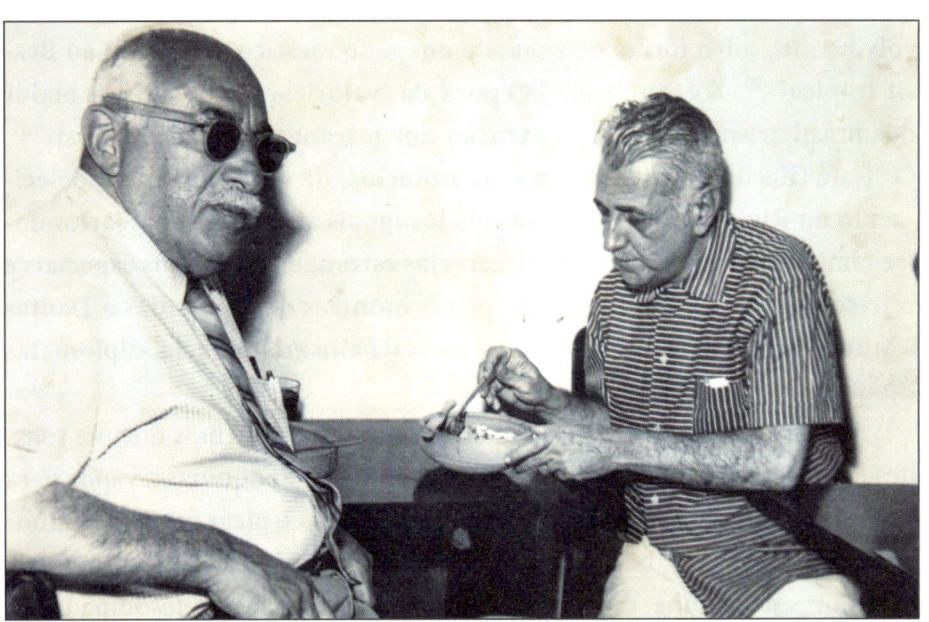

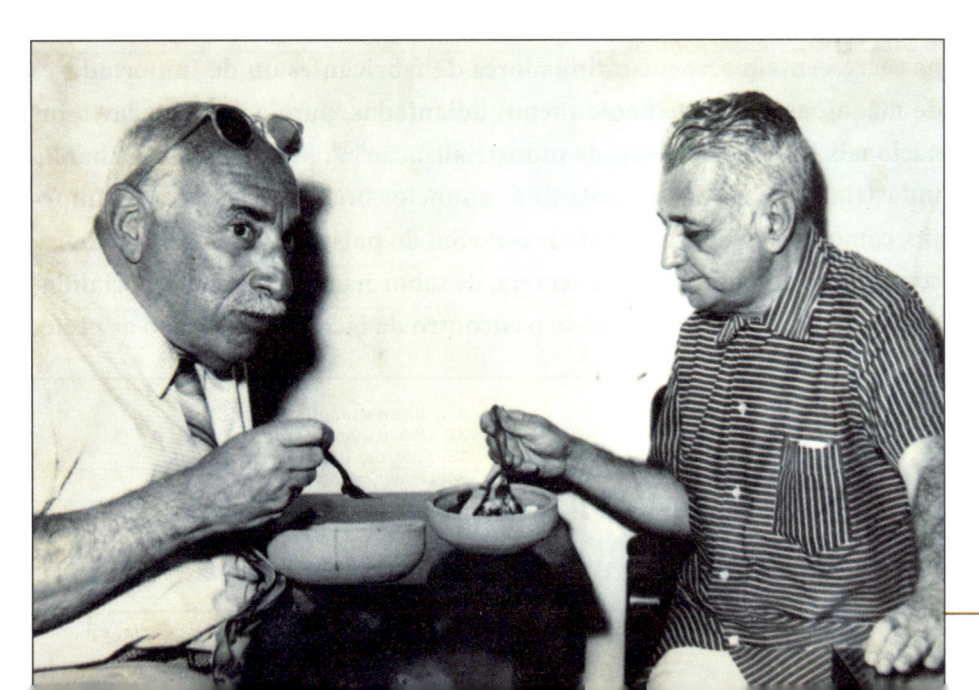

oferecê-los aos seus hóspedes"[28]. Também apreciavam "o chá, o café, o gelado, [...] o pão de trigo [...]. Como novidades é natural que tenham provocado abusos; que por amor delas tenham se desprezado bebidas, refrescos, broas de milho, cuscuz de mandioca, aluá, doces de frutas da terra, talvez mais de acordo com o clima ou o meio; ou costumes como o de esfriar-se a água em moringas ou quartinhas ou bilhas de barro, deixadas à noite expostas ao sereno nos parapeitos das janelas dos sobrados."[29] Sem contar que ainda se afirmou, nesse período, "a vitória dos criadores que entendiam ser o boi da raça indiana Nelore indispensável ao desenvolvimento, sob a forma de zebu, de um gado mestiço, adaptado ao Brasil tropical"[30]. Foi, também, "a época da 'valorização do café': o maior dos brasileirismos a atrair a atenção dos estrangeiros para o Brasil"[31]. O "Café Glacier gabava-se, em seus anúncios, de ser o 'único estabelecimento no Rio de Janeiro que faz gelados iguais aos da Europa', jactando-se também da sua 'variedade de cervejas estrangeiras, vinhos especiais e refrescos estrangeiros' e das suas pièces montées denominadas à Dantas – 'nunca vistas neste país para banquetes da alta aristocracia, diplomatas e jantares de grande luxo'"[32].

Aqui também chegaram, por esse tempo, equipamentos novos e sofisticados. "'Fornos de cobre feitos em Inglaterra'"[33], "máquinas a vapor para isso ou para aquilo, engenhos de serrar, máquinas de picar fumo, engenhos de moer cana, ou de beneficiar café, máquinas de fazer tijolos, prensas e torradores de farinha, moinhos para fubá, descascadores, despolpadores, brunidores, ventiladores – os fabricantes ou importadores dessas máquinas acrescentam serem continuadores de fabricantes ou de importadores de máquinas, evidentemente menos adiantadas, para as antigas lavouras nacionais em seus começos de industrialização"[34]. Mais "o mate e a banha industrializados se fazem notar, nos anúncios brasileiros do fim do Império, como produções características do Sul do país; as imagens de madeira, como especialidade baiana; a cerveja, de sabor nacional, como especialidade petropolitana, representando o encontro da técnica alemã com as prefe-

---

28. *Vida social no Brasil nos meados do século XIX*, p. 62.
29. *Sobrados e mucambos*, p. 419.
30. *Ordem e progresso*, p. 682.
31. *Ordem e progresso*, p. 161.
32. *Ordem e progresso*, p. 155.
33. *Sobrados e mucambos*, p. 676.
34. *Ordem e Progresso*, p. 153.

rências do paladar brasileiro; os remédios com nomes indígenas e à base de ervas ameríndias, como especialidade quase sempre amazônica; os queijos e as manteigas de sabor já nacional – como a cerveja fabricada por alemães no Brasil – como especialidade mineira; os doces de sabores também já nacionais, como especialidades das áreas do açúcar"[35].

Já no século XX, o **"cacau, o fumo, o milho, o arroz, o feijão, não tiveram na época significação econômica que se afirmasse em expressões sociais, culturais ou políticas específicas, como as que corresponderam à borracha, ao açúcar, ao algodão, ao café, à criação de gado. Nem por isto deixaram de concorrer para a estabilização econômica com que o país se foi resguardando, desde a Lei do Ventre Livre, das perturbações à sua economia, ao seu equilíbrio social e ao seu sistema político, causadas pelo colapso de maciças monoculturas escravocráticas como tinha sido, até aquela lei, a velha lavoura-indústria do açúcar. Também aumentou na época aqui evocada o consumo nacional de açúcar brasileiro, ao se desenvolverem indústrias de doces: compensação à crescente perda de mercados estrangeiros. É outro aspecto do progresso industrial do Brasil no começo do século XX."**[36] Sem contar a grande novidade, nos anúncios, como **"conjunto de aço inoxidável para cozinha: facas de tamanhos diferentes, faca serrilhada, cutelo, garfo para assados. E, ainda, um *grill automático* que o anunciante diz *valer por cozinheiro* e diz por quê: por *Você com ele poder fazer sanduíches, omeletes, minipizzas, churrascos, batatinhas, grelhados, bananas assadas, waffles doces e salgados,* tudo com *facilidade e rapidez incríveis,* em chapas reversíveis de alumínio. Até chega o anunciante a apresentar sua *baixela Inox Cris* em *aço da melhor qualidade [...]* O mesmo anunciante de produtos de aço junta um conjunto capaz de tornar o mais simples dos mortais num mestre de *fondue* suíço: conjunto *em inox, de atualíssimo design* sob a forma de um *fogareiro com suporte e quebra-chama, seis espetinhos especiais e seis bandejas com divisões sob medida para molhos e complementos."*[37]

Gilberto Freyre queria expressar, de forma diferente, essa diversidade tanta. **"Venho há anos tentando organizar um mapa culinário do Brasil em que se exprima a geografia não da fome, mas da velha e autêntica

---

35. *Ordem e progresso*, p. 153.
36. *Ordem e progresso*, p. 683.

37. *Ferro e civilização no Brasil*, p. 233-234.

glutoneria brasileira."³⁸ Dito mapa deveria fixar **"as principais especializações regionais da cozinha nacional, começaria com o sarapatel de tartaruga do Amazonas e a sopa de castanha-do-pará, o Pará do açaí. Mas não pararia no açaí. Não ficaria no Pará. Viria até ao churrasco sangrento à moda do Rio Grande do Sul acompanhado de mate amargo. Incluiria o barreado paranaense. O lombo de porco mineiro. O vatapá baiano. O cuscuz paulista. O sururu alagoano. A fritada de caranguejo paraibana. O arroz de cuxá maranhense. O quibebe do Rio Grande do Norte. A paçoca cearense. O pitu pernambucano."³⁹** Chegou a prometer publicar esse que seria **"um mapa a cores, acompanhado de guia para o turista que deseje viajar pelo Brasil sabendo que pratos característicos deve pedir em cada região principal do país cujo encanto queira surpreender pelo paladar e não apenas pelos olhos e pelos ouvidos"⁴⁰**. E pediu a seus leitores que lhe escrevessem **"indicando quitutes que deem fama aos seus municípios de origem ou residência. Procurem ser exatos e precisos. Acompanhem a indicação de receita. Assinem. O endereço deste cronista é Apipucos, Recife, Pernambuco."⁴¹** Com a mesma doce vaidade que levou Oscar Wilde a dizer, à alfândega de Nova York, "não tenho nada a declarar salvo o meu gênio".

Quando o escritor francês Blaise Cendrars incluiu **"a cozinha brasileira entre as três que ele considerava as mais importantes, indiretamente reconheceu, na culinária do Novo Mundo, uma expressão significativa do que pode ser descrita como uma moderna cultura pantropical. As cozinhas tropicais – regionais e nacionais – formam, atualmente, uma supracozinha tropical rica e complexa, e podem ser incluídas entre as mais notáveis contribuições dos povos tropicais para a felicidade humana [...] Ela é uma das principais armas para que o mundo tropical se torne um poder: o Poder tropical."⁴²** Gilberto Freyre, por tudo, compreendia bem termos **"uma culinária e uma confeitaria que constituem talvez a única arte que verdadeiramente nos honra"⁴³**.

---

38. "Mapa culinário do Brasil", revista *O Cruzeiro*, 24 de novembro de 1951.
39. "Mapa culinário do Brasil", revista *O Cruzeiro*, 24 de novembro de 1951.
40. "Mapa culinário do Brasil", revista *O Cruzeiro*, 24 de novembro de 1951.
41. "Mapa culinário do Brasil", revista *O Cruzeiro*, 24 de novembro de 1951.
42. *Palavras repatriadas,* p. 414-415.
43. *Tempo de aprendiz,* p. 305.

Churrasco em Porto Alegre (RS), na inauguração da TV Piratini.

SELETA DE TEXTOS

COZINHA BRASILEIRA

"Três regiões culinárias destacam-se hoje no Brasil: a baiana, a nordestina e a mineira. A baiana é decerto a mais poderosamente imperial das três. Mas talvez não seja a mais importante do ponto de vista sociologicamente brasileiro. Outras tradições culinárias menos importantes poderiam ser acrescentadas, com suas cores próprias, ao mapa que se organizasse das variações de mesa, sobremesa e tabuleiro em nosso país: a região do extremo Norte, com a predominância de influência indígena e dos complexos culinários da tartaruga – da qual se prepara ali uma rica variedade de quitutes – e da castanha, que se salienta não só na confeitaria como nas próprias sopas regionais –, tudo refrescado com o açaí célebre: *chegou ao Pará, parou, tomou açaí, ficou*; a região fluminense e norte-paulista, irmã da nordestina em muita coisa, pois se apresenta condicionada por idênticas tradições agrário-patriarcais e mais de uma sub-região fluminense, pelo mesmo uso farto do açúcar; a região gaúcha, em que a mesa é um tanto rústica, embora mais farta que as outras em boa carne, caracteristicamente comida como churrasco quase cru e a faca de ponta. O mais poderia ser descrito, do ponto de vista culinário, como sertão: áreas caracterizadas por uma cozinha ainda agreste; pelo uso da carne-seca, de sol ou do ceará com farinha: do leite, da umbuzada e do requeijão; pelo uso, também, do quibebe, franciscanamente simples, e da rapadura; e nas florestas do centro do país pela utilização da caça e do peixe de rio – tudo ascética e rusticamente preparado."

Gilberto Freyre, Coleção Encontros, p. 80-81; e em *Manifesto regionalista,* p. 60.

SÉCULO XX

"E este talvez seja um dos destinos mais socialmente significativos do emprego do ferro na mecanização da agricultura: deselitizar o uso de certos alimentos tornando-os, com suas potencialidades, de fácil aquisição e fácil consumo por componentes de baixa renda de uma população. Assunto tão desdenhado por dirigentes brasileiros. Que o digam as importações, pelo Brasil, de feijão, de arroz, de milho. Que o diga a subnutrição em que vivem não poucos brasileiros."

Ferro e civilização no Brasil, p. 99.

RURAL/URBANO

"A propósito de alimentos que, de rurais, têm passado, no Brasil, a urbanos – portanto, a polivalentes – anote-se, de passagem, outra transferência das que vêm resultando em polivalência: a de alimentos originários de áreas brasileiras caracteristicamente tropicais, a áreas suas vizinhas. Tais transferências após algum tempo, e polivalências, vêm contribuindo para avigorar, na cultura brasileira, sua unidade nacional. Uma unidade que terá – acentue-se sempre – numa maior rurbanização, um esforço ao seu vigor: um vigor que se concilie com irredutíveis diferenças condicionadas por permanências ecológicas, quer sob formas, mas saudavelmente tropicais, quer saudavelmente não tropicais, ou saudavelmente rurais e saudavelmente urbanas."

Rurbanização: que é?, p. 23.

AMAZONAS

"Não só em relação ao beiju, mas a tudo quanto é comida indígena, a Amazônia é a área de cultura brasileira mais impregnada de influência cabocla: o que aí se come tem ainda gosto de mato; é enrolado em folha de palmeira ou de bananeira; leva castanha-de-caju; prepara-se em cuia; é polvilhado de puçanga feita de folhas de *kurumikáa* torrada; e os nomes são ainda os dos índios; com um quer que seja de estrangeiro à primeira vista. Mas só à primeira vista. Quitutes e nomes de quitutes indígenas desmancham-se familiarmente na boca do brasileiro: um gosto de conhecidos velhos desfaz a primeira impressão de exóticos. É quando sentimos o muito que nos ficou de fundamentalmente agreste no paladar e no ritmo do idioma; o muito que nos ficou dos nossos antepassados tupis e tapuias. A culinária nacional – seja dito de passagem – ficaria empobrecida, e sua individualidade profundamente afetada, se se acabasse com os quitutes de origem indígena: eles dão um gosto à alimentação brasileira que nem os pratos de origem lusitana nem os manjares africanos jamais substituiriam. Mas deve-se salientar que foi nas cozinhas das casas-grandes que muitos desses quitutes perderam o ranço regional, o exclusivismo caboclo, para se abrasileirarem."

Casa-grande & senzala, p. 192-193.

"Na casa do coronel Ferreira – José Ibira Ferreira era o nome do coronel –, Maria Emília e Paulo tiveram por almoço um verdadeiro banquete. Um banquete todo de quitutes amazônicos. Sopa de tartaruga. Pato ao tucupi. Bolo recheado de castanhas-do--pará. Açaí. Guaraná. À sobremesa o coronel – tipo simpaticão de cacique abrasileirado – perguntou a Paulo o que pensava do futuro da Amazônia. Paulo respondeu que a Amazônia, a seu ver, caminhava, como aliás todo o Brasil, para um futuro de grandeza nacional."

O outro amor do dr. Paulo, p. 220.

"Daí o fato de viverem principalmente de comer tartaruga. Tartaruga e mandioca. Tartaruga preparada de várias formas: inclusive sob a forma lusitana de sarapatel, transferida do porco ou do carneiro à tartaruga. Uma vez ou outra, um tapir, apanhado nas matas. Café. Raramente chá-da-índia. Em compensação, muita fruta tropical desconhecida no litoral atlântico do Brasil ou da América. Casa coberta de palha. Dormida em rede. Banhos de rio dos quais o inglês, uma vez reintegrado na Inglaterra, sentiria *agradáveis recordações*. Nas casas, em vez de bacias de lavar as mãos, alguidares de barro de fabrico ameríndio. Colheres de pau, de fabrico provavelmente luso-ameríndio. O tupi falado ao lado do português."

Oh de casa!, p. 128.

BAHIA

"Igual oportunidade tivera na Bahia – minha velha conhecida, mas só de visitas rápidas. Demorando--me em Salvador pude conhecer com todo o vagar não só as coleções do Museu Afro-baiano Nina Rodrigues e a arte do trajo das negras quituteiras e a decoração dos seus bolos e tabuleiros como certos encantos mais íntimos da cozinha e da doçaria baiana que escapam aos simples turistas. Certos gostos mais finos da velha cozinha das casas-grandes que fez dos fornos, dos fogões e dos tabuleiros de bolo da Bahia seu último e Deus queira que invencível reduto."

Casa-grande & senzala, prefácio à 1ª edição, p. 29.

"Na boa Bahia de 1900 que eu tenho uma pena enorme de não ter conhecido, pois foi talvez a melhor e mais completa das Bahias, na plena pompa de sua maturidade matriarcal de cultura urbana harmonizada com a paisagem do trópico – as igrejas, os sobrados, as Nossas-Senhoras, os Meninos-Deus, as iaiás brancas, os doutores pálidos, as negras velhas, as gameleiras, o arcebispo primaz, o governador, os portugueses ricos, os frades, os cônegos, os bolos, as laranjas, os cocos, as empadas, quase tudo gordo e como que saído do mesmo massapê, do mesmo ventre ou do mesmo forno, cozido pelo mesmo sol, sombreado pelos mesmos mistérios, temperado pelo mesmo azeite de dendê, fortalecido pelo mesmo óleo de baleia, amolecido pelos mesmos pecados, adoçado pelo mesmo clima, tocado pelas mesmas graças de civilizações antigas e de combinações novas de sangue e de cultura."

Perfil de Euclides e outros perfis, p. 215;
e *Bahia e baianos,* p. 59.

"E na Bahia não há imagens nem trecho de paisagem que não venha das entranhas do Brasil; que não resulte de longos processos de interpenetração de sangue e de culturas, por um lado; e de excessos mórbidos de endogamia, por outro. Com esses processos longos de abrasileiramento se identifi-

cou de tal modo Portinari que sua melhor pintura tem gosto baiano: o gosto mais íntimo e concentradamente brasileiro que pode ter uma iaiá fina, uma mulher do povo, uma paisagem, uma igreja – e não apenas um vatapá ou um caruru."

Pessoas, coisas & animais, p. 132-133.

"E quem diz Bahia ou baiano diz festa, bolo, doce, mulata, alegria, e até pecado. Os sete pecados mortais e não apenas todos os santos da Igreja, mais os dos candomblés: Bahia de Todos os Santos. Diz música, dança, canto, foguete, capoeiragem, pastel enfeitado com papel de cor, caprichosamente recortado, caruru, violão, balangandã, chinelinha leve na ponta do pé da mulher, em contraste com o tamanco pesadamente português do homem, saia de roda, camisa ou cabeção picado de renda, guardando peitos gordos de negras, de mulatas, de quadraronas provocantes."

Bahia e baianos, p. 96.

"Quando Simões Lopes Neto escreveu *O negrinho do pastoreio* foi como se se antecipasse a algum poeta baiano do Recôncavo em escrever um dos poemas brasileiros mais cheios de significação humana e, ao mesmo tempo, de passado baiano, de experiência baiana, de substância baiana, de sabor baiano, que já se escreveram. Há nessa obra-prima da literatura afro-americana uma doçura inconfundivelmente baiana. Glorifica-se aí um herói nacional tão nascido e criado na Bahia como a iaiá mais fina, como o sobrado de cidade mais elegante, como o quitute mais primoroso de mesa ou tabuleiro, como o estadista mais inteligentemente

SELETA DE TEXTOS

político de que se possa gabar a civilização brasileira: glorifica-se aí o moleque."

Novas conferências em busca de leitores, p. 36.

"'*Une cuisine et une politesse! Oui, les deux signes de vieille civilisation...*', lembro-me de ter aprendido em um livro francês. É justamente a melhor lembrança que conservo da Bahia: a da sua polidez e a da sua cozinha. Duas expressões de civilização patriarcal que lá se sentem hoje como em nenhuma outra parte do Brasil. Foi a Bahia que nos deu alguns dos maiores estadistas e diplomatas do Império; e os pratos mais saborosos da cozinha brasileira em lugar nenhum se preparam tão bem como nas velhas casas de Salvador e do Recôncavo."

Casa-grande & senzala, prefácio à 1ª edição. p. 30.

BRASÍLIA

"Desses arredores rurais, caboclos, telúricos de Brasília, a brasileiríssima mandioca, a indigeníssima farinha, o cuscuz ex-árabe e já brasileiro, quer de milho, quer de mandioca. A carne de charque, as frutas mais brasileiras do Brasil, estão sendo respostas ecologicamente vigorosas ao desafio de Brasília como presença intensamente urbanizante na selva do centro do Brasil. E tais respostas são válidas para uma extensão da vitalidade caboclamente brasileira, que é uma vitalidade rural, diante do desafio pan-urbanizante com que o Brasil começou a se defrontar na década da construção de Brasília."

Rurbanização: que é?, p. 122.

PARÁ

"Talvez porque a mantilha, com o uso, se desgastasse; e, no baú, a naftalina e as ervas paraenses do mercado de Ver-o-Peso resguardavam-na, e a outras coisas delicadas, dos efeitos de tempo. O ar livre era bom para essas coisas só uma ou outra vez. O baú era para elas uma proteção."

Três histórias mais ou menos inventadas, p. 22-23.

PERNAMBUCO

"Que luz é esta – a que dá a estes montes, a estas praias, a estas águas, e às suas casas, às suas igrejas, às suas barcaças a vela, uma doçura que nem toda luz tropical dá às coisas e aos homens? Que faz dizer um homem de ciência alemão, e homem de ciência viajado, conhecedor de outras terras dos trópicos: 'quem sentiu uma vez o encanto desta luz se sentirá sempre tentado a voltar a estas latitudes?' Será por causa dela – dessa luz – que 'os habitantes desta parte do Brasil são tão fiéis ao seu torrão', reparou o alemão de sua cadeira de balanço no mosteiro de São Bento."

Olinda – 2º guia prático, histórico e sentimental de cidade brasileira, p. 35-38.

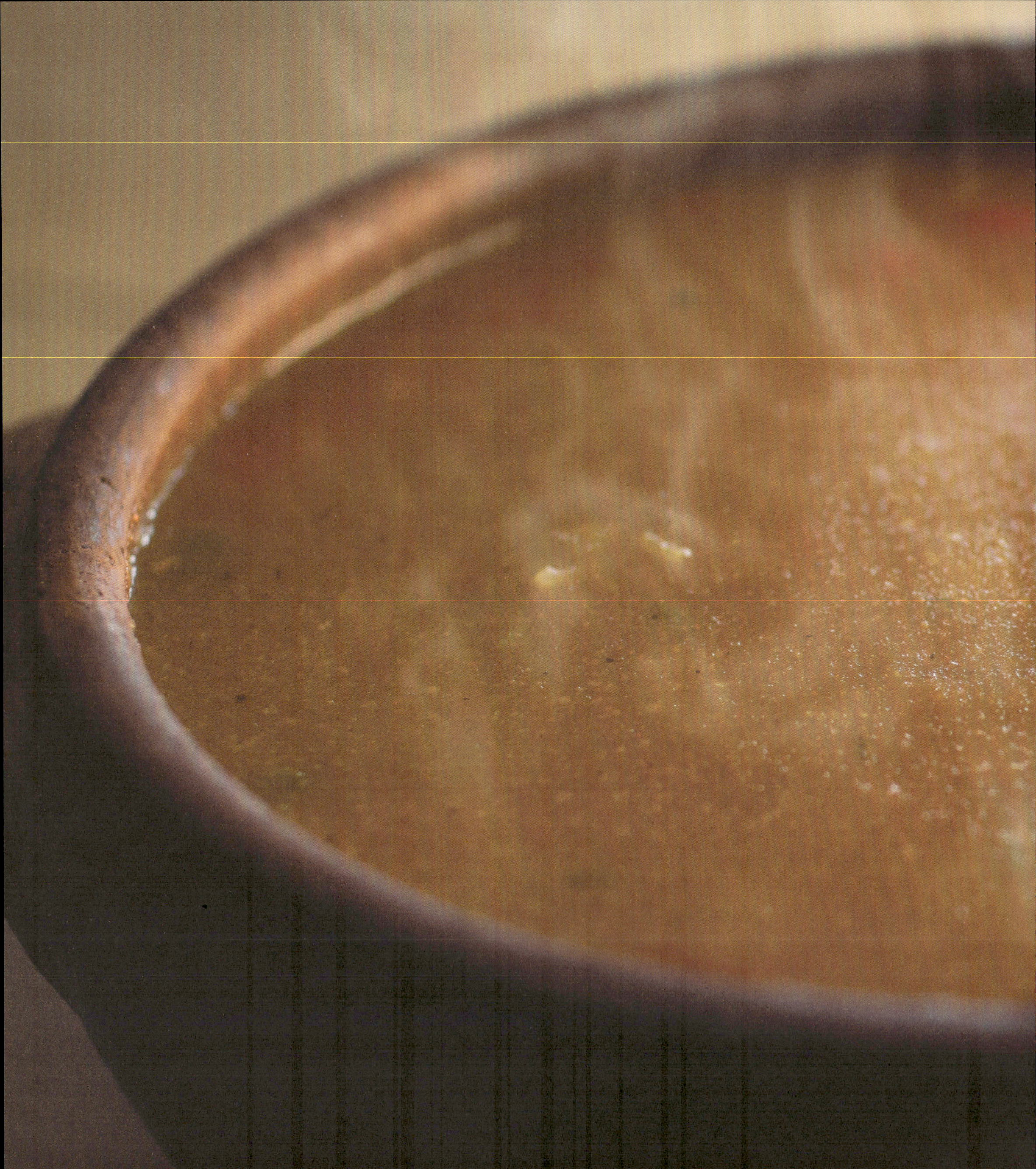

14
COZINHA
PERNAMBUCANA

"Se há joia de família que ainda nos resta, aos pernambucanos, é a tradição que se refugiou no forno e no fogão de algumas casas."[1]

A culinária pernambucana foi se fazendo aos poucos. Primeiro, com os alimentos da própria terra. Aqueles que os índios nos ensinaram a usar. Depois, aproveitando ingredientes e conhecimentos de longe, vindos com o colonizador português e com os escravos africanos. Só que não há, nela, **"o predomínio da tradição africana, como na Bahia; nem o da tradição indígena, como no Pará e no Amazonas – as outras duas cozinhas regionais mais ricas do Brasil. Também não se afirmaria em Pernambuco nenhum exclusivismo de tradição europeia que artificializasse a cozinha dos senhores de engenho numa cozinha à parte da formação brasileira."**[2] É que, por aqui, foi se dando **"a contemporização das três tradições"**[3]. E tudo com equilíbrio, **"harmonicamente, sem nunca se afastar da tradição europeia a ponto de se tornar inteiramente exótica; sem se deixar alagar de azeite de dendê nem de banha de tartaruga"**[4]. Gilberto Freyre muito cedo buscou essas origens. **"Creio que o equilíbrio culinário em Pernambuco se explica pelo fato de ter sido maior na Nova Lusitânia a ação da mulher dona de casa, isto é, da mulher branca, portuguesa, esposa cristã do colono"**[5]. Desde quando **"Duarte Coelho veio para seus domínios com numerosas famílias e não simplesmente com solteirões aventureiros, que ao sentirem a vontade ou a necessidade de se arredondar em pais de família se unissem todos com pretas-minas, boas quituteiras, mas lambuzando tudo de azeite de dendê, ignorando as tradições e a técnica de cozinha dos europeus. Ou então com caboclas ou cunhãs nas mesmas condições de ignorância dos estilos europeus. Às mães de família vindas de Portugal – algumas talvez educadas nos recolhimentos, dentro da tradição opulenta das freiras quituteiras – deve-se, em grande parte, a situação de prestígio em que se conservaram os estilos portugueses de

---

1. *Tempo de aprendiz*, p. 414.
2. "Cozinha pernambucana", artigo na revista *Espelho*, vol. III, n. 22, janeiro de 1937.
3. "Cozinha pernambucana", artigo na revista *Espelho*, vol. III, n. 22, janeiro de 1937.
4. "Cozinha pernambucana", artigo na revista *Espelho*, vol. III, n. 22, janeiro de 1937.
5. "Cozinha pernambucana", artigo na revista *Espelho*, vol. III, n. 22, janeiro de 1937.

cozinha nas casas dos engenhos pernambucanos, mais tarde, nos sobrados de azulejos do Recife."[6] E não trabalharam sozinhas, ditas senhoras, que **"as cozinheiras negras foram aqui colaboradoras de grande importância na formação de uma cozinha regional, mas não dominadoras absolutas dos fornos e dos fogões"**[7].

Marca mais evidente dessa culinária pernambucana é ser sobretudo afirmativa. Forte. Espelhando o irredentismo dos movimentos sociais que marcaram sua história. Imagem e semelhança de sua gente. "Se tivesse que escolher um estado da Federação para representar Dom Quixote, este seria Pernambuco – não lhe faltam magreza, loucura e sonho para tanto", assim disse Renato Carneiro Campos, no ensaio *Joaquim Nabuco: um agitador de ideias*. O próprio mapa de Pernambuco imita um corpo que se deitou reto. Por não ter aceito, nunca, se curvar perante ninguém. Com cada uma das regiões do estado revelando características próprias. O sertão é a região mais castigada pelo clima. **"As secas forçam as famílias do Sertão nordestino a uma mobilidade perigosa: deslocam-se essas famílias em condições de humilhante inferioridade. O sertanejo, habituado à suficiência econômica que lhe dá o plantio, por ele e pelos seus, do feijão, do jerimum, da melancia, do algodão e do milho, e ao trabalho, em comum, da** *farinhada,* **vê-se de repente obrigado a descer ao** *brejo* **e a farejar a farinha do** *brejeiro***, por ele tão desdenhada. Chegam as famílias sertanejas ao** *brejo,* **aos engenhos e às cidades do litoral, às dezenas; e muitas vezes se dispersam em retalhos, grandes famílias patriarcais. A família sertaneja, habituada a crescer e multiplicar-se, divide-se e reduz-se. Inverte-se a aritmética demogênica."**[8] Com economia rústica, baseada em pecuária e culturas de subsistência, foi aos poucos, essa região do sertão, ganhando uma industrialização incipiente e fruticultura irrigada. Tem culinária simples e generosa, imitando seu povo. Café da manhã é a refeição mais forte. A que dá sustança para enfrentar o dia. Com angu, cuscuz de milho ou mandioca, grude, tapioca; mais banana-comprida, batata-doce, fruta-pão, inhame; coalhada, ovo, pão, papa (de aletria, araruta, sagu), queijo assado de coalho ou *do sertão* (também conhecido como *queijo de manteiga*).

---

6. "Cozinha pernambucana", artigo na revista *Espelho*, vol. III, n. 22, janeiro de 1937.
7. "Cozinha pernambucana", artigo na revista *Espelho*, vol. III, n. 22, janeiro de 1937.
8. *Região e tradição*, p. 127.

E cabrito, charque frito ou bode guisado. Acompanhando café, leite ferrado (a origem da expressão vem de, por vezes, se colocar nele ferro em brasa), leite queimado (com açúcar caramelizado) ou mesmo café com leite – muitas vezes adoçado com rapadura, mais nutritiva e saborosa que açúcar. Almoço forte com buchada, chambaril, cozido, dobradinha, mão de vaca, rabada, sarapatel, tripa de porco (assada e misturada com farinha). Ainda bode, cabrito, carneiro ou porco guisado, carne de sol, charque, galinha (assada, guisada ou de cabidela). Feijão também, incorporando no seu preparo ingredientes próprios da região – pedaços de charque, costeletas de porco, linguiça, osso de tutano, paio, toucinho, mais couve, jerimum, maxixe, quiabo. Sem contar farinha de mandioca, preparada de muitas maneiras: farofa simples ou de bolão, de jerimum, de batata-doce. E pirão, para acompanhar cozido, galinha ou peixe – mas, este, só de água doce e às vezes. Salada de verdura quase nunca, que esse costume sofisticado não chegou por lá. A refeição se completa com lapadas de cachaça, para ajudar na digestão ou por gosto. Ao fim do dia, ceia servida cedo. Na *boca da noite*, se diz por lá. Com sopas de batata, feijão, jerimum, milho, verdura ou canja de galinha se juntando aos mesmos pratos servidos no café da manhã.

O agreste já tem economia diferente, baseada em comércio, indústria e pecuária. É o principal produtor de leite do estado. Além do cultivo (insuficiente) de raízes e grãos. **"É paradoxal que [...] sejamos, no sistema da alimentação brasileira, antes consumidores que produtores. Em pura região tropical, doce e fácil para a cultura de cereais e de frutas, importamos o que os indígenas produziam."**[9] Uma culinária marcada pelo abuso do sal, usado para fazer carne de sol e charque – em mantas expostas ao vento, para secar. O milho está presente em todas as mesas. Sempre. Muito. E de todo tipo – assado, cozido ou no preparo de **"quitutes de milho [...]" "canjica", e "mungunzá"**[10], também no angu, no bolo, no cuscuz, na pamonha. Além da mandioca, sobretudo em grudes, tapiocas e beijus. Em tudo se revelando hábitos alimentares na essência parecidos aos do sertão, com café da manhã farto, almoço pesado e ceia generosa.

Já bem diversa é a zona **"chamada da *Mata*: a mais fértil do estado"**[11]. Quando o português chegou por aqui ficou "perplexo diante daquela mata

---

9. *Tempo de aprendiz*, p. 480.
10. *Tempo de aprendiz*, p. 415-416.
11. *Nordeste*, p. 41.

exuberante e heterogênea, tão diferente da floresta temperada europeia"[12], segundo Manuel Correia de Andrade. O lugar oferecia todas as condições para o plantio da cana-de-açúcar – "o seu clima tropical, com chuvas distribuídas em duas estações, os solos derivados de rochas cristalinas, as chuvas se distribuindo [...] de maio a setembro – e um estio prolongado que se estendia de outubro a abril"[13], ainda segundo Manuel Correia. Assim, aos poucos, foi sendo a mata nativa substituída pela cana. A região tem, ainda hoje, economia em parte concentrada nessa agroindústria canavieira. Algum comércio, também. E, mais recentemente, industrialização à base, fundamentalmente, da substituição de importados do Sul. Tudo em mudança, nos dias que correm, em razão de investimentos estruturadores em implementação. Seja como for, sua culinária é diferenciada, sobretudo por conta dessa cana-de-açúcar. Foi **"nos fornos e nos fogões das 'casas-grandes' dos engenhos pernambucanos** [que] **o patrimônio culinário dos portugueses, já enriquecido pelos contatos com o Oriente e com a África, adquiriu novos sabores, aguçou-se de adubos esquisitos"**[14]. No início da colonização, esses senhores **"mandavam vir das Canárias e de Portugal iguarias para sua mesa, juntando-lhes os frutos da terra. Não só os frutos: é de supor que** [também] **o quati, o tatu, o caititu, a capivara, o carapitanga, o guaiamum, o siri, o beijupirá."**[15]

Nesses engenhos se fazia também mel, do cozimento do caldo da cana, até hoje ainda muito usado acompanhando cará, inhame, macaxeira, queijo do sertão e batidas em geral. Além de tijolos de açúcar mascavo concentrado, a rapadura. Pernambuco chegou a ser, nos séculos XVI e XVII, o maior produtor mundial de açúcar. Por causa dessa fartura foi surgindo, nessas terras mais próximas ao litoral, uma das mais importantes doçarias do mundo. Copiando velhas receitas portuguesas ou substituindo ingredientes das receitas do colonizador por produtos da nova terra. Como **"doce de caju. Doce de caju seco. Doce de caju em calda [...] doce de goiaba em calda e em massa. E doce de araçá. E geleia de guabiraba"**[16]. "Todos esses doces e bolos dos que outrora eram as donas de casa que desciam à cozinha para tomar o ponto."[17] Mas também nasceram bolos próprios da região. Muitos deles com nomes das

---

12. *Nordeste*, introdução, p. 17.
13. *Nordeste*, introdução, p. 17.
14. *Tempo de aprendiz*, p. 481.
15. *Tempo de aprendiz*, p. 481.
16. *Tempo de aprendiz*, p. 416.
17. *Tempo de aprendiz*, p. 416.

famílias onde foram concebidos. As mesas da zona da Mata refletem, ainda hoje, a opulência de outros tempos. "A casa-grande é uma herança do passado/ Corroeu-lhe o tempo a pedra do batente/ E do que foi solar da minha gente/ Resta apenas um escudo brasonado", disse Olegário Mariano (em *Nas ruínas da casa-grande*). São tradições entranhadas na alma. Nessa região, diferentemente das demais, é usual fazer quatro refeições: café, almoço, lanche e ceia. E mais, para serem consumidos entre elas ou na hora de dormir, bolinhos de goma, pão de ló torrado, pão sovado, sequilhos e suspiros sempre à mão, em algum lugar de passagem. Sem esquecer refrescos de frutas, licores feitos em casa e cachaças.

O litoral é síntese de todos esses sabores. Enriquecidos por outros que vêm do mangue e da foz dos rios. Neles, tudo se pesca e tudo se aproveita. **"O turista não deixe de ver de perto, na praia do Pina, na de Boa Viagem, na de Olinda, uma jangada de pescador pernambucano. É de uma simplicidade tal que só sendo de povo primitivo – dos povos que os antropólogos chamam primitivos."**[18] Do mangue: aratu, caranguejo, guaiamum, siri, sururu, unha-de-velho. Do rio: camarão de água doce, entre eles pitu (o mais saboroso dos crustáceos), ostras e peixes de rio como camurim, carapeba, surubim, tainha, tilápia, curimãs – mantidos muitas vezes em viveiros para serem pescados na Semana Santa. Do mar: camarão, lagosta, polvo e peixes para todos os gostos – beijupirá, cavala (de preferência a perna-de-moça), cioba, garoupa, sirigado, agulha (pescada sempre em noite sem lua, na beira do mar, com tocha e puçá). Preparados de todas as maneiras. Mas usando, como ingrediente (quase) obrigatório, o coco. **"Ensopados e peixes condimentados com o leite de coco."**[19] Coco de coqueiro da praia. Com o sabor especial da **"água de coco com o clássico 'catarro'"**[20] e de sobremesas como **"a tapioca seca, a tapioca molhada, o beiju, o doce de coco verde, o sabongo, a cocada, o sorvete de coco, uma variedade de bolos em que o gosto do coco se faz sentir tão permanentemente, junto com o do açúcar ou do mel de engenho"**[21].

Pode-se dizer que **"essa cozinha nasceu debaixo dos cajueiros e se desenvolveu à sombra dos coqueiros, com o canavial sempre de lado a lhe for-**

---

18. *Guia prático, histórico e sentimental da cidade do Recife*, p. 81.
19. *Tempo de aprendiz*, p. 415-416.
20. *Tempo de aprendiz*, p. 416.
21. "Cozinha pernambucana", artigo na revista *Espelho*, vol. III, n. 22, janeiro de 1937.

necer açúcar em abundância; e perto – na água do mar, na do rio, na das lagoas, no mangue, na horta, na mata – quase ao alcance da mão da cozinheira, *o melhor pitu do mundo* (o pitu do rio Una), a cavala perna-de-moça, a cioba, o caranguejo, o siri, o goiamum, o sururu, a curimã, a carapeba, o araçá, o jenipapo, o maracujá, a goiaba, o abacaxi, a canela, a fruta-pão, a jaca, o sapoti, o abacate, o tamarindo"[22]. Entre todas as fruteiras nativas, especial atenção para o cajueiro, **"tão ligado à vida indígena"**[23]. E que **"deu à cozinha pernambucana alguns dos seus melhores sabores: a castanha, confeitada ou dentro do bolo"**[24] [especialmente o **"'pé de moleque' fartamente condimentado com a castanha do caju"**[25]]. Também dentro **"da cocada, do doce, do peru; se tornaria tão característica dos quitutes da região;** [além] **"do doce em calda e o doce seco do próprio caju, o licor e o vinho – quase simbólicos da hospitalidade das casas-grandes de Pernambuco"**[26]. Cajueiros que **"descem até as águas do mar, juntando-se, nas praias, aos coqueiros, às mangueiras vindas do Oriente e aos dendezeiros vindos da África para aqui se tornarem irmãos das pitangueiras e das cajazeiras; e crescerem todos sob o mesmo sol que dá um como esplendor heráldico a abacaxis-reis"**[27].

Marca expressiva da culinária pernambucana são também suas festas – Carnaval, Quaresma, São João, Natal. Todas, heranças do colonizador português. E com culinária própria, em cada uma delas. No Carnaval, a escolha dos pratos depende apenas da disposição de cada um. Para os que preferem não brincar, melhor reunir amigos em volta de pratos fortes e completos – buchada, carne de sol, cozido, crustáceos ensopados no molho de coco, feijoada, peixada, sarapatel. Já para quem for cair no passo, melhor pratos mais leves. Mantendo, se possível, a tradição portuguesa de comer salada, bacalhau, carneiro e porco. Em qualquer caso, recomenda-se arrematar sempre com filhós – palavra que vem do latim *foliolum*, significando *bolo folhado*. **"Nos dias de Carnaval, os velhos filhós portugueses com mel de engenho"**[28], que **"Carnaval sem filhós não era Carnaval. Mas filhós sem Carnaval não tinham sabor. Era preciso aproveitar os três dias do Carnaval para saborear essas delícias que**

---

22. "Cozinha pernambucana", artigo na revista *Espelho*, vol. III, n. 22, janeiro de 1937.
23. "Cozinha pernambucana", artigo na revista *Espelho*, vol. III, n. 22, janeiro de 1937.
24. "Cozinha pernambucana", artigo na revista *Espelho*, vol. III, n. 22, janeiro de 1937.
25. *Tempo de aprendiz*, p. 416.
26. "Cozinha pernambucana", artigo na revista *Espelho*, vol. III, n. 22, janeiro de 1937.
27. *Prefácios desgarrados,* vol.I, p. 104.
28. *Açúcar,* p. 82.

só tinham graça na sua época."[29] Depois vem a Quaresma, período de quarenta dias que separa a Quarta-feira de Cinzas do Domingo de Páscoa. Repetindo, simbolicamente, os quarenta dias do jejum de Cristo. E os quarenta anos em que, liberto da escravidão no Egito sob o jugo de Alexandre, e guiado por Moisés, vagou no deserto o povo de Deus. É período de penitência e preparação da festa da Páscoa, em que judeus celebram esse êxodo à terra prometida. Enquanto, para os cristãos, é a ressurreição de Jesus (três dias depois de sua crucificação). Depois dos **"dias de jejum se sucedem, como antigamente, vastas ceias de peixe de coco, de fritada de goiamum, de pitu ou de camarão, de cascos de caranguejo e empadas de siri preparadas com pimenta"**[30]. Acompanhados de arroz, feijão e bredo também de coco.

As festas juninas começam com Santo Antônio, seguem com São João e terminam com São Pedro. **"São três santos tão populares que em Portugal e no Brasil suas festas se tornaram, há séculos, mais de pátio de igreja, de largo de matriz, de praça pública, de rua larga, de ar livre, de quintal de casa, de campina de subúrbio, de aldeia, de engenho, do que de interior de igreja ou fundo de oratório."**[31] No Brasil, preferência por São João – **"a mais encantadora das nossas festas populares, cheia de tradição e perfumada de doçura familiar. Tirem dela a estupidez das bombas e o que ficar será um encanto – os serões em família, os jogos, as sortes, a canjica, o pé de moleque, o milho"**[32]. E também angu, mungunzá, pamonha, cuscuz, bolo de milho, de fubá, de mandioca, cocada, tapioca, bom-bocado, arroz-doce, grude. Da fusão de experiências indígenas, africanas e portuguesas acabou se formando essa culinária. Com pratos sempre trabalhosos, demorados de fazer. Razão pela qual acabam sendo preparados com antecedência. Para ninguém perder a festa.

Já o Natal é a **"festa em que o coração amolece, na lembrança de Jesus, nascido numa estrebaria fedendo a esterco, e dos bolsos de burguesia farta rolam, para os pobres meio rotos e com fome, sonantes moedas. Festa em que se trocam, aos milhões, mimos e postais ou simples apertos de mão, desejando *Merry Xtmas*, isto é, '*Boas-festas*'. Festa de reuniões de família, ou de amigos, em volta do peru assado ou junto ao lume doce, de

---

29. *Dona Sinhá e o filho padre*, p. 140-141.
30. *Manifesto regionalista*, p. 66
31. *Pessoas, coisas & animais*, p. 23
32. *Tempo de aprendiz*, p. 58

madeira mole, a crepitar. Festa em que a gente ri, ri e ri e acende velas de cera azul e vermelha e enfeita as paredes e as vidraças de ramagens verdes e de 'mistretos'. Festa da árvore de Natal, no meio da sala ou no centro dum parque – árvore cujos pomos são bolas de celuloide, caixas de bombom e brinquedos. Festa em que as crianças cantam as loas e, nas igrejas, a música é toda de glória a Jesus redentor. Festa do melhor santo deste mundo, o Santo Claus, parecido, ao mesmos tempo, ao Deus de James Stephen, a um tio solteirão e a um vovô meigo."**[33]** Nosso Natal permaneceu, desde aqueles primeiros tempos, sobretudo como uma grande ceia. Aos poucos, fomos adaptando receitas portuguesas e criando as nossas próprias. Em todas, sempre, bacalhau, pastel de festa, pernil de presunto, frutas secas (amêndoas, figos, nozes, tâmaras, castanhas portuguesas), bolo de frutas, rabanada, passas recheadas. E especialmente o peru – exaltado, por Brillat-Savarin[34], como "um dos mais belos presentes que o novo mundo ofereceu ao velho". Receitas tradicionais, com sabores guardados na memória desde o tempo da infância. **"Vendo as lojas cheias de brinquedos e de caixas de chocolate, lembrei-me dos meus natais de menino. E dos meus brinquedos de menino."[35]** Gilberto Freyre passou alguns natais fora do Brasil. E pôde perceber, na pele, que **"o Natal americano é uma festa de recinto fechado. Sempre faz frio. Sempre tem a gente de acender o fogão."[36]** Ele apenas não se conformava era com que copiássemos, aqui nos trópicos, hábitos americanos – uma **"nota ridícula aos nossos natais de família também enfeitados agora com arvorezinhas estrangeiras mandadas vir da Europa ou dos Estados Unidos pelos burgueses mais cheios de requififes e de dinheiro"[37]**.

Por fim, chamava atenção para a necessidade de preservar toda essa **"tradição, magnífica pelo seu equilíbrio, pela sua harmonia, pela sua medida e que está hoje tão pálida que alguns receiam que vá morrer. O declínio da economia patriarcal em Pernambuco se tem feito acompanhar do declínio da cozinha. A vitória da civilização paleotécnica, através das usinas e das fábricas, não deixou de fogo morto somente os velhos engenhos: também os fornos e os fogões das casas-grandes. Acabou com os livros de**

---

33. *Tempo de Aprendiz*, p. 183.
34. 132. (Bibliografia).
35. *Retalhos de jornais velhos*, p. 34.
36. *Tempo de aprendiz*, p. 58.
37. *Manifesto regionalista*, p. 52.

receitas das avós. Diminuiu os encantos regionais de cozinha e de vinho em Pernambuco [...] E entretanto haveria muito que conservar da velha cozinha pernambucana. Ela foi uma das mais felizes da civilização patriarcal do açúcar nesta parte do Brasil."[38] É nosso maior patrimônio; porque é através desses sabores e dessas festas que podemos compreender o verdadeiro espírito de nossa gente.

---

[38]. "Cozinha pernambucana", artigo na revista *Espelho*, vol. III, n. 22, janeiro de 1937.

"O bom pernambucano é que não se deixará facilmente desenraizar da mais fina tradição culinária do Brasil. É um paladar, o seu, enobrecido por 150, duzentos e até quatrocentos anos de feijão de coco e de sabongo, de doce de caju e de vinho de jenipapo. Um pedigree desses não se abandona facilmente."

Artigos de jornal, p. 154.

"Os encantos mais intimamente recifenses da capital de Pernambuco talvez só os sentisse mesmo – pensei eu naquela tarde, a princípio – quem fosse filho da terra; e tivesse brincado menino pelos fundos de *sítios* cheios de cajueiro e de mangueira e de touças de bananeira que a lancha começou a contornar, em busca de paisagem já quase rural de Apipucos. A beleza do Recife talvez nem fosse beleza no sentido puro. Dependia de associações mais ou menos sentimentais da parte do observador. Associações de objeto de observação com experiência de infância. Com recordações de meninice."

Retalhos de jornais velhos, p. 118-119.

"O certo é que no primeiro século colonial encontrou o padre Cardim em Pernambuco um gosto que lhe pareceu exagerado pelos vinhos e pelos banquetes. Aquelas moças, parentas suas ou de sua mulher, trazidas de Viana de Castelo por Duarte Coelho; e aquelas 'órfãs nobres', educadas com esmero (naturalmente nos conventos), a que se refere o senhor Elysio de Carvalho, vindas de Portugal para casar com os principais da colônia e ser donas de casa – decerto trouxeram dos fornos medievais dos solares e dos conventos de freiras, para os primeiros fornos de Pernambuco, as ricas tradições gastronômicas. E a estas tradições adaptaram a matéria virgem aqui encontrada, e depois influenciada diretamente pelos adubos africanos, resultando desse processo a cozinha colonial pernambucana."

Tempo de aprendiz, p.481-482.

"Há à rua da Aurora uma sorveteria [Gemba] que já se tornou famosa pelos seus sorvetes de frutas pernambucanas, embora tenham esses sorvetes os seus críticos: os que lamentam neles o excesso de açúcar. Mas sendo ainda o Recife a capital do açúcar, é um excesso que o turista saberá desculpar nos recifenses – mesmo quando brasileiros de origem japonesa [...] No mercado de São José encontra-se queijo ou requeijão do sertão; e no pátio de São Pedro há quem venda carne de sol, linguiça, chouriço da terra. Goiamuns há ainda quem se dê ao trabalho de engordá-los no fundo de velhos quintais nos clássicos caritós, onde depois de purgados são cuidadosamente cevados: é o que faz certo morador da estrada dos Remédios, em cujo *reservado* se encontram hoje gostosas fritadas de goiamuns, além de sururu e de peixe."

Prefácios desgarrados, vol. II, p.612.

"[Alguns restaurantes do Recife, presentes ainda na 5ª ed. revisada] – Leite (praça Joaquim Nabuco, 147), o mais antigo do Recife e talvez do Brasil; restaurante do Hotel São Domingos (praça Maciel Pinheiro, 54/56); O Galo d'Ouro (Camboa do Carmo, 83); o Cassimiro (rua Camboa do Carmo, 104); Restaurante Panorâmico da AIP (avenida Dantas Barreto, 572 – 12º andar); O Veleiro – comida alemã (avenida Beira-Mar, 1864); restaurante do Clube Alemão (estrada do Encanamento, 296); Rubyah (avenida Barão de Sousa Leão, 451, Boa Viagem); Otília – comida nordestina (rua da Aurora, 1231); O Buraco – comida nordestina (rua da Aurora); Castelinho (avenida Beira-Mar, Boa Viagem); Casa d'Itália – comida italiana (rua Fernandes Vieira, 73); Cantina Bela Trieste – comida italiana (rua Fernandes Vieira, 741); restaurante do Hotel Guararapes (rua da Palma); Palhoça do Melo – galeto (Quatro Cantos, Derby); Dom Quixote (Boa Viagem); Candomblé (avenida Barão de Sousa Leão, Boa Viagem); Torre de Londres (parque 13 de Maio, s/n); A Madrugada – boate (Piedade); O Grande – boate (Piedade); Gregório – comida sertaneja (largo de São Pedro); Alvinho – guaiamuns (estrada dos Remédios)."

Guia prático, histórico e sentimental da cidade do Recife, 5ª ed., p. 215.

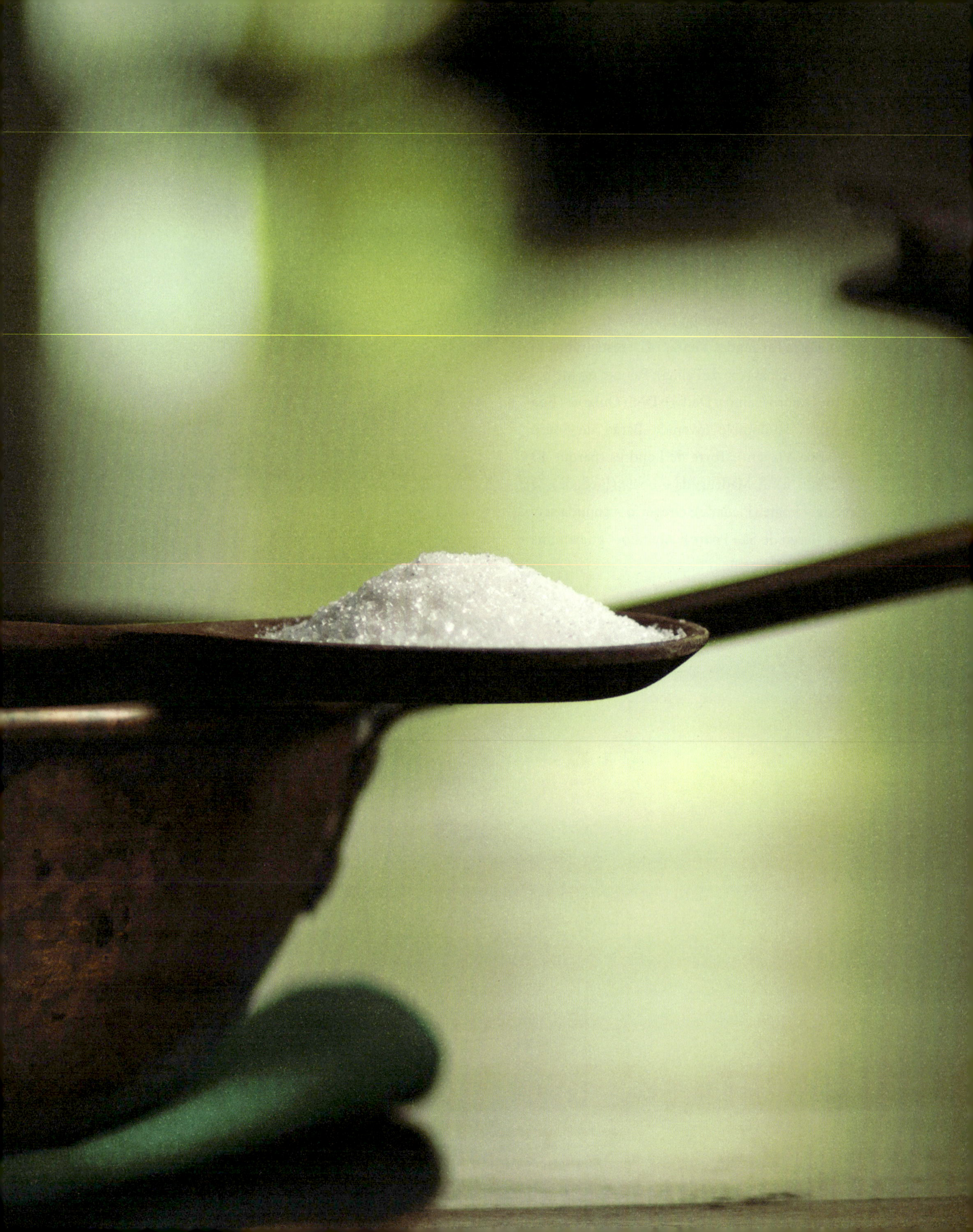

15
CASA, COZINHA
E COZINHEIROS

"Se o Brasil é reconhecido como nação particularmente notável pela sua culinária complexa, em que se combinam ou se harmonizam valores, temperos, sabores de origens diversas, é que essa harmonização foi tornada possível e até facilitada pela casa patriarcal brasileira."[1]

As primeiras casas, nos engenhos e nas cidades, não foram "**nenhuma reprodução das casas portuguesas, mas uma expressão nova, correspondendo ao nosso ambiente físico**"[2]. Nascida "**entre nós nos primeiros tempos de colonização portuguesa e crescentemente abrasileirada e tropicalizada num tipo consideravelmente ecológico de arquitetura**"[3]. Com "**grossas paredes de taipa ou de pedra e cal, coberta de palha ou de telha-vã, alpendre na frente e dos lados, telhados caídos em um máximo de proteção contra o sol forte e as chuvas tropicais**"[4]. Tinham muitos cômodos, todos espaçosos. "**Cozinhas enormes; vastas salas de jantar; numerosos quartos para filhos e hóspedes; capela; puxadas para acomodação dos filhos casados; camarinhas no centro para a reclusão quase monástica das moças solteiras; gineceu; copiar; senzala.**"[5] Sem contar um grande "**terraço hospitaleiro, patriarcal e bom**"[6]. A mobília – "**mesas, sofás, cadeiras, marquises, camas – era pesada, sólida, feita de jacarandá, de vinhático e de outras nobres madeiras nativas. Toda sala de visitas tinha um grande sofá, em cujas extremidades se alinhavam filas de cadeiras. Na arrumação havia uma ideia infantil de simetria – refiro-me ao modo como a criança alinha os soldadinhos de chumbo para a batalha – nas filas retas e regulares das cadeiras: primeiro, as de braço, depois, as simples. Em algumas casas o sofá e as cadeiras eram enfeitados com laços de fitas de cor.**"[7]

Para completar, lustres, "**prata, louça de mesa e vasilhame de cozinha; [...] potes, quartinhas ou bilhas de barro, de formas também artisticamente interessantes, onde a sabedoria patriarcal fazia esfriar a água de beber sobre o peitoril das janelas, devendo as bilhas aí permanecer ao sereno ou durante a noite inteira**"[8]. Mais instrumentos criados especialmente para a limpeza dessas

---

1. *A casa brasileira*, p. 22.
2. *Casa-grande & senzala*, prefácio à 1ª ed., p. 35.
3. *Oh de casa!*, p. 91.
4. *Casa-grande & senzala*, prefácio à 1ª ed., p. 35.
5. *Casa-grande & senzala*, prefácio à 1ª ed., p. 43.
6. *Casa-grande & senzala*, prefácio à 1ª ed., p. 44.
7. *Vida social no Brasil nos meados do século XIX*, p. 91.
8. *Ordem e progresso*, p. 310.

casas – **"vassouras, espanadores e abanos feitos de material da terra"**[9]. Nada, ali, se parecia com o além-mar. **"Ao solar português, tradicionalmente rebocado a ocre ou cor-de-rosa, falta quase sempre conforto. Seus salões, que o escritor** [Aquino Ribeiro] **compara a *naves de catedral*, são largos porém ermos. Sem o aconchego dos ingleses ou holandeses."**[10] Aconchegantes só as varandas. Produto do clima, claro; que aquela *arquitetura de terraço*, no calor tropical, teria mesmo que ser diferente da concebida para o frio intenso da Europa.

Naquelas casas não havia jardim, propriamente dito. Ao menos não era um jardim como os que conhecemos hoje. Apenas árvores, muitas, e algumas plantas em volta das casas. Com **"canteiros, feitos às vezes de conchas de marisco. Várias plantas eram cultivadas neles sem motivo decorativo nenhum: só por profilaxia da casa contra o mau-olhado: o alecrim e a arruda, por exemplo. Com o mesmo fim espetavam-se chifres de boi nos paus das roseiras. Outras plantas eram cultivadas principalmente pelo cheiro bom; pelo 'aroma higiênico' – qualidade tão estimável naqueles dias de ruas nauseabundas e de estrebarias quase dentro de casa: o resedá, o jasmim-de-banha, a angélica, a hortelã, o bogari, o cravo, a canela. As folhas de canela se espalhavam pelas salas nos dias de festa. Sua casca se ralava para fazer o pó com que se salpicava o arroz-doce."**[11] Mas essa diversificação ia bem além, alcançando também a geografia humana.

Escravos ajudavam no serviço – **"cozinheiros, copeiros, amas de leite [...] moleques de recado, mucamas. Estas dormiam nos quartos de suas amas, ajudando-as nas pequenas coisas do *toilette*, como catar piolhos, por exemplo."**[12] Havia mais os **"carregadores d'água que a levavam para as casas, algumas vezes, ao terceiro ou quarto andares, onde ficava localizada a cozinha. Esses carregadores d'água trabalhavam, talvez, mais arduamente do que qualquer outra classe de escravos."**[13] Só que também a dona da casa trabalhava. Diferentemente das mulheres de outros colonizadores, esta **"não passava o dia deitada. Em casa tipicamente brasileira e castiçamente patriarcal [...], trabalhos de toda a espécie realizavam-se no correr do dia."**[14]

---

9. *Ordem e progresso,* p. 311.
10. *Aventura e rotina,* p. 175.
11. *Sobrados e mucambos,* p. 320.
12. *Vida social no Brasil nos meados do século XIX,* p. 82.
13. *Vida social no Brasil nos meados do século XIX,* p. 112.
14. *Vida social no Brasil nos meados do século XIX,* p. 84.

Ela "**superintendia o preparo das refeições, o fabrico de doces em conserva e em calda, o cozimento de bolos, a assistência aos doentes. Ensinava aos filhos e aos moleques ou cabrinhas, que serviam de companheiros aos sinhozinhos, o Padre-Nosso, o Credo e a Ave-Maria. Protegia-os contra perigos e perversões, como o vício de comer barro.**"[15]

O funcionamento do conjunto formado por casa e senzala era complexo. E representava todo "**um sistema econômico, social, político: de produção (a monocultura latifundiária); de trabalho (a escravidão); de transporte (o carro de boi, o banguê, a rede, o cavalo); de religião (o catolicismo de família, com capelão subordinado ao *pater familias*, culto dos mortos etc.); de vida sexual e de família (o patriarcalismo polígamo); de higiene do corpo e da casa (o 'tigre', a touceira de bananeira, o banho de rio, o banho de gamela, o banho de assento, o lava-pés); de política (o compadrismo). Foi ainda fortaleza, banco, cemitério, hospedaria, escola, santa casa de misericórdia amparando os velhos e as viúvas, recolhendo órfãos.**"[16] É que as gentes brasileiras, naquela altura, já eram distintas pelo jeito de "**falar, de andar, de sorrir, de amar, de comer, de sentir, de pensar, de jogar futebol, de dançar**"[17], e passaram a se diferenciar, também, "**pela sua maneira de morar, de residir, de estar ou de não estar em casa: outrora um ritual em que o residente respondia ao *oh de casa!* do estranho que lhe batia à porta, acolhendo-o em pessoa ou dizendo da rede em que repousava ou da mesa em que almoçava: *Oh de fora!* Ao que insiste o de fora: *Oh de dentro!* Era quando se particularizava o jogo verbal em torno da casa: voz de dentro e voz de fora da casa. *Oh de fora!* e *Oh de dentro!*"**[18] Não só isso. Cada vez mais valorizavam o lugar (e a mobília) onde moravam, deixando "**de ser moda copiarem os elegantes e ricos estilos normandos ou suíços de casas**"[19]. Como se pressentissem a importância de ter uma casa "**honesta e autêntica. Brasileirinha da Silva.**"[20]

Naquele ambiente, girava tudo em torno da cozinha. Porque "**quem diz casa, diz cozinha. Diz comida caseira. Doce feito em casa. Licor ou quitute segundo receita tradicional de família. Remédio também caseiro. Chás: de

---

15. *Vida social no Brasil nos meados do século XIX*, p. 82.
16. *Casa-grande & senzala*, prefácio à 1ª edição, p. 36.
17. *Oh de casa!* p. 13.
18. *Oh de casa!* p. 13.
19. *Modos de homem & modas de mulher*, p. 81.
20. *Casa-grande & senzala*, prefácio à 1ª ed., p. 43.

cidreira, de pitanga, de erva-doce."²¹ Bom lembrar que o colonizador português chegou a tentar reproduzir, nesse continente novo, as cozinhas da terra distante. Para cá trouxe a chaminé francesa (que aqui se perdeu, **"como era natural que se perdesse, dada a diferença considerável de clima"²²**), fumeiros, fogões e fornos de ferro, pesados tachos de cobre, potes, panelões. Também **"o mesmo vasilhame gordo e prático. As mesmas tigelas, quartinhas, boiões, botijas, alguidares, pratos fundos, caldeirões."²³** Esses caldeirões eram de bronze fundido, da mesma liga que se usava para fazer sinos. Deste metal faziam também coadores (para filtrar os molhos), escumadeiras (para escorrer alimentos cortados em pedaços), ganchos (para recolher peças de carnes cozidas na água). Trouxe alguns utensílios de madeira – saleiros, vinagreiras, baldes, amassadeiras, peneiras, tábuas, fôrmas de queijos, tampas de panela, conchas e colheres. E almofarizes, feitos de uma pequena pedra redonda e chata (mó), usada para triturar cereais – aveia, centeio, trigo. Os árabes aproveitaram essa invenção romana e conceberam grandes moinhos, compostos por duas grandes mós giratórias, sobrepostas, capazes de operar quantidades bem maiores. Os primeiros moinhos eram manuais ou movidos a cavalo (atafonas). Passando, mais tarde, a ser movidos a água (azenhas). Depois, vieram os moinhos de vento, mas essa é outra história. Tudo para fazer **"as mesmas canjas espessas, os mesmos cozidos gordurentos, os mesmos molhos grossos e picantes, o mesmo arroz-doce com canela, os mesmos bolos com vinho do Porto, os mesmos doces com cravo. As fôrmas de bolos são também as mesmas: bem sentimentais, algumas um tanto eróticas: em forma de coração, de meia-lua, de flor, de estrela, de pássaro."²⁴**

O fato é que bem pouco, naquele mundo novo descoberto por Cabral, lembrava a cozinha portuguesa. E as adaptações acabaram sendo inevitáveis. Primeiro, na geografia humana – sendo essas cozinhas, antes aristocráticas, agora partilhadas com negras e índias. Depois, na arquitetura – que, por causa do clima, ela acabou debaixo de um puxado, fora de casa, imitando a cozinha indígena. Finalmente nos próprios objetos – com a presença indígena se mostrando, aqui, ainda bastante forte. Havia o *jirau*, a *trempe*, além de utensílios nada europeus – cuia, cabaça, panelas de barro, pilão, urupema. Mais os que

---

21. *Oh de casa!*, p. 15-16.
22. *Açúcar*, p. 85.
23. *O mundo que o português criou*, p. 69.
24. *O mundo que o português criou*, p. 69.

as escravas africanas ensinaram a fazer e a usar – abano, colher de pau, ralador de coco. Nesse ambiente, de cheiros fortes e fumaças, foi nascendo a culinária pernambucana. Com hábitos, sabores, superstições, técnicas e temperos das três raças que nos formaram.

Com o tempo, essas cozinhas simples foram evoluindo. Nos sobrados das cidades, muitas vezes ficavam nos andares mais altos das casas. **"Entre as vantagens da cozinha situada no sexto andar [estava] o fato de a fumaça e os cheiros de comida não incomodarem a família nos andares de baixo. A desvantagem era o transporte de água, o da carne, o das coisas de cozinha, ter de ser feito todo através de vários lanços de escada. Mas para que tanta fartura de negro e de moleque, nos sobrados? Porque não era apenas nas casas-grandes de fazenda que os negros, os moleques e as crias se acotovelavam dentro de casa: também nos sobrados ricos."**[25] Passaram a guardar os mantimentos em **"armários de cozinha com portas de tela em vez de madeira ou vidro: inovação considerada 'brasileirismo' por alguns estrangeiros por corresponder a condições particularmente brasileiras ou tropicais de clima"**[26]. Essa cozinha escura e úmida, sem água corrente, **"dos tempos coloniais não foi decerto nenhum modelo de higiene. Mawe, Luccock, Mathison referem-se todos com repugnância à sujeira das cozinhas que conheceram. Menos, porém, por culpa das escravas negras que dos senhores brancos, essa falta de limpeza nas cozinhas não [era] só das casas pobres, como das casas-grandes."**[27]

Os primeiros utensílios mecanizados começaram a chegar. **"Era o início [...] da era a que alguns sociólogos chamam hoje de paleotécnica."**[28] E tanto foi o trabalho realizado pelas máquinas **"que a dona de casa, sob o avental de cozinheira, pôde dirigir ou completar esse trabalho sentada na sua cadeira higienicamente leve e limpa; e ouvindo seu rádio ou vendo sua televisão"**[29]. Através de anúncios (em jornais e revistas), acompanhamos a chegada de alguns desses equipamentos, *"todos os tipos e tamanhos de fogões de mesa, fornos e compactos forno-fogão de embutir e também lava-louça. Lava-louça que, com um aperto de botão, pré-lava,*

---

25. *Sobrados e mucambos,* p. 311.
26. *Ordem e progresso,* p. 985.
27. *Casa-grande & senzala,* p.550.
28. *Ingleses no Brasil,* p. 240.
29. *Sociologia da medicina,* p. 232.

lava, enxuga e seca a louça da família e de todos os convidados da família. Os fogões têm tampa de cristal e os fornos têm termostato e luz no painel, podendo-se escolher desde um fogão de quatro bocas a um de seis bocas, banho-maria e churrasqueira e mais, entre um forno equipado com espeto rotativo ou com o exclusivo multiforno, o calor que abrasa. Mais: todos os modelos – fornos, fogões e compactos – são acendidos automaticamente pelo sistema Giromagic. Quando o leitor do anúncio resolver planejar a sua cozinha, que escolha um modelo, ou um conjunto, da marca oferecida pelo anúncio, cujo lema é qualidade feita de aço."[30] Vieram também batedeiras, bombas de água, cortadores de frios, espremedores de frutas, freezers, geladeiras, liquidificadores, moedores de café.

Tudo isso facilitava a preparação dos pratos; e, sobretudo, contribuía para hábitos mais higiênicos. Ocorre que **"o forno e o fogão, quando cercados de exageros sanitários, tomam o ar horrível de laboratório: a arte da cozinha passa à ciência; e, passando de arte à ciência, degrada-se. Diminui-se."**[31] Muitas dessas inovações **"importaram em alteração no gosto de certos quitutes tropicalmente brasileiros que pareciam identificados com o combustível lenha e com a panela de barro"**[32]. Sem abrir mão dos utensílios modernos, é curioso, volta-se a utilizar equipamentos primitivos considerados, à época, pouco higiênicos, e **"orientações e práticas culinárias"**[33] também; assim como **"ressurgem a navegação a vela, a energia solar, a energia pelo vento"**[34]. A modernidade **"em apreço a quanto for sobrevivência brasileira de cozinhas e doçarias regionais e tradicionais. A quanto for panela de barro, em face de panelas de ferro. A quanto for café coado em casa, em face do industrializado. A quanto for colher de pau, em face, para certos fins, das sempre de metal. A quanto for, ainda, pilão, também de pau."**[35] Até a velha quartinha – que conserva a temperatura ideal da água, sem o excessivo frio da água de beber gelada em refrigerador. **"A recordação do gosto e da temperatura de água guardada nessas quartinhas parece constituir uma das suas memórias sensuais mais proustianamente ligadas à convicção de terem nascido e crescido em ordem social mais autenticamente brasileira**

---

30. *Ferro e civilização no Brasil*, p. 226.
31. *Tempo de aprendiz*, p. 46.
32. *Ordem e progresso*, p. 985.
33. *Insurgências e ressurgências atuais*, p. 113.
34. *Insurgências e ressurgências atuais*, p. 112.
35. *Ferro e civilização no Brasil*, p. 180.

que as suas sucessoras, cheias [...] de um conforto mais aparente do que real."³⁶ Tudo contribuindo para fazer, dessas cozinhas, marca definitiva do tipo muito especial de colonização conduzida por mãos portuguesas. Gilberto Freyre dava especial atenção a essa cozinha. Nos textos e na sua própria casa. Quando comprou Apipucos, e tendo que se ausentar, encarregou o pai de preparar tudo. As cartas desse período **"tratavam do casamento, davam os pormenores, pediam procurações, falavam [...] da necessidade de saber alguma coisa sobre o terreno** [e sobretudo] **da urgência de se providenciar quanto às prateleiras largas na parede de fundo da cozinha, fora despensa [...]"³⁷**. Não só isso, insistia que podia ter **"ao lado do fogão elétrico, um *inglês*, de carvão, para nossos dias de feijoada ou coisas assim"³⁸**.

Ele valorizava, sobretudo, a figura da cozinheira – para Oliveira Lima, **"doutoras na sua arte"³⁹**. **"Mestras da arte de promover o que o sábio Branner chamou *o bem-estar humano* são as muitas cozinheiras boas, pretas, pardas, morenas, brancas, que ainda existem por este Nordeste; que não se deixam corromper pela cozinha francesa nem pela indústria norte-americana das conservas."⁴⁰** Essa especial relação entre a mulher e o seu fogão permaneceu sempre estável, desde os primeiros tempos. Quando ao homem cabia caçar e pescar; e, à mulher, cuidar dos filhos e cozinhar. O desenvolvimento de uma nova e complexa culinária no Brasil teve início, e continuou, durante o período colonial, com **"a supervisão de mulheres portuguesas, embora a importância das mulheres negras como cozinheiras crescesse a cada dia"⁴¹**. Entre os escravos escolhidos para o serviço doméstico, **"reservaram-se sempre dois, às vezes três indivíduos, aos trabalhos de cozinha. De ordinário, grandes pretalhonas; às vezes negros incapazes de serviço bruto, mas sem rival no preparo de quitutes e doces. Negros sempre amaricados; uns até usando por baixo da roupa de homem cabeção picado de renda, enfeitado de fita cor-de-rosa; e ao pescoço teteias de mulher."⁴²** Eram, sobretudo, ajudantes das mulheres. Ninguém **"cauteloso, daqueles dias, teria feito seu, cozinheiro, em vez de alguma pretalhona alegre, arredondada e gorda, do tipo tradicional no Brasil"⁴³**. Hoje, tudo está mudando. Apesar dessa relação tão estreita, e por

---

36. *Ordem e progresso*, p. 312.
37. *Cartas do próprio punho*, p. 66.
38. *Cartas do próprio punho*, p. 67.
39. Oliveira Lima, *Don Quixote gordo*, p. 45.
40. *A condição humana e outros temas*, p. 34.
41. *Palavras repatriadas*, p. 33.
42. *Casa-grande & senzala*, p. 542.
43. *Ingleses no Brasil*, p. 154.

enorme ironia, quase todos os grandes chefs de cozinha são homens. Embora, aos poucos, mulheres venham se impondo na culinária profissional. Enquanto, nas casas, começa a acontecer o contrário. Na cozinha familiar, tradicional feudo feminino, agora são os homens que mais e mais vão ao fogão. Bem-vinda, pois, essa democracia culinária.

Muitos foram os cozinheiros admirados por Gilberto Freyre. **"Afinal um pudim benfeito, um carneiro bem-assado, um peixe bem-temperado são, na realidade, trabalhos de arte; e os cozinheiros, os quituteiros, os doceiros – artistas tanto quanto os pintores, os músicos e os escultores."**[44] É que, para ele, **"comer bem era civilização"**[45]. A começar por dona Francisquinha (sua mãe), **"que dirige tudo na cozinha [...] que sabe ser dona de casa"**[46]. Depois dona Magdalena, que tantas vezes foi até a cozinha lhe preparar algum prato especial. Aqui ou no exterior. Em Portugal, por exemplo, apesar de serem muitos os convites, lhe davam especial prazer as refeições simples preparadas por ela. As **"pequenas refeições no apartamento – especialidade da Rainha-Mãe – são deliciosas"**[47]. Apreciava os pratos preparados por José Pedro, um **"negro velho adamado, que ninguém diria, filho de valentão tão terrível"**[48]. Era **"negro fulo, filho de mãe africana, sobrinho de macumbeiro e talvez o maior especialista do seu tempo em comidas de milho e de leite de coco: mungunzá, cuscuz, pamonha, canjica, bolo de milho. Foi cozinheiro dos Baltar, no Poço da Panela; dos Santos Dias; dos Pessoa de Queiroz; dos Pessoa de Melo; e ultimamente da casa do Carrapicho, de uns solteiros, hoje dispersos."**[49] Na casa do Carrapicho, costumava Freyre receber os amigos. Entre eles Manuel Bandeira – **"José Pedro tem caprichado em preparar para Bandeira quitutes dos mais saborosamente regionais"**[50]. Ali recebeu também o casal Agache. **"Ótimo jantar preparado por José Pedro com sua melhor arte de mestre-cuca."**[51] Em temporada nos Estados Unidos, gostava de ir à casa de Oliveira Lima. Lá cozinhava Dejanira, **"uma cozinheira portuguesa, [...] perita também no preparo de quitutes tradicionalmente brasileiros"**[52]. E que ganhava muito bem. **"Ganha mais**

---

44. *Região e tradição*, p. 216.
45. Oliveira Lima, *Don Quixote gordo*, p. 45.
46. *Tempo morto e outros tempos*, p. 291.
47. *Cartas do próprio punho*, p. 107.
48. *O velho Félix e suas "memórias de um Cavalcanti"*, introdução, p. xli.
49. *Casa-grande & senzala*, p. 545.
50. *Tempo morto e outros tempos*, p. 283.
51. *Tempo morto e outros tempos*, p. 303.
52. *De menino a homem*, p. 174.

Na casa do Carrapicho, onde recebia, com o irmão Ulisses, amigos com pratos preparados por José Pedro.

aqui, como nossa cozinheira, do que qualquer doutor em Direito no Brasil como catedrático de faculdade"[53], dizia o dono da casa. Outra era dona Enedina, cozinheira de Olívio Montenegro – **"quadrarona perita no preparo [de uma boa peixada] e de outros quitutes deliciosos"**[54].

Cozinheiros de rua também eram valorizados. **"Às vezes sou visto em pensões de mulheres, em clubes populares de Carnaval como o das Pás, dançando com as morenas em pastoris como o do Poço, em ceias de sarapatel no Bacurau ou no Dudu [...]. É uma verdade esse meu desejo de impregnar-me de vida brasileira como ela é mais intensamente vivida, que é pela gente do povo, pela pequena gente média."**[55] Entre as cozinheiras de rua, Doninha, dona de pensão, onde ele muitas vezes ficava **"ceando galinha assada e tomando chá, que ela nos prepara com o maior esmero"**[56]. Dudu, no largo do mercado de São José, **"dono de um restaurante popular como nunca mais, depois dele morto, haveria outro igual no Recife. Nenhum, desde a morte dele, capaz de servir um sarapatel tão bom de sal, um peixe cozido tão bem-temperado, uma feijoada tão brasileira no sabor do seu charque e tão tropical no ardor do seu molho de pimenta, como o sarapatel, o peixe, a feijoada que o já velho Dudu, gordo e de camisa de meia, preparava para mim e para meus amigos."**[57] Para Gilberto Freyre, ninguém excedeu Dudu **"no preparo de uma boa cavala-perna-de-moça, por vezes**

---

53. *Oliveira Lima, Don Quixote gordo,* p. 45.
54. *Olinda* – 2º guia prático, histórico e sentimental de cidade brasileira, p. 176.
55. *Tempo morto e outros tempos,* p. 287.
56. *Tempo morto e outros tempos,* p. 233.
57. *Dona Sinhá e o filho padre,* p. 19-20.

com temperos da sua invenção, além do recifense leite de coco"[58]. O próprio Dudu, enquanto cozinhava, aos clientes recordava **"coisas de engenhos velhos com gente que viesse do interior ver cinemas do Recife, mulheres do Recife, novidades do Recife, sem ficar no Recife"**[59]. Também se referiu à Preta Eva, **"descoberta na Bahia por Manuel Bandeira [...] grande perita no preparo de xinxim – uma galinha feita com camarão seco, cebola, pevide de jerimum e azeite de dendê"**[60] e que preparava também vatapás e carurus. Sem esquecer de sinhá Brito (dona Maria Emília Xavier de Brito), **"'uma das mais famosas boleiras de Pernambuco'"**[61].

Em seus romances, fez igualmente referências a cozinheiras imaginárias. Josefa, supervisionada por dona Dulce, exímia no preparo de lanches com **"fiambrada, pão e goiabada"**[62], que sempre examinava **"o ponto do doce preferido de Pedro Luís: banana em calda"**[63] e que fazia como ninguém **"bife, arroz, batatas fritas. O trivial."**[64] Dona Sinhá, **"que de manhã vinha acordar com leite quente pingado de café e o pão de ló [...] acabado de fazer"**[65]. Rosa, na cozinha do barão de Itaingá, **"que entendia também e muito dos mais secretos segredos da cozinha brasileira"**[66]. Nessa matéria, para ele, doutores mesmo eram não os que tinham diploma, mas os da vida que nela aprenderam o que não se ensina nas faculdades – o ponto do sal, o ponto do doce.

---

58. *Alhos e bugalhos*, p. 90.
59. *Dona Sinhá e o filho padre*, p. 63.
60. *Casa-grande & senzala*, p. 545.
61. *Olinda – 2º guia prático, histórico e sentimental de cidade brasileira*, p. 176.
62. *Três histórias mais ou menos inventadas*, p. 23.
63. *Três histórias mais ou menos inventadas*, p. 25.
64. *Três histórias mais ou menos inventadas*, p. 25.
65. *Dona Sinhá e o filho padre*, p. 132.
66. *O outro amor do dr. Paulo*, p. 128.

Utensílios de mesa na casa de Apipucos.

Utensílios de cozinha na casa de Apipucos.

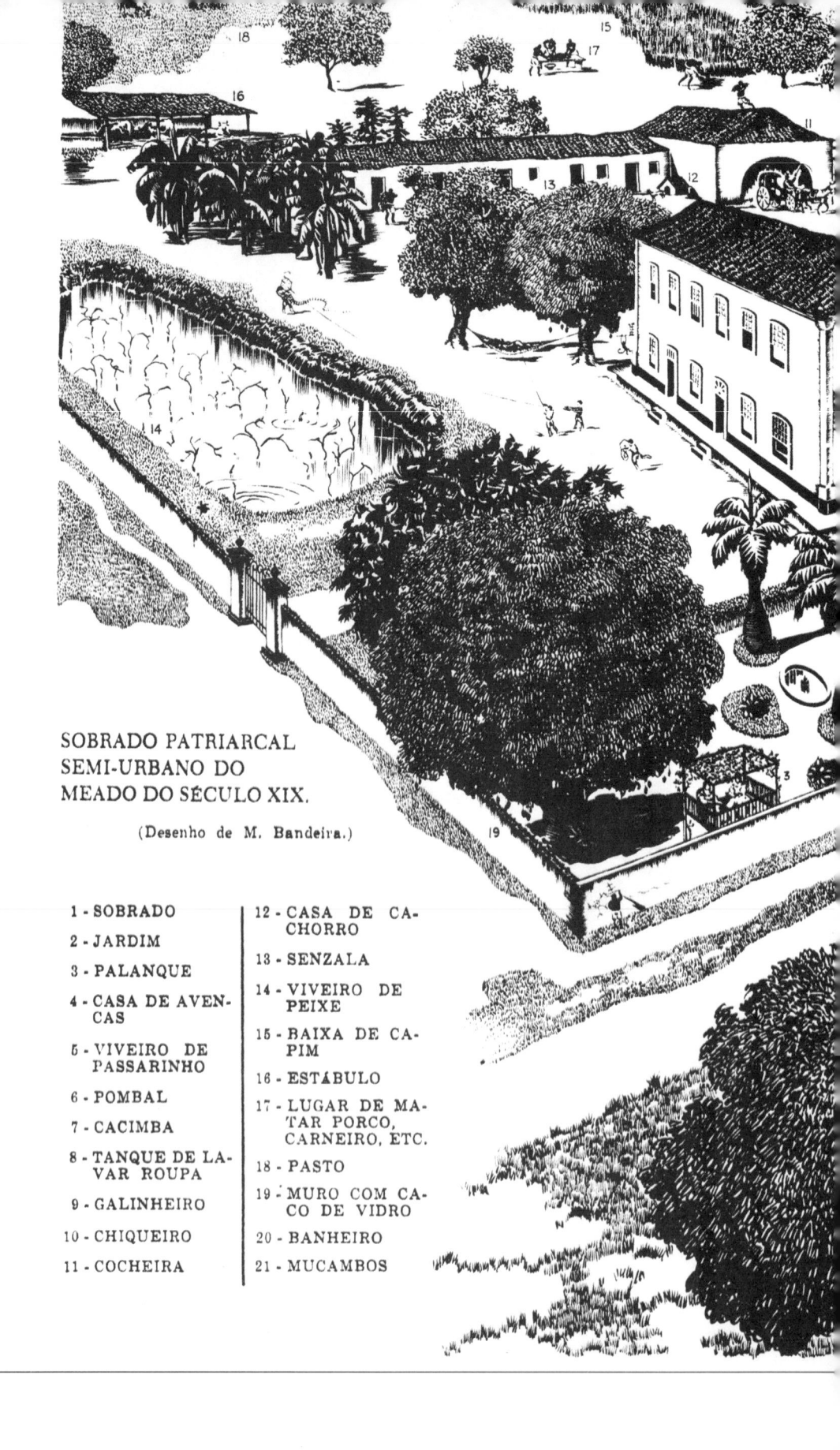

SOBRADO PATRIARCAL
SEMI-URBANO DO
MEADO DO SÉCULO XIX.

(Desenho de M. Bandeira.)

1 - SOBRADO
2 - JARDIM
3 - PALANQUE
4 - CASA DE AVENCAS
5 - VIVEIRO DE PASSARINHO
6 - POMBAL
7 - CACIMBA
8 - TANQUE DE LAVAR ROUPA
9 - GALINHEIRO
10 - CHIQUEIRO
11 - COCHEIRA
12 - CASA DE CACHORRO
13 - SENZALA
14 - VIVEIRO DE PEIXE
15 - BAIXA DE CAPIM
16 - ESTÁBULO
17 - LUGAR DE MATAR PORCO, CARNEIRO, ETC.
18 - PASTO
19 - MURO COM CACO DE VIDRO
20 - BANHEIRO
21 - MUCAMBOS

Desenho de Manoel Bandeira para o livro *Sobrados e mucambos*.

Interior de sobrado patriarcal urbano de meados do século XIX, desenho de Lula Cardoso Ayres.

Planta baixa de sobrado da segunda metade do século XIX.

335

Cozinha de mucambo.

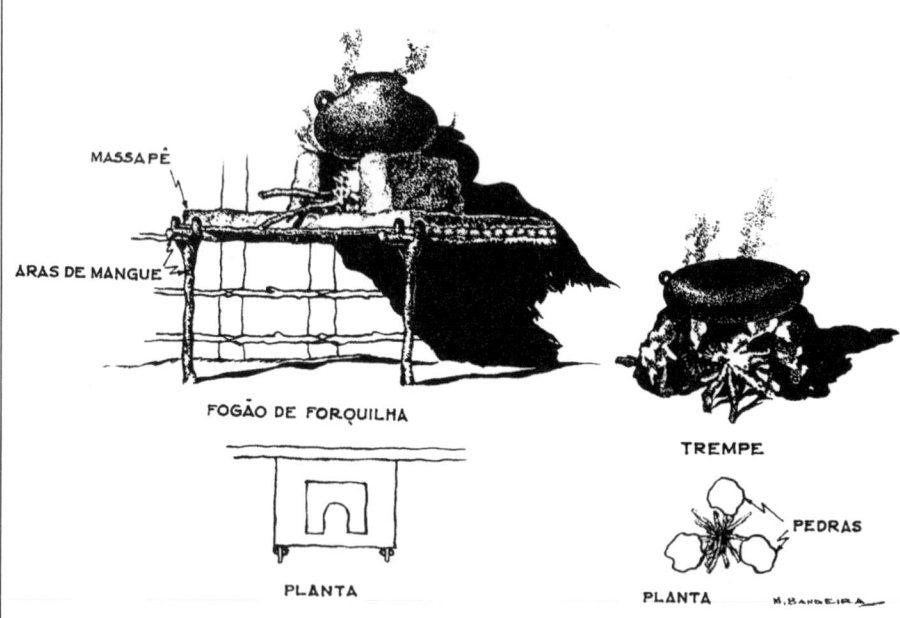

SELETA DE TEXTOS

CASA

"O conde Suzannet, que considerou com mais simpatia do que Debadie as senhoras brasileiras da época de esplendor patriarcal no Brasil, observa que 'elas presidem aos cuidados da economia doméstica, dando ordens às negras, ou elas próprias cuidando do preparo das iguarias'. Fletcher que, embora pastor protestante, chegou a participar da intimidade de casas senhoris brasileiras, era de opinião de que a dona de casa no Brasil correspondia à descrição da 'mulher virtuosa', do último capítulo dos Provérbios: 'atenta pelos passos de sua casa e não come o pão da preguiça.'"

Vida social no Brasil nos meados do século XIX, p. 84.

"Carlos de Laet – que nasceu e cresceu em ambiente tipicamente patriarcal do sul do Império – diz-nos que 'acusar uma senhora de não saber tomar conta de sua casa era, na época, a ofensa mais desagradável que lhe podia ser feita'. Mais: Oliveira Lima caracteriza a dona de casa brasileira desse período dizendo que ela possuía 'capacidade administrativa', sem o que seria impossível manter em ordem casas tão grandes. As casas-grandes dos engenhos e das fazendas. Os sobrados patriarcais das cidades. Outros depoimentos – numerosos outros – poderiam ser invocados para mostrar que, nesse particular, a força das evidências revela que a dona de casa tipicamente brasileira, nos dias da escravidão, era antes mulher ativa, que ociosa. Diligente e não indolente. O que não significa que não houvesse sinhás indolentes, enlanguecidas pelo fato de haver tanto escravo a serviço da gente rica ou nobre."

Vida social no Brasil nos meados do século XIX, p. 84-85.

"Em muitas casas, as sobremesas eram preparadas pela própria sinhá-dona que, também com as próprias mãos, servia os pratos. Costume inteligente, adotado, em relação com o convidado para o jantar, era o de oferecer-lhe o anfitrião, logo depois da chegada do mesmo convidado, um casaco leve de linho, de seda ou de alpaca. Informa-nos um viajante que 'toda vez que uma pessoa é convidada para jantar de cerimônia, espera-se sempre que apareça de casaco de fazenda preta; logo à chegada é convidado a despi-lo e lhe é oferecido outro de fino linho'. Esse costume dos dias de esplendor patriarcal no Brasil seria seguido por alguns brasileiros durante o período de decadência do sistema: decadência que se verificaria em ritmos desiguais nas várias regiões que constituem o Brasil: todo ele de formação patriarcal."

Vida social no Brasil nos meados do século XIX, p. 92.

"Robert Burford, que descreve o Rio de Janeiro de 1823, diz-nos o que era por dentro um desses sobrados de um, dois ou três andares: sala de visita pintada com cores vistosas, varanda onde às vezes se comia, alcovas, cozinha, estábulo, para o qual se entrava, tendo de atravessar a parte mais nobre da casa. O material de construção, o granito ou o tijolo. Janelas, já de vidro, que há pouco tinham substituído as gelosias."

Sobrados e mucambos, p. 309.

COZINHA

"Sabemos que a química, ainda mais que a eletricidade, vai até às donas de casa, para ensinar-lhes novas técnicas de cozinha e de conservar alimentos, como se as cozinhas fossem um pouco laboratórios; e chegam até ao lavrador rústico. Mesmo ao analfabeto ou ao quase analfabeto, vai a química moderna sob a forma de conhecimentos de solo que lhe são transmitidos oral ou experimentalmente; sob a forma de inseticidas; sob a forma de substâncias de combate a pragas; sob a forma de adubos comerciais. Temos aí o engenho industrial urbano, a ciência acadêmica das cidades, a serviço das gentes rurais e das suas lavouras e criações."

Brasis, Brasil, Brasília, p. 85-86.

"Para [Siegfried] Giedion, foi nesse período – entre duas Grandes Guerras e em parte como repercussão de avanços por experiências militares em certas importantes áreas de conhecimento – que a mecanização da cozinha se acentuou, embora a indústria de enlatamento mecânico – obra de engenharia física – de alimentos viesse se desenvolvendo desde o começo do século XX."

Oh de casa!, p. 28.

COZINHEIRO

"Houve hotéis e restaurantes que, aos anúncios de hotéis e restaurantes em francês, informando à gente fina do fim do Império ou do começo da República serem seus *menus* preparados por *chefs* franceses, responderam, como se respondessem a desafios, que suas cozinhas eram dirigidas por cozinheiros ou cozinheiras baianas."

Ordem e progresso, p. 156.

"'Aluga-se uma boa cozinheira portuguesa, trata-se na rua do Lavradio nº 64, quitanda'; 'Aluga-se uma cozinheira portuguesa para o trivial, rua Pedro Américo nº 6'; 'Aluga-se um perito copeiro estrangeiro, para hotel ou pensão, dá fiança, na Ladeira Senador Dantas nº 9'; 'Aluga-se um copeiro habilitado, português, para pensão comercial ou casa de família, abonada.'"

Ordem e progresso, p. 446.

"'Aluga-se uma criada alemã para cozinheira de forno e fogão ou para arrumadeira ou copeira, dando fiança de sua conduta; na rua Guanabara nº 7, quitanda.'"

Ordem e progresso, p. 447.

"'Copeiro – oferece-se um perfeito, estrangeiro, de conduta afiançada, sabendo português, alemão, inglês e alguma coisa de francês; trata-se na rua do Catete nº 200, armazém' (*Jornal do Comércio*, 4 de janeiro de 1896); 'Precisa-se de um cozinheiro, português ou nacional, que entenda de frituras de peixes; para tratar na rua General Pedro nº 58, com Antônio Brandão, até 8 horas da manhã ou das 8 da noite em diante' (*Jornal do Comércio*, 2 de janeiro de 1896); 'Cozinheira – Precisa-se de uma boa cozinheira, prefere-se alemã na rua Paula Ramos nº 4, Rio Comprido' (*Jornal do Comércio*, 7 de janeiro de 1900); 'Aluga-se um cozinheiro chinês de forno e fogão para casa de família ou pensão; trata-se na rua do Catete nº 72' (*Jornal do Comércio*, 9 de janeiro de 1900)."

Ordem e progresso, p. 448.

"Nem serei eu – apesar da caturrice de que me acusam alguns amigos no tocante ao problema de 'emancipação feminina' – quem regateará aplausos às atividades dessa natureza, da parte da mulher. Não creio que interfiram com os seus deveres máximos ao pé, ou na vizinhança, do fogão, do forno, do *boudoir*, do piano, do berço. Quão belo seria se, no Brasil, as mulheres se organizassem em clubes para tratar, por exemplo, de como cooperar na obra de assistência social. Ou de como tornar mais toleráveis a olhos artísticos as desajeitadas salas de visitas da burguesia brasileira, com as suas oleogravuras e os seus poeirentos porta-jornais. Ou, ainda, para promover exposições de rendas da terra ou trabalhos de madeira dos sertanejos."

Tempo de aprendiz, p. 171.

"Deve-se notar, a propósito de empregados, que em princípios do ano 1847, o cônsul de sua majestade britânica em Pernambuco pagou caro o luxo de se fazer servir por cozinheiro inglês, naturalmente superior em asseio às cozinheiras negras e aos *camaradas* caboclos da terra. Uma noite de domingo do mês de janeiro daquele ano, o mestre-cuca do cônsul – um John de tal, diz a notícia no *Diário de Pernambuco* de 26 de janeiro de 1847 – desapareceu, levando, entre outras coisas, três casacos de pano, doze camisas marcadas Henry Low, uma caixinha de marroquim da Rússia contendo sete navalhas e uma colher de prata para chá. Era o mestre-cuca um tipo seco de corpo, de 5 pés e 6 polegadas de altura, pouco cabelo, barba escura, cerca de 40 anos. Já desertara do brigue inglês *Prompt*. E pode ser considerado ilustração do ditado brasileiro que diz: *branco na cor e negro nas ações* e que completa o *negro na cor e branco nas ações*, às vezes também assim formulado: *sujo na cor e limpo nas ações*."

Ingleses no Brasil, p. 119.

"Cozinheiros franceses, também são vários os que aparecem nos anúncios de jornais brasileiros da primeira metade do século XIX, além de hoteleiros e donos de restaurantes – outro gênero de comércio em que os franceses se distinguiram no Brasil dos primeiros tempos do Império. Principalmente no Rio de Janeiro."

Um engenheiro francês no Brasil, p. 56.

"No Recife, desde começos de 1830 surge dos anúncios a figura, que a nossa imaginação insensivelmente arredonda num indivíduo gordo e bochechudo, o riso mais satisfeito deste mundo, de *Auguste, Cozinheiro Francez*. Auguste parece ter tido uma voga enorme, revolucionando os estilos de mesa e de sobremesa da capital de Pernambuco."

Um engenheiro francês no Brasil, p. 57.

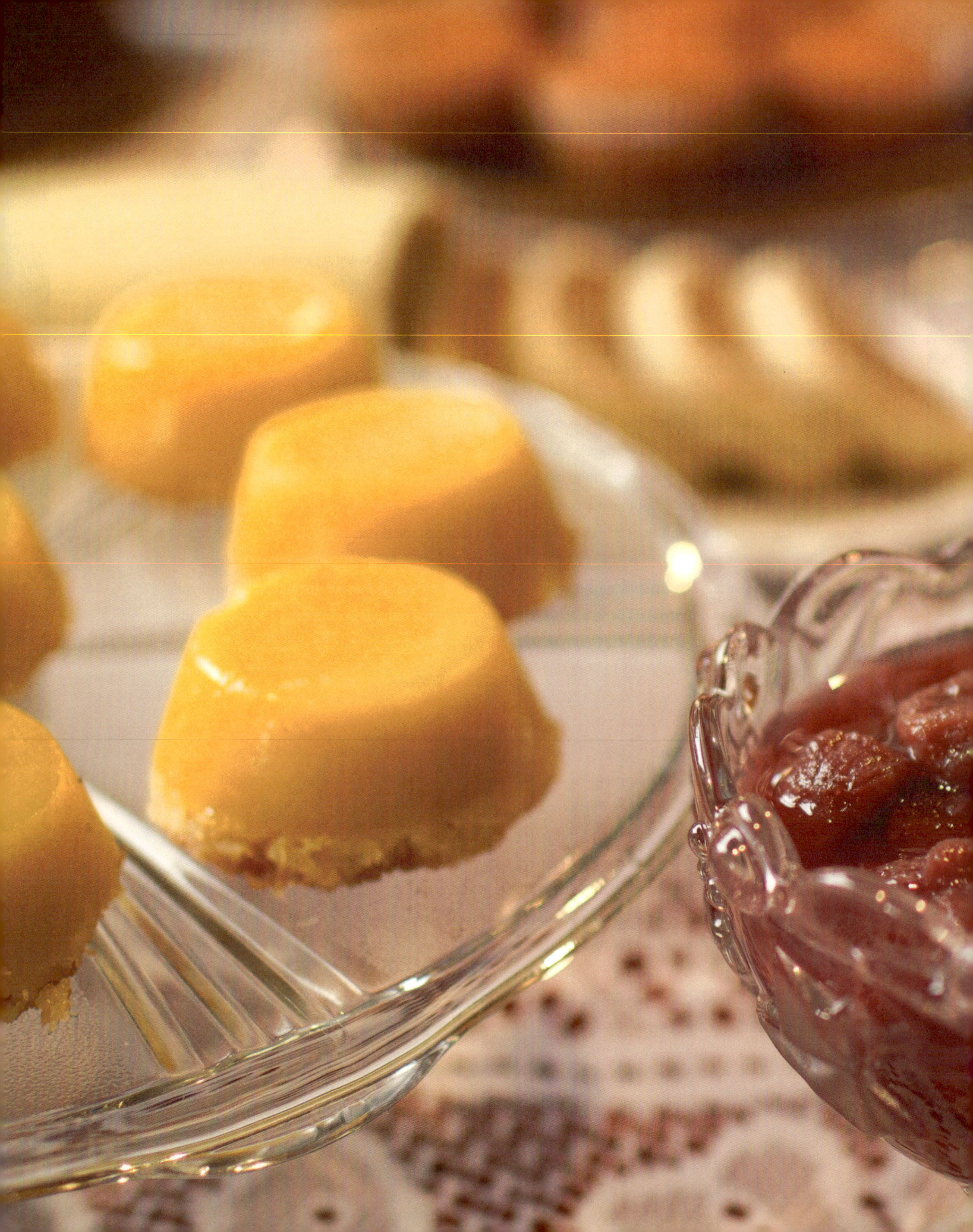

16
O DOCE E AMARGO
AÇÚCAR

"'Sem açúcar não se compreende o homem do Nordeste.'"[1]

Gilberto Freyre foi o primeiro brasileiro a compreender a importância do açúcar na formação da nossa identidade. "**Açúcar com A maiúsculo. Açúcar místico. Um açúcar dono dos homens e não ao serviço da gente da região."**[2] Ao sol ardente dos campos cheios de cana, ou nos engenhos primitivos ainda **"movidos à mão, à roda d'água ou a giro de animais"**[3], logo seríamos o maior produtor de açúcar do mundo. Enquanto isso, nas casas-grandes, em um ambiente de cheiros fortes e fumaças, ia nascendo a doçaria pernambucana. Na convivência natural entre o cristal daquele **"açúcar e a fruta do mato tropical [...]. Entre o açúcar e a mandioca. Entre o açúcar e quanto produto do trópico foi se prestando a ser cozinhado em tachos até tornar-se doce ou quitute de uma nova espécie, alimento meio português, meio tropical, agradável ao paladar, além de nutritivo. Uniões a que foram sendo acrescentadas a canela do Oriente, o cravo, a noz-moscada."**[4] Eram doces preparados em tachos de cobre pesado, herança portuguesa, largos quase três palmos grandes, duas alças, ardendo sobre velhos fogões de lenha. No preparo usavam-se pilão, urupema, peneira de taquara, raspador de coco, colher de pau, panela de barro. Jovens negras com "braços de homem tiravam os tachos pesados do fogo, sem pedir ajuda a ninguém", segundo José Lins do Rego[5]. As mais velhas usavam experiência e sabedoria trazidas de terras distantes, com olhares atentos para não deixar o doce passar do ponto. E tudo sempre com aquela mesma forma de fazer – tranquila, bem devagar, quase dolente. **"Sem a escravidão não se explica o desenvolvimento, no Brasil, de uma arte de doce, de uma técnica de confeitaria, de uma estética de mesa, de sobremesa e de tabuleiro tão cheias de complicações e até de sutilezas e exigindo tanto vagar, tanto lazer, tanta demora, tanto trabalho no preparo e no enfeite dos doces, dos bolos, dos pratos, das toalhas e das mesas."**[6]

---

1. *Açúcar*, p. 13.
2. *Nordeste*, p. 87.
3. *Região e tradição*, p. 104.
4. *Açúcar*, p. 27.
5. 127. (Bibliografia).
6. *Açúcar*, p. 70.

A cana, provavelmente **"nativa do Sul do Pacífico"**[7], foi cultivada por todo o extremo Oriente. Até que os mouros a espalharam pelo Mediterrâneo. Na ilha de Creta, produziam um açúcar cristalizado a que chamavam *qandi* – donde nosso açúcar *cândi*. Depois foi bater na Sicília (maior das ilhas do Mediterrâneo), na Provença (França) e, no século XI, no sul da Espanha. Em 1404 passou a ser plantada no Algarve, por Dom João I – o da Boa Memória. Quase cinquenta anos mais tarde, por mãos do infante Dom Henrique, chegou à ilha da Madeira. Dali **"os portugueses levaram a cana ao Cabo Verde, aos Açores, a São Tomé"**[8]. Privilégio de nobres e abastados, no início o açúcar era vendido em farmácias para curar doenças respiratórias, como cicatrizante e como calmante. Mas ganhou prestígio, verdadeiramente, quando passou **"de artigo de botica a artigo de cozinha. A princípio, só de cozinhas ricas. Cozinhas de conventos, cozinhas de palácios de reis, cozinhas de casas nobres."**[9] E logo se viu que, nele, **"*estava uma fonte de riqueza quase igual ao ouro*"**[10]. Tanto que logo acabou tomando o lugar do mel na elaboração das receitas. Junto com a gema de ovo entregue, nos conventos, pelas vinícolas. Dado se usar do ovo, na época, somente a clara – para purificar vinhos e engomar roupas. Açúcar e gema passaram a ser base de todas as sobremesas feitas nesses conventos. E tão especiais eram, essas receitas, que produzir açúcar passou a ser sonho de todos os reis. Uma tarefa difícil, na Europa, por exigir solo rico, úmido e, o que quase não havia por lá, especialmente quente. Com o domínio da técnica, cumpria buscar terras mais amplas. Navegar era preciso. O Brasil estava pronto para ser descoberto.

Durante muito tempo se acreditou que a cana-de-açúcar teria chegado nessa terra, a que primeiro chamaram Vera Cruz, em 1532. **"Oficialmente o introdutor [...] foi Martim Afonso de Souza [...], em São Vicente."**[11] Só mais recentemente vieram a público registros **"de que em 1526 já se produzia aqui [em Pernambuco] açúcar que pagava imposto à alfândega de Lisboa"**[12]. Com a chegada de Duarte Coelho Pereira (1535), primeiro donatário da capitania de Pernambuco, a cultura da cana ganhou extraordinária expansão. Porque **"encontrara naquele massapê solo verdadeiramente ideal para a sua floração"**[13].

---

7. *Açúcar*, p. 21.
8. *Açúcar*, p. 22.
9. *Aventura e rotina*, p. 172.
10. *Açúcar*, p. 14.
11. *Açúcar*, p. 22.
12. *Açúcar*, p. 22.
13. *Açúcar*, p. 26.

A terra "aqui é pegajenta e melada. Agarra-se aos homens com modos de garanhona. Mas ao mesmo tempo parece sentir gosto em ser pisada e ferida pelos pés de gente, pelas patas dos bois e dos cavalos. Deixa-se docemente marcar até pelo pé de um menino que corra brincando."[14] Na bagagem, com ele, veio uma variedade *crioula* (ou *merim* ou *fina*) conhecida na Índia, sua pátria, sob o nome de *puri*. O primeiro engenho pernambucano completo foi instalado por Jerônimo de Albuquerque, cunhado de Duarte Coelho, no mesmo ano em que aqui chegaram. Era o *São Salvador*, depois conhecido como *Engenho Velho de Beberibe*. Em 1586, já seriam 66 deles. "**Nenhuma capitania, das fundadas no Brasil no século XVI, alcançou, como colônia de plantação, a estabilidade e prosperidade da Nova Lusitânia: estabilidade e prosperidade que tiveram por base a lavoura de cana e o fabrico do açúcar.**"[15]

Por ser generosa essa terra, e como em se plantando nela tudo dava mesmo, os engenhos foram tomando o lugar que era antes de mata atlântica. "**Há quatro séculos, o arvoredo do Nordeste era 'tanto e tamanho e tão basto e de tantas plumagens' que 'não podia homem dar conta'. Surpresa dos europeus. Espanto dos primeiros cronistas** [historiadores]."[16] E sempre nas várzeas dos rios – que "**se prestaram a moer as canas, a alagar as várzeas, a enverdecer os canaviais, a transportar o açúcar, a madeira e mais tarde o café, a servir aos interesses e às necessidades de populações fixas, humanas e animais, instaladas às suas margens; aí a grande lavoura floresceu, a agricultura latifundiária prosperou, a pecuária alastrou-se. Rios do tipo do Mamanguape, do Una, do Pitanga, do Paranamirim, do Serinhaém, do Iguaçu, do Cotindiba, do Pirapama, do Ipojuca, do Mundaú, do Paraíba, foram colaboradores valiosos.**"[17] Aos poucos a cultura da cana se espalhou por todo o Nordeste. Adaptação natural numa região de "**árvores gordas, de sombras profundas, de bois pachorrentos, de gente vagarosa e às vezes arredondada quase em sanchos--panças pelo mel de engenho, pelo peixe cozido com pirão, pelo trabalho parado e sempre o mesmo, pela opilação, pela aguardente, pela garapa de cana, pelo feijão de coco, pelos vermes, pela erisipela, pelo ócio, pelas doenças que fazem a pessoa inchar, pelo próprio mal de comer terra**"[18]. A paisagem vi-

---

14. *Nordeste*, p.46.
15. *A presença do açúcar na formação brasileira*, p. 24.
16. *Nordeste*, p. 87.
17. *Casa-grande & senzala*, p. 88.
18. *Nordeste*, p. 45.

rou um "mar de navios de anônimo canavial", palavras de João Cabral de Melo Neto[19]. Aqui chegaram também mestres de açúcar da ilha da Madeira, escravos da África, judeus, além de numerosas famílias com qualificações variadas.

As primeiras vítimas desses engenhos foram os nativos. Daí dizer Gilberto Freyre que **"o açúcar matou o índio"**[20]. É que esses índios tinham dificuldade de se adaptar a um ofício duro e de horários certos, tão diferente da vida livre que levavam. "O seu desenvolvimento cultural não havia atingido ainda a fase da agricultura sedentária, se alimentavam sobretudo dos produtos da coleta, da caça e da pesca", assim disse Manuel Correia de Andrade[21] (1922-2007). Até ajudavam no desmatamento, mas não sabiam plantar. Nômades por natureza, não conseguiam viver por muito tempo em um mesmo lugar. Sem contar que eram dizimados por surtos de doenças vindas da Europa, sobretudo gripe. Sífilis, também, que da América Central foi à Europa, com Cristóvão Colombo, de lá vindo contaminar povos que não tinham proteção contra ela. E aqueles índios simplesmente não estavam preparados para essas doenças. Nem para tanto esforço. Duarte Coelho logo compreendeu que o homem adaptado à lavoura da cana, e ao fabrico do açúcar, era o africano. Em 1539 chegaram os primeiros escravos, vindos da Guiné, para serem **"'mãos e pés do senhor de engenho', como disse Antonil"**[22]. Ao longo de dois séculos, foram muitos. Sem eles, **"não haveria a produção de açúcar, em larga escala, no trópico; e sem açúcar, o Brasil não se afirmaria, como cedo se afirmou, a grande colônia de plantação que, dentro de um conjunto de circunstâncias quase de todo ausentes noutras colônias de plantação – holandesas, inglesas, francesas – também cedo se faria anunciar como futura nação"**[23].

O engenho se converteu em **"uma comunidade que se mantinha por conta própria – econômica e socialmente – poucas vezes abrindo para o mundo exterior suas enormes cancelas"**[24]. A população era formada, **"além do proprietário e da sua família, [de] feitores ou superintendentes, vaqueiros ou pastores, algumas vezes um capelão e um preceptor, carpinteiros, ferreiros, pedreiros e uma multidão de escravos"**[25]. Ali se produzia tudo

---

19. 112. (Bibliografia).
20. *Casa-grande & senzala,* p. 229.
21. 85. (Bibliografia).
22. *Casa-grande & senzala,* p. 517.
23. *A presença do açúcar na formação brasileira,* p.10.
24. *Vida social no Brasil nos meados do século XIX,* p. 78.
25. *Vida social no Brasil nos meados do século XIX,* p. 78.

que era necessário para a subsistência daquela gente. Sem contar que a senhora de engenho **"exercia um conjunto de atividades domésticas industriais: o preparo de conservas, licores e vinhos de frutas tropicais e a produção de roupas, sabão e velas"**[26]. A fabricação de tecidos rústicos, **"no meio das negras e molecotas de dedos mais ágeis, era outra indústria patriarcal dos engenhos: só se compravam fora os panos finos"**[27]. E, sobretudo, supervisionava a preparação dos pratos. Aproveitando sempre os ingredientes que tinha em volta. Os **"animais de corte para regalo do colono patriarcal: o porco, o boi, o carneiro, o pombo. O bicho de caça ou do mato aparecia à mesa do senhor de engenho uma ou outra vez. Era prato quase exótico."**[28] Também gostava **"dos peixes, dos caranguejos, dos pitus, dos camarões, dos siris, que a dona da casa mandava os moleques apanhar pelos mangues, pela água, pelos arrecifes"**[29]. Além do **"tomate, do feijão-de-corda, do peru"**[30].

Por conta dessa opulência foi surgindo, no Nordeste, uma das mais importantes doçarias do mundo. **"A origem dos doces mais verdadeiramente brasileiros é patriarcal e seu preparo foi sempre um dos rituais mais sérios da antiga vida de família das casas-grandes e dos sobrados."**[31] Nasceram compotas, geleias, doces secos e cristalizados. Entre eles **"a velha goiabada, a goiaba em calda, a geleia de araçá, o doce de jaca, o doce de caju em calda, o doce de banana cortada em rodelas em calda, a cocada, o doce de coco verde, o doce de coco maduro ou sabongo"**[32]. Quase sempre acompanhados de queijos – de coalho, do sertão ou do reino (assim se chamando por vir de Portugal). Mais **"sorvetes de mangaba, caju, cajá, abacaxi, maracujá, tamarindo, coração-da-índia ou graviola, coco, abacate, sapoti"**[33]. Bolos também. Alguns, ainda hoje, fiéis às suas raízes portuguesas, como o pão de ló e o bolo de bacia – que tem sua receita no mais antigo livro de culinária de Portugal[34]. Outros com algumas variações na receita original, pelo acréscimo de ingredientes novos – amendoim, castanha-de-caju, coco, frutas tropicais, mandioca, milho. Ao manjar branco (criado no convento de Santa Maria das Celas, em Guimarães), e também ao beijo (originalmente denominado beijo

---

26. *Palavras repatriadas*, p. 34.
27. *Região e tradição*, p. 132.
28. *Nordeste*, p. 113.
29. *Nordeste*, p. 67.
30. *A presença do açúcar na formação brasileira*, p.13.
31. *Açúcar*, p. 72.
32. *Açúcar*, p. 47.
33. *Açúcar*, p. 47.
34. 129. (Bibliografia).

de freira, criado no convento de Vila do Conde), acrescentamos leite de coco. No pastel de nata trocamos a massa folhada por outra, um pouco mais simples, preservando quase integralmente o recheio (aqui usando-se leite, em lugar de nata). O arroz-doce com desenhos de canela, criado no convento de Guimarães, foi abrasileirado com o acréscimo do leite de coco. Aos filhós juntamos uma calda – algumas vezes feita com açúcar, outras com mel de engenho. O quindim do reino ganhou coco, cravo e canela; o nome se manteve, ganhando mais um complemento em homenagem às meninas e moças que os saboreavam – quindim *de iaiá*. No colchão de noiva, substituímos o recheio de amêndoa por creme de goiaba, enrolando a massa em finas camadas, daí surgindo nosso bolo de rolo – em Pernambuco, com uma delicadeza no fazer que o distingue do rocambole carioca e de variações dos outros estados nordestinos. Outros bolos também, de batata-doce, macaxeira, milho, pé de moleque. Sem esquecer o Souza Leão, **"um dos mais característicos desse privatismo exagerado dos tempos patriarcais das almanjarras e dos banguês. Uma das tradições mais ilustres da antiga civilização patriarcal do açúcar: do que o seu ócio e os seus vagares produziram de mais típico."**[35] Ato exemplar de rebeldia gastronômica, em que ingredientes europeus foram substituídos por sabores nordestinos: trigo, pela massa de mandioca; manteiga francesa *Le Pelletier*, por aquela feita de leite do próprio engenho. É receita de dona Rita de Cássia Souza Leão Cavalcanti, casada com o coronel Agostinho Bezerra da Silva Cavalcanti, senhor do engenho São Bartolomeu, em Muribeca. Nasceu também a misteriosa cartola – **"preparada de modo especial no já antigo restaurante Leite, do Recife"**[36], que tem como ingredientes banana, queijo do sertão, açúcar e canela. Sem que se saiba o engenho onde foi pela primeira vez produzida, nem quem a inventou. O nome se deve, provavelmente, à cor escura dada pela canela, e ao formato alto do queijo sobre a banana, que lembra (remotamente) aquele tipo de chapéu usado na época. A doçaria nordestina é resultado dessa mistura. É um **"doce de pedigree, e não um doce improvisado ou imitado dos estrangeiros. Que tem história. Que tem passado."**[37] E tudo **"tão bom que só sendo pecado"**[38].

---

35. *Nordeste*, p. 124.
36. *Açúcar*, p. 47.
37. *Açúcar*, p. 73.
38. *Açúcar*, p. 29.

Essas receitas estavam presentes nos banquetes e nas festas. Cada engenho tinha seus próprios doces, **"feitos em casa com todo o esmero e quase em segredo. Uma verdadeira liturgia do doce. Uma quase maçonaria de família ou de cozinha."**[39] **"Nos banquetes de senhores de engenho mais ricos ou mais espetaculosos – que desde o século XVI escandalizavam os europeus pela sua fartura de comida e bebida – o vinho corria livre. Era tanta comida, que se estragava; no fim, aquelas saúdes cantadas. Muito vinho corria à toa, pela toalha, pelo chão, só por luxo."**[40] Até **"banda de música mantinha para alegrar os seus jantares"**[41]. Muitas eram as festas que **"davam motivo à reunião de numerosas famílias rurais. O dia de São João era certamente o maior dia do ano entre os brasileiros da zona de açúcar. Havia danças à moda europeia no interior das casas-grandes, e o que existia de prata – que era um luxo comum – e de cristais aparecia então em todo o seu brilho ou esplendor; enquanto fora corriam animadas as danças dos negros, principalmente o samba, que se faziam à roda de vastas fogueiras."**[42]

Também importante era a *botada* – "primeiro dia de moagem das canas – [em que] **nunca faltava o padre para benzer o engenho; o trabalho iniciava-se sob a bênção da Igreja. O sacerdote primeiro dizia missa; depois dirigiam-se todos para o engenho, os brancos debaixo de chapéus de sol, lentos, solenes, senhoras gordas, de mantilha. Os negros contentes, já pensando em seus batuques à noite. Os moleques dando vivas e soltando foguetes. O padre traçava cruzes no ar com o hissope, aspergia as moendas com água benta."**[43] Nas festas dos negros nasceu a figura do bumba meu boi; desse drama popular faziam **"um meio de expressão de muita mágoa recalcada: a glorificação do boi, seu companheiro de trabalho, quase seu irmão"**[44]. Enquanto crianças, alheias a tudo isso, **"tomavam banho de rio. Montavam a cavalo. Saíam às vezes pelo mato, com o moleque, a apanhar passarinhos. Judiavam com bichos. No tempo de cana madura, chupavam com delícia os roletes das canas doces que lhes descascavam e torneavam a facas os negros do engenho. Os mais quietos gostavam de fazer navegar na água das levadas, em navios de papel, moscazinhas e grilos."**[45]

---

39. *Nordeste*, p. 124.
40. *Sobrados e mucambos*, p. 281.
41. *China tropical*, p. 29.
42. *Interpretação do Brasil*, p. 89.
43. *Casa-grande & senzala*, p. 523-524.
44. *Nordeste*, p. 106.
45. *Região e tradição*, p. 169.

Faltando só lembrar que esse açúcar influenciou toda a nossa cultura – canto, dança, música, pintura, artesanato, festas populares, literatura e poesia. João Cabral de Melo Neto, por exemplo, fala de sua infância passada nos engenhos – "Engenhos da minha infância onde a memória ainda me sangra" ("Menino de três engenhos"). Carlos Pena Filho refere a topografia de sua terra – "Chão de açúcar terra doce, que se arredonda em colinas" ("O regresso de quem, estando no mundo, volta ao sertão"). Ascenso Ferreira lembra os nomes dos engenhos de sua terra – "Dos engenhos da minha terra/ Só os nomes fazem sonhar/ Esperança, Estrela d'alva, Flor do bosque, Bom mirar" ("Os engenhos de minha terra"); em outro, lista os vários tipos de cana, emprestando ao poema o próprio ritmo do trem cortando o canavial – "Cana-caiana/ cana-roxa/ cana-fita/ cada qual a mais bonita/ todas boas de chupar" ("Trem de Alagoas"). E Manuel Bandeira fala do doce propriamente dito – "Doces de açúcar e gemas/ São teus versos, e teus doces/ Sabem a poemas: não fosses/ Toda doce em cada poema" ("Agradecendo doces a Stella Leonardos"). O açúcar influenciou também a nossa própria língua. **"Fazer a boca doce a alguém é velha expressão, na língua portuguesa, que se associa ao significado sensual do doce como alimento ou regalo do paladar; pois significa ameigar ou acariciar esse alguém.** *Quem a meu filho agrada, a minha boca adoça* **é outra. Ainda outra, o qualificativo de** *doce* **que se dá à pessoa amada; ou ao olhar ou ao sorriso ou à voz da mulher ou da criança querida ou da mulher admirada; ou ao móvel voluptuoso – tal o** *fofo sofá* **louvado por Garrett, em página célebre, como** *trono de amor* **a convidar o sensual a** *doce agitação;* **ou ao tempo agradável, quer pela temperatura –** *doce tarde de outono* **– quer pelo ritmo:** *doce manhã de repouso.* **E Camões, amigo dos paradoxos verbais, fala num dos seus versos em** *doce pena. Doce pena* **a que bem pode ser comparada a saudade:** *o delicioso pungir de acerbo espinho,* **da caracterização de Garrett, que poderia dizer o mesmo do gosto de certos doces em que à delícia de pura doçura se junta um pungir, não de espinhos, mas de acidez ou de travo, muito apreciado por certos como que masoquistas do paladar. Os voluptuosos do doce de tamarindo, por exemplo. Ou da compota de laranja não da Bahia mas da terra: uma laranja irmã do limão na acidez."**[46]

---

46. *A condição humana e outros temas,* p. 130-131.

Mesa de Apipucos em dia de festa.

Um açúcar, enfim, que aos poucos foi moldando o temperamento, o jeito de ser, a alma de todo um povo.

"Quando o padre Antônio Vieira disse ser o Brasil o açúcar, é possível que incluísse já, nessa identificação do Brasil inteiro com o valioso produto da cana, a doçaria dos dias coloniais."[47] Gilberto Freyre se divertia imaginando que o Brasil não deveria ter se chamado Brasil. **"Ganhou o seu nome, é certo, de um pau-de-tinta, por algum tempo valiosíssimo para os europeus. Mas não tardou que a expressão internacional do recém-descoberto país deixasse de ser essa madeira de tinta – tinta vermelha – para tornar-se o açúcar. Pode-se especular e imaginar o Brasil chamando-se, em vez de Brasil, mais romanticamente, mais poeticamente e, ao mesmo tempo, mais melifluamente, Dulce; ou Dulcelândia."**[48] A homenagem até poderia ser justa. Mas não vingou, ainda bem, sua sugestão. Ninguém é perfeito.

---

47. *Açúcar*, p. 26.

48. *A presença do açúcar na formação brasileira*, p.31.

SELETA DE TEXTOS

ANGU

"Outras, ainda, pelos seus cabeções picados de rendas, pelos seus panos da costa, pelas suas chinelas, pelos seus balagandãs, pelos seus turbantes, pelas suas teteias, pelo seu ar de princesas ou de rainhas não de maracatus, mas de verdade; pelos angus que só elas sabiam fazer tão gostosos. Rara é a meninice, raro é o passado de brasileiro, hoje pessoa grande ou grave, a que falte a imagem de uma negra dessas, vendedoras quase místicas de angu, de tapioca ou de bolo ou alfenim recortado em forma de gente, de cachimbo, de bicho, de árvore, de estrela. Ou a figura de uma mãe, avó, tia, madrinha, senhora de engenho, que o tenha iniciado nos segredos da glutoneria das casas-grandes."

Manifesto regionalista, p. 64.

ARROZ-DOCE

"Pois há comidas que não são as mesmas compradas nos tabuleiros que as feitas em casa. Arroz-doce, por exemplo, é quase sempre mais gostoso feito por mão de negra de tabuleiro que em casa. E o mesmo é certo de outros doces e de outros quitutes."

Manifesto regionalista, p. 59.

BOLACHA

"Sucedia com as bolachas o mesmo que com os cigarros: *ostentavam nomes de heróis políticos do dia. Havia também cigarros com o nome de Frei Vital e bolachas com o nome de Portela.* Em casa de católico ou de conservador, era o cigarro que se fumava e a bolacha que se comia ao café. *Também nos cafés havia preferências políticas nos cigarros e nas bolachas de venda: uns se especializavam em vender cigarros Nabuco e bolachas José Mariano, outros bolachas Portela e cigarros Dom Vital.* Evidência de quanto a política vinha apaixonando os brasileiros."

Dona Sinhá e o filho padre, p. 161.

BISCOITO

"Os biscoitos e doces industriais destinam-se a um paladar, e a um público muito diferente daquele a que se destinam as aguardentes. Têm antepassado ou avó comum – o açúcar de cana – mas são primos ou parentes que quase não se falam. Separados. Antagônicos. Odeiam-se até. Ninguém bebe cachaça, comendo bolo, doce ou biscoito."

A condição humana e outros temas, p. 131.

"Seria interessante fazer-se o rol dos muitos nomes de biscoitos e de bolachas doces que hoje se consomem no Brasil e que já não são produtos de doceiras mas de fábricas, como a já tradicional Pilar, do Recife: bolacha Maria, bolacha Pio X, biscoito Aimoré são nomes típicos, um de mulher, outro, de papa, um terceiro, de tribo indígena. Outros, aliás, banais: Delícia, Raiva, Marisa, São Luís, Wembley, Brasília. Isto sem nos esquecermos dos *tarecos*: pioneiros, no Nordeste, do biscoito de fábrica."

A condição humana e outros temas, p. 131.

SELETA DE TEXTOS

BOLO SOUZA LEÃO

"De *diligência*, em companhia do primo Wanderley, Maria Emília fora até Jaboatão, onde magnificamente os recebeu, na sua casa-grande do engenho Moreno, a família Souza Leão aí residente. Viram o engenho. Os Souza Leão mandaram abrir a capelinha. Na casa-grande, lhes foi dado a provar o bolo chamado Souza Leão. Saborearam-no entre goles do melhor vinho do Porto."

O outro amor do dr. Paulo, p. 213.

COCADA

"O autor [o próprio Gilberto Freyre], para disfarçar a aridez da leitura [no Congresso Regionalista] e ao mesmo tempo para criar ambiente simpático ao assunto, faz distribuir entre os congressistas cocadas pernambucanas. Circulam também entre os presentes fotografias de velhos pratos da Índia e da China, pratos de mesa, bules de chá – reminiscência da antiga mesa afidalgada dos senhores de engenho do Nordeste. Também fotografias de negras de tabuleiro, vendedoras de arroz-doce e grude."

Manifesto regionalista, p. 119.

DOCES

"Que é doce, afinal? Dizem os dicionários que é aquilo que tem sabor como o do açúcar e do mel; e que, assim sacarino, não é amargo, nem salgado, nem picante; e – ainda – a composição que é temperada com açúcar, mel ou outro ingrediente sacarino. À base dessas composições é que, para o sociólogo da cultura, há uma doçaria, uma confeitaria, uma pastelaria, uma estética de sobremesa com implicações socioculturais: toda uma parte de arte-ciência da culinária com um estilo, uma etiqueta, uma forma de ser alimentação sendo também recreação que a diferencia da outra; que se vem constituindo em objeto autônomo de estudo etnológico e de estudo histórico para começar a ser já – mais do que isto – objeto de estudo sociológico. Há uma sociologia do doce à parte de uma sociologia de arte da cozinha e do que esta arte – mais vasta – implica de sociocultural."

A condição humana e outros temas, p. 130-131.

"A culinária portuguesa, tanto quanto o hagiológio, recorda nos velhos nomes de quitutes e gulodices, nas formas e ornamentos meio fálicos de bolos e doces, na condimentação picante, como que afrodisíaca, dos guisados, cozidos e molhos, a vibração erótica, a tensão procriadora que Portugal precisou de manter na sua época intensa de imperialismo colonizador. Na culinária colonial brasileira surpreendem-se estímulos ao amor e à fecundidade. Mesmo nos nomes de doces e bolos de convento, fabricados por mãos seráficas, de freiras, sente-se às vezes a intenção afrodisíaca, o toque fescenino a confundir-se com o místico: suspiros de freira, toucinho do céu, barriga de freira, manjar do céu, papos de anjo. Eram os bolos e doces por que suspiravam os freiráticos à portaria dos conventos. Não podendo entregar-se em carne a todos os seus adoradores, muitas freiras davam-se a eles nos bolos e caramelos. Estes adquiriam uma espécie de simbolismo sexual. Afrânio Peixoto observa em um dos seus romances de costumes brasileiros: 'não foram outros como nós, gozadores, que lhes demos [aos bolos e doces da sobremesa patriarcal] tais apelidos, mas as suas autoras, as respeitáveis abadessas e freiras dos conventos portugueses nos quais a ocupação, mais do que o serviço divino, era a fábrica dessas iguarias'. Isto depois de recordar os nomes, alguns bem fesceninos, da guloseima luso-brasileira: beijinhos, desmamados, levanta-velho, língua de moça, casadinhos, mimos de amor. Não há quem não possa acrescentar à lista outros nomes, igualmente sugestivos, de bolos e gulodices. E é curioso o fato de chamar-se 'dinheiro para comprar bolo' o que dão certos pais brasileiros aos filhos rapazes, em idade, segundo eles, de 'conhecer mulher'. De conhecer outro bolo, sem ser o de goma ou de milho. Sabe-se aliás da íntima relação entre a libido e os prazeres do paladar."

Casa-grande & senzala, p. 330-331.

"Até na confeitaria indígena, até na confeitaria popular, via-se no Brasil antigo um elemento caricaturesco: caricatura de coisas sagradas como rosários ou de seres respeitáveis como freiras. Os bolos e os doces tinham – alguns deles têm ainda – nomes que provavelmente os católicos ortodoxos dos países anglo-saxões considerariam sacrílegos. *Rosários* era o nome de um deles, um gostoso bolo mencionado pelo norte-americano Ewbank [Thomas Ewbank, em *Life in Brazil or the land of the cocoa and the palm*, Londres, 1858] na sua lista dos artigos populares da confeitaria que ele conheceu no Brasil quando aqui esteve no meado do século XIX; *pedaços do céu* foi o nome de outro; *cabelo de anjo*, o nome de ainda outro. *Barriga de freira*, o nome de mais outro, e este terrivelmente sacrílego. Tão sacrílego como o *toucinho do céu*, nome de gostoso pudim composto de pasta de amêndoas, ovos, açúcar, manteiga e uma colherada ou duas de farinha. Mas o sagrado e o profano se misturavam de outras muitas maneiras, como se a caricatura fosse uma coisa ubíqua na vida brasileira. Alguns desses bolos e doces com nomes sacrílegos, os faziam as próprias freiras nos conventos. E os vendedores de bolos e doces eram também vendedores de toscas imagens de santos. Cada uma dessas artes – a da confeitaria e a da escultura de santos – era uma arte popular que se distinguia pela caricatura. A escultura de santos tendia a exagerar, ampliar, exaltar este ou aquele poder do santo, e assim parecia com o ex-voto."

Interpretação do Brasil, p. 187-188.

"O mesmo que com o caju, a banana e o cará se terá dado com o jenipapo, com o araçá, com o mamão, com a goiaba, com o maracujá, com o marmelo; mais tarde com a manga, com a jaca, a fruta-pão, o coco-da-índia – frutas que misturadas com mel de engenho, com açúcar, com canela, com cravo, com castanha, tornaram-se doce de calda, conserva, sabongo, marmelada, geleia, enriquecendo de uma variedade de sabores novos e tropicais a sobremesa das casas-grandes de engenho e dos sobrados burgueses; e chegando a ir em latas e caixas ao próprio Portugal. Parece que mesmo a palavra marmelada, hoje tão comum no vocabulário inglês, é brasileirismo."

Sobrados e mucambos, p. 143.

"Sua sala de visitas estava sempre se iluminando, o chão ou o soalho da casa se amaciando de folhas de canela, para festas de família: de casamento e de

SELETA DE TEXTOS

formatura dos filhos, de batizado e primeira comunhão dos netos. A mesa se cobria então de bolos, pastéis, doces, passas e figos. Bolos feitos em casa. Passa, biscoito e figos dos armazéns, que em 1848, em franca competição com a arte doméstica do bolo, já vendiam para as festas de família muito *bolinho francês* e biscoitos ingleses em lata. Tomava-se vinho do Porto – do Porto fino que em 1884 custava 1$000 a garrafa no *Pequeno Armazém de Gêneros Alimentícios.* Seu bolo predileto era o pão de ló. Seu doce, o de goiaba. Gostava de bom rapé; tinha caixa de tartaruga com as iniciais. Às vezes, por influência de amigos, fumava um charuto. De ordinário, contentava-se com o rapé. Uma vez por outra, também por influência de amigos, comia o seu bife e bebia seu borgonha no *Hôtel de l'Univers,* do Leinhardt, à rua do Comércio, onde em 1870-80 se almoçava magnificamente com vinho por 3$000".

O velho Félix e suas "Memórias de um Cavalcanti", introdução à 1ª edição, p. xlix.

"E sempre muito lírico, o português foi dando aos seus doces e quitutes, no Brasil, nomes tão delicados como os de alguns de seus poemas ou de seus madrigais: pudim de iaiá, arrufos de sinhá, bolo de noiva, pudim de veludo. Nomes macios como os próprios doces. E não apenas nomes de um cru realismo, às vezes lúbrico, como *barriga de freira.* Enquanto isto, foi se mantendo a tradição, vinda de Portugal, de muito quitute mourisco ou africano: o alfenim, a alféloa, o cuscuz, por exemplo. Foram eles se conservando nos tabuleiros ao lado dos brasileirismos: as cocadas – talvez adaptação de doce indiano – as castanhas-de-caju confeitadas, as rapaduras, os doces secos de caju, o bolo de goma, o mungunzá, a pamonha servida em palha de milho, a tapioca seca e molhada, vendida em folha de bananeira, a farinha de castanha em cartucho, o manuê. E o tabuleiro foi se tornando, nas principais cidades do Brasil, e não apenas do Nordeste, expressão de uma arte, uma ciência, uma especialidade das *baianas* ou das negras: mulheres, quase sempre imensas de gordas que, sentadas à esquina de uma rua ou à sombra de uma igreja, pareciam tornar-se, de tão corpulentas, o centro da rua ou do pátio da igreja."

Manifesto regionalista, p. 63.

"É claro que a época já não permite os bolos de outrora, com dúzias e dúzias de ovos. Mas a arte da mulher de hoje estaria na adaptação das tradições da doçaria ou da cozinha patriarcal às atuais condições de vida e de economia doméstica. Nunca em repudiar tradições tão preciosas para substituí-las por comidas incaracterísticas de conserva e de lata, como as que já imperam nas casas das cidades e que já começaram a dominar as do interior."

Gilberto Freyre, Coleção Encontros, p. 87.

DOCE DE CAJU

"A arte de Francisco Brennand vem conseguindo maravilhas em louça pintada: inclusive potes para doces da região como o de caju, nos quais tradições e modernidade se combinam de modo ideal. E notáveis cerâmicas eróticas."

Apipucos – que há num nome?, p. 54.

SELETA DE TEXTOS

DOCES DE TABULEIRO

"A doçaria de rua aí [na Bahia] desenvolveu-se como em nenhuma cidade brasileira, estabelecendo-se verdadeira guerra civil entre o bolo de tabuleiro e o doce feito em casa. Aquele, o das negras forras, algumas tão boas doceiras que conseguiram juntar dinheiro vendendo bolo. É verdade que senhoras de casas-grandes e abadessas de convento entregaram-se às vezes ao mesmo comércio de doces e quitutes; as freiras aceitando encomendas, até para o estrangeiro, de doces secos, bolinhos de goma, sequilhos, confeitos e outras guloseimas. Mestre Vilhena fala desses doces e dessas iguarias – quitutes feitos em casa e vendidos na rua em cabeça de negras mas em proveito das senhoras – mocotós, vatapás, mingaus, pamonhas, canjicas, acaçás, abarás, arroz de coco, feijão de coco, angus, pão de ló de arroz, pão de ló de milho, rolete de cana, queimados, isto é, rebuçados etc."

Casa-grande e senzala, p. 543.

FILHÓS

"Na casa do padre havia aos domingos filhós ortodoxos, dos de casa de padre, feitos por preta velha, a quem José Maria se afeiçoou muito, do mesmo modo que aos filhós. Filhós macios e leves, iguais aos que dona Sinhá sabia fazer; e que se tornavam maná na boca do menino. Assim devia ser o maná que Nosso Senhor mandara uma vez aos seus fiéis, há de ter pensado o menino a quem a Mãe já vinha ensinando História Sagrada."

Seleta para jovens por *Gilberto Freyre*, p. 125.

GOIABADA

"No arquivo de outro senhor de engenho, o barão de Jundiá, encontramos uma carta que é um elogio ardente da goiabada feita em casa, em certo engenho do Nordeste. O doce pernambucano teria agido como verdadeiro filtro amoroso sobre uma mulher bonita do Rio de Janeiro. A carta é datada da corte e assinada por uma figura ilustre do tempo do Império, muito da intimidade política e pessoal do marquês de Olinda, e homem erudito e sisudo. Mas ao amigo ele se abre: ˆDize a senhorzinho que eu lhe envio hum abraço muito apertado não só como symbolo da nossa amizade como tambem em agradecimento dos grandes effeitos que sua goiabada tem me aqui produzido. Si elle soubesse, ou pudesse suppôr, que aquelle bello doce fez aqui brilhantes conquistas, em favor de meo coração, de linda cara e saboroso corpo, certamente de inveja não m'o teria dado. Oh! Que bellas noites á custa da goiabada!'"

Nordeste, p. 124.

"A goiabada de Pernambuco por muito tempo foi doce feito liturgicamente em casa. Se hoje é um doce industrializado, um simples doce de lata sem mistério nenhum e quase sem gosto, a ponto de perder em sabor para a goiabada de Campos, teve seu período de glória nos grandes dias da civilização patriarcal do açúcar. A geleia de araçá, o doce de caju também."

Nordeste, p.125.

SELETA DE TEXTOS

MUNGUNZÁ

"*É mungunzá! Tá quentinho o mungunzá!* E sorvete, à noite, pelas velhas ruas de São José – último reduto do Recife mais autenticamente recifense do tempo das aventuras de frei Jorge, o glutão: *Sorvete! É de coco verde!*"

Guia prático, histórico e sentimental da cidade do Recife, p. 63.

SORVETE

"Não era fácil, na época [século XIX], o fabrico de sorvetes: dependia da chegada de patachos, de ordinário norte-americanos, que trouxessem para as cidades tropicais do Brasil as muitas toneladas de gelo de que os fabricantes de sorvetes precisavam para o preparo daqueles deliciosos refrescos."

Vida social no Brasil nos meados do século XIX, p. 92.

"A comida brasileira [...] [ia] sendo sensivelmente modificada, desde os princípios do século XIX, pela influência inglesa [...] Modificada também pela introdução do gelo em 1834, trazido pela primeira vez ao Brasil por um navio norte-americano, o *Madagáscar*. Grandes bebedores de água – talvez pela predominância do açúcar e da condimentação africana em sua comida – os brasileiros regozijaram-se imensamente com a introdução do gelo no país. Datam daí os deliciosos sorvetes de frutas tropicais – deliciosos para o olfato e para o gosto – tão apreciados por Max Radiguet, que deve ter sido um gourmet de primeira ordem."

Casa-grande & senzala, p. 547.

"Já para os lados de São José, o Recife como que se orientaliza; a vida que as ruas refletem é hoje a da pequena burguesia, mais sociável que a grande; e gente que de noite vem conversar, sentada em cadeiras de vime e espreguiçadeiras de lona, à calçada, à porta da casa; e aí toma sorvete, come tapioca, os homens de pijama, chinelo sem meia. Foi até há pouco bairro dos pianos fanhosos mas ainda assim tão românticos; dos namoros de meninas de luto com caixeiros da *Primavera* e estudantes."

Guia prático, histórico e sentimental da cidade do Recife, p. 172.

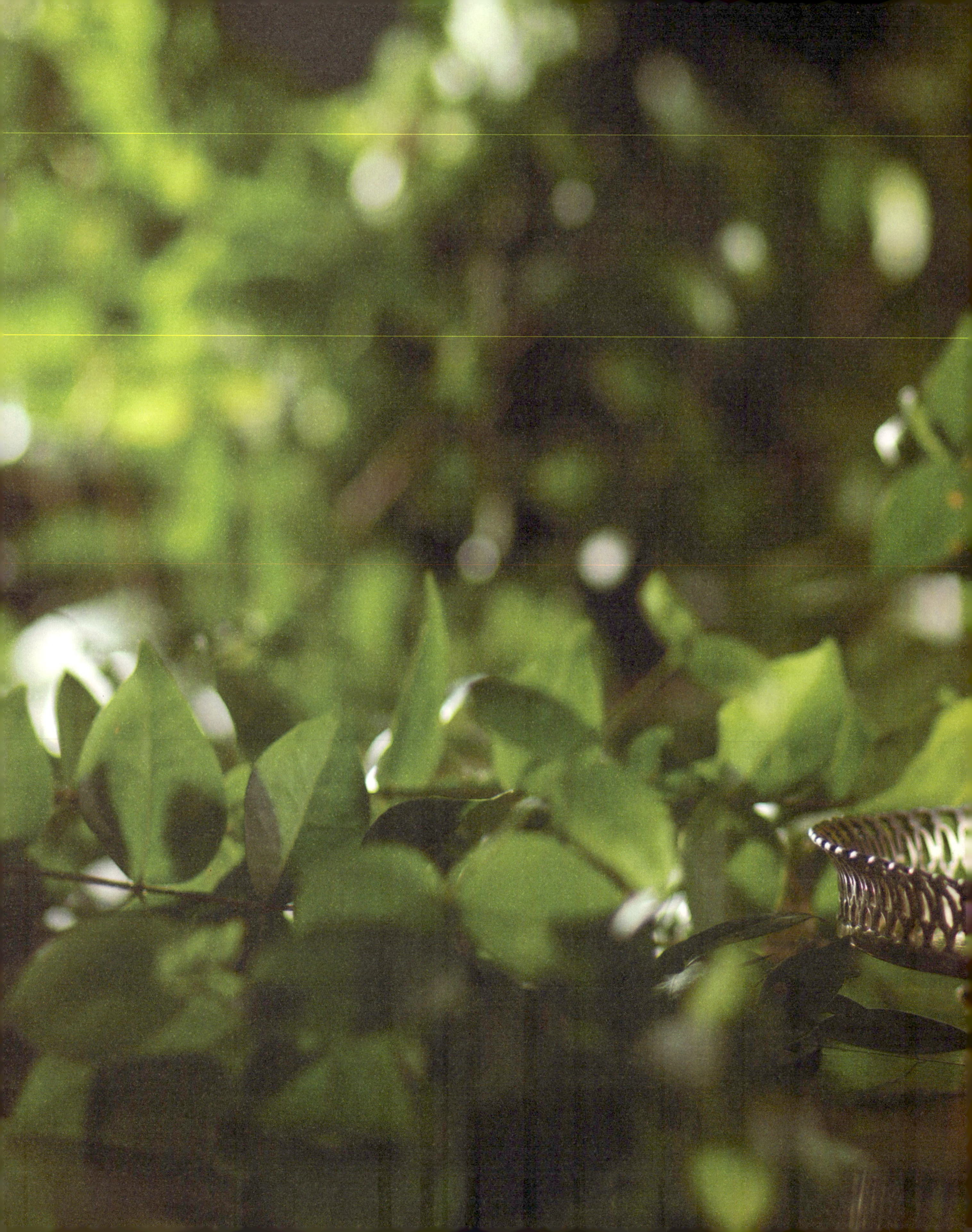

17
BEBIDAS

"A cultura de um povo, assim como inclui seus quitutes e seus doces, inclui também seus drinques mais teluricamente, mais castiçamente, mais caracteristicamente seus."[1]

As bebidas nasceram quando o homem começou a plantar. Mais precisamente quando aprendeu, também, a transformar em álcool o açúcar que vinha dos cereais, das frutas e das raízes. No início, bebidas fermentadas somente – vinho e cerveja. Usadas primeiro como remédio, para curar problemas renais e infecções respiratórias ou digestivas. Depois, nas celebrações religiosas. Em seguida, por puro deleite. O mais antigo porre de que se tem registro foi o de Noé, que se encharcou de vinho depois dos quarenta dias do dilúvio. Platão (428-347 a.C.) chegou a recriminar o "uso imoderado do álcool, que causa desarmonia e perda de luz". Sócrates bebeu cicuta, mas essa é outra história. Todas as civilizações daquela época celebraram deuses do vinho – Osíris, no Egito, e seus equivalentes: Dionísio, na Grécia; e, mais famoso deles, Baco, em Roma. Bacanais eram festas em sua honra. Calígula (12-41) governou em meio a orgias quase diárias. Nero (37-68), depois de alguns copos, declarava ser "homem de todas as mulheres e mulher de todos os homens". Achando pouco, incendiou Roma, matou a mulher, a mãe, e se suicidou.

O português trouxe com ele, ao Brasil colônia, um fermentado (vinho) e um destilado (bagaceira). Além da sangria – mistura de vinho, água, açúcar e rodelas de limão. A estas bebidas, vindas de longe, os índios chamavam *cauim-taiá* ("bebidas de fogo"), por serem bem mais fortes que as por eles preparadas com matéria-prima da terra. Aqui se usava mandioca para fazer *aipij, caracu, cauim* (de todas, a mais conhecida), *carimãm, caxixi, tikira*; milho – *abatií, aluá* e *aruá*; batata-doce – *ietici*; frutas – *ianipapa* (jenipapo), *nanai* (ananás), *pacobi* (pacova), *acaijba* (caju); e, sobretudo, mel. "Com mel pode-se preparar licor, sem levá-lo ao fogo, apenas misturando-o com água da fonte e deixando-o ao relento" – a observação é do viajante holandês Joan Nieuhof [2] (1618-1672). Problema é que essas bebidas nativas tinham mais a capacidade de curar que de embriagar. "Os índios fazem vinho, e é tão fresco e medicinal que a ele se atribui não haver entre

---

1. *Alhos e bugalhos*, p. 99.
2. 115. (Bibliografia).

eles doentes do fígado", dizia Fernão Cardim³ (1580-1625). Cada grupo indígena fazia sua própria bebida. Nas festas peregrinavam de oca em oca, bebendo tudo que estivesse disponível. A noite inteira. Até a exaustão. "Bebem sem comer e comem sem beber", disse Câmara Cascudo⁴. Cantando, tocando rudimentares trompetes e dançando entre fogueiras.

Gilberto Freyre faz inúmeras referências a bebidas, ao longo de sua obra. Por compreender sua importância no estudo da cultura de um povo; e, também, por revelarem **"uma expressão de hospitalidade. Uma expressão daquela cordialidade que vem sendo destacada por observadores idôneos como uma das mais vivas características do brasileiro."**⁵ Algumas, sem álcool – chá, café, Coca-Cola, água de coco, suco de (quase) todas as frutas. Outras, vindas de fora – cerveja, vinho (sobretudo do Porto), champanhe, uísque. Entre as **"regionais [...] mais características do Nordeste destaquem-se: o caldo de cana doce, o caldo de cana picado; o licor de jenipapo; o vinho de caju; os refrescos de maracujá, de caju, de cajá, de pitanga, de carambola; o cachimbo (mel com cachaça), o bate-bate (maracujá com cachaça), a pitangada à moda de Apipucos: pitanga com cachaça em estado quase de conhaque"**⁶. Algumas dessas, referidas por ele, veremos a seguir.

CONHAQUE DE PITANGA

Só os que visitavam Gilberto Freyre, no Solar de Santo Antônio de Apipucos e na Fundação Joaquim Nabuco, tinham direito a seu famoso *conhaque* de pitanga. Preparado especialmente por ele. **"Conta esse como que conhaque com entusiastas ilustres do seu sabor, na verdade complexo e, no sentido espanhol da palavra acrescentado ao português, esquisito: o presidente Costa e Silva, o cineasta Roberto Rossellini, o romancista John dos Passos, os políticos Jânio Quadros e Carlos Lacerda, os diplomatas argentinos Carlos Muñiz e Mario Amadeo, o inglês sir John Russell, o almirante inglês Morgan. Vários outros."**⁷ Dizem que John dos Passos consumiu, imperturbável, uma garrafa inteira; e Rossellini, metade de outra. Dos poucos que não passaram da primeira dose foi Rubem Braga. **"Ele bebeu meio cálice, fez um**

---

3. 91. (Bibliografia).
4. 93. (Bibliografia).
5. *Prefácios desgarrados*, vol. I, p. 222.
6. *Açúcar*, p. 47.
7. *Açúcar*, p. 47-48.

muxoxo e pediu uísque."[8] A receita só foi revelada por Freyre ao filho Fernando, já falecido. **"Trata-se de um cognac meio misterioso."**[9] Não obstante, dela conhecemos alguns ingredientes. Usava só pitangas maduras **"vermelhíssimas, colhidas na hora"**[10] em seu próprio pomar. Só para lembrar, da cor dessa fruta vem seu próprio nome, na língua tupi – *pi'tana* (avermelhada). E, também, a expressão *chorar pitanga* – segundo Câmara Cascudo[11], uma adaptação da portuguesa *chorar lágrimas de sangue*. Depois de colhidas, essas pitangas eram levadas a um terraço mourisco nos fundos da casa, quase um claustro, todo em azulejos trazidos por ele de Portugal; sendo em seguida cuidadosamente colocadas, uma a uma, em garrafas com cachaça de cabeça (a que sai no primeiro jato do alambique) fabricada por amigo de confiança. Vinda **"de engenhocas das melhores e de arcaicos engenhos"**[12]. Depois, eram etiquetadas e guardadas em adega. O processo recomeçava dez anos depois (algumas vezes, menos), quando recebiam os ingredientes finais. Alguns pingos de licor de violeta (ou rosa), **"um licor raro, uma beleza de licor misticamente roxo no seu colorido e seráfico no seu odor"**[13], fabricado por freiras (do convento do Bom Pastor, em Garanhuns), que exigia serem **"virgens e místicas"**[14]. Mais **"canela também de Apipucos"**[15] – aspergida sobre o líquido "num gesto clássico e pagão", assim descreve a cena Edson Nery da Fonseca (que provou muitas vezes desse conhaque). E mais **"um pormenor significativo"** – embora esse *pormenor* seja segredo jamais revelado a quem quer que seja (só ao filho). **"Nem sequer ao alcoólatra mais sincero"**[16], como confessava.

CACHAÇA

Os primeiros registros históricos do que se poderia considerar cachaça remontam ao Egito antigo, onde havia o costume de inalar vapores de líquidos fermentados diretamente no bico da chaleira. Não por prazer, só para curar moléstias. Mais tarde, os gregos conseguiram produzir uma água que pegava fogo – em Roma, conhecida como *acqua ardens*. A novidade logo foi exportada para o Oriente Médio e o resto da Europa. Na França, passou a ser conhecida

---

8. *Gilberto Freyre,* Coleção Encontros, p. 140.
9. *Apipucos – que há num nome?,* p. 47.
10. *Gilberto Freyre,* Coleção Encontros, p. 140.
11. 93. (Bibliografia).
12. *Apipucos – que há num nome?,* p. 47.
13. *Gilberto Freyre,* Coleção Encontros, p. 140.
14. *Apipucos – que há num nome?,* p. 47.
15. *Apipucos – que há num nome?,* p. 47.
16. *Gilberto Freyre,* Coleção Encontros, p. 140.

Com o conhaque de pitanga.

como *eau-de-vie* (água da vida). Mas a técnica da destilação veio só depois, por mãos árabes. Os índios brasileiros não a conheciam. Até que chegaram os engenhos, no início, ainda primitivos. É uma bebida, portanto, **"nascida com o açúcar; com o mascavo; com o primeiro produto, depois do pau-brasil, a dar fama a esta parte do mundo nos mercados europeus"**[17]. Nasceu por acaso. Dando-se que a espuma da primeira fervura do suco da cana, por não ter serventia, era colocada em cochos, ao relento, para alimentação dos animais. Esse mosto fermentava com facilidade e os escravos começaram a apreciar suas qualidades – por lembrar, nos efeitos, bebidas fermentadas da terra distante – o *emu* (do dendê) e o *malafo* (obtido de diversas palmeiras). Assim nascia uma bebida estranha a que chamavam *aguardente da terra* – para diferenciar da *aguardente do reino* (a bagaceira), produzida em Portugal. Começavam a desaparecer as rudimentares garapas fermentadas dos índios. Sem contar que a nova bebida tinha vantagens suplementares evidentes: ajudava a suportar o frio, dava disposição para o trabalho duro no canavial e servia como remédio para quase tudo – picada de cobra, reumatismo, sífilis e saudade. **"A presença da cachaça na farmacopeia é um dos seus títulos de nobreza. Inúmeros os remédios, na medicina popular do Brasil, que a têm por base. Inúmeros as curas ou os alívios que o folclore lhe atribui."**[18]

Com o tempo deixou, entre nós, de ser privilégio apenas dos escravos, passando também a frequentar as mesas dos senhores de engenho – pura ou como matéria-prima de licores. Aos poucos, foi se aprimorando. Já não era feita do caldo da cana, mas das borras do seu mel (melaço). O processo rudimentar de fermentação acabou substituído pela destilação em alambiques, primeiro de barro e depois de cobre – em técnica já conhecida na destilação do mosto fermentado de uva, usada para a produção da bagaceira. A seguir, vieram as primeiras destilarias – *casas de cozer méis*, assim se dizia. Estava pronta a cachaça como a conhecemos hoje. E tinha início a decadência da bebida oficial que o colonizador português trouxe com ele de além-mar.

O nome definitivo tem origem na Espanha: *cachaza* – por lá, bebida produzida com a borra da uva. A primeira referência em língua portuguesa, segundo Câmara Cascudo[19], viria do poeta português Sá de Miranda (1481-1558) em

---

17. *Alhos e bugalhos,* p. 99.
18. *Alhos e bugalhos,* p. 99.
19. 93. (Bibliografia).

carta ao amigo Antônio Pereira. No Brasil, a primeira citação foi do médico e naturalista holandês Guilherme Piso[20] (1611-1678), que veio dar em Pernambuco com Nassau. Àquela espuma que se depositava nos cochos chamava *cagassa*. Só no século XVIII a palavra *cachaça* tornou-se oficial. Apareceu pela primeira vez, em nossa terra, nas *Cartas chilenas* (1788) do inconfidente Tomás Antônio Gonzaga (1744-1810) – o *Dirceu de Marília*, que assim chamava sua amada, Doroteia Joaquina de Seixas Brandão. Curioso é que o nome não tenha se firmado na Espanha ou em Portugal. Nem na África, onde ainda hoje é conhecida como *aguardente*. Com o tempo foi ganhando apelidos. **"Uns regionais, outros de gíria, *pinga* por exemplo. Várias outras denominações desse gênero: desde *branquinha* a *água que gato (ou passarinho) não bebe* [...] ironicamente, se vem chamando a cachaça *água benta* [...] Também carinhosamente, *azulzinha*. Também respeitosamente, *baronesa*. Também comicamente, *engasga-gato*. Também, apologeticamente, *elixir*. Também *maria-branca*. Também *quebragoela*. Também quase saudosisticamente *sinhazinha*."**[21] Também *abrideira*, por vir **"desempenhando a função de excitante do paladar, antes de comedorias dentre as mais densas – a feijoada"**[22]. Sem esquecer que também se diz *cachaça* para referir aquilo **"que atraia a especial ternura ou o especial interesse de um indivíduo que é a sua cachaça. A cachaça de uns é colecionar selos, por exemplo. A de outros, seguir novelas de televisão. A de ainda outros, dançar o samba."**[23] Por fim só dizer que, hoje, já ninguém "pensa que cachaça é água" – como na marchinha de Mirabeau Pinheiro, Lúcio de Castro e Héber Lobato, imortalizada por Carmem Costa e Colé. Ainda bem.

BATIDA

Casamento da cachaça com frutas tropicais é *batida*. **"Como mistura é uma bebida miscigenadamente brasileira. Caracteristicamente brasileira, menos áspera que a cachaça pura."**[24] Tão brasileira **"como o samba ou como o vatapá, ou como o doce de goiaba, ou de coco verde"**[25]. Por isso Gilberto Freyre a considerava um **"valor, a seu modo, cultural: artisticamente cultural"**[26]. Aos poucos, foi conquistando paladares mais refinados. E passou a frequentar mesas

---

20. 124. (Bibliografia).
21. *Prefácios desgarrados*, vol. I, p. 223.
22. *Prefácios desgarrados*, vol. I, p. 223.
23. *Alhos e bugalhos*, p. 96.
24. *Prefácios desgarrados*, vol. I, 222.
25. *Prefácios desgarrados*, vol. I, 222.
26. *Alhos e bugalhos*, p. 96.

importantes, até mesmo fora do Brasil. Ela é uma **"espécie de neta da cachaça: neta mais ilustre que a avó – ao lado das bebidas nobres de sua categoria: do rum, do brande, do próprio conhaque"**[27]. Virou moda oferecer, aos convidados, essa **"brasileiríssima batida em que a gostos de frutas agrestemente tropicais se acrescente discreta presença de boa cachaça. Sob aspecto assim discreto, a cachaça vem atingindo o máximo de status social, prestando-se o assunto a considerações sisudamente sociológicas"**[28]. Não só com frutas se fazem batidas, também com água de coco. **"Quando um estrangeiro descobre o sabor de uma batida de cachaça com água de coco, essa descoberta é turística: evidência de quanto tal batida, espécie de bela adormecida em bosque, pode conquistar entusiasmos para o Brasil da parte de adventícios de bom paladar ou de bom gosto."**[29] E quando a mistura se faz com limão, bom lembrar, recebe o nome de *caipirinha*. Caipirinha é apenas com limão, pois.

CACHIMBO

Nos nascimentos e batizados era costume (hoje menos) oferecer, a parentes e amigos, o cachimbo, uma **"mistura de aguardente com mel de abelha. A mais solene com vinho do Porto."**[30] **"Nascia o brasileiro da época com a casa toda cheirando a alfazema. Católico, era batizado em casa ou na capela ou na matriz mais próxima, às vezes no meio de festas iguais à de casamento. A primeira comemoração do acontecimento fazia-se em certas áreas do país com o '*cachimbo*'."**[31] Bebida de fácil preparo e com sabor muito especial, não se compreende ser tão pouco divulgada. Gilberto Freyre tem uma explicação: **"Talvez porque haja, da parte de alguns, o receio de profanar a bebida, repita-se, quase litúrgica, tornando-a simples batida recreativa ou lúdica"**[32].

CERVEJA

A cerveja chegou a Pernambuco com os holandeses, no século XVII. A partir daí, o **"vício do álcool [...] tomou um desenvolvimento alarmante na cidade do Recife durante a ocupação dos holandeses – talvez por maior

---

27. *Prefácios desgarrados*, vol. I, p. 222.
28. *Alhos e bugalhos*, p. 98.
29. *Alhos e bugalhos*, p. 96.
30. *Ordem e progresso*, p. 182.
31. *Ordem e progresso*, p. 182.
32. *Alhos e bugalhos*, p. 98.

predisposição dos nórdicos ao álcool [...]. O Recife holandês [...] foi um burgo de beberrões. Pessoas da melhor posição social eram encontradas bêbadas pelas ruas."[33] Por volta de 1810, veio com os ingleses uma cerveja de gengibre a que chamavam *ginger beer*. Na linguagem popular, acabou *gengibirra*. Aqui, esse gengibre foi substituído por suco de fruta. Preferencialmente de abacaxi. O restante de sua fórmula se mantém inalterado: água, açúcar, cremor de tártaro, fermento de padaria ou ácido cítrico. Depois vieram os alemães com a **"'cerveja Ypiranga, que é pouco mais leve e própria para nosso clima' – cerveja de nome brasileiríssimo, além de ser leve e própria para o trópico, com a qual os alemães, melhores comerciantes que os ingleses, venceram de todo, no Brasil, a cerveja intransigentemente inglesa vendida aqui por agentes britânicos"**[34]. Em 1869, aliás, **"já estaria de todo consolidada, em Pernambuco, a vitória da cerveja alemã, abrasileirada, sobre a importada da Inglaterra"**[35].

A primeira fábrica de cerveja chegou ao Brasil em 1836. Ficava na rua Matacavalos, 90, Rio de Janeiro. Era bebida de gente simples. *O cozinheiro nacional* refletia esse espírito, separando casa-grande e senzala: "Na mesa vinho, no bar cerveja". Depois vieram Antarctica (1888), Brahma (1904) e todas as outras. Passou-se a fazer cerveja para todos os gostos. De baixa fermentação (*pilsen, lager, bock*) ou de alta (*ale, porter, stout*). Acabou virando a bebida de maior aceitação popular. Sobretudo no Carnaval – festa feita, literalmente, de sangue (pouco), suor (a gosto) e cerveja (muita).

LICOR

A fabricação de licores foi, desde os tempos mais remotos, cercada de mistérios e lendas. Nas províncias romanas, por exemplo, era corrente a crença de que bruxas, disfarçadas de belas donzelas, preparavam poções de frutas e ervas que teriam o misterioso dom de atrair os homens. Na Idade Média, alquimistas e monges faziam xaropes que diziam ser capazes de curar todos os males. Inclusive peste negra. O químico catalão Arnold de Vila Nova, em 1250, chegou a publicar tratado sobre os efeitos restauradores e medicinais das infusões de álcool com especiarias, ervas, frutas e sementes.

---

33. *Sobrados e mucambos*, p. 280.
34. *Ordem e progresso*, p. 154.
35. *Nós e a Europa germânica*, p. 27.

Depois, a degustação desses licores foi se sofisticando. Graças a Catarina de Médicis (1519-1589), mulher de Henrique II, acabou chegando à França. Mas só com Luís XVI (1754-1793) passou a ter destaque nas mesas da aristocracia. Os mosteiros foram responsáveis por licores memoráveis: *Cusenier*, produzido na Abbaye Montbenoît; *Aiguebelle*, em Notre Dame d'Aiguebelle; *Trappastine*, em Cistertian. Todos usando fórmulas ainda hoje guardadas como segredos invioláveis.

Mas não havia **"licor europeu que se avantajasse de todo aos que se faziam no Brasil: nas casas-grandes e nos conventos de freiras"**[36]. Servir licor caseiro às visitas é tradição antiga de hospitalidade, um costume até hoje presente nas cidades do interior. Nasceu em fazendas e engenhos de um Brasil ainda colônia, por mãos de pretas velhas. Sua origem remonta ao tempo dos xaropes preparados em casa. Primeiro, para curar gripe, dores de estômago e tosse. Mais tarde, para ser degustado por puro prazer. **"Licor de jenipapo ou de maracujá? As opções indicavam que o almoço ia ser brasileiro do começo ao fim [...] Prepara-o a própria baronesa** [Maria Augusta, esposa do barão de Itaingá] **com o auxílio da mucama. Nenhuma francesice. Nenhum requinte europeu de paladar."**[37] Eram preparados também nos conventos, **"que se tornaram, em velhos tempos brasileiros, tão conhecidos pelos seus licores feitos por freiras, como pelos seus doces também seráficos"**[38]. Com o tempo foram ganhando popularidade esses licores a que **"não faltam toques de bebidas gentilmente alcoólicas, mas misturados de tal modo a frutas exóticas, aos sucos de frutas teluricamente brasileiras, indígenas, e até do mato, que estes é que predominavam"**[39]. Sinhás e freiras guardavam com cuidado suas fórmulas. **"Eram preparados quase sempre segundo receitas mais do que secretas, secretíssimas."**[40] Apesar de tantos caminhos, o segredo de um bom licor continua sendo só o perfeito equilíbrio na mistura de ingredientes e no tempo de infusão. É usualmente servido em pequenos cálices, para encerrar o jantar. E acabou sendo acompanhamento perfeito para charutos e longas conversas de fim de noite.

---

36. *O outro amor do dr. Paulo,* p. 68.
37. *O outro amor do dr. Paulo,* p. 52.
38. *Alhos e bugalhos,* p. 97.
39. *Alhos e bugalhos,* p. 97.
40. *Alhos e bugalhos,* p. 97.

VINHO DO PORTO

Era uma das bebidas preferidas de Gilberto Freyre. **"Do vinho do Porto se tem dito que *é luz do sol engarrafada*."**[41] A paixão começou quando morou em Oxford – onde aprendeu que lá não se diz **"*Port Wine* mas simplesmente *Port*"**[42]. Para os ingleses, naquele tempo, era **"o vinho dos vinhos"**[43]. Tanto que até pensou em escrever livro sobre o assunto, junto com Nuno Simões. **"O plano era escrevermos juntos um ensaio sobre o vinho do Porto semelhante ao que eu acabara de escrever sobre a cana-de-açúcar no Nordeste do Brasil. Um livro impressionista dentro de critério ecológico. Para começar, tínhamos que ver juntos as vindimas. O aspecto mais festivo, mais pitoresco, mais folclórico do assunto, mas não o menos rico de significado humano. Pois precisamos não desprezar sistematicamente o pitoresco como sendo sempre o aspecto superficial da vida: às vezes é através do pitoresco que os aspectos mais íntimos de uma cultura ou atividade regional se deixam compreender melhor."**[44] Em suas muitas visitas a Portugal, conheceu algumas vinhas. **"Na região do vinho do Porto, o vinho parece comunicar-se de modo particular a todas as expressões de vida, mas nas vindimas é que ele esplende com um vigor de conservação do passado que nos põe em contato com as próprias raízes rubramente pagãs da cultura lusitana."**[45]

Esse vinho do Porto Gilberto Freyre recebia sempre como presente, dos muitos amigos portugueses. Certa vez, o próprio Nuno Simões lhe ofereceu alguns raros que trouxera para o Brasil, **"ancho e triunfante como quem trouxesse joias. E eram joias. Eram topázios, ametistas, rubis. Um já quase velho demais: o de 1822."**[46] Destinado a ser saboreado e repartido em ocasiões muito especiais. **"Quando na festa de batizado de minha filha Sônia Maria, na casa de Apipucos, abri em 1942 um Porto de 1840, um inglês meu amigo – W.S. – ficou tão comovido que quase chorou. Seu assombro era encontrar um Porto daqueles dos que no século XIX iam todos para a imperial Inglaterra – na pobre província brasileira de Pernambuco."**[47]

E ficava triste, Gilberto Freyre, ao perceber que **"não é só no Brasil nem apenas na Inglaterra que o vinho do Porto está em decadência: também em

---

41. *Aventura e rotina*, p. 73.
42. *Tempo morto e outros tempos*, p. 153.
43. *Tempo morto e outros tempos*, p. 156.
44. *Aventura e rotina*, p. 37-38.
45. *Aventura e rotina*, p. 38.
46. *Aventura e rotina*, p. 39.
47. *Aventura e rotina*, p. 39.

Portugal. Também em Portugal o vinho ilustre é hoje arcaísmo que quase só aparece em almoços ou jantares *etnográficos*. A moda em Portugal como no Brasil é beber-se uísque nos momentos em que outrora bebia-se ortodoxamente vinho do Porto. Uísque ou champanha, substitutos do *Porto de honra*."[48] Lembrando sempre que antes não se fazia **"visita de cerimônia ou mesmo íntima que não fosse coroada por um cálice de vinho do Porto servido pela sinhá, dona da casa, dentro do melhor ritual fidalgo ou burguês. Vinho do Porto com doce ou biscoito, do qual mandava a etiqueta que se deixasse elegante sobejo."**[49]

---

48. *Aventura e rotina*, p. 76.
49. *Aventura e rotina*, p. 76.

Oferecendo o conhaque de pitanga.

A Capiba.

A Chacrinha.

A Carlos Costa
e a Alfredo Xavier
Pinto Coelho.

Brindando o título de doutor *honoris causa* pela Universidade de Coimbra, 1962.

Com Magdalena, Sonia e Antonio Pimentel.

Com Lourdes Cardoso Ayres e Altamiro Cunha.

Com Edson Nery da Fonseca, março de 1980.

No Country Club, celebrando o Natal.

Com Antonio de Barros Carvalho e Leonel Brizola.

Brindando com
Gilberto Osório e
Bill Mackein.

No bar do apartamento
do irmão Ulisses,
em Boa Viagem.

Brindando com
Manoel Bandeira
na livraria São José
(Rio de Janeiro), no
lançamento de *Ordem
e Progresso*,
maio de 1959.

ÁGUA

"Em Portugal, como na Espanha, o gosto regional da água é distinguido, saboreado e valorizado quase tanto como o do vinho. Há águas rivais como há vinhos: águas simplesmente águas, como a de Luso. Pois as águas aristocráticas a que se atribuem virtudes especiais, e não apenas sabores particularmente bons, essas são caso à parte. A esse número de águas havidas por clinicamente virtuosas pertence a de Pedras Salgadas; e também a de Gerez e a de Vidago, em honra da qual levantou-se há anos suntuoso hotel. Vamos visitá-lo com os Simões e um amigo da família que é agora o amável senhor de Vidago: das águas e do hotel. O hotel é hoje uma maravilha de milnovecentismo."

Aventura e rotina, p. 187.

ÁGUA DE COCO

"Os *garçons* das confeitarias elegantes do Recife só compreendem minha preferência pela água de coco a esse primor de *frozen dessert* que é o "Lídia Borelli", como *blague*. Alguns hão de supor mais realista e logicamente que se trata de economia: seria mais econômico gostar de água de coco que de bebidas importadas."

Tempo de aprendiz, p. 415.

"Na Índia portuguesa, só os hindus parecem valorizar a água de coco como refresco. Só entre os hindus é que a tenho saboreado. Os cristãos parecem considerá-la refresco ortodoxamente hindu. Transmito a um hindu menos ortodoxo um brasileirismo que ele talvez tenha curiosidade em experimentar na Índia: água de coco misturada com uísque. Pois nem todos os indianos são por motivo religioso tão rígidos quanto os maometanos na sua abstinência do álcool. Daí o fato de, estando agora Bombaim, Província da União Indiana, sob uma absurda 'lei seca', haver nos seus hotéis muita bebedeira."

China tropical, p. 115.

CAFÉ

"Contrariando a ideia que em geral se faz do brasileiro típico, não sou – ai de mim! – orador, mesmo medíocre. Nem orador nem mestre na arte de beber café. Ao café de Santos ou do Rio prefiro o chá no Brasil chamado da Índia, naturalmente por nos ter chegado, com tantos outros valores do Oriente ali aclimados, e às vezes – perdoai a vaidade – aperfeiçoados, desta Índia generosamente fraterna, irmã mais velha das províncias portuguesas do Ultramar."

Um brasileiro em terras portuguesas, p. 128.

"Não devemos esquecer o papel importante que chegou a representar o café na magia sexual afro-brasileira. Há mesmo no Brasil a expressão 'café mandingueiro'. Trata-se de um café com mandinga dentro: muito açúcar e 'alguns coágulos de fluxo catamenial da própria enfeitiçante'. Antes filtro amoroso do que mandinga. Mas um filtro amoroso como não se pode imaginar outro mais brasileiro: café bem forte, muito açúcar, sangue de mulata. Há outra técnica: a de coar-se o café na fralda de uma camisa com que tenha dormido a mulher pelo menos duas noites consecutivas. Este café deve ser bebido pelo homem duas vezes, uma no almoço, outra no jantar. Aliás a fralda suja de camisa de mulher entra na composição de muita mandinga de amor, como entram outras coisas nojentas. Pelos de sovaco ou das partes genitais. Suor. Lágrimas. Saliva. Sangue. Aparas das unhas. Esperma. Alfredo de Carvalho menciona ainda: 'o muco catamenial, excreto das glândulas de Bortholin e até mesmo dejeções'. De posse de qualquer destas substâncias, o catimbozeiro, mandingueiro ou macumbeiro diz que 'abranda o coração' das pessoas mais esquivas."

Casa-grande e senzala, p. 408-409.

CHÁ

"Em 1830 o chá que chegava ao Brasil, do Oriente, era o aljôfar, o pérola, o hisson, o uxim, o sequim. E do preto, o sonchong, segundo anúncio de 17 de julho daquele ano no *Diário Fluminense*."

Sobrados e mucambos, p. 573.

"Donde a preferência pelo chá vindo do Oriente que se não era exatamente o dos imperadores e mandarins trazia alguma coisa de sabor e de perfume nobres. Não só o chá da China: também o da Índia 'muito superior', de que fala um anúncio no *Diário do Rio de Janeiro* de 18 de abril de 1822."

Sobrados e mucambos, p. 573.

"Aqui estou hoje entre sábios da Índia que me recebem, entre seus velhos livros e revestidos de suas vestes orientais, com o seu famoso chá: símbolo, no Brasil, de civilidade, de polidez, de doçura e graça de maneiras. Daí a expressão brasileira *tomou chá em pequeno* consagrar o *gentleman*: distingui-lo do indivíduo que só veio a conhecer o chá e a adquirir boas maneiras depois de adulto. Explica-se ainda hoje, no meu país, a rudeza de modos como resultado desta infelicidade: a de não ter o rústico ou grosseirão tomado chá-da-índia em pequeno – a não ser como quase esotérico remédio de botica. Expressiva homenagem que às velhas civilizações orientais – principalmente as da Índia – presta uma civilização ainda jovem da América, desenvolvida mais em torno do café, do cacau e do chamado mel de cana que em torno do chá do Oriente."

Um brasileiro em terras portuguesas, p. 154-155.

CHIMARRÃO

"É o que vêm fazendo numerosos latino-americanos com tradições como a do chimarrão, de que a tradição pura era que esse americaníssimo chá fosse pouco higienicamente saboreado da mesma vasilha por várias bocas; como a da siesta, que, dentro de justos limites, pode ser um hábito higiênico nos países tropicais da América Latina, em vez de uma prática associada à pura indolência ou ao ócio vicioso; como a de janelas ao velho modo hispano-árabe, em xadrez, em vez de guarnecidas, ao modo inglês, de vidros, em casas de residência."

Americanidade e latinidade da América Latina e outros textos afins, p. 30.

SELETA DE TEXTOS

CHOCOLATE

"Se é certo que no século XVIII o café, o chá e o chocolate tornaram-se na Europa artigos de consumo popular, a verdade é que a sua introdução comercial nos meios europeus burgueses verificou-se ainda na fase de decisivo prestígio lusitano no comércio ultramarino. Também, na mesma fase, se verificara a introdução, nos meios europeus burgueses e não apenas nos aristocráticos, da porcelana da China ou da Índia. Chá e canja parecendo pedir louça do Oriente, para serem ortodoxos, o português introduziu na Europa com o chá e a canja, a louça. Foi o pioneiro: os europeus do Norte apenas lhe sistematizaram com eficiência burguesa as iniciativas de povo precoce mas imaturamente burguês."

Um brasileiro em terras portuguesas, p. 98-99.

COCA-COLA

"Antropólogos e sociólogos modernos especializados no estudo da literatura, como o professor Hugh Duncan, mostram-se crescentemente interessados na captação – ou tentativa de captação – do como e do porquê do *consensus* indivíduo e sociedade tal como surge na mais básica das experiências humanas: a comunicação. *Consensus*, no caso, significa aquela identidade de sentir e de pensar que é alcançada, em termos relativos, através de símbolos que provoquem reações semelhantes em pessoas e grupos próximos ou separados. Exemplos: a receptividade, hoje quase universal, à Coca-Cola, através de efeitos semelhantes em vários países, obtidos pelos reclames simbólicos de anunciadas virtudes desse refrigerante."

Heróis e vilões no romance brasileiro, p. 104.

CONHAQUE

"Os 'gênios' deviam morrer cedo e, se possível, tuberculosos. Nada de saúde. Nada de robustez. Nada de gordura. E os 'gênios' foram concorrendo para a própria morte. Exagerando-se no conhaque. Andando com prostitutas. Sifilizando-se em orgias baratas. Como observou Sílvio Romero, eles 'tinham seu programa', cujo primeiro artigo era a libação do 'conhaque' e o segundo era 'a vadiagem'."

Sobrados e mucambos, p. 196.

GUARANÁ

"Do guaraná, por exemplo, se sabe que foi na França que obteve sua melhor aceitação na Europa, como tônico agradável ao paladar. No Brasil, em 1917, já era corrente seu uso como refrigerante: amazonismo dos mais evidentes da época de maior relevo amazônico na economia e na cultura nacionais do Brasil, que foi a que se estendeu do fim do século XIX ao começo do XX."

Ordem e progresso, p. 911.

TARUBÁ

"No extremo norte faz-se [...] mais uma bebida, o tarubá, de beijus que depois de ligeiramente mergulhados dentro de água, de modo a ficarem apenas umedecidos, são postos um a um sobre folhas de curumi (*kurumikáa*) em 'uma cama de folha de bananeira estendida num jirau especial feito na casca da farinha ou na cozinha', sendo então polvilhado com puçanga e coberto com folha de

SELETA DE TEXTOS

curumi. Cobrem-se então todos os beijus de folha de curumi e de banana; e assim se deixa ficar por três dias – quando deles começa a escorrer uma espécie de melaço. Desfaz-se então toda a massa em água, passa-se pela urupema e deixa-se descansar. Está pronta uma deliciosa bebida que tomada em excesso embriaga. Tem um doce perfume, esse tarubá."

Casa-grande & senzala, p. 193.

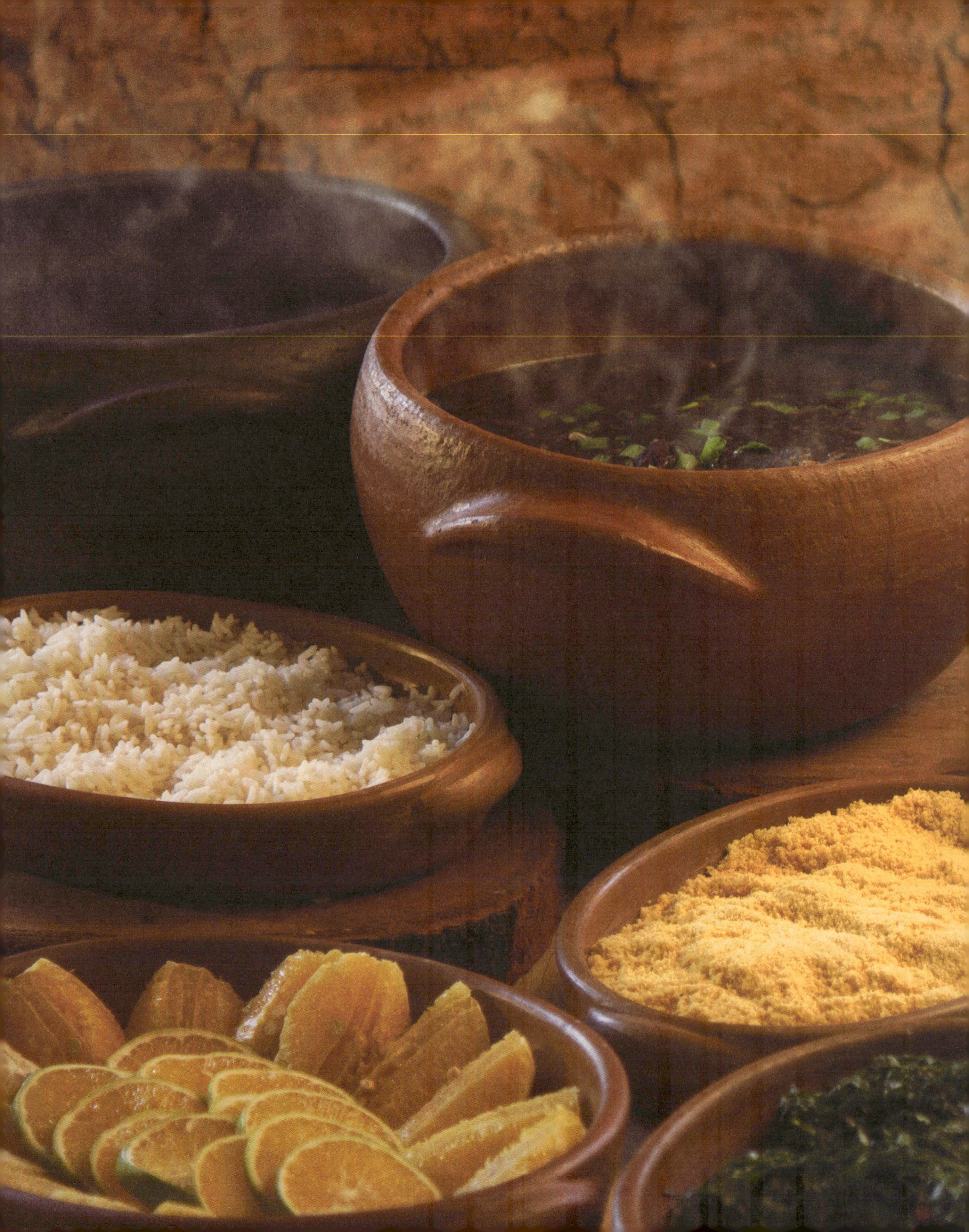

18
PRATOS E ALGUNS DE
SEUS INGREDIENTES

"Por que um artista brasileiro não se dedica à pintura voluptuosa dos nossos pratos? Há nos pratos brasileiros um luxo de matéria virgem: assuntos para toda uma série deliciosa de *natures mortes*."[1]

São muitos os pratos referidos na obra de Gilberto Freyre. De lugares variados, revelando uma diversidade que acabou sendo a marca de nossos sabores: arroz, do extremo Oriente; bacalhau, das águas do Ártico; canja, da Índia; cuscuz, do norte da África; manteiga, da Inglaterra. Daqui, na sua ingênua simplicidade, as marcas da culinária indígena – diferentes, dependendo das tribos donas dessas receitas. Sem falar de Portugal, de onde nos veio o coração de nosso paladar, nosso rosto e nossa fé. Tudo resultando em algo único. Com carnes – de cabra, de boi, de paca. Do mar quase tudo, de ostras a polvos, das sardinhas aos pitus, de peixes variados a tartarugas. Todos descritos, com paixão, por quem se acostumou a falar só do que punha na boca. Com aquele *saber de experiência feito* de que nos falava Camões. Aqui se revelando, nesse vasto conjunto de pratos a seguir (e os que já foram anteriormente citados), toda a amplidão de suas pesquisas.

---

1. *Tempo de aprendiz*, p. 345.

ACAÇÁ

"No preparo do acaçá e de outros quitutes africanos o ortodoxo é usar-se a pedra de ralar, também africana, que se incorporou vitoriosamente à técnica da cozinha afro-brasileira; a colher de pau; e depois de pronto, servir sobre macia cama de folha de bananeira o creme ou o bolo. A pedra de ralar mede 50 centímetros de altura: tritura facilmente o milho, o feijão, o arroz etc. Na pedra de ralar prepara-se o acaçá: depois de deitado o milho com água em vasilha limpa até amolecer, é ralado, passado em urupema, refinado. Quando já está aderindo ao fundo da vasilha escoa-se a água, põe-se a massa no fogo com outra água, até cozinhar em ponto grosso. Enquanto no fogo a massa, mexe-se com uma colher de pau; com a mesma colher vão-se depois retirando pequenos bocados que se enrolam em folhas de bananeira."

Casa-grande & senzala, p. 544.

ACARAJÉ

"Bem africano é também o acarajé, prato que é um dos regalos da cozinha baiana. Faz-se com feijão-fradinho ralado na pedra. Como tempero, leva cebola e sal. A massa é aquecida em frigideira de barro onde se derrama um bocado de azeite de cheiro. Com alguns quitutes baianos de origem africana se come um molho preparado com pimenta-malagueta seca, cebola e camarão, tudo moído na pedra e frigido em azeite de dendê."

Casa-grande & senzala, p. 545.

ARROZ

"O professor Silva Melo, em páginas do mais autêntico sentido lusotropicológico, tem salientado a importância do arroz – base da lusotropicalíssima canja, que representa a assimilação pela gente lusitana de valor alimentar tropical encontrado na Índia –, quando comido à maneira tropical. Pois nesse ponto devemos lembrar-nos da advertência, tanto do professor Silva Melo como do doutor Marston Bates, no sentido de que o arroz é um dos alimentos tropicais que mais se tem degradado sob os supostos benefícios da técnica de mecanização do chamado aperfeiçoamento de alimentos, com que europeus superindustriais e pan-mecânicos, na sua concepção moderna de civilização, às vezes corrompem tropicais num como afã de os destropicalizar."

O luso e o trópico, p. 95-96; *Uma política transnacional de cultura para o Brasil de hoje*, p. 88.

"O arroz, por exemplo, só começa a ter riqueza de expressão de cultura como característico de uma área cultural, quando considerado na sua série de usos e aplicações na vida do grupo; quando cozinhado, pilado, preparado e guardado para a alimentação do grupo; quando objeto de direito de propriedade e objeto de cerimônias místicas; enfim, quando *complexo*. Quando série ou correlação funcional de traços."

Problemas brasileiros de antropologia, p. 13.

ARROZ DE HAUÇÁ

"O arroz de hauçá é outro quitute afro-baiano que se prepara mexendo com colher de pau o arroz cozido na água sem sal. Mistura-se depois com o molho em que entram pimenta-malagueta, cebola e camarão: tudo ralado na pedra. O molho vai ao fogo com azeite de cheiro e um pouco de água."

Casa-grande & senzala, p. 545.

AZEITE

"Azeite às vezes falta, hoje, em Portugal, ao peixe e à salada; mas é uma falta que se explica pela exportação desse produto português para o Brasil, que poderia, aliás, plantar sua oliveira e fabricar seu óleo superior ao de algodão ou amendoim ou babaçu. Há nas relações luso-brasileiras desequilíbrios em família, fáceis de ser corrigidos com remédios caseiros. O desenvolvimento da oliveira, no Brasil, por mãos portuguesas, é um desses remédios."

Aventura e rotina, p. 167-168.

BACALHAU

"Pereira da Costa já registrara em Pernambuco: 'Bacalhau é comer de negro/ Negro é comer de onça'."

Sobrados e mucambos, p. 787.

"Não há brasileiro autêntico que tenha aversão ao bacalhau; e muitos são, no Brasil, os entusiastas da bacalhoada. Eça, pela boca do Fradique, pedia aos amigos intelectuais que parassem com as ideias ou as teorias enquanto todos saboreassem o prato espessamente português; e os brasileiros autênticos não se fazem de rogados para atender ao apelo do Eça. O anglo-saxão, porém, não tolera o bacalhau; e esse horror quase canônico do anglo-saxão à bacalhoada comunicou-se a certos esnobes portugueses e brasileiros que se fingem, por elegância, incapazes de apreciar comida que consideram plebeia, bárbara, provinciana. Talvez tenha alguma coisa de plebeia e muito de provinciana. Mas a verdade é que acompanhado de bom azeite e de bom vinho o bacalhau é uma das melhores expressões da cultura portuguesa. Cultura no sentido sociológico em que a broa é também um genuíno valor português e o caldo verde, outro."

Aventura e rotina, p. 166.

"O bacalhau depende de um sistema de pesca que, a despeito da modernidade dos chamados *arrastões*, substitutos de velhos e cansados lugres, continua uma aventura em águas do Ártico. O pescador português de bacalhau continua a ser figura heroica: não se vulgarizou em simples operário do mar. O homem do povo e o próprio burguês habituado, há séculos, em Portugal, à sua bacalhoada acebolada com bom azeite e vinho puro da região sente-se incompleto quando lhe falta esse tradicional prato de resistência, também há séculos brasileiro. Donde a necessidade de continuar a haver quem vá de Portugal colher o bacalhau em águas que estão longe de ser as tropicais, desde o século XV dominadas e como que domesticadas e lusitanizadas pela navegação portuguesa. O bacalhoeiro tem que ir à Terra Nova e ao Ártico. Lutar contra tempestades de gelo, contra vendavais, contra nevoeiros. Contra os próprios *icebergs*. Sem esse duro esforço português em mares estranhos, a balança comercial se desequilibraria de tal modo, com o bacalhau que se adquirisse na Noruega ou na Islândia, que o Estado teria de combater o seu consumo como se combatesse um luxo antinacional."

Aventura e rotina, p. 167,

BEIJU

"Do beiju cita Araújo Lima uma variedade de modernas especializações amazonenses. Além do beiju simples, conhecido de todo brasileiro por esse nome ou pelo de tapioca – 'bolo de massa fresca, ainda úmida, ou de polvilho (tapioca), passada pela urupema, de modo a formar grumos, que pela ação do calor ficam ligados pelo glúten próprio da massa' –, o beijuaçu, 'redondo, feito da mesma massa que o beiju-ticanga, e cozido no forno'; o beijucica, 'feito de massa de macaxeira, em grumos bem finos'; o de tapioca, 'feito de tapioca umedecida, de maneira a cair da urupema em grumos pequeninos e, quando pronto, enrolado sobre si mesmo depois de se lhe pôr manteiga na face exterior'; o beiju-ticanga, 'feito da massa da mandioca mole e seca (ticanga) ao sol'; o caribe, 'o beijuaçu posto de molho e reduzido a uma massa, a que se acrescenta mais água, morna ou fria, formando uma espécie de mingau, mais ou menos ralo, conforme o gosto' – mingau que se toma de manhã com água morna, e no andar do dia, com água fria; o curadá, 'beiju grande e bastante espesso, feito de tapioca umedecida, de grumos maiores que o enrolado, e levando castanha crua em pequenos fragmentos'. Tudo comida de índio adotada pelo brasileiro do extremo norte."

Casa-grande & senzala, p. 192.

CANJA

"É certo que há a canja: sopa tão portuguesa. Ou tão lusotropical. Mas a canja marca, nas relações de Portugal com outros povos, a interrupção pela aventura oriental da aliança peninsular de cultura que se exprimira salientemente naquela literatura bilíngue. A canja foi assimilada da Índia pelo português: não é sopa castiça ou peninsular na sua origem. Castiçamente portuguesa é a sopa de couve que, aperfeiçoada, torna-se espanhola por uma como lei de sociologia da culinária: lei de assimilação do simples pelo composto ou do lírico pelo dramático."

Aventura e rotina, p. 108.

CARURU

"Os dois pratos de origem africana que maior triunfo obtiveram na mesa patriarcal brasileira foram o caruru e o vatapá, feitos com íntima e especial perícia na Bahia. Prepara-se o caruru com quiabo ou folha de capeba, taioba, oió, que se deita ao fogo com pouca água. Escoa-se depois a água, espreme-se a massa que novamente se deita na vasilha com cebola, sal, camarão, pimenta-malagueta seca, tudo ralado na pedra de ralar e lambuzado de azeite de cheiro. Junta-se a isto a garoupa ou outro peixe assado."

Casa-grande & senzala, p. 545.

CHARQUE

"Entre os brasileiros, considerável como era, desde dias remotos, o consumo de charque ou carne-seca, tornara-se essa espécie de carne indispensável ao prato nacional por excelência: a feijoada. Mas parecia fantástico que os franceses o adquirissem para seus soldados. A verdade é que vários alimentos caracteristicamente brasileiros passaram, com a Primeira Grande Guerra, a ser procurados por europeus. E data de 1914 o começo – que não foi no Rio Grande do Sul mas em São Paulo – da moderna indústria da carne fresca, com refrigeração em escala talvez nova em terra tropical. Em 1916 a carne gelada exportada pelos frigoríficos brasileiros chegou a perfazer o total de 29 mil toneladas e neste particular, como no tocante à carne-seca, no Sul do País, e à de vento ou de sol, no Nordeste, a iniciativa que criou para a economia brasileira novas possibilidades de bastar-se si própria, como sistema ou ordem nacional, e de expressão internacional, capaz de nos compensar da perda dos mercados para a *Hevea brasiliensis,* não foi de estrangeiro, mas de brasileiro [Antônio da Silva Prado] –, da Companhia Frigorífica e Pastoril de São Paulo]."

Ordem e progresso, p. 681.

CARNE DE BOI

"Para indianos, a carne de boi é tabu. Ninguém ignora que aos olhos dos hindus as vacas ou bois são animais sagrados. Vagam pelas ruas sem que ninguém ouse lhes embaraçar os passos. Pisam, até, aqueles indianos franzinos de casta baixa que, não tendo onde dormir, deitam-se pelos lugares públicos, onde alguns chegam a morrer de fome, já tão secos de corpo que seus ossos podem ser quase vistos e contados através da pele. Daí, talvez, os velhos *médicos* hindus não sentirem a mesma necessidade experimentada pelos europeus de dissecar cadáveres, para estudarem anatomia humana. Estudam-na através da pele de pobres-diabos já quase cadáveres, desdenhados pelas vacas, às vezes gordas, que atravessam as ruas com um ar de rainhas que as mulheres do povo estão longe de ostentar."

Aventura e rotina, p. 317.

CABRA

"Criada de outro jeito, isto é, sob vigilância ou dentro de cercado, a cabra poderia ser um animal realmente útil aos dois nordestes, dando-lhes o leite e excelente requeijão – e não apenas a pele para o grande comércio israelita de peles. Mas sem lhes destruir as plantas. Criando-lhes os filhos e fornecendo-lhes mais facilmente que a vaca a manteiga e o queijo. Sendo a perfeita 'comadre cabra', como diz quase franciscanamente o sertanejo de cabra menos arisca que dá leite aos seus filhos."

Nordeste, p. 111.

CARNEIRO

"O carneiro parece que nunca foi animal de corte cuja carne fosse consumida à grande no Nordeste ou nas demais regiões do Brasil, agrário ou pastoril".

Nordeste, p. 114.

"O relevo dessa carne nos anúncios de açougueiros franceses da primeira metade do século XIX pode ser atribuído ao fato de que não era tão fácil encontrá-la, como a de boi ou mesmo a de porco, nos carniceiros da terra."

Um engenheiro francês no Brasil, p. 59.

CUSCUZ

"O cuscuz é um prato que em geral se supõe muito nosso. Trata-se de um velho prato patriarcal do norte da África. Nas palavras de Edmond Richardin, '*plat primitif et lointain, plat patriarcal dont la saveur nomade réjouit la fantaisie du voyageur qui se souvient!*' ([...] *La Cuisine Française du XIVe au XVe Siècle*, Paris, [n.n.], 1913). No Brasil foi o antigo processo norte-africano aplicado a produtos indígenas."

China tropical, p. 31.

FEIJOADA

"Da feijoada brasileira, chamada completa, por exemplo, não há exagero em dizer-se que, sendo expressão de uma arte composta, com alguma coisa de europeu e outro tanto de africano e de ameríndio em sua composição e em sua harmonização de sabores como que contraditórios, é também exemplo da força com que a arte, erudita ou popular, ilustre ou humilde, pode concorrer, quando composta sob um sentido feliz de combinação até de contrários, para a paz, a cordialidade, a aproximação entre os homens."

A propósito de frades, p. 162.

"O barão [de Itaingá] não tardou a anunciar: *Vocês vão participar de uma feijoada à maneira de Santa Isabel. Não sei se vão gostar. Sei que é verdadeiramente brasileira. Também que foi certa vez saboreada na própria casa-grande do nosso engenho pelo conde d'Eu e pela princesa Isabel. Leva charque do melhor, do qual trouxemos conosco boas fatias, pretendendo importá-lo de tempos em tempos de Pelotas. Também abóbora, vinda do Brasil do mesmo modo que a pimenta e também – não temam a ausência – farinha da mais puramente brasileira e arroz também vindo de lá. Alguma carne fresca daqui de Paris – de um dos seus açougues, mas escolhida pela baronesa – foi associada ao lastro brasileiro da feijoada. E, agora, meus doutores, bon appétit!*"

O outro amor do dr. Paulo, p. 52-53.

"*Tudo vindo do Brasil*, informou o exilado barão aos seus convidados, entre os quais a filha de outro barão e de outra baronesa. Lembrando-se do que observou que a feijoada com farinha não era prato brasileiro que pela delicadeza se ajustasse de todo ao paladar – e disse em francês – de *jeunes filles*. Era prato um tanto só para homens. Ou só para gente madura. A baronesa, esta, até a galinha ou pato assado juntava ultrabrasileiramente à sua farinha. Quanto a ele, barão, se sentiria infeliz se o privasse do seu feijão. Do seu feijão e do seu aperitivo de aguardente. É claro que em Paris por vezes com convidados franceses tinha que saborear feijão, farinha e aguardente na copa, antes do jantar de cerimônia na sala solene. Contingências do exílio."

O outro amor do dr. Paulo, p. 126.

SELETA DE TEXTOS

FRANGO

"A *Granja Galo de Ouro* está capacitada para resolver o problema do almoço e do jantar, fornecendo franguinhos de três meses, vacinados contra Newcastle, vivos ou abatidos na hora. Especiais para churrasquinho e forno, fornecendo sangue para cabidela. Aceita também encomenda de ovos claros, para entrega semanal."

Guia prático, histórico e sentimental da cidade do Recife, p. 39-40.

FRITADA DE GOIAMUM

"Encontro no sugestivo estudo para o qual o professor Lins e Silva me pede este prefácio inútil, referência a um fato na vida do africanologista que revela ter sido ele homem capaz de paixão política. Nas palavras do professor Lins e Silva: *Certa vez todo o país político se abalou com o boato do envenenamento da família de um governador do estado. Foi o caso de um senador de Pernambuco haver presenteado à família Barbosa Lima com uma fritada de goiamum, saboroso crustáceo, a qual se dizia havia sido envenenada no trânsito para o palácio do governo. Um médico, dos mais notáveis do estado, no tempo em que era quase um mito a prova de laboratório, chegou a afirmar a natureza do envenenamento. Talvez até tivesse razão. Mas o que é verdade é que surge Nina* [Nina Rodrigues], *da Bahia, com o seu cartel de desafio, procurando esclarecer o caso, demonstrando a existência de ptomaínas em caranguejos, capazes do fenômeno que se discutia. Das ptomaínas não se duvida que fossem capazes do fenômeno que se discutia*, conforme a sugestão de Nina Rodrigues: sugestão talvez de cientista desejoso de prestigiar com a ciência – sem subordiná-la, é claro, a partidarismo nenhum – aos políticos pernambucanos de sua predileção, isto é, os Carneiro da Cunha, José Maria, creio que Martins Júnior, então em luta de vida e morte contra um governo poderosíssimo."

Perfis de Euclides e outros perfis, p. 194.

GALINHA DE CABIDELA

"Queria saber da senhora dona Maria Francisca se em galinha ao molho pardo se usava pimenta. Tinha uma vaga ideia de que havia uma etiqueta a respeito. A uns pratos era de bom-tom acrescentar um pouco de pimenta, a outros, não."

O outro amor do dr. Paulo, p. 67.

LAGOSTA

"Um cronista carioca, Carlos de Laet Neto, elogia muito a lagosta com cebolas e creme de leite que se serve em Boa Viagem. Mas sem deixar de reconhecer as virtudes da lagosta ensopada com ovos que se faz no Leite; e da muito pernambucanamente servida com leite de coco – especialidade de pitoresco restaurante à rua da Aurora. Esta, aliás, é a mais recifense das ruas do Recife; e a lagosta talvez seja o mais recifense dos quitutes, com exceção do pitu. O célebre pitu do rio Una, uma vez por outra oferecido pelo Leite aos seus fregueses de paladar mais exigente."

Prefácios desgarrados, vol. II, p. 612-613.

"Há quem à noite goste de sair de tocha pelos arrecifes do Recife à procura de lagosta [...] Para além dos arrecifes pode-se fazer pesca submarina: especialidade, nos domingos e dias santos, de um grupo de recifenses ilustres, um deles admirável mestre brasileiro de cirurgia, conhecido e respeitado na Europa: Luís Tavares."

Guia prático, histórico e sentimental da cidade do Recife, p. 75.

LAGOSTA AO LEITE DE COCO

"Do Recife são por alguns consideradas as mais saborosas lagostas ao leite de coco do Brasil. Ao que se acrescente ser boa tradição recifense dar nomes de recifenses considerados ilustres a quitutes mais característicos: recifismo registrado pelo escritor francês Jean Duvignaud. Sempre a tendência do Recife para intelectualizar ou alterar valores. Talvez seja essa tendência um dos traços do que possa ser denominado recifensidade."

Alhos e bugalhos, p. 91.

LEITE

"Os algarismos dançam-me diante dos olhos. Logo é a seção de vacas de leite; as vacas num estábulo muito limpo, e, junto, num balcão, onde se vende leite em vasos higiênicos, de papel. Mais adiante o departamento de clínica de dentes: aqui examinam grátis, e limpam os dentes de crianças. No departamento da Companhia Colgate distribuem tubos de pastas dentifrícias e folhetos com instruções para o cuidado da boca. E é farta a distribuição de folhetos, brochuras e cartões ilustrados: sobre o tratamento de pessoas tuberculosas, sobre os meios de prevenir a varíola ou a febre tifoide ou a pelagra; sobre os cuidados devidos aos nenéns; sobre higiene de roupa e de habitação; sobre alimentos etc."

Tempo de aprendiz, p. 171.

MACAPATÁ

"No extremo norte faz-se ainda de mandioca uma comida indígena chamada macapatá: um bolo feito de massa de mandioca mole que 'depois de espremida no tipiti', diz Araújo Lima, 'massada com banha de tartaruga e com pedaços de castanha crua é espalmada em pequenas porções oblongas, envolvidas em folhas de bananeira, para serem assadas em rescaldo."

Casa-grande & senzala, p.193.

MAÇOCA

"A maçoca, de que se fazem vários bolos, além do caribé, não se restringe ao Amazonas: pode ser considerada de uso generalizado ao norte e ao centro do Brasil, embora menos que o mingau, a canjica de milho e a moqueca: estes se incorporaram ao sistema nacional da alimentação brasileira logo depois dos produtos por assim dizer originais ou brutos – o cará, o milho, a batata, o cacau, o midubi, a mandioca. A maçoca é a massa da mandioca passada pelo tipiti e, depois de bem socada ao pilão e seca ao sol, posta em paneiro; e este pendurado a certa altura do fogo usual para manter-se a massa sempre enxuta."

Casa-grande & senzala, p. 194.

SELETA DE TEXTOS

MANDIOCA

"E não foram só filhós de mandioca, cuscuz de mandioca, doces e vinhos de caju; também a banana comprida 'cosida no assucar com canella'; cará cozido com carne; bolos de milho com ovos, açúcar e pão; milho quebrado e pisado no pilão para se comer com caldo de carne, de peixe e de galinha – pirão 'mais saboroso que o arroz', diz-nos Gabriel Soares, que deve ter sido o senhor de engenho mais glutão do seu tempo."

Sobrados e mucambos, p.142-143.

"À reabilitação da mandioca, empreendida nos nossos dias por médicos-sociólogos brasileiros que nela veem alimento ideal para convalescentes de certas doenças e para completar, em vez de prejudicar, a dieta de pessoas sadias, talvez possa corresponder a daqueles jogos e daquelas danças – incluindo capoeira, de origem africana – dentro de uma *medicina desportiva* ecologicamente orientada. Ou, no caso, *tropics minded*, como se diria em inglês."

Sociologia da medicina, p. 196.

MANTEIGA

"A manteiga da Inglaterra merece destaque dentre os artigos ingleses importados pelo Brasil na primeira metade do século XIX: tornou-se indispensável à mesa da burguesia dos sobrados e da aristocracia das melhores casas-grandes dos engenhos e das fazendas. Infiltrou-se nas receitas de bolos brasileiros mais finos: os de origem aristocrática e burguesa. Nessas receitas ocorre, com frequência, a expressão *manteiga ingleza*, com o significado de manteiga superior, manteiga de mesa, manteiga de sobremesa, ao contrário de *manteiga franceza*, que era a manteiga de cozinha ou de tempero. Os barris com manteiga inglesa deixam-se ver em numerosos anúncios de jornal do tempo do Brasil-Reino, embora raramente sós: quase sempre junto a barricas de vidro e às vezes ao pé de mercadorias as mais disparatadas."

Ingleses no Brasil, p. 255.

"Pelos anúncios de jornais do tempo do primeiro imperador e da Regência continuam a rolar barris de manteiga inglesa, às vezes junto com barricas de farinha, como os que em 1836 recebiam da Inglaterra os negociantes ingleses em Pernambuco McCalmont & Cia.: 250 barris com manteiga e duzentas barricas com farinha. Ou, junto com barris de cerveja, fardos com fazenda de lã, volumes com trastes como os que em outubro do ano de 1821 chegavam ao Rio de Janeiro no inglês *Agnes*, segundo notícia no jornal *O Espelho* de 17 daquele mês e ano. Às vezes chegava um navio da Inglaterra ao Rio só com manteiga inglesa, como o *Cyclops*, com *cem barris*, segundo informação do mesmo *O Espelho* de 14 de novembro de 1821. Mas o mais comum era vir manteiga com cerveja, com louça, com presuntos; manteiga com fazendas de lã; manteiga com bacalhau; manteiga com batatas, cabos, lonas; manteiga com carvão, pólvora, ferro. Manteiga para as bocas das pessoas e pólvora menos para as bocas dos canhões, ou das simples armas de fogo, que para o fabrico dos fogos de artifício."

Ingleses no Brasil, p. 255.

SELETA DE TEXTOS

MILHO

"O milho, as senhoras de engenho conservavam em fumo, 'para se não danar': durava assim de ano a ano. Nas casas-grandes e nos primeiros sobrados, o fumo fez as vezes do gelo, para a conservação de certos elementos de que as donas de casa se utilizavam o ano inteiro, no preparo de doces e quitutes."

Sobrados e mucambos, p.143.

MINGAU

"Havia até quem, tendo título de nobre ou nome ilustre, fosse acusado de ter enriquecido fabricando cédula ou moeda em casa, sabendo-se de uma guitarra de gente de prol que rangera o seu ranger criminoso no fundo de uma doce capela de engenho, assombrando a gente simples: aquilo era alma fazendo mingau! O mingau que é crença entre a gente simples do Recife passarem as almas durante a noite pelos olhos dos meninos."

Assombrações do Recife Velho, p. 106.

MINGAU PITINGA

"O professor Joaquim Amazonas me recorda o famoso mingau pitinga do engenho Trapiche: delicioso mingau do qual parece ter se perdido a receita."

Manifesto regionalista, p. 67.

MOQUECA

"Há entretanto um processo indígena de preparar peixe que se generalizou no Brasil: o da *pokeka*, 'de que se fez por corruptela, moqueca', informa Teodoro Sampaio no seu vocabulário geográfico brasílico, 'e significa embrulho'. Embrulho de peixe em folhas. Moqueca é o peixe assado no rescaldo, que vem todo embrulhado em folha de bananeira – espécie de bebezinho envolto no seu cueiro. A moqueca mais apreciada é mesmo a que se faz de peixinho novo, ainda transparente, pequenininho: bebê de peixe. Na Bahia e em Pernambuco, a *pokeka* se africanizou, ou antes, se abrasileirou, deliciosamente, em moqueca, nas cozinhas das casas-grandes."

Casa-grande & senzala. pág. 195.

OSTRA

"O freguês de galinha vinha outrora às casas dos recifenses, a cavalo, com dois caçuás ou garajaus cheios: hoje essa figura começa a se tornar rara nas ruas da cidade. Raros são também os vendedores de peixe ou de camarão, que outrora iam de uma casa a outra. Ou os de ostras do tipo negro velho que atravessava o Recife, até os dias da Primeira Grande Guerra, com um balaio enorme à cabeça e gritando: 'Ostras! É chegada agora! É chegada agora! É chegada agora!'"

Guia prático, histórico e sentimental da cidade do Recife, p. 54.

PACA

"Que para Gaspar [João Gaspar da Rocha Wanderley – tio de José Maria, o filho padre de Dona Sinhá] não havia galinha nem pato nem peru nem leitão que tivesse o sabor de uma paca caçada pelos seus cabras e preparada pelas suas negras."

Dona Sinhá e o filho padre, p. 75.

SELETA DE TEXTOS

PAÇOCA

"Do peixe ou da carne pilada e misturada com farinha faziam a *paçoka* ou paçoca, ainda tão usada no Norte; faziam o *piracuí*, 'areia do peixe', feita do peixe desfeito a mão, depois de tiradas as espinhas, torrado no forno, pilado e empaneirado; mas o processo mais característico de prepararem as cunhãs peixe ou a carne de caça era o de *mokaen*, que nos ficou sob o nome de moquém – isto é, o peixe ou a carne assada sobre brasas; 'ou então sobre um gradeado de madeira', esclarece Teodoro Sampaio."

Casa-grande & senzala, p. 194.

PÃO

"Também se encontram nos jornais brasileiros dos primeiros tempos do Império numerosos anúncios de padeiros, pasteleiros e açougueiros franceses. No Recife, tanto quanto no Rio. Um anúncio típico de padaria e pastelaria francesa é o que se lê no *Diário de Pernambuco* de 9 de janeiro de 1840: padaria onde se fabricava *o pão por um meio mecânico que o torna melhor e mais limpo pois que é amassado por uma máquina*. Quanto à pastelaria, fabricava *doces, bolos, pastéis, próprios para festas, bailes e chás, tendo sempre um bom sortimento de tudo o que pertence a um bom pasteleiro à maneira da Europa.*"

Um engenheiro francês no Brasil, p. 58.

PEIXES

"Também não nos fala – ele que gostava tanto de peixe, ou das *marés*, como se dizia na linguagem particular da família – de pescarias nem de ceias da Semana Santa, acontecimentos de enorme importância no Recife de sua época. Principalmente para quem como ele morou mais de uma vez perto da água: na rua Imperial, à beira dos grandes viveiros de Afogados e de Jiquiá – donde nas vésperas das grandes ceias da Semana Santa se retiravam barricas de camurins, carapebas, curimãs; perto das pescas de marisco de Fernandinho; perto dos mangues e dos alagados cheios de goiamum e caranguejo; e em Olinda, perto do mar, com excelente peixe de água salgada dos pescadores de jangada à porta de casa."

O velho Félix e suas "Memórias de um Cavalcanti", introdução à 1ª edição, p. xlviii.

"Para as populações rurais do extremo norte o pirarucu faz as vezes do bacalhau ou do charque: 'é aproveitado em conserva, salgado apenas (salmoura) para o consumo de dias mais próximos, ou salgado e dessecado ao sol (seco), em mantas, para resistir muito mais tempo e ser exportado'. Outros peixes muito em uso na Amazônia são o tucunaré e o tambaqui: este aproveitado pelo processo tão caracteristicamente indígena da mixira. O processo da mixira não se restringe ao peixe: pode haver mixira de carne. Peixe ou carne assada na própria banha a fogo brando, depois de feita em pedaços. Assim preparada é a carne, de caça ou de peixe, conservada na própria banha e fechada em vasilhas próprias; antigamente, pelos indígenas, em potes de barro; hoje, diz-nos Araújo Lima, em latas cilíndricas de folha de flandres. Faz-se mixira de peixe-boi, de tartaruga, de tambaqui, de anta etc."

Casa-grande & senzala, p. 195.

"Os peixes do mar e dos rios do Nordeste são muitos: peixes de alto-mar; peixes de água funda; peixes das pedras, que não sendo os mais saborosos, são entretanto os mais bonitos e os mais cheios de cores vivas. Os peixes de cores vivas são tão bonitos que não se compreende que não sejam também os de melhor sabor: o aguiúba, vermelho; o piraúna, também vermelho; o tucano e o budião, azuis. Mas não são. E é a gente mais pobre que fica com esses peixes mais bonitos para o seu almoço e para a sua ceia com farinha de mandioca e molho de pimenta. Muitas vezes temos visto as jangadas chegarem às praias cheias de peixes de cor, ainda vivos e pulando: peixes azuis, peixes encarnados, peixes roxos e cor-de-rosa, peixes listrados, peixes amarelados com salpicos pretos. 'Só têm beleza', dizem os entendidos. Sucesso é o do pescador que traz na sua jangada cavala-perna-de-moça, cioba, carapeba, tainha – os aristocratas das águas do Nordeste. Sucesso é o do negro que no seu balaio carrega as grandes lagostas, os lagostins, os pitus."

Nordeste, p. 69.

"Peixe, sempre houve muito bom no Recife, pescado nos rios ou trazido do mar pelos jangadeiros: agora é que está raro. Peixe, caranguejo, lagosta, pitu, camarão. É famosa a cavala-perna-de-moça. O restaurante Leite, que é uma tradição recifense, foi no que se celebrizou nos seus grandes dias: em peixe pernambucano. Continua a ser sua especialidade, agora que é para o Recife o que os velhos restaurantes franceses são para New Orleans. Também se especializa em sobremesas – doces das boas frutas da terra. O turista prove no Recife doce de goiaba ou de caju em calda – aqui como em todo o Brasil comido com queijo. É a maneira ortodoxa de se comer qualquer doce em Pernambuco."

Guia prático, histórico e sentimental da cidade do Recife, p. 48.

"Um velho pátio [o pátio de São Pedro] onde à noite ainda há quem venda, pelas esquinas, peixe frito e tapioca."

O Recife, sim! Recife, não!, p. 57.

"O Recife foi até há poucos anos cidade de muitos vendedores ambulantes – de peixe, de macaxeira, de fruta, de galinha. De manhãzinha cedo eles já estavam gritando: 'Banana-prata e maçã madurinha! Macaxeira! Miúdo! Figo! Curimã! Cioba! Tainha! Cavala-perna-de-moça! Dourado! Carapeba!' Esses são os peixes aristocráticos. Há peixes de segunda, de terceira, de quarta e de quinta, toda uma hierarquia, até os plebeus: bagre, caraúna, budião, arraia, passando por chicharro, carapitanga, xaréu, serigado, aribebéu, boca-mole, palombeta. E hoje está muito em voga o peixe trazido aos mercados do Recife por barcos japoneses: principalmente albacora. Nunca se compra nada pelo primeiro preço que o vendedor pede. Ajusta-se. É uma arte em que as donas de casa do Recife são peritas."

Guia prático, histórico e sentimental da cidade do Recife, p. 53.

"Era a Casa de Banhos do Recife um tanto hotel e tinha seu restaurante não de todo mau, onde o gourmet podia saborear tranquilamente seu peixe fresco, sob a impressão de estar a bordo de um iate ou navio ancorado à vista da cidade. É pena que se tenha abandonado tradição tão caracteristicamente recifense: a Casa de Banhos. Ia-se até lá de lancha ou de bote: lancha ou bote que saía do cais Martins de Barros, antigo do colégio. E o suposto iate tinha a vantagem, para o recifense mais sentimental, de parecer ir seguir, com o primeiro favor de vento, para o Oriente ou para os gelos do Norte da Europa; mas só parecer. Na verdade era casa e não iate. Não se afastava do Recife."

Guia prático, histórico e sentimental da cidade do Recife, p. 125.

"Aqui [em Olinda] os carmelitas descalços tiveram o seu convento. Tollenare almoçou com eles: 'o peixe era excelente'. Ainda hoje, pode-se ver na cozinha das freiras do orfanato – que são irmãs de São Vicente de Paulo – um grande pilão de pedra do tempo dos frades."

Olinda – 2º guia prático, histórico e sentimental de cidade brasileira, p.105.

"Em Olinda, quem tiver algum espírito de aventura pode comer sua boa peixada fresca em humilde restaurantezinho franciscanamente instalado em mucambo ou palhoça limpa e arejada. E terá a impressão de estar em alguma ilha tropical."

Olinda – 2º guia prático, histórico e sentimental de cidade brasileira, p. 178.

"Não se pesca mai de rede
não se pode mai pescá,
qui já sube da nutiça
que os ingrês comprou o má."

Ingleses no Brasil, p. 65.

PERU

"A despeito de seus quarenta anos de França, *monsieur* Camargo – Roberto Camargo – continuava brasileiro. Tanto que, nesse mesmo dia, como passássemos por um restaurante em cuja vitrine esplendia um belo peru assado, disse-me o afrancesado no seu português cheio de rr franceses: *Que deliciosa roupa-velha se poderia fazer desse peru! Eu não dispenso roupa-velha: ensinei a uma senhora francesa como fazer esse prato brasileiro que não dispenso. Peru novo não tem gosto. Peru bom é peru do dia seguinte, como roupa-velha, junto com farofa do nosso Brasil.*"

O outro amor do dr. Paulo, p. 4.

PIMENTA

"Sabe-se o abuso que faziam os indígenas da pimenta: abuso que se prolonga na culinária brasileira de hoje. No extremo norte existe o juquitaia – condimento híbrido, feito de malagueta e sal: depois de seca a malagueta, nos próprios ramos quebrados da pimenteira e pendurados na cozinha, é passada no forno e levada ao pilão para ser socada com sal. O complexo da pimenta aguçou-se no Brasil pela influência da culinária africana, ainda mais amiga que a indígena dos requeimes e excitantes do paladar: é a cozinha afro-baiana que mais se salienta pelo abuso da pimenta. Mas o indígena não a desprezava, como não desprezava o pijericu, o pixurim, o limão, e, para fazer as vezes do sal, a cinza. Sigaud dá como causa dos frequentes ataques de disenteria entre os índios brasílicos [...] o uso imoderado de gengibre, pimenta e limão."

Casa-grande & senzala, p. 195-196.

SELETA DE TEXTOS

"A pimenta, tão característica dos vatapás e carurus afro-baianos, tem tido defensores mesmo entre estrangeiros. O príncipe Maximiliano considerou-a *'excellente pour la digestion'*; Burton, *'excellent stomachic'*. Burton, aliás, foi um voluptuoso da cozinha brasileira: o tutu de feijão mineiro encantou-o; e proclama-o um prato higiênico, combinando carbono e nitrogênio; ainda que indigesto, quando comido diariamente."

Casa-grande & senzala, p. 549.

"Maria Francisca respondeu que, com relação [ao acréscimo de pimenta] à galinha ao molho pardo, não se podia dizer sim ou não. É *questão aberta*, como se diz nos parlamentos, acrescentou o próprio barão. O qual aproveitou o momento para recordar que um seu amigo de Pernambuco, o barão de Nazaré, era tão afeiçoado à pimenta, que não ia a banquete de cerimônia sem encher um dos bolsos da casaca de pimentas das pimenteiras domésticas. Para ele não havia prato que tivesse gosto sem pimenta."

O outro amor do dr. Paulo, p. 68.

PIRÃO

"Divino pirão! Nunca no Brasil se pintou um quadro nem se escreveu um poema nem se plasmou uma estátua nem se compôs uma sinfonia que igualasse em sugestões de beleza a um prato de pirão. Artur de Oliveira descreveu-o uma vez: uma onda de ouro por onde se espaneja o verde das couves."

Tempo de aprendiz, p. 345; *Retalhos de jornais velhos*, p. 10.

PIRÃO DE FEIJÃO

"Como José Maria chegasse aos 6 anos, pareceu a dona Sinhá que era tempo de começar a ensinar-lhe a ler e a escrever. Ela própria se encarregou dessa tarefa. Não foi fácil. O menino continuava um convalescente: sempre fino e franzino de corpo, comendo pouco, fastiento, como dizia Inácia, que às vezes lhe dava bolões, por ela própria amolegados, do seu pirão de feijão, rude, plebeu mesmo, que José Maria comia com certo gosto, numas como férias dos mingaus e das papas aristocráticas que dona Sinhá lhe preparava com as farinhas mais delicadas à venda nos armazéns da rua Nova."

Dona Sinhá e o filho padre, p. 34-35.

PITU

"Ninguém pintou ainda uma travessa cheia de pitu ou de caranguejo gordo, ou um prato fundo cheio de pirão amarelo – pirão de cozido ou de afervento de peru."

Retalhos de jornais velhos, p. 10.

"Os pitus do Rio Una. O Una pernambucano tornou-se famoso pelos pitus que os senhores de engenho da várzea do Una tinham sempre à mesa nos dias dos grandes jantares. Do mesmo modo o rio Corrente, da Bahia, ficou célebre pelo dourado, 'muito gordo e saboroso'. Pitu do rio Una, dourado do rio Corrente, fritada de caranguejo, de siri, de camarão, de gaiamum, de 'unha-de-velho'; polvo; sururu de Maceió; peixe cozido com pirão; peixe frito de tabuleiro; curimã de viveiro de casa-grande; peixe de coco; peixe de moqueca – tudo

SELETA DE TEXTOS

isso ligou de uma maneira muito íntima a água, o mar, o rio, à mesa e à vida da gente do Nordeste. A água ficou uma amiga das casas do litoral e da 'mata'. Das casas ricas e dos mucambos, tantos deles levantados bem junto da água."

Nordeste, p. 69.

"O rio Una: cresci ouvindo falar em rio Una. Nele e no seu pitu. Também em Tamandaré: 'aí devia ser o porto de Pernambuco', sempre me disse meu Pai, repetindo à minha meninice o que, menino, ouvira do meu avô. Explica-se assim que ao rever, com P.P. [Pedro Paranhos], Tamandaré, o Una, Serinhaém, rio Formoso, Água Preta, Porto Calvo e, ao longe, a ilha de Santo Aleixo, eu tenha tido uma perfeita impressão de *déjà-vu*; e ao saborear pitu em Japaranduba o tenha saboreado com alguma coisa de equivalente ao *déjà-vu* no paladar: sentindo no seu gosto um delicioso gosto conhecido. Conhecido e amado."

Tempo morto e outros tempos, p. 218.

PRATOS AFRO-BRASILEIROS

"Alguns pratos afro-brasileiros guardam alguma coisa de religioso ou litúrgico na sua preparação. E para o seu preparo com todos os *ff* e *rr* importaram-se por muito tempo da África, além do azeite de cheiro ou de dendê, esquisitos condimentos: o bejerecum, o ierê, o uru, o ataré. Manuel Querino refere-se a umas bolas de arroz feitas no azeite de cheiro, ou no mel de abelha, que os pretos muçulmanos na Bahia costumavam comer em cerimônias religiosas."

Casa-grande & senzala, p. 546.

POLVO

"Nos arrecifes também se encontram polvos, dos quais se preparam quitutes que rivalizam com os ensopados de lagosta."

O Recife, sim! Recife, não!, p. 85.

QUEIJOS

"Enquanto ouvia as explicações, o tal odor parecia ser dos tais que, de tão espessos, são coisas que podem ser apalpadas e até cortadas a faca como certos queijos célebres pelos seus cheiros fortes, que, sentidos de longe pelos gourmets, lhes dão verdadeiros gozos ao paladar por pura antecipação."

Tempo morto e outros tempos, p. 125.

"Contam que de uma feita um rato fez-se monge. Um grande queijo flamengo foi o seu convento. Abriu um buraquinho no queijo e disse: *Passarei aqui o resto de minha vida arrependendo-me de ter sido guloso*. Em poucos dias engordou. Um dia batem-lhe à porta dois ratinhos mortos de fome. *Meus irmãos*, diz-lhes o monge, que de gordo já não cabia pelo buraco, *eu nada tenho com as coisas deste mundo. Ide, tende coragem para suportar os vossos infortúnios como eu suporto os da minha clausura*. E voltou a alargar o seu convento. Essa simples história é típica. Quantos sob este ou aquele pretexto não se esquivam aos seus deveres para com os outros, para viverem regaladamente um viver egoístico! Para muitos a vida ideal é uma espécie de insulamento, de fria indiferença aos problemas sociais e às dores humanas."

Região e tradição, p. 71.

SELETA DE TEXTOS

SARAPATEL

"Participou dessas agitações de rua contra os padres José Mariano Carneiro da Cunha: um José Mariano de quem João Gaspar foi companheiro, não dessas agitações de rua, mas em pândegas noturnas, de comerem boemiamente eles e mais o cocheiro de Mariano sarapatel em quiosques – num dos quiosques de pé de ponte que havia então no Recife; e nos quais uma vez por outra o então jovem político, sempre muito boêmio nos seus dias de moço, parava para comer sarapatel e bebericar vinho verde. Joaquim Nabuco, que mais de uma vez jantou com José Mariano, na sua casa em que o Carneiro da Cunha residia à beira do Capibaribe, no Poço da Panela, não compreendia esses excessos do amigo. Amigo até certo ponto. Porque quando Joaquim Nabuco foi uma vez vaiado no Recife, João Gaspar soube, talvez pelo próprio cocheiro de Mariano, que fora o Carneiro da Cunha quem açulara a vaia contra Nabuco."

Dona Sinhá e o filho padre, p. 94-95.

"Há no Recife, além de mercados como o de São José, o de Casa Amarela, o do Bacurau – outrora famoso pelo seu sarapatel da meia-noite – e de feiras ainda rústicas, mercadinhos e supermercados de feitio moderno."

Guia prático, histórico e sentimental da cidade do Recife, p. 190.

SARDINHA

"Portimão
Precisa a gente caminhar com cuidado
senão atola o pé em sardinha morta
em resto de sardinha
em geleia de sardinha espapaçada por mil pés.
Sardinha aqui é papa derramada pelo chão
como se fosse fruta podre
tempo de fartura de fruta no Brasil
goiaba manga sapoti em velhos sítios de Belém, da Bahia, do Recife,
onde a fruta caída das árvores se torna quase lama
sobejo pobre de excesso de maná
repudiado até pelos timbus."

Seleta para jovens por *Gilberto Freyre*, p. 141.

TAPIOCA DE COCO

"Na tapioca de coco, chamada molhada, estendida em folha de bananeira africana, polvilhada de canela, temperada com sal, sente-se o amálgama verdadeiramente brasileiro de tradições culinárias: a mandioca indígena, o coco asiático, o sal europeu, confraternizando-se em um só e delicioso quitute sobre a mesma cama africana de folha de bananeira. Cremos, aliás, ser o Nordeste, isto é, a zona de influência pernambucana, e mais para o norte o Maranhão, os dois pontos mais intensos dessa confraternização de cultura; confraternização materializada na culinária e sutilizada em outras esferas onde mais difícil se torna o discernimento ou a diferenciação pelos estudos de psicologia social, de etnografia, de folclore e de sociologia."

Casa-grande & senzala, p. 193-194.

SELETA DE TEXTOS

TARTARUGA

"A tartaruga, como já foi dito, constitui sozinha um complexo, dos vários que o indígena transmitiu ao sistema alimentar brasileiro; dela se faz no extremo norte uma variedade de quitutes, cada qual mais louvado pelos gourmets; cada qual mais gostoso. Um deles é o arabu, feito com a gema dos ovos de tartaruga ou tracajá e farinha – sem mais nada; outro, este mais fino e delicado, é a abunã – os ovos de tartaruga ou tracajá 'moqueados antes de completa gestação', diz Araújo Lima, 'tendo a tartaruguinha ou tracajá certa porção de gema segura ao peito'; come-se a abunã com sal e farinha. E há ainda o mujanguê: um mingau que se faz com as gemas dos ovos de tartaruga ou tracajá e farinha de mandioca mole, intumescida de água; alguns europeízam esse pirão, acrescentando-lhe sal ou açúcar. Há mais a paxicá, picado feito de fígado de tartaruga, temperado com sal, limão e pimenta-malagueta."

Casa-grande & senzala, p. 195.

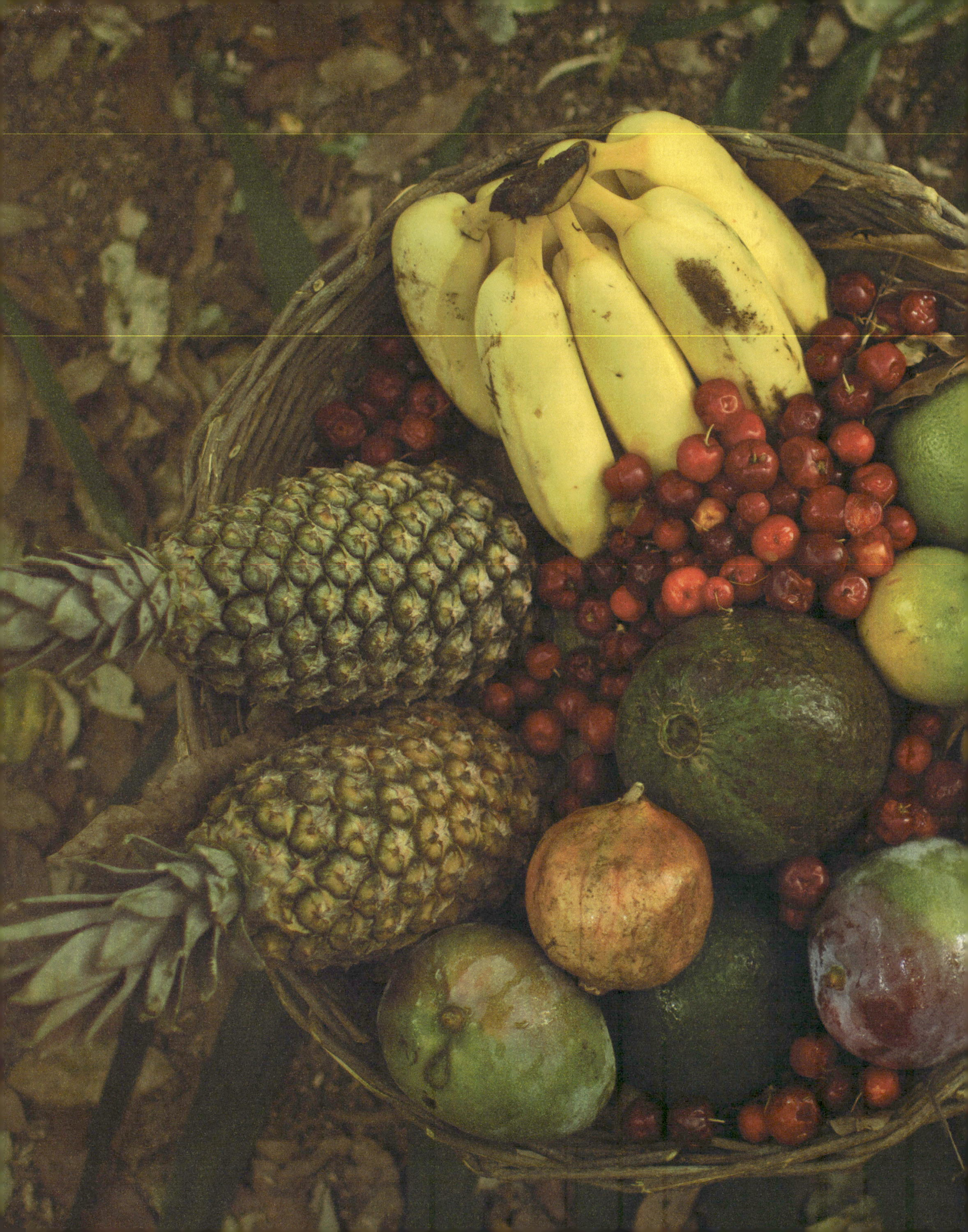

19
FRUTAS

"Não se concebe Pernambuco sem as suas muitas e várias frutas."[1]

Nossos índios não davam muita importância às frutas que tinham – abacaxi, banana, caju, goiaba, graviola, mangaba, sapoti. Para eles, eram só alimento de brincadeira. O mesmo se deu com o colonizador português, que, por muito tempo, continuou preferindo os sabores da terra distante. Mas, também por lá, começaram a provar sabores para eles novos. É que com as grandes navegações, sobretudo a partir do século XVI, à península Ibérica chegaram frutas da África. Também da China e da Índia. Tudo em seguida embarcado nas caravelas e espalhado por todo o grande império português – Angola, Brasil, Cabo Verde, Goa, Macau, Moçambique e Timor-Leste. Assim conhecemos carambola, coco, figo, jaca, jambo, laranja, limão, maçã, manga, melão, melancia, romã, uva. Frutas que, "transplantadas nos trópicos, frutificam em maior abundância e gosto" – observou, em 1702, frei Antônio do Rosário[2]. As mesmas que "se tornaram logo nacionais na preferência popular", segundo Câmara Cascudo[3]. Gilberto Freyre faz várias referências a frutas e fruteiras, por toda sua obra. Com especial carinho por aquelas que plantou em seu pomar de Apipucos. A seguir, uma relação de algumas dessas frutas, indicadas por seus nomes; ou, quando são muitas as referidas em um mesmo parágrafo, divididas em *frutas de Apipucos*, *frutas que vieram de longe* e *frutas da terra* – nessas incluídas **"árvores e plantas vindas da Europa, do Oriente, da África, que crescem nos sítios ou nos quintais, não só como se fossem naturais da região, porém como se fossem gente: gente de casa"**[4].

---

1. *Prefácios desgarrados,* vol. I, p. 343.
2. 130. (Bibliografia).
3. 93. (Bibliografia).
4. *Gilberto Freyre,* Coleção Encontros, p. 93.

Pitangas de Apipucos.

O pomar de Apipucos.

ABACAXI

"Quando vejo, em velhos solares portugueses, abacaxis brasileiros glorificados em jacarandá ou vinhático, é a impressão que tenho: a de que esses frutos tropicais foram incorporados à decoração de casas nobres como frutas por natureza, e não, por convenção, nobres. Nobres pela substância em que são reproduzidas e não apenas nobres pela sua forma original, de frutas coroadas, como se fossem reis ou rainhas das outras frutas. Surpreender esses toques de influência da natureza brasileira, como substância ou forma nobre, sobre o solar, e não apenas sobre o palácio ou o mosteiro português, vem sendo uma das preocupações desse meu contato de agora com aquelas áreas de Portugal que ainda não conhecia, como o Algarve e Trás-os-Montes, do mesmo modo que com as regiões já minhas velhas conhecidas."

Aventura e rotina, p. 176.

"Abacaxi muito. Abacaxi enciminha de abacaxi, disse ela; e Azevedo regalou-se com o diminutivo enciminha. Por que não diminutivos dessa espécie? Mariinha inovara em linguagem de modo que pareceu ao avô quase genial. *Enciminha!*, pensou. Que sabor tinha aquela expressão! E Mariinha a inventara sob o mais cru dos calores, com toda a euforia de quem se deliciava com uma feira em manhã quentíssima de novembro recifense."

Três histórias mais ou menos inventadas, p. 19.

AÇAÍ

"Pena não ter vindo Garcia de Goa ao Pará onde, sob o efeito do açaí, teria parado o tempo bastante para se inteirar de virtudes de plantas ou ervas de que os ameríndios do Brasil amazônico se utilizavam para vários fins, com uma sabedoria ecológica digna de ter sido desde então recolhida e consagrada por um tropicalista da eminência de Garcia d'Orta."

O luso e o trópico, p. 139.

BALAIO DE FRUTAS

"As terras eram aquelas: aquela imensidade de arvoredo bom e útil que, durante o ano inteiro, dava à sua senhora do que viver, tantas eram as quitandeiras, algumas ainda negras da Costa, chamando todo branco de ioiô, toda branca de iaiá, todo menino de ioiozinho, com xales vermelhos, amarelos, azuis, sobre os cabeções e que ali iam encher seus balaios e seus tabuleiros de fruta doce e madura. De cachos de pitomba e de cachos de bananas. De oiticoró, de caju, de jabuticaba, de macaíba, de groselha, de abiu, de juá, de araçá, de goiaba, de cajá, de sapoti, de pitanga, de carambola, de coração-da-índia, de ingá, de jambo, de tamarindo, de jaca mole, de jaca dura. De manga-carlota, manga-sapatinho, manguito. De todas as boas frutas, hoje raras, por que era então famoso o Recife. Pois ainda não se fizera sentir o imperialismo da manga-rosa ou do abacaxi sobre a arraia-miúda mas fascinantemente diversa de frutas modestas mas sólidas e gostosas: espécie de classe média de reino vegetal alongada em numerosa arraia-miúda."

Assombrações do Recife Velho, p. 109.

BANANEIRA

"A folha de bananeira-de-são-tomé, de uso frequente no Nordeste para envolver produtos de coco, de mandioca, de arroz e de milho, será talvez efeito de intrusão africana; contágio do complexo negro da bananeira. É certo que não faltava aos indígenas a bananeira caauaçu ou pacova-sororoca; mas duvidoso que entre eles o complexo da bananeira tivesse atingido o mesmo desenvolvimento que entre os africanos. Estes davam à banana e à folha de bananeira larga aplicação."

Casa-grande & senzala, p. 193.

CAJU

"O caju foi europeizado pela senhora de engenho em doce, em vinho, em licor, em remédio. Da castanha ela não tardou a fazer 'todas as conservas doces que costumavam fazer com as amêndoas, o que tem graça, na suavidade e no sabor', informa o senhor de engenho regalão [Gabriel Soares de Souza]. Do sumo 'de bom cheiro e saboroso' do caju, o vinho adocicado que se tornou o vinho oficial das casas-grandes: quase o símbolo de sua hospitalidade. E o licor e o refresco. Da polpa, fez doces de calda, doces secos, conservas, além dos cajus doces que Gabriel Soares tanto recomendava, 'para se comerem logo cosidos no assucar cobertos de canella não tem preço'. E ainda se utilizou a senhora da casa-grande do caju para lavar a boca de manhã: 'por fazer bom bafo a quem as come...' Tudo isso foi, no Brasil, arte da mulher com as sobras do açúcar que o marido fabricava no engenho, com as frutas que os colomis e mais tarde os molequinhos apanhavam pelo mato, pelo sítio, pelo quintal."

Sobrados e mucambos, p. 142.

"Tempo de caju, os cajueiros perfumam as estradas."

Guia prático, histórico e sentimental da cidade do Recife, p. 28.

CAJUEIRO

"Conheci-a nos seus grandes dias de sinhá de *chalet* recifense. Um *chalet* suíço à sombra do mais brasileiro dos cajueiros que já se viu no Recife: um cajueiro menos patriarcal do que matriarcal, que dava ao chão de areia fina do jardim da casa todo um rendilhado de sombras sutilmente proustianas."

Prefácios desgarrados, vol. II, p. 993.

COCO

"Ainda se utilizavam [os escravos africanos] da palmeira, comendo o creme ou o catarro dos cocos e fazendo azeite, manteiga e uma espécie de 'vinho de coco'. Provavelmente também o sabongo – doce de coco com mel de cana, quase em ponto de bala. Não desprezavam tampouco uns bichinhos gordos, da grossura de um dedo, que se criavam das palmeiras: e que para eles eram como se fossem pitus do rio Una para os brancos nas casas-grandes."

Nordeste, p. 161.

COQUEIRO

"Quando [Joaquim Nabuco] viu pela última vez, de volta aos Estados Unidos, as torres do Recife, os coqueiros de Pernambuco, as mangueiras em cuja sombra desejava que o sepultassem, deve ter também recordado seus ímpetos de adolescente e seus exageros de moço, inconformado com as injustiças e as opressões de toda espécie. E os recordado sem repulsa. Sem repugnância. Sem repudiá-los como a pecados feios e vergonhosos. Sem querer mutilar-se para ser puro o Nabuco da Igreja e do Pan-americanismo."

Em torno de Joaquim Nabuco, p. 44.

"Há uns coqueiros também assim reunidos. Quando o vento sopra mais acre sobre eles, ficam parecendo caciques peles-vermelhas virados para o mar, em atitude de rito, os grandes penachos caindo imperialmente para trás. Um ou outro coqueiro sozinho – desses que dão à gente não sei que estranha saudade."

Tempo de aprendiz, vol. II, p. 678-679.

FRUTAS DA TERRA

"Frutas dignas de atenção do turista que venha ao Recife em pleno verão pernambucano: a manga, o caju, o cajá, a carambola, o abacate, a mangaba, a jaca, o mamão, o jambo. A manga, do mesmo modo que o abacaxi, o mamão, o abacate, pode ser elegantemente saboreada como sobremesa fina. Outras frutas como o caju e a mangaba, o turista deve preferi-las sob a forma de refrescos [...] o melhor abacaxi é o pico-de-rosa; a melhor manga para uns é a Itamaracá, para outros, a rosa. É grande a variedade de mangas produzidas pelas mangueiras dos quintais do Recife e dos seus arredores. Mangas e manguitos. São célebres também seus cajus, seus sapotis e suas sapotas. Carambolas, goiabas, jambos, mamões, bananas, araçás, repita-se que são outras das especialidades do arvoredo que ainda cresce no Recife. Do interior o Recife recebe gostosas pinhas, de Caruaru, uvas sertanejas, mangabas de Prazeres."

Prefácios desgarrados, vol. II, p. 612.

"Os cajueiros, as jaqueiras, os jambeiros, os pés de tamarindo, as mangabeiras dominaram o arvoredo de Olinda e dos seus arredores. Os montes de Olinda ainda hoje se apresentam aos olhos de quem os vê de longe, como no tempo de Tollenare (1816), verdes de jardins. Foi como os viu em 1923 o professor Guenther ao chegar a Pernambuco para passar quase um ano observando as plantas e os animais da região e provando os frutos e os legumes da terra ou aqui aclimados. Foi em Olinda, no mosteiro de São Bento, que ele conheceu a pitangueira e a pitanga; o jambeiro e o jambo; o sapotizeiro e o sapoti. Os limões de Olinda pareceram-lhe os melhores do mundo: pequenos, suculentos, cheirosos. Tão cheirosos que bastava um sobre a mesa para perfumar o quarto do professor alemão no mosteiro."

Olinda – 2º guia prático, histórico e sentimental de cidade brasileira, p. 75.

"Manuel Bandeira, indo, ainda menino, do Recife para o Rio, verificaria ser no Rio o jogo de gude diferente do que se jogava então em Pernambuco; 'em vez de ser dado com a unha do polegar firmado no índice, era desferido por este fazendo anel com o primeiro'. Também sentiria a falta dos cajus e das goiabas de Pernambuco, do mesmo modo que os meninos que se transferiam então do Pará para o Sul não se deixavam consolar da perda do açaí ou do buriti pela excelência das jabuticabas das chácaras do Rio e de São Paulo, famosas também pelos cambucás; mas sem pitangas iguais às do Norte; sem pitombas, sem macaíbas; sem guajirus [...]. Gastão Cruls – que foi mesmo do Rio de Janeiro, do começo da República, tendo nascido em 1886 – recorda, em notas manuscritas sobre o passado carioca que foram aproveitadas na elaboração do seu excelente *Aparência do Rio de Janeiro,* terem sido então o regalo dos garotos que cresciam na antiga Corte e recém-criada capital federal, o cambucá, o abiu, a grumixama, o cajá, a manga, o sapoti, a fruta-do--conde, o jambo-rosa, o jambo-de-caroço – frutas, quase todas, que se encontravam nas árvores dos vastos fundos de sítios ou simplesmente de quintais das casas da maior parte da burguesia brasileira do fim do Império e do começo da República."

Ordem e progresso, p. 292-293.

"De frutos era mais farta a terra descoberta por Pedr'Álvares; mas que tivesse sido transmitida pelos indígenas aos europeus pode-se mencionar apenas a cultura do mamoeiro e do araçazeiro. Dos índios transmitiu-se igualmente ao europeu o complexo do caju – com uma série de aplicações medicinais e culinárias; destacando-se, porém, o seu uso no fabrico de um vinho muito bom, hoje caracteristicamente brasileiro."

Casa-grande & senzala, p. 196.

"Sabe-se que o recifense de hoje já quase não sabe, tempo de fruta da terra, o que é saborear um sapoti ou uma carambola ou um caju ou um abacaxi ou mesmo uma manga ou uma banana: são frutas raras. Ou tão caras que só os ricos e os ladrões podem hoje deliciar-se com seus sabores e regalar-se com seus sucos, louvados pelos nutricionistas e recomendados pelos médicos aos clientes necessitados de vitamina C. Com a banana vendida a cinquenta ou setenta centavos, o caju ou a mangaba a um cruzeiro, a jaca a dez cruzeiros, o abacaxi a doze cruzeiros, o abacate, a laranja, a pinha, a lima também difíceis e raras, compreende-se que o Recife já não seja uma cidade, como é ainda Salvador, com tabuleiros de negras vendedoras das muitas e gordas frutas e verduras da terra, pelas praças e recantos do ilustre burgo, mas de uvas, maçãs e peras importadas da Argentina, dos Estados Unidos, da Europa."

Aventura e rotina, p. 500-501.

"Pois Pernambuco se distingue pelas cores, formas, aromas de suas frutas tanto quanto pelas de suas madeiras. Seus abacaxis dizem os estrangeiros que não têm rivais em parte alguma do mundo. O que é certo também das pinhas de Caruaru. Das mangas de Itamaracá. Das mangabas de Prazeres. Dos cajás de Apipucos. Das jacas. Dos araçás. Das goiabas. Dos sapotis. Dos oitis. Dos jambos. Das pitangas. Das jabuticabas e das guabirabas de Paudalho. São frutas notáveis pelo sabor e pelo aroma. Começam por se oferecer, provocantes e sedutoras, aos olhos dos gulosos, pelo brilho de suas cores ou pelo encanto sensual de suas formas. O que mostra que as frutas desta velha província já têm sua presença assinalada na melhor literatura em língua portuguesa, quer de Portugal, quer do Brasil. Pois também o poeta, muito da sua província, Mauro Mota, cantou já, em prosa e em verso, as virtudes do caju de Pernambuco. Enquanto na pintura, o pintor Francisco Brennand é autor de mil e uma criações em que se misturam, confundindo-lhe liricamente, flores, frutas e sexos de mulher. Não se concebe Pernambuco sem as suas muitas e várias frutas. Mais: há quem associe grande parte do futuro econômico do estado a essas mesmas frutas, calculando-se que elas darão novo vigor à própria agricultura da cana. Ou sejam novas possibilidades ao açúcar, ao melaço e à própria aguardente produzidos, há séculos, pela terra e pela gente pernambucanas; e necessitados de outros destinos além do de adoçar o café, o de tornar-se xarope contra a tosse e o de ser simplesmente pinga ou abrideira."

Prefácios desgarrados, vol. I, p. 342-343.

"Uma Alice cujo encanto pelas laranjas, pelos figos e abacates, pelas romãs e goiabas, pelos araçás e pelas uvas, pelas jabuticabas e pelas mangas do vasto pomar da casa-grande, não se contenta em ver tanta fruta gostosa pendurada nas árvores, à espera da mão servil do pajem que venha colhê-las para as fruteiras da mesa patriarcal: ela própria quer trepar nas árvores e colher as frutas."

Prefácios desgarrados, vol. II, p. 815.

"De longe provei dos frutos, para o meu paladar poético, maravilhosamente indígenas, no seu sabor, de palmeiras goianas; de longe visitei com os olhos de menino que tanto sonhou acordado com os mais diversos Brasis."

A condição humana e outros temas, p. 87.

"Ainda não apareceu pintor com a coragem, as tintas, o ritmo épico, a bravura de traços capazes de interpretar a paisagem do Nordeste, nos seus contrastes de verticalidade – a da palmeira, a do visgueiro, a do mamoeiro – e de volúpias rasteiras – a do cajueiro, a do mangue, a da jitirana. O mesmo se passa com a paisagem amazônica, com a do Brasil Central, com a do Paraná, com a do Vale do Rio Doce. Mas aqui me limitarei a falar da do Nordeste, embora sob o critério de região e de tradição pudesse generalizar e estender a maior parte destes reparos ao conjunto brasileiro de paisagens regionais – quase todas ainda tão virgens de pintores que as revelem quanto o Nordeste."

Região e tradição, p. 100.

"Regalou-se também [Thomas Ewbank] de banana, laranja, limão, cajá, pitanga, mamão. Naturalismo, quanto à sobremesa, do mais romântico, à maneira de J.J. Rouseau. O pomar da casa patriarcal permitia que aí se completasse a delícia de um bom almoço saboreado à europeia mas preparado principalmente por mãos de cozinheira negra ou africana, segundo uma norma muito usual da casa patriarcal brasileira."

A casa brasileira, p. 23-24.

"O Recife é uma cidade em cujos mercados raramente falta uma fruta tropical. Tempo de verão, às vezes, é uma fartura. O Recife cheira a fruta madura: manga, mangaba, caju, goiaba madura, de sapoti, de jaca mole. De outubro a fevereiro aparece o abacaxi destacando-se o pico-de-rosa. De novembro a março, a manga – salientando-se a de Itamaracá, a rosa, a jasmim. De outubro a dezembro, o tamarindo, tão bom para refrescos e sorvetes. De março a agosto, laranja – devendo-se preferir a que vem de Vitória. De janeiro a março, jaca. De novembro a fevereiro, sapoti. De novembro a janeiro, caju. De fevereiro a junho, é a primeira safra da goiaba; de setembro a dezembro, a segunda. E nunca falta coco (de que também se faz sorvete ou creme), nem banana, de que se prepara um doce muito gostoso, além da banana frita ou assada, com açúcar, canela e queijo. Chama-se isto de *cartola*. O creme de abacate é uma delícia. Há casas especialistas em sorvetes, destacando-se a sorveteria de um japonês pernambucanizado [Gemba]: tornou-se célebre pelos seus gelados pernambucaníssimos. São até doces demais. Famosa durante algum tempo foi a sorveteria do Barbosa, no fim da rua do Rangel – rua muito boa do turista passar por ela devagarinho, gozando o que os ingleses chamam a *atmosfera* ou a cor local."

*Guia prático, histórico e sentimental
da cidade do Recife*, p. 48-49.

"Há quem se queixe de que com a derrubada das árvores antigas e a fragmentação dos velhos sítios (de modo algum substituídos por parques) o Recife esteja cada dia mais pobre de pássaros e de frutas: até mesmo de mangas – as famosas, mangas-rosas, jasmim, espada e carlota do Recife. E na verdade são hoje raras nos mercados algumas das velhas frutas recifenses: o cajá e o próprio caju (acerca do qual o professor Mauro Mota, em sugestivo trabalho, recorda que velho médico recifense, falecido com mais de 90 anos, o doutor Cosme Sá Pereira, destacava de tal modo as virtudes do caju que era como se já previsse o moderno critério de se exaltarem as frutas pelas vitaminas), o abacate, a pitomba, a carambola, o oiti, o tamarindo, a pinha, o araticum, plebeiamente chamado cagão, o jambo, o maracujá, o ingá, o juá, a jaca, o abacaxi. A propósito de caju: o recifense ilustre Alfredo Brandão ainda colhe dos seus cajueiros recifenses em Paissandu cajus verdadeiramente gigantes. Seria o caso da Universidade Rural, que tem sua sede no Recife, ou do Horto de Dois Irmãos, promover a generalização desse tipo de cajueiro nos parques e quintais da cidade. Desse caju e das mangas que melhor vêm resistindo à praga das mangueiras que, nos últimos anos, devastou tantas das mais tradicionais 'matas de mangueiras' da cidade, como a do sítio outrora do anglo-pernambucano Boxwell, na Jaqueira."

*Guia prático, histórico e sentimental
da cidade do Recife*, p. 50.

"Flores, frutas e pássaros regionais não são agora de uma presença tão viva no Recife como os recifenses desejariam que fossem; e como seria bom que fossem para conveniência e prazer dos não recifenses que não desejam dos mercados e tabuleiros da capital de Pernambuco, maçãs, peras ou mesmo uvas, porém maior abundância e variedade de frutas do trópico, conforme, é claro, as quadras do ano: pinhas, abacaxis, mangabas, cajus, sapotis, mangas, carambolas. Infelizmente o suprimento dessas frutas nos mercados e nos tabuleiros e nos próprios restaurantes da cidade está ainda longe de ser ideal. Às vezes até banana falta em restaurantes. O sábio francês Georges Gurvitch, ao amanhecer, certa vez, no Recife, pediu sôfrego, num restaurante da cidade, que lhe servissem uma banana fresca. Não havia. Tudo que lhe podiam fornecer de fruta era maçã argentina ou pera da Califórnia. O europeu ficou desolado com esse modo do trópico recifense tratar um adventício sedento de encantos não europeus de natureza."

O Recife, sim! Recife, não!, p. 43-44.

FRUTAS DE APIPUCOS

"Apipucos está cheio de mangueiras, jaqueiras, cajazeiros, abacateiros, cajueiros. Aldous Huxley deliciou-se em conhecer em Apipucos um jenipapeiro. Arnold Toynbee, também. Também Lucien Febvre. Também o poeta Robert Lowell. As mangas, as jacas e os abacates dos sítios ainda são famosos. São de árvores que resistem a ameaças de poluição. Árvores valentemente ecológicas. Insistentemente telúricas. Famosas são também suas carambolas das quais alguns moradores do lugar fazem um refresco delicioso. Ainda mais famosas são suas pitangas. Dessas há em Apipucos quem faça um verdadeiro *cognac*."

Apipucos – que há num nome?, p. 47.

"Não era raro, até há poucos anos, bandos de saguins atravessarem, também de manhã cedo, as árvores de Apipucos, suas velhas camaradas, comendo frutas e fazendo piruetas. Hoje, são raros, não os pássaros, mas os saguins nas árvores de Apipucos. Mas as fumaças por vezes nocivas das olarias os vêm afugentando: tendem a ficar de *Macacos pra lá*. Mesmo assim, nos sítios de Apipucos, ainda cantam muitos pássaros: ainda se fazem ouvir sabiás-gongás; ainda voam borboletas das mais lindas cores."

Apipucos – que há num nome?, p. 45-46.

FRUTAS QUE VIERAM DE LONGE

"A segunda metade do século XIX marca em nossa vida, entre outras tendências dignas de estudo no sentido de procurarmos parecer o mais possível, nas cidades, europeus, o desprezo por árvores, plantas e frutas asiáticas e africanas aqui já aclimadas, das quais muitos brasileiros mais requintados foram se envergonhando. Envergonhando-se da jaca, da manga, da fruta-pão, do dendê, do próprio coco-da-índia, saboreados às escondidas, ou na intimidade do banho de rio ou de bica – como o caju, o cajá e a mangaba-da-terra – e não à mesa ou nas confeitarias. Daí ter sido vão o esforço daqueles médicos alongados em patriotas que pretenderam fundar no Rio de Janeiro 'hum jardim pharmaceutico'."

Sobrados e mucambos, p. 585.

"Apenas na capital do país verificou-se mais cedo que nas províncias a substituição de frutas e até de pássaros agrestemente nativos pelos importados da Europa, como a pera, a maçã, o pêssego, o morango. E foi quase trágica, no Rio de Janeiro, pelas suas consequências, a introdução do pardal, que desde o começo da modernização da cidade, sob o prefeito Passos, começou a expulsar os pássaros nativos dos jardins e dos quintais cariocas."

Ordem e progresso, p. 293.

"Há áreas brasileiras em que velhas árvores nativas, como o pau-brasil e o próprio pau-d'arco, é que parecem hoje as exóticas, tal a sua raridade, enquanto as mangueiras, as jaqueiras, as caneleiras, os coqueiros-da-índia, as tamareiras, se alastram triunfalmente como se a terra tivesse sido sempre sua. O mesmo é certo do boi da Índia (*bos indicus*), que, introduzido no Brasil em dias remotos, aqui se cruzou com o europeu, produzindo a raça mestiça que C.A. Taunay, em obra publicada em 1839, considerava 'valente e lindíssima raça, de pontas tão lisas e regulares e de aspecto médio', e da qual lhe diziam vários donos de animais que a preferiam à ordinária, pela 'propriedade que tem de aturar bem no serviço'..."

China tropical, p. 71.

"Sabe-se pelo latim do cronista que o príncipe [Maurício de Nassau] fez transplantar para a ilha de Antônio Vaz setecentos coqueiros já crescidos, 250 laranjeiras, 58 limoeiros, oitenta limeiras, sessenta figueiras, e um bananal. Isto para não falar nas árvores mais teluricamente indígenas: Nassau deixou na ilha um trecho de natureza em bruto, um trecho do que o senhor Luís Cedro chamaria o 'Brasil de 1500'. Das árvores que o príncipe transplantara já crescidas, muitas riram e zombaram: mas no ano seguinte todas as árvores assim transplantadas apresentavam muito viço e frescor e floriam. 'Maurício ufanava-se de saber transplantar árvores', diz um cronista: o doutor Pedro Souto Maior nos seus *Fastos Pernambucanos*. E o doutor José Hygino informa no relatório já referido: 'Em Haia, em Cleve, em Wesel, no Brasil, Maurício plantou ou transplantou, segundo o seu próprio testemunho, mais de um milhão de árvores'. [...] Todo esse delicioso parque, com as suas aleias sem fim de palmeiras, com as suas laranjeiras, cajueiros e numerosas outras árvores, teve de ser sacrificado num dia triste de 1645 à necessidade de defesa da ilha. 'Derrubem-se as árvores do Parque Maurício', foi a ordem. E desde esse dia o Recife é uma cidade sem parque. Respirando mal."

Tempo de aprendiz, p. 693-695.

"Há no Nordeste de hoje árvores e plantas vindas da Europa, do Oriente, da África que crescem nos sítios ou nos quintais, não só como se fossem naturais da região porém como se fossem gente: gente de casa. Que não só dão de comer às pessoas sãs como servem de remédio às doentes. Que não só cobrem as casas pobres como lhes refrescam e perfumam o ar. E tanto quanto as velhas árvores da terra como o cajueiro, ainda servem de brinquedo – carrossel, gangorra, cavalo – aos meninos, deixando-os trepar pelos seus galhos como se fossem pernas de avós ou de tios; e não restos brutos e insensíveis de mata ou de floresta. Sempre me pareceu que Dois Irmãos devia ser no Recife um parque que reunisse todas essas árvores regionais, importadas ou nativas, mais camaradas dos homens; e não apenas as mais agrestes e raras. Também todos os animais mais ligados à vida regional e não apenas os mais ariscos e curiosos."

A condição humana e outros temas, p. 112.

LARANJA

"Se nas *Decadas*, de João de Barros, nos lembram os historiadores já vir descrita com precisão a peste náutica, ou seja, o chamado *mal dos marinheiros*, ou mal de Luanda – que não era outro senão o escorbuto, contra cujas devastações sobre os homens, por muito tempo alimentados só de biscoito, carne seca e peixe seco, os portugueses parecem ter sido os primeiros europeus a empregarem, como já empregavam os árabes, as laranjas e os limões e, porventura, a cana-de-açúcar, quase sempre plantada pelos antigos navegadores lusitanos de águas tropicais à beira-mar – no *Colloquios* encontra-se talvez a sistematização mais rigorosamente científica, realizada no século XVI, dos conhecimentos de drogas tropicais adquiridas pela gente lusitana no Oriente."

O luso e o trópico, p. 130.

LARANJA-DA-BAÍA

"Tivesse o alemão reparado mais atentamente nos tabuleiros das *baianas* de xales de cores vistosas e turbantes às vezes imaculadamente brancos, sentadas nas esquinas das ruas ou dos pátios de igreja, e teria se surpreendido com a variedade e o belo aspecto das frutas da terra: sobretudo das enormes laranjas-de-umbigo, que já naqueles dias davam fama mundial à Bahia."

Ordem e progresso, p. 418.

MANGUEIRA

"Noutra de suas páginas recorda [Joaquim Nabuco] quase proustianamente o rendilhado da sombra das folhas das mangueiras, ao sol brasileiro do Norte, nas areias dos quintais das casas dos subúrbios recifenses que mais deve ter frequentado: os da Madalena, os do Monteiro, os do Poço da Panela, os de Apipucos, os da Casa Forte."

Em torno de Joaquim Nabuco, p. 177.

"Do que não se esquecem nunca tais recifenses é do que a cidade tem como que de eterno e certamente de próprio: os rios, as pontes, as igrejas, o Santa Isabel, os conventos, os altos sobrados, os também altos coqueiros, as palmeiras, os sapotizeiros, as mangueiras. As mangueiras que recortam sobre o chão dos quintais das casas aquelas rendas de sombras docemente, nostalgicamente, sutilmente proustianas de que só os nativos do Recife de Nabuco a Manuel Bandeira parecem saber decifrar os mistérios."

Guia prático, histórico e sentimental da cidade do Recife, p. 36-37.

MANGOSTÃO

"Oliveira Lima gabava-se de ter trazido para o Brasil o mangostão japonês, por ele e pela sua gente carinhosamente plantado em terras pernambucanas do engenho Cachoeirinha e do sítio de dona Henriqueta, em Parnamirim. Eu próprio plantei um pé de mangostão no sítio do Carrapicho: veio-me de Cachoeirinha. Ignoro seu destino. O sítio do Carrapicho já não é da minha família, embora tenha passado à propriedade de gente amiga das árvores e das plantas úteis."

Aventura e rotina, p. 496.

SELETA DE TEXTOS

MARACUJÁ

"Conheceu o 'maracujá de gaveta', que parecia com efeito um maracujá esquecido em fundo de gaveta de armário ou de guarda-comida, de tão enrugado de pele."

Guia prático, histórico e sentimental da cidade do Recife, p. 55.

MELÃO

"Pela arte dos japoneses: pela sua arte de horticultores [...] se deve a presença, nos mercados do Recife, de um novo tipo de melão, pequeno e doce, que é uma delícia de fruta refrescante – ideal para ser saboreada no trópico."

Guia prático, histórico e sentimental da cidade do Recife, p. 150.

PITOMBA

"E pais havia que deixavam os filhos de 9 e 10 anos trepar pelos telhados das casas, gingar diante da banda de música das procissões, sair com cachos de pitomba para alvejar o papangu, brincar na rua empinando papagaios, jogando pião, pondo canários para brigar, furando judas de pano no sábado de Aleluia, quando os horríveis bonecos rolavam pelas ruas aos pontapés dos moleques."

Região e tradição, p. 170.

SAPOTIZEIRO

"Só depois de derrubados vários sapotizeiros, sapotizeiros que derramavam sobre a areia as melhores sombras deste mundo, velhas palmeiras, uma formidável jaqueira; e sobre a pobre terra a sangrar, estendida a fita métrica, um sistema de canteirinhos geométricos, só depois da tamanha destruição o estimável senhor A.S.I. coça, shakespearesco, a cabeça na dúvida de si mesmo e da sua estética. Seria o caso de responder-lhe com a retórica do frade: *É tarde, é muito tarde*."

Três histórias mais ou menos inventadas, p. 42.

TAMARINDO

"Augusto dos Anjos afeiçoou-se tanto, nos seus dias de engenho, a um pé de tamarindo grande do quintal da casa dos seus pais, que dele guardou a lembrança que se guarda de uma pessoa particularmente amiga. A velha árvore foi para ele um confidente bom dos primeiros amores ou dos primeiros sonhos da meninice. Que menino do Nordeste não teve a sua mangueira ou o seu cajueiro de estimação, parecido ao pé de tamarindo dos versos de Augusto? Ou um visgueiro ou coqueiro dos que estão sempre repontando dos quadros de Teles Júnior como se fossem mais do que árvores ou mais do que paisagem? Uma árvore mais amiga que as outras. Uma árvore quase pessoa de casa. Quase pessoa da família. Quase irmã dos meninos ou desses meninos eternos que são os poetas, os pintores, os compositores que sabem ouvir não somente estrelas mas árvores, como souberam José de Alencar e Augusto dos Anjos."

Manifesto regionalista, p. 73.

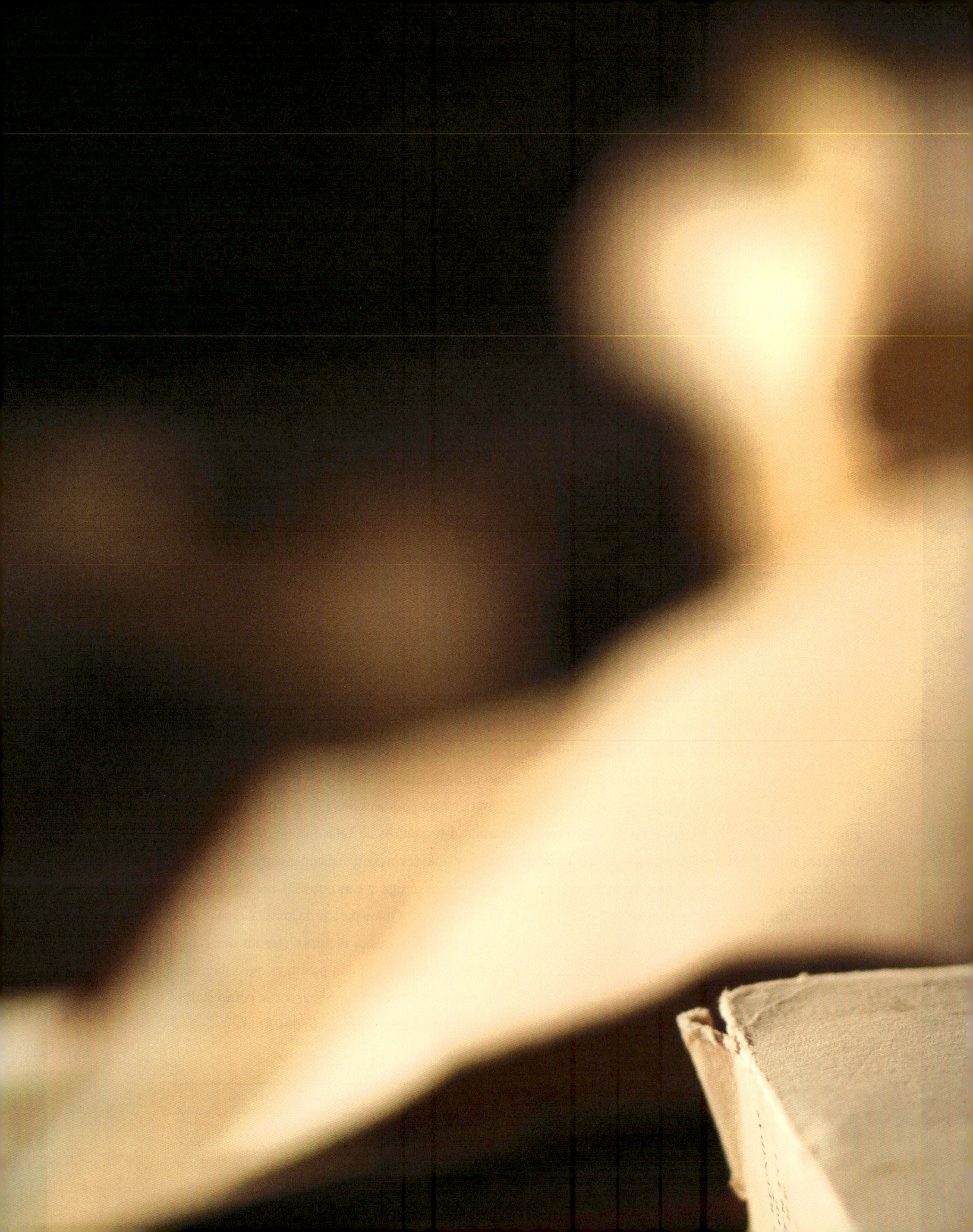

BIBLIOGRAFIA

1. Freyre, Gilberto. *A casa brasileira: tentativa de síntese de três diferentes abordagens, já realizadas pelo autor, de um assunto complexo: a antropologia, a história, a sociologia.* Rio de Janeiro: Grifo, 1971.

2. Freyre, Gilberto. *A condição humana e outros temas.* Organização Maria Elisa Dias Collier. Rio de Janeiro: Grifo/ INL, 1972.

3. Freyre, Gilberto. *A presença do açúcar na formação brasileira.* Rio de Janeiro: Coleção Canavieira nº 16, divulgação do M.I.C. Instituto do Açúcar e do Álcool, 1975.

4. Freyre, Gilberto. *A propósito de frades.* Salvador: Livraria Progresso Editora, 1959.

5. Freyre, Gilberto. *Açúcar: uma sociologia do doce, com receitas de bolos e doces do Nordeste do Brasil.* 5ª ed. São Paulo: Global, 2007.

6. Freyre, Gilberto. *Além do apenas moderno – sugestões em torno de possíveis futuros do homem, em geral, e do homem brasileiro em particular.* 2ª ed. Rio de Janeiro: Topbooks/UniverCidade Editora, 2001.

7. Freyre, Gilberto. *Alhos e bugalhos: ensaios sobre temas contraditórios: de Joyce à cachaça; de José Lins do Rego ao cartão-postal.* Rio de Janeiro: Nova Fronteira, 1978.

8. Freyre, Gilberto. *Americanidade e latinidade da América Latina e outros textos afins.* Organização Edson Nery da Fonseca. Brasília: Editora Universidade de Brasília; São Paulo: Imprensa Oficial do Estado, 2003.

9. Freyre, Gilberto. *Antecipações.* Organização Edson Nery da Fonseca. Recife: Esupe, 2001.

10. Freyre, Gilberto. *Antologia.* Tradução de Maria Tereza Leal. Madrid: Ediciones Cultura Hispanica, 1977.

11. Freyre, Gilberto. *Apipucos: que há num nome?* Organização Edson Nery da Fonseca. Recife: Editora Massangana, 1983.

12. Freyre, Gilberto. *Arte, ciência e trópico.* 3ª ed. revisada e prefaciada pelo autor. Rio de Janeiro: Bertrand Brasil, 2002.

13. Freyre, Gilberto. *Artigos de jornal.* Recife: Edições Mozart, 1934.

14. Freyre, Gilberto. *Assombrações do Recife Velho: algumas notas históricas e outras tantas folclóricas em torno de sobrenatural no passado recifense.* Apresentação de Newton Moreno. 6ª ed. São Paulo: Global, 2008.

15. Freyre, Gilberto. *Aventura e rotina: sugestões de uma viagem à procura das constantes portuguesas de caráter e ação.* São Paulo: É Realizações, 2010.

16. Freyre, Gilberto. *Bahia e baianos.* Organização Edson Nery da Fonseca. Salvador: Fundação das Artes/Empresa Gráfica da Bahia, 1990.

17. Freyre, Gilberto. *Brasis, Brasil, Brasília.* Rio de Janeiro: Record, 1968.

18. Freyre, Gilberto. *Casa-grande & senzala: formação da família brasileira sob o regime da economia patriarcal.* 51ª ed. São Paulo: Global, 2006.

19. Freyre, Gilberto. *Cartas do próprio punho.* Seleção, organização e introdução de Sylvio Rabello. Rio de Janeiro: MEC – Conselho Federal de Cultura e Departamento de Assuntos Culturais, 1978.

20. Freyre, Gilberto. *China tropical.* Organização e bibliografia de Edson Nery da Fonseca e apresentação de Vamireh Chacon. São Paulo: Global, 2011.

21. Freyre, Gilberto. *Como e porque sou e não sou sociólogo.* Prefácio do autor e de Roberto Lyra Filho. Brasília: Universidade de Brasília, 1968.

22. Freyre, Gilberto. *Conferências na Europa.* Rio de Janeiro: Ministério da Educação e Saúde, 1938.

23. Freyre, Gilberto. *Contribuição para uma sociologia da biografia: o exemplo de Luiz de Albuquerque, governador de Mato Grosso no fim do século XVIII.* Volumes I e II. Lisboa: Academia Internacional de Cultura Portuguesa, 1968.

24. Freyre, Gilberto. *Crônicas do cotidiano: a vida cultural de Pernambuco nos artigos de Gilberto Freyre.* Organização de Lydia Barros e Carolina Leão. Recife: Diário de Pernambuco, 2009.

25. Freyre, Gilberto. *De menino a homem.* Apresentação Fátima Quintas. Biobibliografia Edson Nery da Fonseca. 1ª ed. São Paulo: Global, 2010.

26. Freyre, Gilberto. *Discursos parlamentares.* Seleção, introdução e comentários de Vamireh Chacon. Brasília: Câmara dos Deputados, 1994.

27. Freyre, Gilberto. *Dona Sinhá e o filho padre.* São Paulo: Círculo do Livro, s.d.

28. Freyre, Gilberto. *Em torno de Joaquim Nabuco.* Organização Edson Nery da Fonseca; colaboração Jamille Cabral Pereira Barbosa. São Paulo: A Girafa, 2010.

29. Freyre, Gilberto. *Ferro e civilização no Brasil.* Prefácio Edson Nery da Fonseca. Recife: Fundação Gilberto Freyre; Rio de Janeiro: Record, 1988.

30. Freyre, Gilberto. *Gilberto Freyre* (Coleção Encontros). Organização Sergio Cohn. Rio de Janeiro: Beco do Azougue, 2010.

31. Freyre, Gilberto. *Guia prático, histórico e sentimental da cidade do Recife.* 5ª ed. São Paulo: Global: 2007.

32. Freyre, Gilberto. *Heróis e vilões no romance brasileiro: em torno das projeções de tipos socioantropológicos em personagens de romances nacionais do século XIX e do atual.* Organização Edson Nery da Fonseca. São Paulo: Cultrix/Ed. da Universidade de São Paulo, 1979.

33. Freyre, Gilberto. *Homem, cultura e trópico.* Recife: Imprensa Universitária, 1962.

34. Freyre, Gilberto. *Homens, engenharias e rumos sociais.* Prefácio de Edgard Costa Oliveira. São Paulo: É Realizações, 2010.

35. Freyre, Gilberto. *Ingleses no Brasil: aspectos da influência britânica sobre a vida, a paisagem e a cultura do Brasil*. 3ª ed. Prefácio de Evaldo Cabral de Mello e Octavio Tarquínio de Souza. Rio de Janeiro: Topbooks/UniverCidade, 2000.

36. Freyre, Gilberto. *Insurgências e ressurgências atuais: cruzamentos de sins e nãos num mundo em transição*. 2ª ed. São Paulo: Global, 2006.

37. Freyre, Gilberto. *Interpretação do Brasil: aspectos da formação social brasileira como processo de amalgamento de raças e culturas*. Organização de Omar Ribeiro Thomas. 3ª ed. São Paulo: Global, 2015.

38. Freyre Gilberto. *Livro do Nordeste: Gilberto Freyre e outros*. Introdução de Mauro Mota. 3ª ed. fac-similada. Recife: Cepe, 2005.

39. Freyre, Gilberto. *Manifesto regionalista*. Organização e apresentação de Fátima Quintas. 7ª ed. Recife: Fundaj/Editora Massangana, 1996.

40. Freyre, Gilberto. *Médicos, doentes e contextos sociais: uma abordagem sociológica: nova apresentação, em língua portuguesa de uma sociologia da medicina vista sob perspectiva principalmente eurotropical ou brasileira*. Rio de Janeiro: Globo, 1983.

41. Freyre, Gilberto. *Modos de homem & modas de mulher*. 2ª ed. rev. São Paulo: Global, 2009.

42. Freyre, Gilberto. *Nordeste: aspectos da influência da cana sobre a vida e a paisagem do Nordeste do Brasil*. 7ª ed. rev. São Paulo: Global, 2004.

43. Freyre, Gilberto. *Nós e a Europa germânica: em torno de alguns aspectos das relações do Brasil com a cultura germânica no decorrer do século XIX*. Rio de Janeiro: Grifo; Brasília, 1971.

44. Freyre, Gilberto. *Novas conferências em busca de leitores*. Recife: Fundação de Cultura Cidade do Recife e Editora Universitária, 1995.

45. Freyre, Gilberto. *O escravo nos anúncios de jornais brasileiros*. Apresentação de Alberto da Costa e Silva. 4ª ed. São Paulo: Global, 2010.

46. Freyre, Gilberto. *O luso e o trópico: sugestões em torno dos métodos portugueses de integração de povos autóctones e de culturas diferentes da européia num complexo novo de civilização: o lusotropical*. São Paulo: É Realizações, 2010.

47. Freyre, Gilberto. *O mundo que o português criou: aspectos das realizações sociais e de cultura do Brasil com Portugal e as colônias portuguesas*. São Paulo: É Realizações, 2010.

48. Freyre, Gilberto. *O outro amor do dr. Paulo: seminovela*. Rio de Janeiro: José Olympio, 1977.

49. Freyre, Gilberto. *O Recife sim! Recife não!* Rio de Janeiro: Arquimedes, 1967.

50. Freyre, Gilberto. *O velho Félix e suas "Memórias de um Cavalcanti"*. Prefácio de Lourival Fontes; apresentação de Leonardo Dantas Silva. Recife: Fundaj/Editora Massangana, 1989.

51. Freyre, Gilberto. *Oh de casa! Em torno da casa brasileira e de sua projeção sobre um tipo nacional de homem*. Recife: Instituto Joaquim Nabuco de Pesquisas Sociais, 1979.

52. Freyre, Gilberto. *Olinda: 2º guia prático, histórico e sentimental de cidade brasileira*. 6ª ed. São Paulo: Global, 2007.

53. Freyre, Gilberto. *Oliveira Lima, Don Quixote gordo*. Recife: Imprensa Universitária, 1968.

54. Freyre, Gilberto. *Ordem e progresso*. 6ª ed. rev. São Paulo: Global, 2004.

55. Freyre, Gilberto. *Palavras repatriadas*. Organização Edson Nery da Fonseca. Brasília: Editora Universidade de Brasília; São Paulo: Imprensa Oficial do Estado, 2003.

56. Freyre, Gilberto. *Perfil de Euclides e outros perfis*. 3ª ed. rev. São Paulo: Global, 2011.

57. Freyre, Gilberto. *Perfis parlamentares 39*. Câmara dos Deputados.

58. Freyre, Gilberto. *Pessoas, coisas & animais*. Organização de Edson Nery da Fonseca. 2ª ed. Porto Alegre/Rio de Janeiro: Globo, 1981.

59. Freyre, Gilberto. *Poesia reunida*. Recife: Edições Pirata/Geração 65, 1980.

60. Freyre, Gilberto. *Prefácios desgarrados*. Organização, introdução e notas de Edson Nery da Fonseca. Volumes I e II. Rio de Janeiro: Cátedra; Brasília: INL, 1978.

61. Freyre, Gilberto. *Problemas brasileiros de Antropologia*. 4ª ed. Rio de Janeiro: José Olympio; Brasília: INL, 1973.

62. Freyre, Gilberto. *Quase política*. 2ª ed. revista e aumentada. Rio de Janeiro: José Olympio, 1966.

63. Freyre, Gilberto. *Região e tradição*. 2ª ed. Rio de Janeiro: Record, 1968.

64. Freyre, Gilberto. *Retalhos de jornais velhos*. Rio de Janeiro: José Olympio, 1964.

65. Freyre, Gilberto. *Rurbanização: que é?* Recife: Editora Massangana, 1982.

66. Freyre, Gilberto. *Seis conferências em busca de um leitor*. Rio de Janeiro: José Olympio, 1965.

67. Freyre, Gilberto. *Seleta para jovens* (por) Gilberto Freyre. Organização do autor com a colaboração de Maria Elisa Collier. 4ª ed. Rio de Janeiro: José Olympio; Brasília: INL, 1980.

68. Freyre, Gilberto. *Sobrados e mucambos: decadência do patriarcado e desenvolvimento do urbano*. Apresentação de Roberto DaMatta. 15ª ed. rev. São Paulo: Global, 2004.

69. Freyre, Gilberto. *Sociologia: introdução ao estudo dos seus princípios*. São Paulo: É Realizações, 2009.

70. Freyre, Gilberto. *Sociologia da medicina*. São Paulo: É Realizações, 2009.

71. Freyre, Gilberto. *Sugestões de um novo contacto com universidades europeias*. Recife: Imprensa Universitária, 1961.

72. Freyre, Gilberto. *Sugestões em torno de uma nova orientação para as relações intranacionais no Brasil*. São Paulo: Forum Roberto Simonsen, 1958.

73. Freyre, Gilberto. *Talvez poesia*. Apresentação de Lêdo Ivo; biobibliografia de Edson Nery da Fonseca. 2ª ed. amp. São Paulo: Global, 2012.

74. Freyre, Gilberto. *Tempo de aprendiz: artigos publicados em jornais na adolescência e na primeira mocidade do autor (1918-1926)*. Organização de José Antônio Gonsalves de Mello. 2ª ed. São Paulo: Global, 2016.

75. Freyre, Gilberto. *Tempo morto e outros tempos*. São Paulo: Global; Recife: Fundação Gilberto Freyre, 2006.

76. Freyre, Gilberto. *Três histórias mais ou menos inventadas*. Organização de Edson Nery da Fonseca. Brasília: Editora Universidade de Brasília; São Paulo: Imprensa Oficial do Estado, 2003.

77. Freyre, Gilberto. *Um brasileiro em terras portuguesas: introdução a uma possível lusotropicologia, acompanhada de conferência e discursos proferidos em Portugal e em terras lusitanas e ex-lusitanas da Ásia, da África, e do Atlântico*. São Paulo: É Realizações, 2010.

78. Freyre, Gilberto. *Um engenheiro francês no Brasil*. Volumes I e II. Rio de Janeiro: José Olympio, 1940.

79. Freyre, Gilberto. *Uma cultura ameaçada e outros ensaios*. São Paulo: É Realizações, 2010.

80. Freyre, Gilberto. Uma política transnacional de cultura para o Brasil de hoje. *Revista Brasileira de Estudos Políticos*. Belo Horizinte, 1960.

81. Freyre, Gilberto. *Vida, forma e cor*. São Paulo: É Realizações, 2010.

82. Freyre, Gilberto. *Vida social no Brasil nos meados do século XIX*. Tradução do original em inglês por Waldemar Valente. 4ª ed. rev. São Paulo: Global, 2008.

83. Abreu, João Capistrano de. *O descobrimento do Brasil*. São Paulo: Editora Martins Fontes, 1999.

84. Alves, Bernardo. *A pré-história do samba*. Recife: Ed. do Autor, 2002.

85. Andrade, Manuel Correia de. *A terra e o homem do Nordeste*. São Paulo: Cortez, 2005.

86. Antonil, André João. *Cultura e opulência do Brasil*. Belo Horizonte: Ed. Itatiaia; São Paulo: Edusp, 1982.

87. Archer, Maria. Aspectos da paisagem social na África portuguesa e no Brasil do passado, sugeridos pelos livros de Gilberto Freyre. *Seara Nova*, Lisboa, nºs 536 e 538, 1937.

88. Blake, Augusto Victorino Alves Sacramento. *Dicionário bibliográfico brasileiro*. Rio de Janeiro: Imprensa Nacional, 1899, vol. IV.

89. Braga, Teófilo. *O povo português nos seus costumes, crenças e tradições* (Coleção Portugal de perto). Lisboa: Ed. Dom Quixote, 1994.

90. Cabrera Infante, Guillermo. *Fumaça pura.* Bertrand Brasil, 2003.

91. Cardim, Fernão. *Tratados da Terra e da gente do Brasil.* 2ª ed. São Paulo: Cia. Editora Nacional, 1939.

92. Cascudo, Luís da Câmara. *A cozinha Africana no Brasil.* Imprensa Nacional de Angola, 1964.

93. Cascudo, Luís da Câmara. *História da Alimentação no Brasil.* Volumes I e II. São Paulo: Edusp, 1983.

94. Costa, Francisco Augusto Pereira da. Estudo histórico e geográfico sobre as artes em Pernambuco. *Revista do Instituto Arqueológico, Histórico e Geográfico Pernambucano*, 1900, p. 54.

95. Costa, Francisco Augusto Pereira da. *Vocabulário pernambucano.* Recife: Governo do Estado de Pernambuco, Secretaria de Educação e Cultura, 1976.

96. Costa, Maria Elisa (org). *Com a palavra Lucio Costa.* Rio de Janeiro: Aeroplano, 2001.

97. Day-Lewis, Cecil. *The poetic image.* New York: Oxford University Press, 1947.

98. Ferreira, Ascenso. História Pátria. In: *Poemas (1922-1949).* Rio de Janeiro: Serviço Gráfico do IBGE, 1951.

99. Fonseca, Edson Nery da. *Em torno de Gilberto Freyre – ensaios e conferências.* Recife: Fundação Joaquim Nabuco/Editora Massangana, 2007.

100. Fonseca, Edson Nery da. *O grande sedutor.* Rio de Janeiro: Cassará Editora, 2001.

101. Gândavo, Pero de Magalhães de; Silva, Leonardo Dantas (org). *Tratado da terra do Brasil & história da província Santa Cruz a que vulgarmente chamamos Brasil 1576.* Recife: Fundação Joaquim Nabuco/Editora Masangana, 1995.

102. Garcia, Afranio. Comentário do livro Gilberto Freyre: um vitoriano dos trópicos, de Maria Lucia Pallares-Burke. *Estudos Avançados*, IEA, vol. 20, nº 58 set/dez, 2006.

103. Godinho, Manuel. *Relação do novo caminho que fez por terra e mar, vindo da Índia para Portugal no ano de 1663.* Lisboa: Imprensa Nacional – Casa da Moeda, 1990.

104. Gonsalves de Mello, José Antônio. *Tempo dos Flamengos* (Série Estudos e Pesquisas). Recife: Fundação Joaquim Nabuco/Editora Massangana, 1987.

105. Hélio, Mario. *O Brasil de Gilberto Freyre*, Recife: Comunigraf, 2000.

106. Leal, Cesar. A Imagem Visual na Expressão Literária em Gilberto Freyre. In: *Expressão Literária em Gilberto Freyre.* Recife: Conselho Estadual de Cultura, 1981.

107. Leal, César. *Minha amante em Leipzig*. Rio de Janeiro: Editora Calibán, 2001.

108. Léry, Jean de. *Viagem à terra do Brasil*. Belo Horizonte: Editora Itatiaia, 1980.

109. Magalhães Junior, R. *Artur de Azevedo e sua época*. 4ª ed. São Paulo: Lisa Editora, 1971.

110. Manupella, Giacento (org). *Livro de cozinha da Infanta D. Maria de Portugal*. Edição da Imprensa Nacional – Casa da Moeda, 1986.

111. Maupassant, Guy de. *Maupassant choix de contes*. F.C. Green Editora Cup Archive, 1952.

112. Melo Neto, João Cabral de. *Serial e antes*. Rio de Janeiro: Nova Fronteira, 1997.

113. Nabuco, Joaquim. *Minha formação*. Rio de Janeiro: Editora Três, 1974.

114. Nabuco, Joaquim. *O abolicionismo*. Introdução de Gilberto Freyre. 4ª ed. Petrópolis: Editora Vozes; Brasília: INL, 1977.

115. Nieuhof, Joan. *Memorável viagem marítima e terrestre ao Brasil*. Tradução de Moacir N. Vasconcelos. São Paulo: Edusp, 1981.

116. Oliveira Bello, Antonio Maria de. *Culinária portuguesa*. Lisboa: Editora Assírio e Alvim, 1996.

117. Ornellas e Castro, Inês. *O livro de cozinha de Apicius*. Sintra: Colares Editora, 1997.

118. Orta, Garcia da. *Colóquio dos simples e drogas e coisas medicinais da Índia*. Volume I. Reprodução em fac-símile da edição de 1891, ed. dirigida e anotada pelo Conde de Fialho. Lisboa: IN-CM, 1987.

119. Pallares-Burke, Maria Lucia Garcia. Gilberto Freyre e a Inglaterra: uma história de amor. *Tempo Social – Revista de Sociologia*, vol. 9, nº 2, USP, São Paulo, 1997.

120. Paraíso, Rostand. *Esses ingleses...* Recife: Bagaço, 2003.

121. Pascal, Blaise. *Pensamentos*. 1ª ed. São Paulo: WMF Martins Fontes, 2005.

122. Pereira Rabello, Anna Maria das Virgens. *Doceira brasileira*. Rio de Janeiro: Casa Eduardo e Henrique Laemmert, s/d.

123. Petrônio. *Satiricon*. Edições de ouro/Tecnoprint gráfica editora, 1970.

124. Piso, Guilherme. *História natural e médica da Índia Ocidental*. Tradução de Mario Souto Leal. Rio de Janeiro: Ministério de Educação e Cultura/INL, 1957.

125. Pos, Arie; Loureiro, Rui Manuel (eds). *Viagem ou navegação de Jan Huygen van Linschoten para as Índias Orientais ou portuguesas*. Lisboa: Outras Margens, 1997.

126. R.C.M. *Cozinheiro imperial ou nova arte do cozinheiro e do copeiro em todos os seus ramos,* Rio de Janeiro: Editor Eduardo & Henrique Laemmert, 1877 (Biblioteca da Fundação Joaquim Nabuco).

127. Rego, José Lins do. *Menino de engenho*. 36ª ed., Rio de Janeiro: Nova Fronteira, 1986.

128. Rigaud, Lucas. O *cozinheiro moderno ou nova arte de cozinha*. Lisboa: Editora Colares, 1999.

129. Rodrigues, Domingos. *Arte de Cozinha*. Prefácio de Alfredo Saramago. Sintra: Colares Editora, 2001.

130. Rosário, Frei Antonio do. *Frutas do Brasil – numa nova e ascética monarquia, consagrada à Santíssima Senhora do Rosário.* Apresentação de Ana Hatherly. (fac-símile da edição de Lisboa: Antonio Galrão, 1702). Lisboa: Biblioteca Nacional, 2002.

131. Salvador, Frei Vicente do. *História do Brasil (1500-1627)*. 4ª ed. São Paulo: Melhoramentos, 1954.

132. Savarin, Brillat. *A fisiologia do gosto*. Tradução de Paulo Neves. São Paulo: Companhia das Letras, 1995.

133. Sette, Mario. *Arruar – história pitoresca do Recife antigo*. Rio de Janeiro: Coleção Brasil que não conhecemos, s.d.

134. Souza, Gabriel Soares de. Silva, *Tratado Descritivo do Brasil em 1587*. Apresentação de Leonardo Dantas. Recife: Fundação Joaquim Nabuco/Editora Massangana, 2000.

135. Souza, Geraldo. *Cozinheiro nacional*. Revisão de Maria Cristina Marques. São Paulo: Editora Senac, 2008.

136. Sousa, Octavio Tarquínio de. *A vida de D. Pedro I*. Rio de Janeiro: José Olympio, 1972.

137. Souza Rego, Antonio José de. *Dicionário do doceiro brasileiro*. Rio de Janeiro: J.G. de Azevedo, s.d. (Biblioteca da Fundação Joaquim Nabuco).

138. Staden, Hans. *Duas Viagens ao Brasil*. Belo Horizonte: Editora Itatiaia; São Paulo: Edusp, 1975.

139. Steinen, Karl von den. *Entre os povos nativos do Brasil Central*. São Paulo: Companhia Editora Nacional, 1942.

140. Vilaça, Marcos Vinícios. Nordeste: secos e molhados. In: *Falas do ofício*. Recife: Gráfica Editora Norte Brasileiro, 1973.